V&R unipress

Poetik, Exegese und Narrative
Studien zur jüdischen Literatur und Kunst

Poetics, Exegesis and Narrative
Studies in Jewish Literature and Art

Band 15 / Volume 15

Herausgegeben von / edited by
Gerhard Langer, Carol Bakhos, Klaus Davidowicz,
Constanza Cordoni

Die Bände dieser Reihe sind peer-reviewed. /
The volumes of this series are peer-reviewed.

Lydia Helene Heiss

Jung, weiblich, jüdisch – deutsch?

Autofiktionale Identitätskonstruktionen in der zeitgenössischen deutschsprachig-jüdischen Literatur

V&R unipress

Vienna University Press

universität wien

MIX
Papier aus verantwortungsvollen Quellen
FSC www.fsc.org FSC® C083411

Bibliografische Information der Deutschen Nationalbibliothek
Die Deutsche Nationalbibliothek verzeichnet diese Publikation in der Deutschen Nationalbibliografie; detaillierte bibliografische Daten sind im Internet über https://dnb.de abrufbar.

Veröffentlichungen der Vienna University Press erscheinen bei V&R unipress.

Umschlagabbildung: »Schattenspiel«, © Lydia Heiss
Druck und Bindung: CPI books GmbH, Birkstraße 10, D-25917 Leck
Printed in the EU.

Vandenhoeck & Ruprecht Verlage | www.vandenhoeck-ruprecht-verlage.com

ISSN 2198-5200
ISBN 978-3-8471-1175-7

Für Karla Heine-Heiß
und Willi Otto Heiß

Inhalt

Einleitung: Themenwahl und Vorgehensweise

> Ich liebe Deutschland – nicht nur während der WM, wenn die Welt zu Gast bei Freunden ist. Und ich habe auch kein Problem damit, diesen Satz auszusprechen: Ich liebe Deutschland! (Gorelik 18)

I. Themenwahl

In einem von einer Jüdin geschriebenen Roman sagt die jüdische Protagonistin, »Ich liebe Deutschland [...]. Und ich habe auch kein Problem damit, diesen Satz auszusprechen« (Gorelik 18). Diese Liebeserklärung weckte mein Interesse an gegenwärtigem literarisch konstruiertem jüdischem Selbstverständnis in Deutschland, dem Land, das mit dem Holocaust belastet ist. Wie Gorelik schon andeutet, gibt es aber durchaus andere Menschen, nicht nur Jüd*innen sondern auch nicht-jüdische Deutsche, denen eine solche Liebesbezeugung problematisch erscheint: Sie haben ein ›Problem damit, diesen Satz auszusprechen‹, da eine solche ›Liebe‹ schnell in Verbindung gebracht wird, mit dem verheerenden Nationalismus unter den Nationalsozialisten (vgl. Braun, »Warum sich die Deutschen selbst nicht mögen«). Goreliks Äußerung ließ mich daher aufmerken und nachforschen, ob sie die einzige junge jüdische Autorin ist, die in Deutschland zu diesem Thema schreibt. Ich stieß bei meinen Recherchen auf entsprechende Texte weiterer eingewanderter jüdischer Autorinnen und beziehe daher zusätzlich zu Lena Goreliks *Lieber Mischa* (2011), die Werke *Der Russe ist einer, der Birken liebt* (2012) von Olga Grjasnowa und *Vielleicht Esther* (2014) von Katja Petrowskaja in die Studie mit ein. Die Untersuchung dieser drei in Hinblick auf Herkunft der Autorinnen, Erscheinungszeitraum und Thematik vergleichbaren Texte eröffnet einen breiteren Einblick in die Art und Weise wie junge zeitgenössische jüdische Autorinnen[1] Identität in den ausgewählten Erzähltexten

1 Waren diese drei Autorinnen bisher die einzigen jüdischen Schriftstellerinnen mit osteuropäischen Wurzeln ihrer Generation, die sich autofiktional-literarisch mit deutsch-jüdischer

konstruieren. Ich zeige, dass für sie der Holocaust in ihren jeweiligen literarischen Identitätskonstruktionen nicht mehr den Fix-, Dreh- und Angelpunkt ausmacht,[2] wie noch für die in Deutschland geborene, teilweise direkt vom Holocaust betroffene Erste und Zweite Generation jüdischer Schriftsteller*innen deutscher Sprache.

Die jüdische Gemeinschaft in Deutschland hat sich seit dem Zweiten Weltkrieg und der Wiedervereinigung grundlegend verändert.[3] Infolge des sogenannten (sog.) ›Migrationshintergrundes‹[4] besteht zwischen der Neuen Generation jüdischer Schriftsteller*innen und den beiden seit 1945 vorausgegangenen Generationen keine unabdingbare Kontinuität mehr. Mitunter aus diesem Grund – so meine These – können die Protagonistinnen einen bestimmten Grad an Zunei-

---

Identität auseinandersetzten, so erschienen in den letzten Jahren zwei weitere Bücher jüdischer Autorinnen zum Thema Identität, nämlich 2018 *Kaddisch für Babuschka* von der in Lemberg geborenen Marina B. Neubert und 2017 *Außer sich* von Sasha Marianna Salzmann, die in Russland geboren wurde und als Kind nach Deutschland kam.

2 Nicht nur in Deutschland, sondern allgemein in der jüdischen Diaspora, regen sich Stimmen, die entgegen der offiziellen politischen Haltung in Israel, den Holocaust nicht mehr als »focal point of their version of Jewish history« ansehen (Bodemann 2). Eine neue Generation von amerikanischen und europäischen Juden möchte abrücken von »Holocaust commemoration as a negative civil religion and is reinventing ›positive‹ diasporic Jewish traditions in new religious and secular forms« (Bodemann 2). Die drei Autorinnen, deren Werke in dieser Studie untersucht werden, gehören nach meiner Auffassung mit ihrer literarischen Auslegung jüdischer Identität in Deutschland der von dem Soziologen Michal Bodemann 2008 beschriebenen »new generation« an (2).

3 Der Historiker Micha Brumlik hält fest, dass bereits die Erste und Zweite Generation nach 1945 nicht mehr vergleichbar ist mit dem deutschen Judentum vor dem Zweiten Weltkrieg: »Die nach dem Krieg vor allem in der Bundesrepublik entstandene jüdische Gemeinde hat mit dem Vorkriegsjudentum nichts mehr zu tun« (»Kurze Geschichte« 196). Dieser Unterschied gestaltet sich zur Dritten Generation durch die Prägung in der ehemaligen Sowjetunion noch wesentlicher. Es wurde in den Gemeinden in der Bundesrepublik nach dem Krieg bewusst darauf verzichtet, »den Kindern deutsch-jüdische Geschichte zu vermitteln«, denn stattdessen sollte ihnen »mit der Israelkunde eine neue Identität« angeboten werden (Herzig 64). Auch religiös-inhaltlich unterscheiden sich die neuen von den einstigen jüdischen Gemeinden vor 1941. Die »vorherrschende liberale Gottesdienst-Tradition« wurde von einer »Einheitsgemeinde, deren Kultus auch von den Orthodoxen akzeptiert werden konnte«, abgelöst (Herzig 64). In seinem Aufsatz »Ein neues deutsches Judentum?« von 2012 spricht der Professor für jüdische Geschichte Michael Brenner allerdings von einer »wachsenden religiösen Pluralisierung der jüdischen Gemeinschaft« (428). Neben moderat orthodoxen und ultraorthodoxen Gemeinschaften gibt es bspw. auch die liberale »*Union progressiver Juden in Deutschland*« (Brenner, »Ein neues deutsches Judentum?« 428). Zudem existieren auch »Gemeinden besonderer ethnischer Herkunft«, z.B. sefardische Gemeinden von Zuwanderern aus dem Kaukasus (Brenner, »Ein neues deutsches Judentum?« 429). Auch die Mehrheit der Rabbinatsstudent*innen hat inzwischen osteuropäische Wurzeln, eine Tatsache, die als Zeichen wachsender religiöser Integration der osteuropäischen Zuwanderer gewertet werden kann.

4 Die offizielle Definition des nicht unumstrittenen Begriffs ›Migrationshintergrund‹ durch das Bundesamt für Migration und Flüchtlinge (BAMF) lautet: »*Eine Person hat dann einen Migrationshintergrund, wenn sie selbst oder mindestens ein Elternteil nicht mit deutscher Staatsangehörigkeit geboren ist*« (»Migrationshintergrund«).

gung zu Deutschland äußern, eine positivere Beziehung zu diesem Land haben als noch die beiden Generationen vor ihnen. Die Autorinnen der drei genannten Werke lassen Merkmale jüdischen Selbstverständnisses in den Vordergrund treten, die diese neutralere – im Sinne einer vom Holocaust und der deutschen Schuld unabhängigeren – Haltung zu Deutschland ausdrücken.

Die Merkmale, die die jüdischen Autorinnen in ihren ausgewählten autofiktionalen Erzähltexten benutzen, um jüdische Identität zu konstruieren, der Stellenwert, den dabei der nationalsozialistische Mord an den Juden einnimmt und die Einstellung der Protagonistinnen zu Deutschland sind Thema dieser Untersuchung. Die Analyseergebnisse der Identitätskonstruktionen in den infrage stehenden Werken leisten einen Beitrag aus literarisch-jüdischer Sicht zum aktuellen Diskurs um jüdische Existenz in Deutschland nach 1945. Ich zeige, dass sich in der untersuchten jüdischen Literatur ein Bedürfnis nach ›Normalität‹[5] im deutsch-jüdischen Alltagsverhältnis niederschlägt, das heißt (d.h.) nach Gleichbehandlung anstelle von Opferrolle und positiver oder negativer Hervorhebung durch Bevorzugung und/oder Diskriminierung.

II. Thema und Hintergrund

Die Liebeserklärung an Deutschland der jüdischen Hauptfigur des Gorelischen Werkes birgt einen gewissen Überraschungseffekt. Vielen jüdischen Schriftstellerinnen der Nachkriegszeit, der Nachholocaustzeit, wäre ein solcher Ausspruch wohl kaum über die Lippen gekommen, beziehungsweise (bzw.) aus der Feder geflossen. Sie lehnen Deutschland ab oder haben zumindest ein äußerst gespaltenes Verhältnis zu Deutschland. Wenn sie in Deutschland lebten bzw. leben

5 Dieses Bedürfnis nach Normalität drückt sich nicht nur in der Literatur aus, sondern auch in anderen Formen der Kunst, wie bspw. in der Ausstellung *Jüdische Jugend heute in Deutschland*, die aus Fotos und Interviews mit jüdischen Jugendlichen besteht. Im Vorwort zum gleichnamigen Begleitband zu dieser Ausstellung sagt der damalige Vorsitzende des Zentralrats der Juden in Deutschland, Paul Spiegel, die Intention dahinter sei es gewesen, »die Normalität jüdischen Daseins in Deutschland, zumal die der jüngeren Generation, auf eine offene und ansprechende Art und Weise darzustellen. Die Konfrontation mit dieser Normalität vermag es, nicht nur der jungen Generation in Deutschland, die wenige Berührungspunkte mit Juden hat, das jüdische Leben hier zu Lande näher zu bringen und zum Abbau von Vorurteilen beizutragen« (»Geleitwort des Schirmherrn Paul Spiegel« 4). Diese Äußerung von Spiegel nennt Normalität nicht als Potentialität, sondern als Ist-Zustand, den die nicht-jüdische Bevölkerung in Deutschland aufgrund fehlender Berührungspunkte noch nicht wahrgenommen habe. Ich bin der Überzeugung, dass gerade die Literatur dazu beiträgt, diese Botschaft in die Gesellschaft hinauszutragen und einer breiten Leserschaft zugänglich zu machen.

oder auf Deutsch schreiben, dann der Sprache, des Broterwerbs oder auch einer ungewollten Bindung wegen.[6]

Wurde seit dem Ende des Zweiten Weltkrieges in den Medien, bzw. in der Literatur, den Zeitungen und dergleichen (u.dgl.), das Thema Judentum in Deutschland behandelt, ging es zumeist um ernste Themen wie Holocaust, Antisemitismus, Opfer-Täter-Rollen, Schuld und Wiedergutmachung. Die Prognosen für ein Wiederaufblühen jüdischen Lebens fielen schlecht aus.[7] So schrieb beispielsweise (bspw.) die Philosophin Hannah Arendt bereits 1946 in einem Brief an ihren Doktorvater Karl Jaspers über das deutsch-jüdische Verhältnis nach Auschwitz:

> Mit einer Schuld, die jenseits des Verbrechens steht, und einer Unschuld, die jenseits der Güte oder der Tugend liegt, kann man menschlich-politisch überhaupt nichts anfangen. [...] Denn die Deutschen sind dabei mit Tausenden oder Zehntausenden oder Hunderttausenden belastet, die innerhalb eines Rechtssystems adäquat nicht mehr zu bestrafen sind; und wir Juden sind mit Millionen Unschuldiger belastet, aufgrund deren sich heute jeder Jude gleichsam wie die personifizierte Unschuld vorkommt. (90f.)

6 Um einige Beispiele weiblicher Stimmen zu nennen: Obwohl Hilde Domin, eine Schriftstellerin der Ersten Generation, Deutschland als ihre Heimat bezeichnet und »eine Totalverurteilung der Deutschen« (165) ablehnt, stellt die Judenverfolgung während des Zweiten Weltkrieges und das damit verbundene »Unmenschentum« (174f.) für sie einen Bruch dar. Die Zweite Generation jüdischer Schriftstellerinnen findet wesentlich deutlichere Worte. Katja Behrens spricht von einem »Riss« zwischen Deutschen und Juden und sagt über ihr Leben in Deutschland: »Ich sitze im falschen Zug! Mit jeder Station sitze ich falscher und falscher!« (»Ich bin geblieben – warum?« 99). Sie lehnt jegliche Rede von einer wie auch immer gearteten Symbiose zwischen Juden und Deutschen als »jüdisches Wunschdenken« ab (Behrens, »Ich bin geblieben – warum?« 94f.). Esther Dischereit gibt sich selbst – und unbewusst vielleicht auch ihrer Generation – einen Namen, indem sie sagt, sie sei ein »Trotz-Jude« (48). Sie erklärt dies wie folgt: »Mit meiner Person – mit der Tatsache, daß es mich trotzdem [trotz des Holocaust] gibt – bleibe ich Spiegel für die Tat, die Tat und die Unterlassung« (Dischereit 49). Barbara Honigmann entschließt sich gegen ein Leben in Deutschland und für das Straßburger Exil. Sie sagt von sich: »Es klingt paradox, aber ich bin eine deutsche Schriftstellerin, obwohl ich mich nicht als Deutsche fühle« (Honigmann 17f.). Sie kann sich Deutschland auch durch Auswanderung nicht entziehen, denn mit Auschwitz seien Deutsche und Juden »ein Paar geworden [...], das auch der Tod nicht mehr trennt« (Honigmann 16).

7 Die Analyse des Faschismus durch die Frankfurter Schule, insbesondere durch Max Horkheimer und Theodor Adorno, ergab bspw., dass der Holocaust »eine besondere Erscheinung des Umschlags der zivilisatorischen Aufklärung in die Barbarei, der sich im Antisemitismus verwirklicht hat«, sei (Müller und Marusczyk, »Die Antisemitismustheorie der Frankfurter Schule«). Die gesellschaftlichen Bedingungen in der aufgeklärten Moderne in der das Kapital herrscht, lassen kein solidarisches Zusammenleben mehr zu, fördern anstelle von Empathie das Rücksichtlose im Menschen und Zerstören das Individuum. Der Mensch muss sich der Herrschaft des Kapitals völlig unterwerfen und hasst zwangsläufig diejenigen, die über den Machtstrukturen zu stehen, ›anders‹ zu sein und Kapital zu kontrollieren scheinen: in den Augen der Antisemiten, die Juden (vgl. Horkheimer und Adorno 179). Der Antisemitismus, so kann man die Theorie verstehen, ist also in der Struktur der modernen kapitalistischen aufgeklärten Gesellschaft angelegt und folglich nicht gänzlich zu besiegen.

Arendt nennt in dieser frühen Aussage schon das Grundmuster, nämlich die Opfer-Täter-Rollen, die in der Literatur für die Konzipierung deutscher sowie jüdischer Identität nach dem Holocaust ausschlaggebend werden sollten: Während der sog. ›Studentenrevolution‹ 1968 forderten die Kinder der Kriegsgeneration von ihren Eltern eine öffentliche Aufarbeitung der Nazi-Vergangenheit. Um diese Zeit begannen zum ersten Mal auch jüdische Autoren der Ersten Generation nach 1945, wie unter anderem (u. a.) Edgar Hilsenrath, Jurek Becker, Hilde Domin und Erich Fried, den Umgang mit dem Holocaust literarisch aufzugreifen. Die Aufarbeitung des Holocausts im öffentlichen Diskurs war und ist in Deutschland eng verknüpft mit der Frage der kulturellem Identität[8] und führte in der Wissenschaft zum sog. ›Historikerstreit‹, einer Debatte um die Bedeutung des Holocaust für die deutsche Geschichte und Kultur.[9] In diesem politisierten Klima griff der Geschichtswissenschaftler Dan Diner unter Verweis auf Arendts Äußerung aus dem Brief an Jaspers von 1946 das Thema ›deutsch-jüdische Symbiose‹ wieder auf:

> Seit Auschwitz [...] kann tatsächlich von einer ›deutsch-jüdischen Symbiose‹ gesprochen werden – freilich einer negativen: für beide, für Deutsche wie für Juden, ist das Ergebnis der Massenvernichtung zum Ausgangspunkt ihres Selbstverständnisses geworden; eine Art gegensätzlicher Gemeinsamkeit – ob sie es wollen oder nicht. (Diner, »Negative Symbiose« 185)

Der Begriff der ›negativen Symbiose‹ ist als Antithese gedacht zu der vor dem Nationalsozialismus in der deutsch-jüdischen Geistesgeschichte angenommenen ›positiven‹ »deutsch-jüdischen Symbiose« (Gilman und Zipes xxi), die u. a. mit Namen wie Heinrich Heine, Rahel Varnhagen, Kurt Tucholsky und Franz Rosenzweig in Verbindung gebracht wird (Brumlik, »Kurze Geschichte« 195).

Für lange Zeit prägte die ›negative Symbiose‹ durch den Holocaust das Verständnis des Verhältnisses zwischen Deutschen und Juden und war ein wesentlicher Bestandteil jüdischer und deutscher Identität.[10] Auch im wiedervereinigten Deutschland spielten Fragen der nationalen Identität und des Umgangs mit der Erinnerung an den Holocaust eine bedeutende Rolle. In seiner Friedenspreis-

8 Laut dem Staatsrechtler Rupert Scholz entsteht kulturelle Identität »auf der Grundlage einer gemeinsamen Geschichte, gemeinsamer geistiger Werte, gemeinsamer Traditionen und auch gemeinsamer Religion« und schlägt sich in der »staatliche[n] Verfassungsgebung [...] – existenznotwendig–« nieder (36).

9 In den Jahren 1986–87 kam es zum sog. Historikerstreit. Beteiligt waren u. a. der Philosoph und Soziologe der Frankfurter Schule Jürgen Habermas und der Historiker Ernst Nolte. Es ging im Wesentlichen um die Frage der Singularität des Holocaust (vgl. u. a. Warren, »Throwing off Germany's imposed history«).

10 Für Juden und Deutsche gleichermaßen sei der Holocaust eine »identitätsstiftende(n) Erinnerung« geworden (Diner, »Negative Symbiose« 186) und habe »auf Generationen hinaus das Verhältnis beider [der Juden und der Deutschen] zu sich selbst, vor allem aber zueinander« geprägt (185).

rede, gehalten 1998 in der Frankfurter Paulskirche, wünschte sich der Schriftsteller Martin Walser die neue »Berliner Republik« könnte – trotz der auf den Deutschen lastenden historischen Schuld – als eine ›ganz gewöhnliche‹, bzw. ›normale‹ Gesellschaft angesehen werden.[11] Dazu hätte für ihn eine eher private, individuelle Erinnerungskultur an den Holocaust gehört. In diesem Zusammenhang kritisierte er in seiner Rede die öffentliche Handhabung der Erinnerungskultur in den Medien. Er sagte:

> Auschwitz eignet sich nicht dafür, Drohroutine zu werden, jederzeit einsetzbares Einschüchterungsmittel oder Moralkeule oder auch nur Pflichtübung. Was durch Ritualisierung zustande kommt, ist von der Qualität des Lippengebets. (Walser 13)

Werde Gewissen »Öffentlich gefordert, regiert nur der Schein« (14), meinte Walser und äußerte damit den Verdacht, nicht wirkliches Gedenken stünde häufig hinter der ständigen Erinnerung an Auschwitz, sondern die »Instrumentalisierung unserer Schande zu gegenwärtigen Zwecken« (12).[12] In Hinblick auf die geplante Errichtung des Holocaust-Denkmals in Berlin warnte er vor einer »Monumentalisierung der Schande« (Walser 13). In seiner Rede zum 9. November 1998 in einer Berliner Synagoge antwortete der damalige Vorsitzende des Zentralrats der Juden in Deutschland, Ignatz Bubis, auf Walsers Rede, Normalität für Deutschland könne nicht heißen, »die Erinnerung zu verdrängen«, für ihn sei »Normalität, daß zum Beispiel Juden glauben, wieder in Deutschland leben zu können, daß sich Juden im gesellschaftlichen wie im politischen Leben engagieren« (Bubis 112).[13]

Relevant für meine Studie ist, dass Bubis bereits 1998 dem Verhältnis zwischen Juden und Deutschen in Deutschland insofern eine gewisse ›Normalität‹ zubilligt, als Juden es wieder für möglich halten, in Deutschland zu leben und sie auch gesellschaftspolitisch aktiv sind. Allerdings ist eine solche Aussage weit von einer Liebeserklärung für Deutschland entfernt. Wenn also 2011 eine jüdische Autorin die jüdische Hauptfigur ihres Buches sagen lässt, sie liebe Deutschland, wie konstruiert die Autorin dann die Identität dieser Hauptfigur und was für ein

11 Walser erkannte die Gefahr einer Fehlinterpretation eines solchen Wunsches. Er sagte, »Aber in welchen Verdacht gerät man, wenn man sagt, die Deutschen seien jetzt ein ganz normales Volk, eine ganz gewöhnliche Gesellschaft?« (Walser 13) und betonte, »Kein ernstzunehmender Mensch leugnet Auschwitz, kein noch zurechnungsfähiger Mensch deutelt an der Grauenhaftigkeit von Auschwitz herum« (11).

12 Als ein Beispiel führte er an, dass auch die deutsche Teilung gewissermaßen als Buße für Auschwitz gerechtfertigt worden wäre.

13 An der Walser-Rede und der Antwort von Bubis entzündete sich eine Diskussion unter Intellektuellen, die in die Literatur als ›Walser-Bubis-Debatte‹ einging (vgl. die Sammlung relevanter öffentlicher Aussagen in Schirrmacher, *Die Walser-Bubis-Debatte*). Der Aufschrei, der der Rede von Walser folgte, machte deutlich, dass von einer ›Normalisierung‹ im deutsch-jüdischen Verhältnis damals kaum die Rede sein konnte (vgl. u. a. Brenner, »1998: Die Walser-Bubis-Kontroverse« oder Neander, »Walser: Auschwitz nicht mißbrauchen«).

Schlaglicht könnte das Medium Literatur auf die gegenwärtige Einstellung der neuen Generation von Jüd*innen zu Deutschland werfen? Was heißt Normalität für die Protagonistin in Bezug auf jüdisches Leben in Deutschland? Immerhin spricht sie auch von dem »Land der Täter« (Belkin, »Einmal Land der Täter, immer Land der Täter?«), wie Arendt und Diner die bis heute gebräuchliche Rollenverteilung nach dem Holocaust benannten.[14]

Ich werde im Folgenden zeigen, dass in den literarischen Identitätskonstruktionen der neuen Generation jüdischer Schriftstellerinnen ein verändertes Verhältnis zu Deutschland besteht, dass die von außen zugewiesene jüdische Opferrolle in den untersuchten Werken als den aktuellen Bedürfnissen nicht mehr angemessen empfunden wird und dass durch das Medium der Literatur der Wunsch ausgedrückt wird, jüdisches Leben in Deutschland möge – sowohl von jüdischer als auch von deutscher Seite – als ›normal‹ angesehen werden, ohne dabei den Holocaust zu vergessen.

Die sich in der neuesten jüdischen Literatur abzeichnende veränderte Einstellung zu Deutschland ist zu großen Teilen migrationsbedingt. Schaut man sich die Biografie der Autorin Lena Gorelik an, der Verfasserin des fraglichen Romans *Lieber Mischa*, in dem die Liebesbezeugung zu Deutschland steht, zeigt sich, dass sie aus Osteuropa eingewandert ist. Nach dem Fall der Berliner Mauer und der Auflösung der Sowjetunion kam es zu einem starken Zustrom russischer bzw. osteuropäischer Juden in das wiedervereinigte Deutschland und in die – aufgrund des Holocaust nicht mehr mitgliederreichen deutschen jüdischen Gemeinden. Ende des Zweiten Weltkrieges, nach der deutschen Teilung 1949, lebten in Westdeutschland nur noch ca. 12.000 Juden.[15] Die Einwanderung jüdischer Geflüchteter aus der ehemaligen Sowjetunion veränderte nicht nur die Zusammensetzung der jüdischen Minderheit in Deutschland, sondern auch die jüdischen Gemeinden. Das Selbstverständnis der jüdischen Gemeinden in Deutschland beruhte auf der jüdischen Religion und einer mit ihr verbundenen Kultur (vgl. u. a. Gilman, »Becoming a Jew by Becoming a German« 17). In der ehemaligen Sowjetunion war ›Jude‹ jedoch hauptsächlich eine ethnische Bezeichnung, die im Ausweis vermerkt war. Infolge von Russifizierungsanstrengungen des Regimes musste die jüdische Bevölkerung ihre spezifische Religion, Kultur und Traditionen weitestgehend auf-

14 Auch heute noch sehen sich in Deutschland lebende Jüd*innen, wie bspw. die eingewanderte jüdische Autorin Deborah Feldman, mit der Frage konfrontiert, wie sie »Angesichts der deutschen Geschichte« freiwillig nach Deutschland kommen konnten, genauer: »Aber warum gerade hier, im Land der Täter?« (Donsbach 22 f.). Von »jüdischer Seite« wird jüdisches Leben und die »Existenz jüdischer Gemeinden in dem ›Land der Mörder‹« seit 1945 ebenso hinterfragt (Herzig 64).

15 Die Bundeszentrale für Politische Bildung schreibt diesbezüglich: »In Westdeutschland gründeten etwa 12.000 eine neue Existenz. Mehr als die Hälfte von ihnen wohnten in den Großstädten Berlin, Frankfurt/Main und München« (Wünschmann, »Juden in Europa nach dem Zweiten Weltkrieg: 1945–1989/90«).

geben. Einzelne untereinander verbindende jüdische Organisationen existierten nicht länger. Es waren eher negative Erfahrungen, wie Benachteiligungen zum Beispiel (z. B.) beruflicher Art oder antisemitische Vorfälle, die ein loses Gruppenbewusstsein schufen.[16] Die areligiöse Haltung der meisten zugewanderten sowjetischen Juden führte durchaus auch zu Irritationen und Diskrepanzen zwischen ihnen und den Mitgliedern der eingesessenen deutschen jüdischen Gemeinden.[17] Inzwischen, so meint die Germanistin Leslie Morris, könne aber von einer »Renaissance« (604) des jüdischen Lebens und der jüdischen Kultur in Deutschland, die auf die Zuwanderung der osteuropäischen Juden zurückzuführen sei, gesprochen werden. Diese Zuwanderung habe auch eine veränderte kollektive jüdische Identität bewirkt, die sich gegenwärtig nicht mehr mit Begriffen wie positive bzw. negative Symbiose erfassen ließe, sondern der Einführung des Begriffs der Transnationalität bedürfe (Morris 601).[18] Die von mir analysierten Werke der drei Schriftstellerinnen zeigen, dass Transnationalität bei der Konstruktion des Selbstverständnisses ihrer Protagonistinnen eine wesentliche Rolle spielt. Der für diese Arbeit daher zentrale Begriff wird im folgenden Abschnitt unter Punkt *III.3.3 Transnationalität* detaillierter erläutert.

III. Vorgehensweise und Begriffsklärung

Im Folgenden wird zunächst umrissen, nach welchen Kriterien ich die Autorinnen und Werke ausgesucht habe, um in einem nächsten Schritt zu zeigen, wie das Genre der Autofiktion und die literarische Konstruktion von Identität zusammenhängen und von den Autorinnen genutzt werden, um ›Normalisierungswünsche‹ im deutsch-jüdischen Verhältnis auf literarischer Ebene zu äußern.

16 Vgl. u. a. den Artikel von Zvi Gitelman »Becoming Jewish in Russia and Ukraine« (105 ff.).

17 Die Einwanderung osteuropäischer Juden in den 1990er Jahren stellte, so meint der Historiker Arno Herzig, eine »große Herausforderung« (67) für die jüdischen Gemeinden dar, nicht nur weil die Mitgliederzahl durch sie von ca. 30.000 (68) auf 106.000 im Jahr 2018 vom Zentralrat der Juden in Deutschland vermerkte Mitglieder stieg (»Fragen zur jüdischen Gemeinschaft in Deutschland«), sondern auch weil die ›neuen‹ Juden aus Osteuropa »mit dem Judentum meist wenig zu tun« hatten und teilweise nach jüdischem Recht nicht einmal Juden waren (Herzig 68). Sie »nehmen zwar die sozialen Dienste der Gemeinden an, wollen aber ihre bisherige Lebensweise aufrechterhalten«, eine Tatsache, die »zwangsläufig das Gemeindeleben« verändert (Herzig 68).

18 Vgl. zu diesem Thema auch Jay Gellers und Leslie Morris' *Three-Way Street: Jews, Germans, and the Transnational* (261).

III.1 Auswahl der Autorinnen und Texte

Um vergleichbare Identitätskonstruktionen[19] aufzuzeigen, richtet sich die Auswahl der Texte nach vier Kriterien. Erstens sind alle drei Schriftstellerinnen aus Osteuropa nach Deutschland eingewandert und haben daher nach offizieller Definition einen sog. ›Migrationshintergrund‹. Zweitens schreiben sie ihre Texte auf Deutsch. Drittens gehören sie zur Neuesten Generation jüdischer deutschschreibender Autor*innen und ihre Werke sind zwischen 2010 und der Gegenwart entstanden. Viertens handelt es sich bei den zu untersuchenden Erzählungen um semi-autobiografische Texte.

Abschließend bleibt festzuhalten, dass alle Texte von Frauen verfasst sind und eine weibliche Sicht auf jüdisches Leben im heutigen Deutschland bieten. Dies geschah nicht, weil Geschlecht eines meiner Auswahlkriterien war, sondern weil männliche Stimmen, die die obigen Kriterien erfüllen, zum Auswahlzeitpunkt rar waren.

III.1.1 ›Migrationshintergrund‹

Seit dem Zusammenbruch der UdSSR entstand in Deutschland eine »prominenterweise osteuropäische(n) – jüdische(n) Diaspora« (Smola 107). Aus der Sozialisation in Osteuropa ergeben sich zwei für die Identitätsbildung der von dort eingewanderten Juden wichtige Besonderheiten, nämlich zum einen, dass in der ehemaligen Sowjetunion das Judentum als Volkszugehörigkeit und nicht als Religion galt, häufig verbunden mit vielfältiger Diskriminierung und zum anderen, dass ihnen eine religiöse jüdische Erziehung und das Wissen um jüdische Traditionen (Brumlik, »Kurze Geschichte« 197) vor der Migration nach Deutschland entsprechend weitestgehend fehlten.

Lena Gorelik gehört zu der jungen Generation von jüdischen Schriftstellerinnen. Sie wurde 1981 im ehemaligen Leningrad, dem heutigen St. Petersburg, geboren und immigrierte als sog. »Kontingentflüchtling«[20] (Grünhoff, »Lena Gorelik im Interview«) 1992 mit ihren Eltern, ihrem Bruder und ihrer Großmutter nach Ludwigsburg, Baden-Württemberg. Heute hat sie selbst zwei Söhne

19 Dass die Werke Identitätskonstruktionen beinhalten, ist das Basisauswahlkriterium.

20 Die offizielle Definition des Bundesamts für Migration und Flüchtlinge lautet: »Kontingentflüchtlinge sind Flüchtlinge aus Krisenregionen, die im Rahmen internationaler humanitärer Hilfsaktionen aufgenommen werden« (Bundesamt für Migration und Flüchtlinge, »Kontingentflüchtlinge«). Anders als andere Asylbewerber müssen Kontingentflüchtlinge »kein Asylverfahren durchlaufen, sondern erhalten direkt eine Aufenthaltserlaubnis« (Caritas, »Kontingentflüchtlinge«). Die Aufnahme von Juden aus Osteuropa wird von der deutschen Regierung als eine »Verpflichtung« (Herzig 68) empfunden, die sich aus der »Verantwortung für die deutsche Geschichte« (Belkin, »Jüdische Kontingentflüchtlinge und Russlanddeutsche«) ergibt.

und lebt in München (Frenkel, »Interview mit der Schriftstellerin Lena Gorelik«). Die beiden anderen jüdischen jungen deutschschreibenden Schriftstellerinnen haben einen ähnlichen Hintergrund und Bekanntheitsgrad[21] wie Gorelik.

Olga Grjasnowa wurde 1984 in Baku, Aserbaidschan geboren und kam 1996 nach Deutschland (Unsleber, »Autorin über unnütze Identitäten: ›Heimat ist eine Behauptung‹«). Sie lebt nun mit ihrem syrischen Mann und ihrer Familie in Berlin (Weise, »Olga Grjasnowa unterwegs in fremden Welten«).

Katja Petrowskaja wurde 1970 in Kiew geboren. Sie erhielt ihre Ausbildung in der ehemaligen Sowjetunion, studierte in Estland Literaturwissenschaften und promovierte in Moskau. In Deutschland arbeitet sie als Journalistin und Schriftstellerin. Anders als Gorelik und Grjasnowa kam sie erst 1999 nach Deutschland und lebt nun mit ihrer Familie in Berlin (Heimann, »Die deutsche Sprache kam einer Befreiung gleich«).

Eine sich in ihren Grundzügen ähnelnde Vita ermöglicht es mir, von vergleichbaren Ausgangssituationen der Autorinnen beim Verfassen der Texte auszugehen. Die Analyse der Identitätskonstruktionen zeigt, bei allen Übereinstimmungen und Unterschieden in der jeweiligen literarischen Darstellung jüdischer Identität in Deutschland, eine wichtige gemeinsame Tendenz auf, nämlich ein Bedürfnis der Protagonistinnen nach »Normalisierung« jüdischen Lebens in Deutschland. Was Normalität jeweils heißen soll, darauf wird bei der Untersuchung der Texte eingegangen.

III.1.2 Deutsche Textsprache

Die ausgewählten Autorinnen schreiben ihre Texte in der Sprache ihres Zuwanderungslandes, einer Sprache, die nicht ihre Muttersprache ist, nämlich in Deutsch. Obwohl oder möglicherweise gerade weil ihre Texte autobiografische Elemente enthalten, haben die Autoren nicht die Sprache ihrer Herkunftsländer[22] als Medium gewählt. Dieses Phänomen ist Teil eines selbstreflexiven Prozesses, der mit der identitätsstiftenden Wirkung von Sprache einhergeht und den »translingual novelist[s]« (Wanner, »Writing the translingual life« 141) hilft, ihren Platz in der neuen Gesellschaft zu finden. Als »translingual novelist«

21 Die Autorinnen gewannen bspw. die folgenden Literaturpreise (Isterheld 148): Olga Grjasnowa wurde mit dem Adelbert-von-Chamisso-Preis (2015), Longlist des Deutschen Buchpreises (2012), Anna-Seghers-Preis (2012) und Klaus-Michael-Kühne-Preis (2012) ausgezeichnet; Katja Petrowskaja mit dem Ingeborg-Bachmann-Preis (2013), aspekte-Literaturpreis (2014), Ernst-Toller-Preis (2015) und Schubart-Literaturpreis (2015) und Lena Gorelik mit der Longlist des Deutschen Buchpreises (2007), Friedrich Hölderlin-Preis (2009) und dem Ernst-Hoferichter Preis (2009).

22 In den Ländern der ehemaligen Sowjetunion, aus denen die Autorinnen stammen – Russland (Gorelik), der Ukraine (Petrowskaja) und Aserbaidschan (Grjasnowa) –, war Russisch die Lingua Franca, mit der sie aufgewachsen sind.

werden von Wanner diejenigen Schriftsteller*innen bezeichnet, die eine »narrative of the self for a foreign audience« konstruieren (»Writing the translingual life« 150). Das Erzählen ihrer Geschichte in der »non-native language« kann ein Sprachlern- und/oder Integrationsprozess sein, aber auch eine Suche nach »acceptance in the new environment« (Wanner, »Writing the translingual life« 150). Durch die deutsche Textsprache schreiben sich die Schriftstellerinnen in die Tradition der deutsch-jüdischen Literatur ein, und erreichen mit ihren Werken hauptsächlich die deutsche Leserschaft. Viele Faktoren spielen bei der Wahl der Textsprache eine Rolle: der Lebensmittelpunkt der Schriftsteller*innen, das Zugehörigkeitsgefühl/die Verortung in der Sprachgemeinschaft, der Schreibanlass bzw. gegebenenfalls die Botschaft an die Zielgruppe, aber auch die Bedingungen des Literaturbetriebs.[23] Verlage, Buchmarkt, Verkaufszahlen und Vermarktung durch Werbung sind an Sprache gekoppelt. Wie im Terminus Literaturbetrieb schon anklingt, geht es bei der Veröffentlichung der drei infrage stehenden Werke nicht nur um poetische bzw. ästhetische Kriterien, sondern auch um »mediale(n) und ökonomische(n), aber auch politische(n) oder juristische(n) Begleitumstände(n) der literarischen Produktion« (Richter 8). Literatur ist folglich kein in sich geschlossenes System, sondern auf Rezeption ausgelegt. Es besteht eine Interdependenz und bisweilen ein »Spannungsverhältnis« zwischen »Literatur und Betrieb« (Richter 8). Gemeint ist »der Konnex zwischen Kunst und Geld« (Richter 8). Wie der Literaturwissenschaftler Steffen Richter betont, lässt sich »Insbesondere die Gegenwartsliteratur« nicht »unabhängig von literaturbetrieblichen Umständen denken« (8), denn bspw. »Themen, Trends und Moden« (9) beeinflussen Angebot und Nachfrage auf dem Buchmarkt. Der sich in literarisch-ästhetische Texte kleidende Wunsch der Neuesten Generation jüdischer Schriftsteller*innen in Deutschland nach Normalisierung im Selbst- und dadurch auch im Fremdverständnis bedarf zu seiner Verwirklichung auch der deutschen Sprache.

Das Genre der drei infrage stehenden Texte spielt bei ihrer Einordnung in die Prozesse des Literaturbetriebs eine wichtige Rolle, und wird unter dem Unterpunkt Autofiktion gesondert behandelt.

23 Mit Literaturbetrieb ist die »Gesamtheit der Institutionen, Instanzen und Personen sowie ihrer Beziehungen untereinander, die Rahmenbedingungen für die Produktion, Distribution und Rezeption literarischer Texte« (Richter 8) gemeint.

III.1.3 Neueste Generation jüdischer deutschschreibender Autor*innen und Erscheinungszeitraum der Werke

Alle Autorinnen sind Angehörige der ›Neuesten‹ Generation (Gilman, »Becoming a Jew by Becoming a German« 16) jüdischer Schriftsteller*innen deutscher Sprache. Um möglichst aktuelle Einblicke in das jüdische Selbstverständnis zu erhalten, werden nur Texte analysiert, die zwischen dem Jahr 2010 und der Gegenwart veröffentlicht wurden. Bereits erwähnt wurde, dass die drei ausgewählten Schriftstellerinnen, wie der Großteil der derzeit in Deutschland lebendenden Jüd*innen, einen sog. osteuropäischen ›Migrationshintergrund‹ haben. Dieser ›Migrationshintergrund‹ der Autorinnen ist ein Grund für die Diskontinuität zwischen der Ersten und Zweiten[24] und der Neuesten Generation jüdischer Schriftsteller*innen in Deutschland.[25]

War die Erste Generation noch direkt betroffen vom Holocaust, hatte schon die Zweite Schriftsteller*innengeneration ihn nicht mehr direkt erlebt. Sie beginnt hauptsächlich in den 1980er Jahren zu schreiben. Der »Generationswechsel in den jüdischen Gemeinden und Institutionen in den 1980er Jahren«, ermöglichte neue »politische(n) und kulturelle(n) Aktivitäten der nachgeborenen jüdischen Generation« (Wirtz 153).[26] Die Dritte oder Neueste Generation unterscheidet sich allerdings von der Ersten und Zweiten:

> Junge Autoren und Autorinnen aus der zweiten Generation russisch-jüdischer Einwanderer[[27]] in die Bundesrepublik Deutschland legen die Grundsteine für ein neues deutsches Judentum und intonieren seine Leitmotive. (Brumlik, »Kurze Geschichte« 197)[28]

Was solche vom neuen deutschen Judentum – sprich den jüdischen osteuropäischen Einwanderern in die deutschen jüdischen Gemeinden – entwickelten Leitmotive in ihrer literarischen Ausprägung beinhalten, das werde ich mit meiner Analyse der Identitätskonstruktionen in den ausgewählten Texten punktuell aufzeigen. Die neuen Leitmotive, bzw. Identitätsbausteine – ethnische

24 Zur Zweiten Generation jüdischer Schriftsteller*innen in Deutschland zählen u.a. Barbara Honigmann, Rafael Seligmann, Katja Behrens und Maxim Biller.

25 Es sei angemerkt, dass schon die Einteilung jüdischer Schriftsteller*innen deutscher Sprache in ›Generation‹ nach dem Holocaust »problematisch« ist, weil sie diesen damit als neuen Ausgangspunkt jüdischen Schreibens in Deutschland festlegt und »die so Bezeichneten somit lediglich als Nachkommen der Opfer betrachtet werden könnten« (Fischer und Lorenz 329).

26 Ausgedrückt bspw. in Büchern, Zeitschriften, Theater, Musik.

27 Lena Gorelik und Olga Grjasnowa wanderten als Jugendliche mit ihrer Familie ein, der ersten Generation russisch-jüdischer Einwanderer, – nicht so Katja Petrowskaja, die als Erwachsene bewusst nach Deutschland kam.

28 Der Erfolg der jüdischen Literatur in Deutschland ist jedoch auch »einer allgemeinen, von der nicht-jüdischen Gesellschaft getragenen Neuentdeckung des Jüdischen« geschuldet (Wirtz 154).

und religiöse Identität, Genderidentität, Transnationalität, Sprache – ergeben sich aus biografischen Faktoren, die die jungen jüdischen Schriftstellerinnen der Dritten Generation gemeinsam haben: ihre Migrationserfahrungen, ihre Teilprägung im kommunistischen System, aber auch ihr Alter und ihre Ankunft/ihr Leben im Deutschland der Postwendeära. Ihre Herkunft aus Osteuropa, die eine andere Art von Trauma – das der kommunistischen Diktatur, der Entwurzelung, etc. – beinhaltet, heben sie und ihre Leitmotive zwangsläufig von den Leitmotiven der deutschen Juden der Nachkriegszeit ab, die den Holocaust und die darauffolgende Vergangenheitsbewältigung[29] und -aufarbeitung direkt in Deutschland miterlebt haben[30]. Zeitzeugen, d.h. Überlebende des Holocaust werden bald ausgestorben sein. Das Trauma der Juden verschiebt sich immer mehr auf Erinnerungen (vgl. u.a. Seufert, »Scheidende Zeitzeugen«). »Künstlerische Entwürfe von Nachgeborenen« (Fischer und Lorenz 329) halten für das kulturelle Gedächtnis die nationalsozialistischen Verbrechen an den Juden wach, wenn auch in veränderter Weise. Waren z. B. in der Zweiten Generation das »Aufspüren

29 Der »Terminus Vergangenheitsbewältigung« stammt aus der Bundesrepublik Deutschland, die sich nach dem Ende des Zweiten Weltkrieges als einziges demokratisches Land im 20. Jahrhundert (König et al. 10) die Aufgabe der Aufarbeitung der vorausgehenden Diktatur gestellt hat. Vergangenheitsbewältigung bezeichnet ursprünglich »einen ethisch-moralischen Umgang mit der Vergangenheit des Nationalsozialismus in Deutschland« und wurde zuerst auf den Umgang mit der DDR-Geschichte ausgeweitet und dann zu einer Gattungs- bzw. »Sammelbezeichnung« für die Auseinandersetzung von »demokratische[n] und auf die Menschenrechte verpflichtete[n] politische[n] Systeme[n] und Gesellschaften mit ihren durch Diktatur und Verbrechen gekennzeichneten Vorgängersystemen« und deren Folgen (König et. al. 7). Der Terminus ist jedoch immer wieder kritisiert worden, wegen der »mit dem Wortteil ›Bewältigung‹ verbundene[n] Implikation eines verändernden Handelns«, denn »Gegenüber der Vergangenheit sei überhaupt nur ein Bewerten, nicht ein Bewältigen denkbar« (König et. al. 8). Da die NS-Vergangenheit Deutschlands niemals endgültig zu bewältigen, also abzuschließen, sei, führte der deutsche Philosoph Theodor Adorno 1959 den Begriff der »Aufarbeitung der Vergangenheit« ein (10). Wie an den Holocaust erinnert werden soll, d. h. »Gedächtnis, Gedenken und Erinnerung« hängt ebenfalls mit der Aufarbeitung der Vergangenheit durch eine »transgenerationelle Übertragung psychischer Belastungen (auf Seiten der Opfer und auf Seiten der Täter)« zusammen, denn die »Generationszugehörigkeit« ist mit ausschlaggebend dafür, wem welche Aufgaben »auf den verschiedenen Gebieten der Vergangenheitsbewältigung« zukommen, z. B. der Bau von Gedenkstätten, Denkmälern, etc. (König et. al. 11).

30 Schrieb die Erste Generation jüdischer Schriftsteller*innen noch »Literatur über den Holocaust«, verlagerte sich der Fokus in der Zweiten Generation, die in den 1980er Jahren zu schreiben begann und zu der z. B. Rafael Seligmann, Barbara Honigmann, Esther Dischereit, Robert Menasse und Maxim Biller gehören, auf »Literatur nach Auschwitz« (Fischer und Lorenz 329). Ihre Leitmotive ergaben sich aus der bundesrepublikanischen Auseinandersetzung mit den nationalsozialistischen Verbrechen und mit ihrem Selbstverständnis als in Deutschland lebenden Juden. Schon in der Zweiten Generation war »das Ringen um eine eigene Identität als Jude und deutschsprachiger Autor nach dem Ende der deutsch-jüdischen Kultur im Holocaust, als Nachfahre der Opfer im Land (und in der Sprache) der Täter« der zentrale Schreibanlass (Fischer und Lorenz 329).

erlernter Verhaltensmuster der Deutschen gegenüber Juden« und das »Verhältnis zur Eltern-Generation und zu Israel« wichtige Leitmotive (Fischer und Lorenz 329), werden diese von der Dritten Generation, den jungen Autor*innen, zwar aufgegriffen, aber mit neuer mitunter gegensätzlicher Bedeutung gefüllt. Beklagen sich Autor*innen der Zweiten Generation bspw. noch über Antisemitismus und Rückstände der nationalsozialistischen Ideologie in der Gesellschaft, so kritisieren die Autor*innen der Dritten Generation auch dessen Umkehrung, den Philosemitismus[31]. Anklänge der Philosemitismuskritik gab es schon in der Zweiten Generation, bspw. in Henryk Broders *Der ewige Antisemit.* Obwohl schon die Zweite Generation »sich nicht mehr als Opfer begreifen will« (Fischer und Lorenz 330), hinterfragt sie noch die Entscheidung der Ersten oder Eltern-Generation nach dem Holocaust in Deutschland, dem Land der Mörder geblieben zu sein und »sich letztlich am ›Normalisierungsprozess‹ beteiligt zu haben« (330). Es ist – so werde ich zeigen – die Dritte Generation, die Normalisierung nicht mehr als Verrat am jüdischen Leiden ansieht, sondern sie bewusst, gewissermaßen als Überlebenstriumph einfordert!

III.1.4 Semi-autobiografische Texte

Alle Werke sind semi-autobiografische und zwar autofiktionale Texte, wie zu zeigen sein wird, d. h. sie haben eine Ich-Erzählerin, beziehen biografische Daten und Erfahrungen der Autorinnen in den Text mit ein, ohne klassische Autobiografien zu sein, die sich nur um Fakten, Authentizität und Wahrheiten bemühen, sondern geben auch der Fiktion Raum. In den Werken von Gorelik, Petrowskaja und Grjasnowa zeichnet sich der Wunsch ab, über den Holocaust hinaus Themen aufzugreifen, die das zeitgenössische deutschsprachige Judentum akut betreffen, wie z. B. die Suche nach Identität im Spannungsverhältnis zwischen Religion und ethnischer Abstammung, Anti- und Philosemitismus, Genderrollen und transnationale Zugehörigkeiten. Dafür ist die Mischung aus eigenen Erfahrungen und Fantasie, die die Autofiktion als Genre erlaubt, besonders wichtig. Der Raum zwischen Realität und Fiktion ermöglicht den Autorinnen über die eigene Person hinaus, vermeintliche Tendenzen ihrer Generation literarisch abzubilden und eine persönliche Vision/Vorstellung auf dem Umweg über die Protagonisten ihrer Texte für die Zukunft anzubieten. Darauf werde ich detaillierter bei der Klärung des Begriffs ›Autofiktion‹ eingehen.

---

31 Liegt der Fokus beim Begriff Antisemitismus auf der Ausgrenzung von Juden und deren vermeintlich negativen Eigenschaften, so meint der Begriff Philosemitismus umgekehrt, die eher unkritische Apologie der Juden und ihre Reduzierung auf positive Eigenschaften (Thurn 42).

III.2 Identität und Autofiktion

> Also adieu, schön zusammengefasste Einheiten von damals, welche die ›Realität‹ eines Lebens erfasst und garantiert haben. Was die Autobiographie betrifft, so ist die Autofiktion die einzig mögliche unwahrscheinliche Repräsentation, die von mir bleibt. (Doubrovsky, »Nah am Text« 127)

Die Frage nach dem Ich, die Dokumentation und Bewertung von Erfahrungen aus dem eigenen Leben, also die Suche nach der eigenen Identität bedarf für dessen Entfaltung eines Genres, das Schriftstellern*innen Struktur und Freiheit zugleich lässt. Das Genre der Autofiktion und die Konstruktion von Identität bedingen und ergänzen sich – so meine These – gegenseitig. In Autofiktion lässt sich Identität ausdrücken. Die Autorinnen haben die Freiheit, ihre eigne Persönlichkeit, ihre Identität, darzustellen, ohne an Authentizität gebunden zu sein.[32] Um in jedem Werk einzeln aufzudecken, auf welche ganz eigene Weise jüdische Identität bei den Protagonist*innen konstruiert wird – ob als Hauptschreibanlass (Gorelik), als Nebenprodukt der Selbstfindung (Petrowskaja) oder als gesellschaftspolitisches Statement (Grjasnowa) –, bediene ich mich zunächst der Untersuchungsmethode des phänomenologischen Vorgehens, d. h. ich suche in jedem Text nach den immanenten Konstruktionselementen für Identität bevor ich aus den Analyseergebnissen Antworten auf meine Forschungsfragen ableite.[33] Um offen zu bleiben für die Unterschiede zwischen den Werken, lege ich

32 Doubrovsky beschreibt die besondere Verbindung zwischen Autofiktion und Identität folgendermaßen: »Die Autofiktion wird die Kunst sein, etwas aus den Resten [Fragmente, unvollständige Teile der Persönlichkeit] herzustellen. Wie die Psychoanalyse, übrigens, die mit Hilfe der Theorie ihre eigene Konstruktion schafft« (»Nah am Text« 128). Autofiktion verstehe ich folglich als eine Kunstform, zur schriftlichen Konstruktion der eigenen Identität in einem Text.

33 Ich stütze mich in einem ersten Schritt wie bei der werkimmanenten Textanalyse auf »Strukturen und Motive innerhalb der Textwelt« (Jeßing und Köhnen 291). Dabei soll angemerkt sein, dass ich – dem Strukturalismus folgend – keinen Anspruch auf eine »›correct‹ explication« erhebe, die dieser Literaturtheorie nach Text und Autor*in nicht zukommt (Guerin et al. 238). Mit den Poststrukturalisten erkenne ich an, dass die Texte selbst als »subversively undermining an apparent or surface meaning« verstanden werden müssen und sich daher »any final explication or statement of meaning« entziehen (Guerin 255). Um jedoch in einem weiteren Schritt Schlüsse daraus ziehen zu können, lege ich meiner Analyse folgendes Textverständnis zugrunde: Ich verstehe Texte »as an embedded and continually emergent phenomenon, require to be studied in context, as an activity rather than as a finished product; in many cases they [texts] need to be understood as performance, as part of a ritual, festival, social event or interpersonal exchange, or as an intervention in an ongoing political or cultural argument. They need to be understood as forms that are differentiated and marked out for attention through certain strategies, both internal (strategies of composition) and external (modes of institutionalization, circulation, reception): that is to say, they need to be understood as socially constituted genres« (Barber 70). Die in dieser Analyse infrage stehenden Texte werden von mir als Antworten oder »intervention in an ongoing political or cultural argument«, nämlich die anhaltende Diskussion um den Holocaust, die

meiner Untersuchung zwar keine fixe Definition von Identität zugrunde, nutze aber mein Vorverständnis des Begriffs als Arbeitsgerüst. In dem Bemühen zu erfassen, was denn Identität überhaupt heißen kann und, welche Wünsche in Bezug auf das Leben in Deutschland in der Neuesten jüdischen Schriftsteller*innengeneration mit Hilfe autofiktionaler Texte, d.h. der literarischen Identitätskonstruktionen geäußert werden, folge ich dem Soziologen Heinz Abels. Dieser nähert sich einer Identitätsbestimmung mit den Fragen an, »Wie bin ich geworden, was ich bin?«, »wer will ich sein?«, »Was tue ich?«, und »Wie sehen mich die anderen?« (Abels 16). Damit nehme ich Identität als dynamisches Konstrukt an, als die, wie Abels sagt, »andauernde Arbeit an einem Bild, wer wir sein wollen« (16). Oder mit der Diskursanalytikerin Terry Threadgold (5) ausgedrückt, verstehe ich »Identität« als eine Pluralität von sich ständig verändernden Selbstverständnissen, die diskursiv ›konstruiert‹ und ›verhandelt‹ werden.[34] Ebenfalls verstehe ich Identität als »Differenzbegriff«, nach dem die Selbstkonzeption aus der Differenz zwischen Eigen- und Fremdwahrnehmung und/oder Differenz zwischen Selbstbild und gesellschaftlichen, bzw. sozialen »Möglichkeiten und Anforderungen« (Abels 14) resultiert. Diesen Arbeitsbegriff verwende ich zum besseren Erkennen der von den Autorinnen benutzten Konstruktionsmerkmale von Identität. Da ich davon ausgehe, dass die Identitätsbildung ein dynamischer Prozess ist und Identitäten veränderlich sind, so gelten die Identitätskonstruktionen in den untersuchten Texten für den bestimmten Zeitraum, in dem sie verfasst wurden. Der Gebrauch des Genres der Autofiktion lässt eine teilweise Vermischung von Autor*innen- und Protagonist*innenpersönlichkeit zu, besteht geradezu daraus. Meine These lautet daher: Im Zeitraum ihrer Konstruktion geben die Befindlichkeiten der Protagonistinnen auch ausschnitthaft Hinweise auf das Verhältnis der Autorinnen zu ihrem Zuwanderungsland, richten den Scheinwerfer darauf, ob und inwieweit sich jüdisches Selbstverständnis in der Literatur von einer »negativen Symbiose« mit Deutschland entfernt hat.

Jede der drei Autorinnen benutzt die Literaturkategorie des *Life Writing*,[35] spezifisch deren Sonderform Autofiktion,[36] auf ihre Art als Hilfsmittel zur

---

deutsche Schuld und die damit verbundene gesteigerte Aufmerksamkeit für jüdisches Leben in Deutschland gelesen.

34 »›identity‹ is discursively produced, and that it is *not one*; that it is a network of multiple positions, constructed in and through many chains of signification, always realized in texts, [...], read and written [...]« (Threadgold 5).

35 *Life Writing* wird in dieser Arbeit mit Kadar nicht nur als Genre, sondern auch als kritische Praxis verstanden, »[that] encourages (a) the reader to develop and foster his/her own self-consciousness in order to (b) humanize and make less abstract ... the self-in-the-writing. Thus, there are many forms, or genres, in which a reader may glean this written self, but we usually think immediately of autobiography, letters, diaries, and anthropological life narratives, genres in which the conventional expectation is that the author does not want to

Identitätskonstruktion. Auf die Frage, wo die drei Werke im allgemeinen Kontext der deutsch-jüdischen Literatur einzuordnen sind, werde ich im IV. und letzten Teil dieses Kapitels näher eingehen. Zunächst erwarte ich mir von der folgenden Genrebestimmung einen Einblick, nicht nur in die Identität der Protagonistin des Werkes, sondern auch der Autorin, denn gerade in autofiktionalen Texten sind Autor*in und Protagonist*in nicht strikt zu trennen. Serge Doubrovsky, Autor und Namensgeber der Autofiktion, beschreibt diese Vermischung von Autor*innen- und Protagonist*innenpersönlichkeit wie folgt:

> Mein Konzept der Autofiktion ist nicht jenes von Vincent Colonna, ein ›literarisches Werk, in dem sich ein Schriftsteller eine Persönlichkeit und eine Existenz erfindet, während er seine tatsächliche Identität bewahrt (seinen richtigen Namen)‹. Die hier in Frage stehende Persönlichkeit und Existenz ist die meine, und die jener Personen, die mein Leben teilen. (Doubrovsky, »Nah am Text« 128)

Diese Vermischung der echten und der literarischen Person wird von Seiten der infrage stehenden Autorinnen zumindest in Kauf genommen, um nicht zu sagen bewusst geschaffen, z. B. um Wünsche, Einschätzungen, Botschaften der Öffentlichkeit zu übermitteln oder/und um ein besseres Kaufergebnis ihrer Bücher zu erzielen.[37] So wird im Literaturbetrieb diese Verquickung auch zur Vermarktung genutzt, denn besonders bei Autor*innen, die einer Minderheit angehören, besteht seitens der Öffentlichkeit ein verstärktes Interesse an ›authen-

---

pretend he/she is absent from the text. Add to these original life-writing genres the fictionalized equivalents, including self-reflexive metafiction, and life writing becomes both the ›original genre‹ and a critical comment on it, and therefore the self-in-the-writing« (12). Als Unterform dieses selbst-referierenden und -reflektierenden Genres erlaubt Autofiktion die Mischung von Fakt und Fiktion und ermöglicht den Autorinnen dadurch eine künstlerische Freiheit beim Erzählen über das eigene Leben, die z. B. die Autobiografie aufgrund ihres Anspruchs auf Faktizität/Nachweisbarkeit der Ereignisse nicht bieten kann.

36 Der Begriff geht auf den Franzosen Serge Doubrovsky (1977) zurück, der innerhalb der Literatur allgemein keine klare Abgrenzung zwischen Fiktion und Realität für möglich hält (»Fils« 10) und aus dieser Annahme einen neuen Gattungsbergriff formt. In seinem 2008 erschienen Artikel »Nah am Text« definiert Doubrovsky Autofiktion folgendermaßen: »Fiktion strikt realer Ereignisse und Fakten« (128). In Anspielung auf Philippe Lejeunes »The Autobiographical Pact« (1989) nennt er autofiktionale Werke »nicht Autobiografien, nicht ganz Romane, gefangen im Drehkreuz, im Zwischenraum der Gattungen, die gleichzeitig und somit widersprüchlich den autobiographischen und den romanesken Pakt geschlossen haben« (Doubrovsky, »Nah am Text« 126). Er schreibt weiter, dass anders als bei der Autobiografie, die nur über »Berühmtheiten« geschrieben würde, könne jeder sein eigenes Leben »interessant« machen (Doubrovsky, »Nah am Text« 123), indem er/sie die Lebensdaten/-fakten versprachlicht und im Text bewusst formuliert und arrangiert (131). Durch den Prozess des Durchdenkens, Arrangierens und sprachlich Formulierens kommt der Aspekt der Fiktion zum autobiografischen Schreiben hinzu (Doubrovsky, »Nah am Text« 131).

37 Nach dem Literaturwissenschaftler Adrian Wanner nutzen zugewanderte Schriftsteller*innen ihre »exotic aura« und ihren Status als »cultural outsider(s)« (»Out of Russia« 6) als »precious resource for a creative writer, especially in an environment that validates ›multiculturalism‹ or ›hybridity‹ in whatever guise« (8).

tischen‹ Inhalten (Wanner, »Out of Russia« 6).[38] Der Leserschaft wird freigestellt selbst zu entscheiden, ob sie den Text als Roman oder als Autobiografie, als Fiktion oder Fakt oder eben als Mischung von beiden lesen will. Die Hinweise auf autobiografische Elemente eines Werkes beeinflussen allerdings die Leseerwartung, denn sie dienen als »Rezeptionsvorgabe« fürs Publikum (Krumrey 100).[39] Bilden die Autor*innen das eine Ende oder den Ursprung der Kette der »Mitspieler im literarischen Betrieb« (Richter 9), so sind die Leser*innen das letzte Glied dieser Kette. Zwischen den beiden Polen liegen die Literaturförderung mit ihren Preisen und Stipendien, die Verlage als »Produktion« mit Lektorat, Werbung, Vertrieb und Lizenzen, der Buchhandel als »Distribution« mit Buchmessen und -geschäften und die Literaturkritik als »Rezeption« und mit ihr die Universitäten, Schulen, Literaturhäuser, Archive und Museen (Richter 9). Das Genre der Autofiktion und die dadurch entstehende bewusste Vermischung, bzw. ausbleibende Abgrenzung zwischen Autor*in und Text wird von den Gliedern der Kette, die sich Literaturbetrieb nennt, genutzt, denn sie gibt Texten den Anschein von besonderer Glaubwürdigkeit, da sie trotz ihrer Fiktionalität auf ›wahren‹ Erlebnissen beruhen.

Als Gattung beschreibt die Autofiktion eine Hybridform aus Fiktion und Autobiografie[40] und lässt sich von letzterer und deren verwandten Formen durch mehrere Merkmale abgrenzen. Ich schließe mich Gasparini (12) dahingehend an, dass ein Text dreierlei Kriterien zu erfüllen hat, um als autofiktional gelten zu können: Erstens muss der Text eindeutig als literarischer Text identifizierbar sein, denn die »Autofiktion wird über den Kanal der Schrift ihren eigenen Text produzieren« (Doubrovsky, »Nah am Text« 128) bspw. durch literarischen Stil,[41]

38 Die Germanistin Chantelle Warner hält bezüglich des Interesses seitens der Leserschaft an authentischem Inhalt ebenfalls fest, dass das »desire to equate or, at the very least, relate the narrating voice and the author is particularly prevalent among books with authors who are considered to represent a particular social group and whose sense of self is self-consciously linked to a collective identity« (3).

39 Die Germanistin Martina Wagner-Egelhaaf spricht von einem »›Angebot‹« des Textes an die Leser*innen, ihn als autobiografisch oder fiktional zu lesen, dass die Debatte um Autofiktion »von einem essentialistischen Gattungsverständnis hin zu einer rezeptionsästhetischen Entscheidung« verlagert (11). Da ich davon ausgehe, dass die von mir untersuchten Autorinnen in ihren Werken zeitgenössische deutsch-jüdische Identitätskonstruktionen einer breiten Leserschaft zugänglich machen wollen, erscheint der rezeptionsästhetische Ansatz für meine Studie ergiebig.

40 Lejeune definiert diesen Begriff als »*Retrospective prose narrative written by a real person concerning his own existence, where the focus is his individual life, in particular the story of his personality*« (4) und nennt die folgenden der Autobiografie verwandten Genres von »personal literature« (12): »memoirs«, »biography«, »personal novel«, »autobiographical poem«, »journal / diary«, »self-portrait or essay« (4).

41 Die Schrift der Autofiktion »wird entschieden romanesk sein, im modernen Sinne, offen für verschiedene, abweichende, poetische Äußerungen, ›das Abenteuer der Sprache‹, wie ich es genannt habe« (Doubrovsky, »Nah am Text« 128).

Struktur oder Elemente, die auf künstlerische Freiheit schließen lassen[42] und/oder durch die direkte Kennzeichnung des Textes als fiktiv mit Hilfe des Untertitels.[43] Zweitens muss eine personale Einheit zwischen Autor*in, Hauptfigur und Erzähler*in bestehen[44] und eine eindeutige Übereinstimmung zwischen Ereignissen aus dem Autor*innenleben und Begebenheiten aus dem Leben der/des Hauptfigur/Erzählers.[45] Von besonderer Bedeutung für diese Studie ist, dass autofiktionale Texte zwar einen klaren Bezug zur Person der Autor*innen aufweisen, aber diese nicht als deckungsgleich mit der literarischen Hauptfigur des Buches anzusehen ist, bzw. der »textexterne Autor kann jedoch nicht mit der realen Person gleichgesetzt werden, die hinter dem Autor-Namen steht« (Krumrey 28). Gerade diese nicht eindeutige Abgrenzbarkeit zwischen Autor*in und Ich-Erzähler*in, die allen hier besprochen Werken gemein ist, macht das ›Mischgenre‹ der Autofiktion interessant für diese Arbeit. Die drei Werke sind in die Grauzone zwischen Realität und Fiktion einzuordnen, da die Autoren keinen direkten Anspruch auf die strikte Wiedergabe realer Ereignisse erheben, ihre Texte aber dennoch wichtige Eckdaten ihres eigenen Lebens aufgreifen und zum Mittelpunkt der Erzählungen machen. Drittens muss der Text einen »strong psychoanalytical angle« (Schmitt 126) im Sinne einer starken selbstreflexiven und selbstanalytischen Komponente,[46] haben.[47] Allerdings sind der kreativen

42 Durch Sprache wird eine Verschmelzung der Erinnerungen und Erfahrungen des Autors mit erfundenen Ereignissen vorgenommen (James-Dunbar, »Authentic Violence«). Der Sprache und Gestaltung des Textes kommt bei der Autofiktion eine wichtige Rolle zu, denn nur durch sie (Wortwahl, Ausdrucksweise, etc.) wird eine Zwischenwelt geschaffen, in der das Ich/Selbst mit künstlerischer Freiheit analysiert und beschrieben werden kann (James-Dunbar, »Authentic Violence«).

43 Literaturwissenschaftler*innen wie Birgitta Krumrey nennen auch den Untertitel als Merkmal für Autofiktion, da er auf »eine literarisch konventionalisierte Textform« hindeutet (174). Beispielsweise die Kennzeichnung des Textes durch den Untertitel »Roman« weist den Text eindeutig als fiktional aus. Auch der Klappentext spielt bei der Weckung der Leseerwartungen eine wichtige Rolle, wenn z. B. darauf hingewiesen wird, dass es um biografische Daten des Autors geht (Krumrey 100). Auch ich nehme daher Untertitel und Klappentext in meine Untersuchung mit auf, da sie bei allen drei Autorinnen eine wichtige Rolle bei der Genrekennzeichnung ihrer Texte spielen.

44 Lejeune nennt diese Einheit im Zusammenhang mit seiner Definition der Autobiografie den ›autobiographischen Pakt‹ (14).

45 Die Erzählperspektive betreffend, bedeutet dies, dass die homodiegetische Erzählweise in autofiktionalen Texten zwar überwiegt, aber nicht bindend ist. Den Autor*innen geht es nicht darum, »die Grenzen einer auf Wahrheit angelegte[n] Lebensbeschreibung zu problematisieren«, sondern vielmehr um die »Inszenierung ihrer Person« (Krumrey 13).

46 Obwohl bei der Leserschaft ein besonderes Interesse an Wahrheiten und Fakten in literarischen Texten besteht (Schmitt 122), sind die Autor*innen bei Autofiktion keiner Wahrheit verpflichtet, sondern frei in der erzählerischen Erkundung seines Selbst.

47 Doubrovsky schreibt, Freuds Psychoanalyse habe »auch die autobiografische Landschaft verwüstet«, denn: »Wie soll man sich ein Leben aus schönen Erinnerungen schaffen, wenn davon ein gut[er] Teil nur ›Deck-Erinnerungen‹ sind, die mich vor mir selbst verbergen. Das

Freiheit des Autors beim Genre der Autofiktion auch Grenzen gesetzt: Die Fiktion darf nicht so weit gehen, dass die oben erwähnten Parallelen zwischen den Eckdaten in der Erzählung und denen im Leben des Autors so verfremdet werden, dass sie nicht mehr wahrnehmbar sind (Krumrey 28). Diese Mischung, aus dem der Autobiografie eigenen, häufig kritisierten Anspruch auf Authentizität[48] und der Fantasie des Autors, bietet – so meine These – einen fruchtbaren Interpretationsansatz für die Identitätskonstruktionen in den ausgewählten Texten. Ich zeige, dass die Autofiktion eine besonders wirkungsvolle Literaturform für Identitätsverhandlung ist, da die literarischen Identitätskonstruktionen sowohl individuell als auch kollektiv sind – nämlich die Erfahrungen einer Generation mit ähnlichem Hintergrund beschreiben, die der Kontingentflüchtlinge. Die Mischung aus Fakt und Fiktion bei der Beschreibung zeitgenössischen jüdischen Selbstverständnisses in Deutschland variiert folglich zwar von Autorin zu Autorin, ist aber dennoch ein Stück weit als kollektive Erfahrung auch generalisierbar. Gerade die Kombination aus selbsterlebten Erfahrungen und der künstlerischen Freiheit der eigenen Vorstellungskraft – nämlich die eigene Interpretationsfreiheit des »Verhältnis(ses) der Literatur zur Wirklichkeit« (Landwehr 492) im Sinne einer Ablösung von einem strikten Wahrheitsbegriff – erlaubt den Autorinnen jüdische Identität in Deutschland aus ihrem persönlichen Blickwinkel zu beschreiben. Das bedeutet, dass sie ihre Literatur nicht als »wahre Rede« auffassen, sondern sie als »für Schreibende unumgängliche Ausdrucks- und Bewältigungsform« nutzen (Landwehr 492). Das Genre der Autofiktion ermöglicht ihnen eine Autobiografie ohne die Einschränkung der absoluten Faktenbasiertheit. Gerade wenn Identität verstanden wird als sich im konstanten Wandel und Abgleich mit der Außenwelt/einem (imaginierten) Gegenüber bildend, also aus der Differenz zu anderen entstehend, ist die Freiheit eines So-hätte-es-gewesen-sein-können bzw. -sollen (oder so sollte es sein!), meiner Ansicht nach – der Schlüssel zu einem allgemeineren, nicht nur persönlichen Einblick der Autor*innen/Protagonist*innen in Tendenzen der zeitgenössischen deutsch-jüdischen Identität. In Bezug auf die Bausteine jüdischer Identität im heutigen Deutschland ist dieses extra Fünkchen Glaubwürdigkeit, das ein semi-autobiografischer Text mit sich bringt, besonders wirksam, lässt es doch z.B. nicht-jüdische interessierte Leser*innen annehmen, tatsächliche und nicht nur ausgedachte Informationen über jüdisches Leben, das für viele nicht im Alltag präsent, bzw. als solches erkennbar ist, zu erhalten.

Ich, sei es komplex oder widersprüchlich, vermag nicht mehr Akteur des Lebens und Autor der Erzählung zu sein: Da ist es, eingezwängt zwischen seinen Rollen, zwischen Es und Über-Ich« (»Nah am Text« 126).

48 U.a. hat Roland Barthes sich gegen jeglichen Anspruch auf Wahrheit in biografischem Schreiben ausgesprochen, denn »any biography is a novel which dares not speak its name« (Barthes, »Responses« 249).

III.3 Identitätsmerkmale

Anders als in den beiden Generationen davor[49] sind in der Dritten Nachkriegsgeneration jüdischer Schriftsteller*innen in Deutschland männliche Stimmen zu zeitgenössischer jüdischer Identität rar. Nur drei männliche jüdische Autoren schreiben prominenterweise seit der Jahrtausendwende mitunter zum Thema Identität: Wladimir Kaminer und Maxim Biller müssen als zwei männliche jüdische Autoren mit osteuropäischen Wurzeln erwähnt werden, die auch autofiktionale Texte geschrieben haben, die ich aber beide aus unterschiedlichen Gründen nicht in meine Auswahl aufgenommen habe. Biller zählt meiner Meinung nach nicht zur Neuesten, sondern zur Zweiten Generation jüdischer Schriftsteller*innen nach 1945.[50] Kaminer beschäftigt sich zwar mit Identität, jedoch hauptsächlich mit russisch-deutscher und multikultureller und nicht mit jüdischer.[51] Der dritte Autor, Benjamin Stein, würde zwar thematisch gut in meine Auswahl passen, da er sich mit jüdischer, insbesondere orthodoxer Identität im heutigen Deutschland auseinandersetzt. Seine Werke fallen für mich jedoch nicht in das Genre der Autofiktion.[52] Heutzutage über jüdische Identität

49 In der Ersten Generation jüdischer Schriftsteller*innen nach 1945 schrieben bspw. Edgar Hilsenrath, Erich Fried und Jurek Becker über jüdisches Leben im deutschsprachigen Raum nach dem Holocaust. Die Zweite Generation brachte namhafte Schriftsteller wie Chaim Noll, Maxim Biller, Doron Rabinovici, Rafael Seligmann und Robert Schindel hervor.

50 Maxim Biller wurde 1960 in Prag geboren, wanderte 1970 nach Deutschland ein und trug maßgeblich zur literarischen und politischen Debatte in den 1990ern und frühen 2000ern bei. Er zählt daher für mich zur Zweiten Generation jüdischer Schriftsteller*innen, deren Haupttenor die Auswirkung des Holocaust auf die deutsch-jüdische Identität ist. Vgl. bspw. *Der gebrauchte Jude* (2009) und *Deutschbuch* (2001), *Land der Väter und Verräter* (1994), *Die Tempojahre* (1991) von Maxim Biller, *Nachtgedanken über Deutschland* (1992) von Chaim Noll, *Die Suche nach M* (1997) von Doron Rabinovici, *Mit beschränkter Hoffnung* (1991) von Rafael Seligmann oder *Gott schütze uns vor den guten Menschen* (1995) von Robert Schindel.

51 Wladimir Kaminer wurde 1967 in Moskau geboren und wanderte 1990 noch in die DDR ein (Kaminer 11). Er gehört laut Sander Gilman (»Becoming a Jew by Becoming a German« 16) zur Neuesten Generation jüdischer Schriftsteller*innen in Deutschland und wird von ihm zur Jahrtausendwende als »›hottest‹ of the ›cool‹ multicultural Jewish writers« (22) beschrieben. Da ich zeitgenössische Werke untersuchen möchte, die jüdische Identität in Deutschland beschreiben und nach 2010 erschienen sind, nehme ich Kaminer nicht in die Untersuchung auf. Ein weiterer Grund für diese Entscheidung klingt bei Gilman schon an. Kaminer beschreibt in seinen Werken hauptsächlich eine multikulturelle, russische Identität und erwähnt sein Judentum nur bspw. im einleitenden Kapitel zu seinem ersten Buch *Russendisko* (2000) oder flüchtig in *Militärmusik* (2001). Danach scheinen die Referenzen zum Judentum völlig aus Kaminers Schreiben zu verschwinden (vgl. Gilman, »Becoming a Jew by Becoming a German« 24).

52 Ein weiterer zeitgenössischer Autor, der zum Thema Judentum in Deutschland schreibt und der an dieser Stelle Erwähnung finden soll, ist Benjamin Stein. Er wurde 1970 in Ost-Berlin geboren und studierte Judaistik und Hebräisch. Neben seinem Debütroman *Das Alphabet des Juda Liva* (1995) gilt insbesondere *Die Leinwand* (2010) als jüdischer »Identitätsroman« (Hirsch, »Für meines Autors Gleichung gibt es viele Lösungen«). Obwohl Stein als »deutscher Schriftsteller

zu schreiben, ist offenbar ein Stück weit ›Frauensache‹. Innerhalb der Analyse der Identitätskonstruktionen in den drei Werken bekommt die Untersuchung des Gender-Aspektes daher ein besonderes Gewicht.

Welches Selbstverständnis verleihen also diese drei in Deutschland lebenden auf Deutsch schreibenden jüdischen Schriftstellerinnen den Hauptfiguren ihrer Werke und welches Verhältnis zu Deutschland lässt sich für den Zeitraum, in dem die Werke entstanden sind, tendenziell aus deren Identität ablesen? Deutschland ist für die Autorinnen das Land, in dem sie gern oder zumindest aus freien Stücken leben, für Gorelik und Petrowskaja ist es sogar ihr Zuhause. Zwar lassen Petrowskaja und Grjasnowa ihre Protagonistinnen nicht explizit – wie Gorelik – eine ›Liebeserklärung‹ für Deutschland abgeben, aber auch für diese ist Deutschland, trotz der Möglichkeit in anderen Ländern zu leben, ihre Wahlheimat. Der Holocaust steht bei den Identitätskonstruktionen nicht mehr im Mittelpunkt, so meine These, denn andere Merkmale spielen eine wichtigere Rolle im alltäglichen Selbstverständnis der Protagonistinnen der Neuesten Schriftsteller*innengeneration. Bei der Analyse der einzelnen Werke in Hinblick auf diese These nehme ich zunächst für die Texte eine Genrebestimmung vor und untersuche dann jeden Text auf die Merkmale hin, mit denen die einzelnen Autorinnen Identität konstruieren. Ich benutze die Begriffe Intersektionalität, Gender und Transnationalität zur Erkundung der Identitätskonstruktionen, um ein vergleichbares Untersuchungsgerüst zu haben. Sie scheinen mir am ergiebigsten zu sein, die neuen Leitmotive dieser Generation von Schriftstellerinnen aufzudecken. Dabei ist es durchaus möglich, dass die Verfasserinnen Identitätsmerkmale verwenden, die sich nicht mit solchen Begriffen erfassen lassen. Ich verwende diese folglich nicht zur Vorwegnahme der Identitätsmerkmale, sondern als Einordnungsbegriffe, die mir deren Erkundung erleichtern.

III.3.1 Intersektionalität

Das Konzept der Intersektionalität stammt ursprünglich aus der afroamerikanischen Frauenbewegung gegen Diskriminierung.[53] Bürgerrechtlerin Kimberlé Crenshaw, auf die der Begriff »intersectionality« zurückgeht, hielt 1991 fest, jeder Diskurs über Identität müsse berücksichtigen, dass sich bei der Konstruktion von

---

und orthodoxer Jude« beschrieben wird (Mangold, »Religion ist kein Wunschkonzert«), ist über seine Biografie zu wenig bekannt – er wechselte mit 16 seinen Namen und wird auch »Biographie-Konstrukteur« genannt (Mangold, »Religion ist kein Wunschkonzert«) –, um seine Texte als autofiktional bezeichnen zu können.

53 Schwarze Frauen werden aufgrund ihrer Hautfarbe und ihres Geschlechts als doppelt diskriminierungsgefährdet beschrieben (Crenshaw, »Why intersectionality can't wait«).

Identitäten viele Diskriminierungsfaktoren überschneiden und kreuzen (1299).[54] Sie führte Hautfarbe, Geschlecht, sexuelle Orientierung und Zugehörigkeit zu einer sozialen Schicht als Merkmale an, aufgrund derer Menschen von bestimmten Gruppen oder Dingen ein- bzw. ausgeschlossen werden (1242). Lange Zeit, so Crenshaw, hätten sowohl Anti-Rassismus Aktivist*innen als auch Frauenrechtler*innen die Diskriminierung schwarzer Frauen wegen ihrer Hautfarbe und ihres Geschlechts als separate Phänomene betrachtet und deren Überschneidung übersehen (1242f.).

Mit dem Konzept der Intersektionalität wird inzwischen nicht nur versucht, Kategorien der Diskriminierung wie race, class und gender, die wiederum »einem historischen Ort, einer spezifischen Gesellschaftsstruktur« entstammen (Eisen et al. 5), aufzudecken, sondern es dient auch dazu, persönliche bzw. Gruppenidentitäten zu erfassen.[55] Neueste Ansätze gehen über diese drei Kategorien – Rasse/ethnische Herkunft (»race«), Schichtzugehörigkeit und Geschlecht – hinaus und beziehen, z. B. nach Gopaldas (91), ganz unterschiedliche Faktoren wie Religion, Nationalität, Ethnizität, Staatsangehörigkeit, aber auch Alter, Attraktivitäts- oder Bildungsgrad, sexuelle Ausrichtung, usw. in ihre Definition von Intersektionalität mit ein (vgl. u. a. Eisen et al. 4). Intersektionalität ist eine fruchtbare Analysegrundlage für meine Studie, da man sich trotz aller Differenzen in der sozialwissenschaftlichen Forschung insofern einig ist, als ethnische Herkunft, Schicht und Geschlecht als wesentliche identitätsstiftende Merkmale angenommen werden.[56] Des Weiteren haben intersektionale Analysekategorien »einen hohen heuristischen Wert, um soziale Ungleichheiten und daraus erwachsende Herrschaftsstrukturen zu erfassen« (Eisen et al. 27).[57] Intersektionale Merkmale wie soziale Schicht (class), ethnische Zugehörigkeit (race) und Geschlecht (gender) sind maßgeblich an der Bildung von Schnittmengen oder/und an einem gemeinsamen intersektionalen Ganzen, nämlich der Identität beteiligt. Auswahlkriterium für die drei semi-autobiografischen Werke war ihr Entstehen in vergleichbaren Kontexten: Sie sind von Autorinnen verfasst,

54 Im Diskurs um den Begriff »identity politics« und um die Rechte schwarzer Frauen stellt Crenshaw die Frage, ob nicht »any discourse about identity has to acknowledge how our identities are constructed through the intersection of multiple dimensions« (1299).

55 Intersektionalität wird auch hier definiert als »interactivity of social identity structures such as race, class, and gender in fostering life experiences, especially experiences of privilege and oppression« (Gopaldas 90).

56 Vgl. u. a. Gopaldas oder Susanne Hochreiter, »Race, class, gender? Intersectionality trouble«.

57 Für meine Studie hat Intersektionalität einen besonderen Wert, denn »Eine intersektionale Hermeneutik stellt somit Analyseinstrumentarien bereit, die Marginalisierungen, Privilegierungen und Hierarchisierungen und die sie hervorbringenden Diskurse entschleiern« (Eisen et al. 29). Eine solche Forderung nach Analyse und Bewusstmachung der Zuschreibung von Rollen (Opfer/Täter) im deutsch-jüdischen Verhältnis von außen durch die Gesellschaft klingt in den analysierten Texten immer wieder an.

die alle drei einen sog. ›Migrationshintergrund‹ haben, Jüdinnen sind und aus vergleichbaren sozialen Herkunftsschichten stammen, bzw. selbst ähnlichen Bildungsschichten angehören.[58] Ich untersuche unter der Annahme, dass es per se kein homogenes Ganzes – das der ›jüdischen Identität‹ – gibt, Text für Text, inwieweit die Autorinnen ein je eigenes literarisches Konstrukt, das persönliche Selbstverständnis der weiblichen Protagonisten aus Schnittmengen von Gender, Ethnizität, Religion, Schichtzugehörigkeit, aber auch möglichen anderen Merkmalen erschaffen haben und welche Diskriminierungserfahrungen in diese Identitätskonstruktionen eingegangen sind. Obwohl ich in intersektionaler Hinsicht eine relativ homogene Gruppe von Autorinnen ausgesucht habe, unterscheiden sich die Merkmale, mit denen Identität in den jeweiligen Texten konstruiert wird, teilweise beträchtlich. Dieses Ergebnis spricht für das Element des »Verhandelbaren«, das intersektionaler Identität zugrunde liegt und ein Merkmal der literarischen Identitätsmuster dieser Jahre ist.

III.3.2 Gender

Wie bereits bei Punkt III.1 »Auswahl der Autorinnen und Texte« erwähnt, sind es in dem von mir untersuchten Zeitraum jüdische Autorinnen, nicht Autoren, die sich in ihren literarischen Texten mit zeitgenössischer jüdischer Identität befassen – ein Fakt, der dem Genderaspekt in meiner Untersuchung der Identitätskonstruktionen eine zusätzliche Bedeutung verleiht. Die Art und Weise der Gestaltung der Geschlechterrollen in den literarischen Werken gibt Hinweise auf zeitgenössische jüdische Identität. Geschlechterrollen werden in einem soziokulturellen Kontext erlernt. Wie schon die Schriftstellerin und Philosophin Simone de Beauvoir sagt: »Man kommt nicht als Frau zur Welt, man wird es« (265).

Wie die Rolle der Frau verstanden wird, welche Aufgaben ihr mit Hilfe der Identitätsentwürfe zugewiesen werden und ob sich daraus ableiten lässt, warum es gerade Frauen sind, die jüdisches Selbstverständnis thematisieren, sind Fragen denen ich nachgehe. Ich vertrete die These, die jüdische Frau, die von der Dritten Schriftsteller*innengeneration in ihren Texten konzipiert wird, hat einen transnational-deutschen Kontext. Sie ist bei ihrer Rollenfindung den unterschiedlichsten Einflüssen ausgesetzt bzw. ausgesetzt gewesen. Einflüsse aus der

58 Dementsprechend konstruieren die Autorinnen die Kernfamilien ihrer Protagonistinnen wie folgt: Der Vater von Grjasnowas Erzählerin studierte an der »Militärakademie für Ingenieure der Luftstreitkräfte« und arbeitete in einem sowjetischen Ministerium (52f.), die Mutter ist Klavierlehrerin (53f.). Die Eltern der Protagonistin Goreliks finden trotz anfänglicher Schwierigkeiten Arbeit, integrieren sich aufgrund ihrer Fähigkeiten schnell und achten auf die Bildung ihrer Tochter (Gorelik 33). Die Vorfahren von Petrowskajas Ich-Erzählerin waren, u.a. Physiker, Lehrer für Waisen und Taubstumme, Revolutionäre (18). Ihr Vater schreibt, die Mutter ist Lehrerin (Petrowskaja 234).

ehemaligen Sowjetunion und Deutschland (und teilweise auch Israel) spiegeln sich in ihrem Rollenverständnis.

Der Begriff »Gender«, den ich zur Untersuchung dieser Rollenverständnisse heranziehe, wird in der Forschung unterschiedlich aufgefasst. Im Gegensatz zu »sex« (Pryzgoda und Chrisler 554), versteht man unter Gender ein sozial konstruiertes Konzept,[59] das vermittelt, verhandelt und weitergegeben wird (Sigalow und Fox 418). Die Geschlechtsforscherinnen Judith Butler und Elizabeth Weed lehnen eine rein soziologische Definition ab. Sie meinen, Gender als Kategorie funktioniere nicht an sich, sondern nur in einem bestimmten Kontext, d.h. die Frage, was Männer und Frauen sein können,[60] sei nicht eindeutig zu definieren, sondern werde im je historischen Kontext der Machtausübung im sozialen und politischen Leben immer neu ausgelegt (Butler und Weed 4f.).[61] Gender bestimme sich etwa in Relation zu dem, was intersektionale Kategorien wie Familie, Arbeit, Klasse, Staat, etc. zu bestimmten Zeiten ausmache, werde von solchen Einrichtungen produziert und reproduziere diese.[62] Gender ist für Judith Butler:

59 Im Sinne der Annahme: »Geschlecht ›ist‹ nicht, sondern wird im Feld ›gemacht‹« (Eisen et al. 1).

60 Die binäre Unterscheidung Mann/Frau, die der Analysekategorie ›Gender‹ anhängt, kann nur dann nicht als absolut, sondern als veränderlich gedacht werden, »wenn das Biologische und Natürliche als ahistorische Garanten kategorialer Stabilität« nicht vorausgesetzt und Gender wie Literatur als »Medium der Erprobung und Vorläufigkeit« gesehen wird (Nieberle 106). Gender wird in einer gewissen Bandbreite gesehen und nicht nur auf die Kategorien männlich und weiblich reduziert.

61 Butler und Weed untersuchen, wie die Kategorie Gender als Verfahren des Machterhalts, bzw. der Machtproduktion funktioniert: »how it works, as a mode of signifying power, to produce and sustain certain ways of organizing social and political life« (4).

62 Die Instrumente/Prozesse der Machtausübung und Unterdrückung, die Gender Studies beschreiben, sind nicht nur auf die Erfahrungen von Frauen beschränkt. In den Gender Studies-Diskursen gibt es unterschiedliche Ansätze wie Intersektionalität, Postcolonial Studies und Queer Studies, die auf je eigene Weise gemeinsame Themen wie »die Krise der Repräsentation, sprach- und handlungsbasierte Machtkritik sowie die Interdependenz von Identitätskategorien« oder »soziale Normativität, die mit individuellen und kollektiven Abwehrreaktionen (Xenophobie, Homophobie) sowie Formen struktureller wie personeller Gewalt durchgesetzt wird«, angehen (Nieberle 107). Auf den Begriff der Intersektionalität wird in dieser Arbeit genauer eingegangen. Postcolonial Studies setzen sich als Disziplin mit dem Anspruch westlicher Gesellschaften auf Hegemonie auseinander, beleuchten den Umgang mit ›fremden‹ Kulturen und Ethnien (e.g. Whiteness) kritisch und werden als Ansatz in der Kolonial- und Migrationsliteratur angewendet (vgl. überblickhaft *Feminist Post-Colonial Theory* (2003) hrsg. von Reina Lewis und Sara Mills und *Schlüsselwerke der Postcolonial Studies* (2012) hrsg. von Julia Reuter und Alexandra Karentzos). Queer Studies beschäftigen sich mit Themen der LGBT (Lesben, Schwule, Bisexuelle, Transgender) Gemeinschaft und kritisieren sprachlich verankerte Machtstrukturen, Diskriminierung und Heteronormativität (vgl. überblickhaft *Gender/Queer Studies* (2008) hrsg. von Nina Degele, *Routledge Queer Studies Reader* (2012) hrsg. von Donald Hall et. al. und *Queer Futures. Reconsidering Ethics, Activism, and the Political* (2013) hrsg. von Elahe Haschemi Yekani et al).

> a kind of doing, an incessant activity performed, in part, without one's knowing and without one's willing, it is not for that reason automatic or mechanical. On the contrary, it is a practice of improvisation within a scene of constraint. Moreover, one does not ›do‹ one's gender alone. One is always ›doing‹ with or for another, even if the other is only imaginary. (Butler 1)

In dieser Arbeit verstehe ich mit Butler unter Gender Verhaltensweisen und Handlungsformen, die sowohl bewusst als auch unbewusst ausgeübt werden, um soziale Anerkennung zu bekommen und sozialen Normen zu entsprechen (vgl. u. a. Eisen et al. 5). Ich verstehe Gender folglich als konstruiert und performativ.[63]

Gender und Identität funktionieren nach dieser Definition ähnlich und bedingen einander, denn auch »Identität braucht notwendig die Präsenz eines Anderen, braucht die Differenz zwischen ›Ich‹ und dem ›Anderen‹ um sich variabel zu konstruieren« und wird über die Anerkennung durch andere konstruiert (Bosse 1).

Im gegenwärtigen Judentum gibt es viele verschiedene Strömungen, die über die Orthodoxie, das konservative Judentum bis hin zu Reformbewegungen reichen.[64] Entsprechend unterschiedlich sind die in dieser Religion[65] an die Geschlechter geknüpften Rollenerwartungen. Nach althergebrachter jüdischer Tradition,[66] die so in etwa noch im ultraorthodoxen Judentum besteht, ist die

63 An dieser Stelle sei darauf hingewiesen, dass bspw. in der »Post-Gender«-Debatte, die auf die feministische Wissenschaftlerin Donna Haraway zurückgeht (vgl. *Die Neuerfindung der Natur. Primaten, Cyborgs und Frauen* aus dem Jahr 1995), die Begriffe ›sex‹ und ›gender‹ im Zeitalter der Technologisierung und Medialisierung grundsätzlich infrage gestellt werden, da virtuelle Identitäten losgelöst von Genderkategorien, z. B. durch »*gender swapping*« (»Geschlechterwechsel im Zuge virtueller Identitätsentwürfe«) und »*self-fashioning*« (»Möglichkeiten der Performativität« von Gender je nach Bedarf im Netz) existieren (Nieberle 106).

64 Die Rechte der Frauen variieren, nach Lanzke, bis heute zwischen den unterschiedlichen Strömungen »von der Orthodoxie über das konservative Judentum bis hin zu Reformbewegungen« im deutschen Judentum, und von der eigenen Verortung der Frau im Spektrum des Glaubens hängen die »unterschiedliche[n] Rechte und Pflichten« für sie ab. Allerdings gab es im Jahr 2015 nur »drei hauptberufliche(n) Rabbinerinnen in Deutschland« (Lanzke, »Die Frau im Judentum«). Dies ist natürlich auch durch die Größe der jüdischen Gemeinden in Deutschland bedingt.

65 Um der Schwierigkeit der Definition von Religion aufgrund der Verortung in der eigenen Weltanschauung Rechnung zu tragen, verstehe ich Religion im Folgenden als ein System von Symbolen – ein »kulturelles Zeichensystem, *das Lebensgewinn durch Entsprechung zu einer letzten Wirklichkeit verheißt*« (Theißen 28).

66 Diese Tradition, deren Beschreibung bei einigen Feministinnen zu einem »Antijudaismus« geworden ist (Eisen et al. 10) – Judith Plaskow spricht diesbezüglich in ihrem Artikel »Blaming the Jews for the Birth of Patriarchy« (250) schon in den 1980er Jahren von einer »projection of Christian failure onto Judaism« (254) nach der vor dem Aufkommen des Judentums eine matriarchalische Ordnung herrschte und Jesus versuchte diesen Egalitarismus gegen jüdische Einflüsse im Christentum wiederherzustellen (250) –, ist natürlich keine jüdische Ausnahmeerscheinung, denn die anderen Weltreligionen, wie bspw. das Christentum (Florin, »Bis heute benachteiligt«) oder der Islam, haben gleichermaßen historisch

Rollenverteilung folgendermaßen strukturiert:[67] die jüdische Frau sichert über ihre Körperlichkeit, spezifisch die Fortpflanzung, die Weiterexistenz des Judentums und übernimmt die Erziehung des Nachwuchses insofern, als sie für die Vermittlung jüdischer Traditionen und Bräuche und häuslicher Dinge, wie z. B. die koschere Küche, zuständig ist (Schindler, »Jüdische Frauen«).[68] Der Mann dagegen wird als Repräsentant geistiger Macht angesehen und hat die Aufgabe, die Kinder intellektuell im jüdischen Sinne zu erziehen. Den Männern werden Verstand und Rationalität zugeordnet, demgemäß studiert, lehrt und interpretiert der Mann/Vater die Schrift[69] und sorgt so für den geistigen Fortbestand und die Weitergabe des Judentums auch (oder gerade) in der Diaspora.[70]

überlieferte religiöse Rollenbilder, die teilweise bis heute fortbestehen und Ungleichheiten bzw. »Unterdrückungsstrukturen« hervorrufen (Eisen et al. 10). Der Erziehungswissenschaftler und Forscher Micha Brumlik merkt diesbezüglich in seinem Essay »Matrilinearität im Judentum« an: »Die spätantiken Monotheismen, Rabbinisches Judentum, Christentum und – mit einiger Verzögerung – der Islam, konstituieren sich in und durch den Ausschluss von Frauen« (33).

67 Diese Rollenverteilung zwischen den Geschlechtern habe sich, nach Christina von Braun, mit der Verschriftlichung der Thora durch Esra um 440 v. Chr. herausgebildet. Sie sagt: »Zu den sozialen und psychologischen Umwälzungen, die das Alphabet mit sich brachte, gehört auch die Änderung der symbolischen Geschlechterordnung: Durch die Spaltung in Oralität und Schriftlichkeit entstand eine Dichotomie, bei der Männlichkeit mit Schrift – und damit Geistigkeit, Rationalität, dem Gesetz – gleichgesetzt wurde, während der weibliche Körper die gesprochene Sprache – und damit Leiblichkeit, Sexualität, Sterblichkeit – repräsentiert« (von Braun 54). Die (traditionelle) Rollenverteilung zwischen Mann und Frau im Judentum wird u. a. in *Frauen. Jüdischer Almanach des Leo Baeck Instituts* (2006) hrsg. von Gisela Dachs, *Jüdische Frauen in Mitteleuropa. Aspekte ihrer Geschichte vom Mittelalter bis zur Gegenwart* (2008) hrsg. von Angelika Brimmer-Brebeck und Martin Leutzsch, *»So wirkt Ihr lieb und hilfsbereit…« Jüdische Frauen in der Geschichte* (2009) hrsg. von Gerald Lamprecht oder in *Jewish Voices in Feminism. Transnational Perspectives* (2015) von Nelly Las beschrieben.

68 Internalisiert und akzeptiert eine Frau diese Rolle und geht in ihr auf, ist auch sie innerhalb ihrer Rolle – wie der Mann in seiner – mit einer gewissen Verantwortung und ›Macht‹ ausgestattet. Solange die Ausübung der Geschlechterrolle aus Überzeugung – nicht nur im Kontext jüdischer Rollenverteilung, sondern im Allgemeinen – den Normen entspricht, entsteht kein Identitätskonflikt. Erst wenn das »Ich« der eigenen Rolle kritisch gegenübersteht, wird es bedroht »with becoming undone altogether, when it [das Ich] no longer incorporates the norm in such a way that makes this ›I‹ fully recognizable« (Butler 3). Es besteht folglich für den Menschen ein Druck, eine Notwendigkeit, bestimmten Normen zu entsprechen, die ihm zugewiesene Rolle auszufüllen, um in seinem sozialen Umfeld anerkannt zu werden.

69 Mit ›Schrift‹ ist nicht nur der Tenach, das Alte Testament der Bibel gemeint, das die Thora beinhaltet, die in den fünf Büchern Moses die Gesetze und Lehren des Judentums enthält, sondern auch deren rabbinische Interpretation im Talmud, dem wichtigsten jüdischen Gesetzbuch für das alltägliche Leben. Der Talmud besteht wiederum aus der Mischna, der frühen Zusammenfassung mündlicher religiöser Auslegungen der Thora und der Gemara, in der die Mischna weiter ergänzt wird (vgl. u. a. *Jewish Literacy. The Most Important Things to Know About the Jewish Religion, Its People and Its History*, 1991, von Joseph Telushkin). Anders als im Christentum wird die Heilige Schrift des Judentums, die Thora, folglich im ergänzenden

Diese Geschlechterordnung beruht auf kulturellen Faktoren, wie der schnelle Wandel der Geschlechterordnung nach 1900 im christlichen Kulturraum (Von Braun 61 f.) zeigt. Geistige Aktivitäten, akademische Bildung, aktives und passives Stimmrecht und die Erlaubnis Rabbinerinnen zu werden, wurde von da an den Frauen nicht mehr abgesprochen. Allerdings ist es für Frauen in keiner der drei Strömungen des Judentums – orthodox, konservativ oder Reform – einfach bspw. Rabbinerin zu werden, denn die »gläserne Decke« besteht bis in die Gegenwart fort (Von Bockxmeer, »Die Geschichte der Rabbinerinnen«).[71]

Ich zeige, wie die drei Autorinnen ihre jeweiligen Hauptakteurinnen in ihrer Rolle als Frau agieren lassen, d. h. welches Selbstverständnis als Frau sie ihnen mit welchen Identitätsmerkmalen zubilligen. Die Verortung der jeweiligen Protagonistinnen im Spektrum des Glaubens steht auch im Zusammenhang mit deren Einstellung zum Matrilinearitätsprinzip,[72] das der Frau eine gewisse

---

Talmud von Laien sozusagen immer wieder neu ausgelegt. Daher ist die Rolle des Mannes und Oberhauptes der jüdischen Familie als Interpret der jüdischen Schrift so bedeutend.

70 Schon Heinrich Heine bezeichnet die Thora als »portatives Vaterland« der Juden (128) und hebt damit die Bedeutung der Schrift (und deren Studium), insbesondere für die in der Diaspora lebenden Juden, hervor.

71 1935 wurde in Berlin Regina Jonas als erste Rabbinerin der Welt ordiniert, gefolgt u. a. von den US-Amerikanerinnen Sally Priesand 1972 als Vertreterin des Reformjudentums, Sandy Sasso 1974 als Vertreterin der Rekonstruktionisten, Amy Eilberg 1985 als Vertreterin des konservativen Judentums und erst 2009 Avi Weiss als Vertreterin des orthodoxen Judentums. In Deutschland wurde erst 2010 wieder eine Frau als Rabbinerin ordiniert, nämlich die aus der ehemaligen Sowjetunion stammende Alina Treiger. Doch bis heute wünschen sich laut Sandy Sasso die meisten Gemeinden, besonders die großen, bei der Rabbinersuche »am liebsten einen jungen Mann mit einer schwangeren Frau« (Von Bockxmeer, »Die Geschichte der Rabbinerinnen«).

72 Nach dem Matrilinearitätsprinzip ist nur Jude, wer eine jüdische Mutter hat. Dieses Prinzip ist ebenfalls zu Zeiten Esras entstanden, wie von Braun ausführt (von Braun 52). Absicht war, auch mit Hilfe des Verbots der Mischehe, das bedrängte Judentum in der Diaspora zu erhalten. Nach der Halacha ist die Ehe zwischen jüdischen und nicht-jüdischen Partnern nicht erlaubt. Kinder eines jüdischen Vaters und einer nicht-jüdischen Mutter erlangen somit nur durch langjährige Vorbereitung und Konversion jüdischen Status. Das Widersprüchliche an der Vermischung von Abstammung und religiöser Überzeugung, das eine solche Definition der Zugehörigkeit zum Judentum aufwirft, ist, dass im extremen Fall ein Kind einer nicht-religiösen, dafür aber ethnisch jüdischen Mutter, automatisch als Jude anerkannt wird, ein Kind eines jüdischen Vaters, dass sich zum Judentum zugehörig fühlt und religiöse Bräuche erlernt hat, jedoch nur »durch eine religiöse Zeremonie zum Angehörigen eines Ethnos [dem Judentum] werden kann« (Brumlik, »Matrilinearität im Judentum« 19). Im Judentum gibt es unterschiedliche Einstellungen zur Mischehe: Konservative und orthodoxe Gemeinden erkennen nur Kinder einer jüdischen Mutter als jüdisch an. Für orthodoxe Juden in der Diaspora gibt es Heiratsvermittler, sog. »Schadchen«, die bei Bedarf potentielle jüdische Ehepartner zusammenführen oder für jüngere Generationen jüdische Dating-Websites (Luba, »Verkuppelt, verlobt, verheiratet«). Andererseits erkennen in den USA »– anders als in Europa –« Reformgemeinden – jedoch auch dort bei Weitem nicht alle – schon seit längerem Kinder aus Mischehen mit jüdischem Vater als jüdisch an (Brumlik, »Matrilinearität im Judentum« 19) und heben somit das Matrilinearitätsprinzip auf (vgl. u. a. *Das Jüdische*

Bedeutung und Macht verleiht. Ob das Matrilinearitätsprinzip in der heutigen deutschen Gesellschaft und allgemein angesichts der heutigen Möglichkeiten der Reproduktionsmedizin, z.B. Samenbanken, Eispenden, Leihmütter, Embryotransplantationen, der Auflösung der traditionellen Geschlechterrollen (vgl. u.a. von Braun 62ff.), noch angemessen[73] und zeitgemäß ist, ist eine meiner Anfragen an die Protagonistinnen der drei Werke, bzw. die Autorinnen, die deren Identitäten konstruieren.

III.3.3 Transnationalität

Der Begriff der Transnationalität wird im Rahmen von Migrationsforschung von Bradatan et al., denen ich folge, als »attachment/connection to more than one country« definiert (172). Der Begriff ist für mein Forschungsvorhaben relevant, weil er sich auf Individuen bezieht, die bei ihrer Identitätsbildung von mehr als einem Land, mehr als einer Kultur beeinflusst werden. Sowohl die drei Autorinnen der zu untersuchenden Texte, als auch deren literarische Hauptfiguren leben in Deutschland, sind aber aus einem anderen Land zugewandert und sind ethnisch jüdischer Abstammung. Es ist also anzunehmen, die Identitätsentwicklung und Identitätskonstruktion der Protagonistinnen weist Elemente aus mehr als einer Kultur auf. Der Begriff Transnationalität wird auch benutzt, um den Prozess der Eingewöhnung von Migranten in das neue Umfeld des Einwanderungslandes zu erfassen und zu beschreiben (Bradatan et al. 169). Auf einzelne Personen bzw. Gruppen als Merkmal angewandt, bedeutet Transnationalität nach Faist et al., dass diese sowohl Mobilität aufweisen, als auch Heterogenität (203f.). Und zwar Mobilität in zweifacher Hinsicht: Das Aufenthaltsland der Migranten ist nicht ihr Herkunftsland und sie suchen im ersteren neue »Lebens- und Teilhabechancen« (Faist et al. 204). Was die Heterogenität anbelangt, so können Einwanderer von der aufnehmenden Mehrheitsgesellschaft als anders wahrgenommen werden und zwar

---

Eherecht (2009) von Walter Homolka). In den USA gibt es Bewegungen von Nachfahren aus Mischehen, die entweder von jüdischen Gemeinden nicht anerkannt werden oder gedrängt werden, sich auf eine jüdische Identität anstelle einer Mehrfachidentität festzulegen (Fishkoff, »Ja, ich bin Halbjüdin«). Ein Forum für einen Austausch von Kindern aus Mischehen ist z.B. www.half-jewish.net.

73 Ein Grund, den von Braun für die Überholtheit des Matrilinearitätsprinzips anführt – das »den Zusammenhalt in der Diaspora« sichern sollte (von Braun 52) – ist, dass dieses durch die Existenz des Staates Israel – zumindest teilweise – aufgehoben und dadurch entbehrlich wird (64). Jedoch ist in Israel bis heute eine interkonfessionelle bzw. ›Mischehe‹ nur möglich, »wenn einer der Partner konvertiert oder wenn die Ehe im Ausland stattfindet«. Es kann nicht standesamtlich, sondern »nur beim Rabbiner, beim Imam oder in der Kirche geheiratet werden«, um »eine Vermischung der Konfessionen zu verhindern« (Knaul, »Jüdisch-muslimische Paare in Israel«). Vgl. auch dazu u.a. Föderl-Schmid, »Die Hochzeit, die angeblich die ›jüdische Dynastie‹ bedroht« oder zu Ehen zwischen Israelis und Palästinensern u.a. »Ehen über die Grenzen hinweg« in der Frankfurter Allgemeinen.

häufig wegen bestimmter Merkmale, wie »Alter und Ethnizität«, kultureller Besonderheiten, z. B. »Vorlieben, Lebensformen, Lebensstile, Einstellungen, Orientierungen und Weltanschauungen«, bzw. besonderer »Kompetenzen, Qualifikationen und Eigenschaften« oder sie können bspw. wegen spezifischer »Sprachkenntnisse oder Bildungsabschlüsse« (Faist et al. 203) aus dem gesellschaftlichen Rahmen fallen. Ich werde in dieser Untersuchung zeigen, wie sich die transnationale Identität der Protagonistinnen äußert, wie der Eingewöhnungsprozess der Hauptfiguren in das Einwanderungsland von den jeweiligen Verfasserinnen dargestellt wird, bzw. wie die Protagonistinnen ihre Identität im deutschen Kontext neu verhandeln. Ich gehe auf Probleme ein, die die Hauptfiguren der Texte während der Eingewöhnungszeit in der Aufnahmegesellschaft haben, die Art und Weise wie sie mit solchen Problemen umgehen und wie diese ihre Identität beeinflussen. Transnationalität auf Individuen bezogen bedeutet nach Bradatan et al.[74], dass der Einzelne eine Beziehung (connection) zu mehr als einem Land, mehr als einer Kultur hat und zwar im Sinne von Zuneigung (attachment). Für mich gilt es herauszufinden, ob die Autorinnen ihre Hauptakteurinnen eine transnationale Identität in diesem Sinne haben lassen. Die Frage, ob es im Selbstverständnis der jeweiligen Hauptfigur der Texte trotz ehemaliger Einwanderung und mehrfacher kultureller Einflüsse Bindungen an nur ein Land,[75] eine Kultur gibt, oder ob Zuneigungen zu mehreren Kulturen, Ländern nebeneinander bestehen, gibt Aufschluss darüber, ob bzw. inwieweit die literarischen Identitäten transnational sind. Ich überprüfe, ob vielleicht auch gerade wegen der kulturellen Mehrfacheinflüsse, ›entwurzelte‹ Identitäten dargestellt werden, die beziehungslos zu einem Land, einer Kultur überall dort leben, wo sie ihr Auskommen haben, vielleicht sogar ohne ein Bewusstsein dieser Bindungslosigkeit zu haben, bzw. an dieser Beziehungslosigkeit zu leiden. Ich nehme an, dass die literarische Identitätskonstruktion der Autor*innen einerseits beeinflusst werden kann durch Entwurzelung[76] – gegenwärtig tritt häufig an die Stelle von Heimat im Sinne der »unverrückbare[n] Bindung des Subjekts an Raum, Dinge und Menschen« der Ausspruch: »Finde deinen eigenen Platz in der Welt!« (Rosa 14) –, durch die Altlasten des europäischen Antisemitismus im Allgemeinen – insbesondere aus der Perspektive jüdischer Einwanderer aus der ehemaligen Sowjetunion[77] –, der

74 Vgl. für die Begriffe ›connection‹ und ›attachment‹ Bradatan et al. und deren Definition des Transnationalen (172), siehe oben.

75 Faist et al. halten fest, dass »Transnationalismus« und »Assimilation« anfänglich als »sich ausschließende(n) Integrationsformen« aufgefasst worden seien (212). Erst später in der Integrationsforschung wurden sie auch als parallel mögliche Prozesse angenommen. Transnationalismus wird dabei verstanden als »Prozess«, »in dem Migranten soziale Felder hervorbringen, die das Land ihrer Herkunft und ihrer Niederlassung miteinander verbinden« (Faist et al. 204).

76 Eine potentielle Mobilitätsfolge beim Verlassen der Heimat.

77 »Dort [Russland] war Jude ein Schimpfwort« (Gorelik 19).

besonderen holocaustbelasteten Vergangenheit des Einwanderungslandes Deutschland und nicht zuletzt der allgemeinen jüdischen Erfahrung der Diaspora (Smola 108). Andererseits können auch neue Möglichkeiten, wie die (Wieder-)Entdeckung religiöser Traditionen in Deutschland und neuer Freiheiten, z. B. des literarischen Schreibens in einer anderen, aber vertraut gewordenen Sprache, Einfluss auf Identität haben. Versuchte man nach dem Zweiten Weltkrieg das Verhältnis zwischen Juden und Deutschen, zwischen deutscher und jüdischer Kultur in der Literatur mit Begriffen wie positive bzw. negative Symbiose zu umreißen, so stimme ich mit Leslie Morris überein,[78] dass nach der Zuwanderung osteuropäischer Juden nach Deutschland, der Begriff der transnationalen Identität an deren Stelle getreten ist. Ich verstehe mit Bradatan et al. in dieser Arbeit unter Transnationalität eine positive Beziehung, im Sinne von Zuneigung zu mehr als einem Land und seiner Kultur. Zu welchen Ländern haben die jüdischen Protagonistinnen Bindungen entwickelt? Beziehen sich dann Zuneigungsgefühle auf ihr Ursprungsland, ihr Einwanderungsland Deutschland trotz des Holocaust und/oder Israel, den jüdischen Staat, in dem sie jederzeit Zuflucht finden? Mit Bradatan et al. (173) soll darauf hingewiesen werden, dass Zuneigung zu einem Land sich auch in Loyalität diesem gegenüber ausdrückt, aber Konflikte zwischen dem Herkunfts- und Einwanderungsland und/oder in der gemeinsamen Geschichte die Bildung eines Loyalitätssinnes für das Einwanderungsland erschweren. Wenn Vertovec bereits am Beispiel von Fußballspielern mit ›Migrationshintergrund‹ der deutschen Nationalmannschaft zeigt, dass es zu Loyalitätskonflikten bei einem deutschen Sieg über das Ursprungsland kommen kann,[79] welches Konfliktpotential

78 Vgl. u. a. Leslie Morris' Artikel »German Studies and Jewish Studies: Symbiosis of Two Fields« (601) und ihr Buch gemeinsam mit Jay Geller *Three-Way Street: Jews, Germans, and the Transnational* (261).

79 Die Entstehung von Zuneigung, vielleicht Loyalität, Zugehörigkeitsgefühl ist auch ohne eine gemeinsame historisch belastete Vergangenheit, wie die von Juden und Deutschen, nicht einfach. Vertovec zeigt dies am Beispiel von Lukas Podolski, einem Fußballspieler der deutschen Nationalmannschaft, dessen Freude über den deutschen Sieg über die polnische Nationalmannschaft während der Fußballweltmeisterschaft 2008 aufgrund von gespaltenen Loyalitäten – einem »torn heart« – zwischen seinem Herkunftsland Polen und seiner Wahlheimat Deutschland getrübt war (156). Er führt auch die türkische Minderheit in Deutschland an, die bei dem Deutschland-Türkei Spiel während derselben Weltmeisterschaft einem ähnlichen Dilemma gegenüberstand (Vertovec 157). Ein aktuelles Beispiel der Problematik, die das Transnationale mitunter mit sich bringt, ist das Zusammentreffen und gemeinsame Fotoshooting im Vorfeld der Fußballweltmeisterschaft 2018 zweier deutscher Nationalspieler mit türkischen Wurzeln, Mesut Özil und Ilkay Gündogan, mit dem türkischen Präsidenten Recep Erdogan, der sich auf Wahlkampfreise in England befand. Bei diesem Treffen überreichte Gündogan Erdogan sein Vereinstrikot mit der Widmung »Für meinen verehrten Präsidenten. Hochachtungsvoll« (Gathmann, »Was Nationalspielersein bedeutet«). Gündogan hat keine türkische Staatsangehörigkeit, ausschließlich einen deutschen Pass und ist deutscher Nationalspieler. Er meint aber mit »meinen verehrten Präsidenten« nicht etwa Frank-Walter Steinmeier, den deutschen Präsidenten, sondern Erdogan. Das Problem des

birgt dann die durch den Holocaust belastete deutsche Geschichte für die Identität der jüdischen Protagonistinnen? Gibt es in ihrem Selbstverständnis Zuneigung, Loyalität, ein Zugehörigkeitsgefühl zu dem Deutschland der Gegenwart? Wenn ja, wie äußert sich dieses und mit welchen Umständen, Faktoren wird dies begründet? Dem werde ich nachgehen.

Meine (vorläufige) These lautet: Goreliks Protagonistin hat eine überwiegend starke Bindung an ein Land, nämlich Deutschland, bei bestehender Zuneigung auch zu Israel. Inwieweit eine (kulturelle) Bindung auch an ihr Ursprungsland, die ehemalige Sowjetunion bzw. das heutige Russland besteht, bedarf noch näherer Untersuchung. Petrowskajas literarische Hauptfigur hat eine starke Zuneigung zur ehemaligen Sowjetunion und entwickelt über die Liebe zur Sprache eine anwachsende Bindung an Deutschland. Grjasnowas Ich-Erzählerin hat eine schwache Beziehung zu Deutschland, eine stärkere (kulturelle) Zuneigung zu Israel und meint überall leben zu können, wo sie eine berufliche Stellung und ihr finanzielles Auskommen hätte und ihre Freunde sie besuchen dürften. Was die Bindungen bzw. Zuneigungen bei den Protagonistinnen im Einzelnen beinhalten, bedarf näherer Untersuchung. Im folgenden Teil wird abschließend eine allgemeine Einordnung der Werke in den Kontext der deutsch-jüdischen Literatur vorgenommen.

IV. Zur deutschsprachigen Literatur jüdischer Schriftsteller*innen

Warum wähle ich in der Hauptsache Literatur und nur zur Ergänzung Interviews oder andere Selbstzeugnisse der Autorinnen aus, um der schwierigen Frage nachzugehen, wie jüdische Identität im kulturellen Diskurs über jüdisches Leben und Selbstverständnis in Deutschland dargestellt wird? Welche besondere Funktion hat Literatur in der Beschreibung von Lebenswelten/-realitäten und dem eigenen Selbstverständnis? Der besondere Beitrag, den die Literatur bei der Frage nach Identitätskonstruktionen leisten kann, ist der, dass sie es erlaubt, gesamtgesellschaftliche Tendenzen, kulturelle und religiöse Traditionen, persönliche Erfahrungen etc. mit Fantasie zu vereinen und so über die persönliche Perspektive einzelner Individuen hinaus eine allgemeinere Aussage zum Befinden einer Personengruppe zu treffen, ohne jedoch Authentizität oder Allgemeingültigkeit für sich zu beanspruchen. Denn wie schon Aristoteles in *Poetik* schreibt, fängt Dichtung nicht das sich zufällig tatsächlich in der Realität Er-

Zugehörigkeitsgefühls zu mehreren Ländern/Kulturen stellt sich bei diesen beiden Nationalspielern in verstärktem Maße, da sie Deutschland offiziell in der Welt des Sportes repräsentieren und dennoch öffentlich ihre Loyalität zur Türkei zeigen.

eignete ein, sondern »was geschehen könnte, d.h. das nach den Regeln der Wahrscheinlichkeit oder Notwendigkeit Mögliche« (Kapitel 9, 1451a). Die Repräsentationen von Identität in den in dieser Forschungsarbeit untersuchten Texten sind zwar einerseits lediglich ein Interpretationsangebot an die Leserschaft und keine Definition per se, aber sie weisen auf in der Realität vorhandene subtile Tendenzen im zeitgenössischen jüdischen Selbstverständnis hin. Die Glaubwürdigkeit der mit Hilfe der Autofiktion konstruierten deutsch-jüdischen Identitäten wird von den Autorinnen nicht ausschließlich mit einem »engen Wahrheitsbegriff« – der auf »Wirklichkeitsentsprechung« allein basiert (Landwehr 493) – begründet, sondern ebenfalls mit der der Fiktion eigenen künstlerischen Freiheit. Die besondere Funktion, bzw. Leistung der Literatur ist es, ein Narrativ für die Gesellschaft zu bieten. Denn, um es mit Jacobs zu sagen:

> Literatur basiert auf diesen Auseinandersetzungen mit dem, was wir sind und sein wollen, und sie kann in diesem Konflikt helfen und vermitteln. Sie bietet Leser_innen neue Perspektiven oder lang gesuchte Identifikation mit Hilfe ihrer Charaktere [...]. (Jacobs 171)

In dieser Arbeit wird zwischen Autor*in und Text unterschieden. Es soll aber an dieser Stelle angemerkt werden, dass Autor*innen beim Erschaffen ihrer Charaktere eine Interpretation der gesellschaftlichen Bedingungen durch ihren persönlichen Blickwinkel vornehmen, insbesondere, wenn sie für ihre literarischen Werke die Autofiktion in Anspruch nehmen mit ihrer genreeigenen »Vermischung« von Autor*innen- und Erzähler*innen-/Protagonist*innenpersönlichkeit. Diese gewissermaßen ›Doppelung‹ (Verstärkung) des interpretativen persönlichen Blickwinkels der Autorinnen in den untersuchten autofiktionalen Texten auf deutsche gesellschaftliche Verhältnisse bei der Konstruktion zeitgenössischer jüdischer Identitäten und dem Stellenwert des Holocaust in ihnen, gibt Hinweise auf tendenzielle jüdische Bestrebungen, Wünsche in Hinblick auf Deutschland, dem Land in dem sie als Juden leben. Wie eingangs bereits erwähnt, ergibt sich die Besonderheit, bzw. Brisanz jüdischen Lebens und jüdischer Literatur in Deutschland nach wie vor aus der Geschichte der Judenverfolgung.[80] In der deutschen Literaturwissenschaft wurde von der »Unmöglichkeit« (Kilcher, »Metzler Lexikon der deutsch-jüdischen Literatur« IX) einer »deutsch-jüdischen Literatur nach 1945« (Kilcher, »Exterritorialitäten« 131) gesprochen, die bedingt ist durch das »Ende der deutsch-jüdischen Kultur im Holocaust« (Fischer und Lorenz 329). In dem von mir gewählten Zeitraum schreiben Autorinnen deutsch-

80 Die Bertelsmann-Studie *Deutschland und Israel heute: Verbindende Vergangenheit, trennende Gegenwart?* (2015) hält im ersten Kapitel »Staat und nationale Identität« fest: »Die Erinnerung an den Holocaust prägt nach wie vor die politische Kultur der deutschen wie der israelischen Gesellschaft« (Hagemann und Nathanson 12).

jüdische Literatur[81] weiter fort, und zwar nicht mehr unter dem Blickwinkel einer positiven bzw. negativen Symbiose, sondern in einem neuen Selbstverständnis, das sich in der Beziehung ihrer Protagonistinnen zu Deutschland ausdrückt. In der postnationalsozialistischen Zeit scheinen in der Literatur die Kategorien »deutsch« bzw. »jüdisch« – insbesondere in Kombination – nicht mehr klar zuordenbar zu sein. Die Frage stellt sich: »Wer ist ein ›jüdischer Autor‹?« (Wirtz 152). Die hybride, durch einen Bindestrich gekennzeichnete Bezeichnung deutsch-jüdische Literatur kann ein »mächtige(n)[s] Ein- und Ausschlusssystem(en)« (Jacobs 178) sein. Die Vorsicht des Kulturbetriebs, Autoren die Bezeichnung »jüdisch« von außen aufzudrücken, hat seit 1945 eine »jahrzehntelange, komplexe Problemgeschichte« (Braese 276). Dennoch möchte ich, ohne das Problematische an dem Begriff »deutsch-jüdische Literatur« außer Acht zu lassen, mit Sander Gilman anmerken, dass »die Kategorie des Juden völlig aufzuheben«, wie der »neue liberale Aufschrei« verlangt, »der das Empfinden für die Position des deutsch-jüdischen Schriftstellers [...] mit dem Stempel des Andersseins, den die Nazis den jüdischen Literaten aufgedrückt haben, verwechselt«, zu kurz greift: denn die Literaturkritiker würden, um es weiter mit Gilman zu sagen, mit einem solchen Vorgehen den »heutigen deutsch-jüdischen Schriftstellern [...] ihre Identität verweigern« (Gilman, »Jüdische Literaten und deutsche Literatur« 293f.). Womit ich sagen will, Autoren*innen, die ihr Judentum öffentlich machen, in ihre Werke miteinbringen, in Deutschland leben, in deutscher Sprache schreiben, rechne ich in dieser Untersuchung deshalb der Kategorie ›deutsch-jüdische‹ Schriftsteller*innen zu.[82]

Die Arbeit zeigt, dass autofiktionale Literatur, infolge ihrer ›erlaubten‹ Verwendung von Fiktionalität bei der Darstellung zeitgenössischer jüdischer Identität in Deutschland, zu einer »Wahrheitsbedingung« (Landwehr 493) wird: Die Werke enthalten zwar den persönlichen Blickwinkel der Autorinnen auf die Beziehung zwischen den komplexen Konstrukten ›jüdisch‹ und ›deutsch‹, aber auch eine allgemeingültigere Aussage oder »höhere(r) Wahrheit« (Landwehr 493). Die von den Verfasserinnen vorgenommenen Verbindungen von Fakten mit Einschätzungen und Erfindungen lassen auf eine über die einzelnen Auto-

81 Obwohl der Begriff ›deutsch-jüdische Literatur‹ »umstritten« ist, da die Gefahr besteht »die Identität der Verfasser auf das Kriterium ihrer Zugehörigkeit zum Judentum zu reduzieren«, ist er weiterhin »Bestandteil des Diskurses« – u. a. weil im Englischen ›German-Jewish writing‹ als Terminus etabliert ist (Fischer und Lorenz 329).

82 Denn, will man in der Literaturwissenschaft von »national or linguistic identifications« und vom Konzept klar abgrenzbarer Kulturen abrücken – weg von ›interkultureller Germanistik‹ hin zum Transnationalen –, gilt: »Certainly the focus must be on the texts, not the authors« (Haines 147). Die überaus komplexe Frage – die jedoch nicht Gegenstand dieser Arbeit ist – nach dem, was das spezifisch ›Deutsche‹ oder ›Jüdische‹ an deutsch-jüdischer Literatur sein könnte, wäre, wenn überhaupt, nur durch eine gesonderte Untersuchung der literarischen Texte zu beurteilen.

rinnen und ihre literarischen Hauptfiguren hinausgehende Grundstimmung/-tendenz in der zeitgenössischen jüdischen Generation schließen, nämlich auf vorhandene Wünsche nach ›Normalisierung‹ im Alltagsleben zwischen Juden und Nicht-Juden in Deutschland.

Der Satz »Ich liebe Deutschland«, ausgesprochen von der jüdischen Protagonistin in dem Werk einer jüdischen in Deutschland lebenden Autorin, hat mich, wie eingangs erwähnt, überrascht und beeindruckt. Das Buch, in dem dieser Satz steht, ist 2011 erschienen, 65 Jahre nach dem Ende des Zweiten Weltkrieges und der Judenverfolgung im Dritten Reich und 63 Jahre nach der Gründung eines jüdischen Staates.[83] Noch 1998 hat Bubis gewissermaßen als Höchstmaß der Normalität für Deutschland angesehen, dass Juden überhaupt wieder in Deutschland lebten und arbeiteten (Bubis 112). Dass man Deutschland als Jude lieben könne, schien undenkbar. In den drei untersuchten Büchern konstruieren die Autorinnen aber das Selbstverständnis ihrer jeweiligen Protagonistinnen so, dass die jüdische Sonderrolle in Deutschland, die auf dem Holocaust beruht, im alltäglichen Zusammenleben zwischen Juden und Deutschen an Bedeutung verliert, bzw. die Zuschreibung der Opferrolle von außen als überholt bzw. unangenehm empfunden wird. D.h. aber nicht, dass dem Vergessen des Holocaust das Wort geredet wird. Wie die literarischen Identitätskonstruktionen im Einzelnen aussehen, die diese Bestrebungen hinsichtlich des Alltags zulassen, zeigt diese Forschungsarbeit.

83 Obwohl laut der Bertelsmann Studie von 2015 in der deutschen Bevölkerung zu 81 % und in der israelischen zu 37 % das Bedürfnis bestehe, mit der Vergangenheit abzuschließen (Hagemann und Nathanson 22), wird das Thema NS-Zeit/Judenverfolgung im öffentlichen medialen Diskurs weiterhin regelmäßig behandelt. Vgl. u.a. Zeitungsartikel wie *Die Welt* »Tumult um Holocaust-Leugnerin vor Auschwitz-Prozess« (11.02.2016); *Die Süddeutsche Zeitung* »Drei neue Prozesse: Auschwitz wird wieder verhandelt« (10.2.2016); *ZEIT ONLINE* »NS Geschichte: ›Niemand sollte überleben‹.« (02.05.2017); *ZDF* »Die Nationalsozialisten und der Holocaust.« (10.05.2017); *ZEIT ONLINE* »Mein Onkel Kurt, der Nazi.« (22.5.2018); *Die Süddeutsche Zeitung* »München soll den Opfern der Nazis ins Gesicht sehen« (26.7.2018).

Kapitel eins: Lena Goreliks *Lieber Mischa*

Die jüdische Autorin Lena Gorelik lässt in ihrem Buch *Lieber Mischa* die jüdische Hauptfigur sagen: »Ich liebe Deutschland!« (18). Nun kann man ein Land lieben, seinen Lebensmittelpunkt in ihm haben, aber ihm dennoch kritisch gegenüberstehen, vielleicht, gerade weil man es liebt. In diesem Kapitel hinterfrage ich die Bedeutung der besagten Liebesbezeugung zu Deutschland und zeige, dass zwischen der Identität, die die Autorin der literarischen Figur ihres Buches verliehen hat und deren Verhältnis zu Deutschland ein enger Zusammenhang besteht. Gorelik hat für ihr Werk das Genre Autofiktion gewählt. Da die Wahl dieser Gattung für sie eine wichtige Aufgabe erfüllt, wird zunächst im ersten Teil des Kapitels die grundsätzliche Funktion der Autofiktion für die Schriftstellerin in diesem Buch erörtert und anhand von Beispielen gezeigt, woran die Leser*innen erkennen können, dass ihr Werk dem autofiktionalen Genre angehört. Der zweite Teil analysiert, wie Gorelik die deutsch-jüdische Identität ihrer Ich-Erzählerin konstruiert. Im Fazit beschäftige ich mich mit der Frage, inwieweit die intersektionalen Kategorien Geschlechterrolle, Religion und Ethnizität die Konstruktion von Identität in *Lieber Mischa* beeinflussen und gehe zusammenfassend auf das jüdische Selbstverständnis der in Deutschland lebenden literarischen Figur, ihr Verhältnis zu Deutschland und den Stellenwert des Holocaust in diesem Verhältnis ein.

Die schwierige Frage nach »diesen Identitätssachen«[84] zieht sich wie ein roter Faden durch die frühen Werke der Autorin Lena Gorelik[85] und kulminiert vorerst

84 Die FAZ zitiert Goreliks eigene Aussage zum Grundtenor ihrer frühen Werke aus einem 2009 gegebenen Interview (Hieber, »Mutterwitz mit Telefon«).

85 Lena Gorelik wurde 1981 in Sankt Petersburg geboren und wanderte 1992 nach der Wiedervereinigung mit ihrer Familie als Kontingentflüchtling nach Deutschland ein. Sie studierte Journalismus und Osteuropäische Studien in München und schrieb 2004 ihren ersten semiautobiografischen Roman *Meine weißen Nächte* (Grenzmann, »Petersburger Kartoffelsalat«). Seither hat die erfolgreiche Autorin viele weitere Bücher veröffentlicht, u. a. *Hochzeit in Jerusalem* (2007) und *Verliebt in Jerusalem* (2008), in denen es um autobiografische Komponenten aus dem Leben der Autorin geht, die sich nach und nach mit ihrer jüdisch, russisch,

2011 anlässlich der Geburt ihres ersten Kindes in der Erscheinung von *Lieber Mischa. Lieber Mischa* ist ein Briefroman über Identität,[86] genauer jüdische Identität in Deutschland. Eine jüdische Ich-Erzählerin, jüngst Mutter geworden, schreibt (jedenfalls vordergründig nur) ihrem Sohn, einem Kleinstkind, Briefe, in denen sie ihn über ihr jüdisches Selbstverständnis und ihr Leben als Jüdin im Land der ehemaligen Täter aufklärt. Als Jüdin hat sie ihm nach dem halachischen Matrilinearitätsprinzip das Judesein vererbt. Da sie davon ausgeht, dass er wie sie in Deutschland leben wird, möchte sie ihm ihre Erkenntnisse und Erfahrungen vermitteln, um ihm zu helfen, in dem Land zurechtzukommen, das mit dem Holocaust belastet ist. Die Kernstücke und -werte ihrer jüdischen Identität übermittelt sie auf eine ganz eigene humorvolle Weise in diesen Briefen. In ihnen gibt sie ihm Ratschläge und lässt ihren Sohn wissen, welche mütterlichen Wünsche und Erwartungen sie hinsichtlich seines späteren Verhaltens als Jude hegt. Die Protagonistin behandelt Themen, wie z.B. Zugehörigkeit zum Judentum, die jüdische Mutterrolle, wen ihr Sohn später heiraten bzw. nicht heiraten soll, Stereotype über Juden und Nicht-Juden, jüdische Vorurteile sowie Anti- und Philosemitismus und verrät ihm auch, wen sie für »Die zehn coolsten Juden der Welt« (Gorelik 79) hält.

I. Die Funktion des Genres der Autofiktion in *Lieber Mischa*

Bevor ich in diesem Teil auf die von Gorelik konstruierte, von der Protagonistin des Buches stellvertretend verkörperte Identität der »neuen Generation« von Juden in Deutschland, auf deren Verhältnis zu Deutschland und auf Kritik und Änderungswünsche in Hinblick auf das Leben in Deutschland eingehe, zeige ich, wie die Autorin Kriterien, die Autofiktion ausmachen, handhabt und welche Adressaten mit dem Buch erreicht werden sollen. In Anlehnung an Serge Doubrovsky, dem Namensgeber des Genres, der die Autofiktion als einen »wahren Roman« bezeichnet (»Nah am Text« 130), verstehe ich unter diesem Genre einen Text, der idealerweise eine namentliche Übereinstimmung zwischen Ich-Erzähler*in und Protagonist*in vorweist, das fiktionalisierte Leben der Autorenper-

deutschen Identität auseinandersetzte. Ihr neuestes Buch *Mehr Schwarz als Lila*, ein Jugendroman zu Erinnerungskultur und Erwachsenwerden, ist 2017 bei Rowohlt erschienen.

86 Im Rahmen dieser Arbeit wird bei aller berechtigten Kritik an dem Konzept Identität von Seiten derer, die es als »political problem, psychological crutch, or metaphysical mistake« ansehen, Identität mit der Philosophin Linda Alcoff als »an epistemically salient and ontologically real entity« angesehen (5). Alcoff betrachtet Identitäten als häufig am eigenen Körper sichtbares Phänomen, das die Art und Weise wie andere Menschen ein Individuum wahrnehmen und beurteilen und wie das Individuum selbst andere wahrnimmt und beurteilt, beeinflusst. Überschneidungen und Unterschiede zwischen sozialen Identitäten werden u.a. aufgrund von »important features of specific identities: race/ethnicity, sex/gender« wahrgenommen (Alcoff 6).

sönlichkeit in ausgewählten Szenen, also editiert und literarisch, wiedergibt und selbst-reflexive bzw. -analytische Komponenten enthält. *Lieber Mischa* erfüllt – so meine These – diese Genrekriterien nicht nur, der Text nutzt sie vielmehr explizit, um auf persönlicher Ebene – Lena Goreliks Erfahrungen sind die »Auto«-Komponente des Genres – eine Aussage über das zeitgenössische jüdische Selbstverständnis in Deutschland zu treffen und ausgeschmückt mit Humor und Fantasie – dies ist die »Fiktion«-Komponente des Genres –, um anderen Jüd*innen ihrer Generation eine verallgemeinerbarere Identifikationsmöglichkeit anzubieten.

I.1 Die Autorin und die Ich-Erzählerin

Zwischen Autorin und Ich-Erzählerin, die gleichzeitig die Protagonistin ist, besteht eine namentlich bestätigte personelle Verquickung – ein wichtiges Kriterium in Doubrovskys Definition von Autofiktion.[87] Die als Kriterium der Autofiktion geforderte und von der Leserschaft erwartete eindeutige Übereinstimmung zwischen Autorin, Hauptfigur und Ich-Erzählerin, die sich in deren namentlicher Übereinstimmung ausdrückt, wird in *Lieber Mischa* lange hinausgezögert. Dass die Protagonistin auch Lena, wie sie selbst heißt, erfahren die Leser*innen nach dem ersten Viertel des Textes eher nebenbei. In der betreffenden Textpassage erzählt die Protagonistin, in dem Bemühen zu erklären, was eine jüdische Mutter auszeichnet, sie habe, anlässlich eines Besuches bei ihren Eltern, kurz vor 24:00 Uhr noch lesend im Bett gelegen, da sei ihre Mutter hereingekommen und habe gesagt, »es ist schon spät, Lena! Mach das Licht sofort aus, jetzt wird geschlafen!« (Gorelik 57) und dieser kategorische Befehl sei erfolgt, obwohl sie, fast dreißig Jahre zählend, bereits ein eigenes kleines Kind hatte, das neben ihr schlief. Diese Textepisode gibt nicht nur Auskunft über die namentliche Einheit, die die Autorin zwischen sich und der Protagonistin ihres Textes herstellt und die Fürsorgeauffassung der Mutter Lenas, sondern zeigt auch, Ich-Erzählerin und Autorin sind gleichaltrig und beide kurz zuvor Mutter geworden.[88] Auch andere Figuren benennen die Ich-Erzählerin im Folgenden namentlich.[89] Der Ehemann der Ich-Erzählerin, Mischas Vater, den diese immer

87 Vgl. u. a. Doubrovsky, »Nah am Text« 128.
88 Für bibliografische Angaben zu Gorelik vgl. Leinkauf, »Ich rede extra leise«.
89 So bspw. der Facebook-Eintrag eines Freundes: »Sitze gerade in einem Café und am Nebentisch eine Frau, die aussieht wie Lena« (Gorelik 154f.) oder wenn die Mutter eines Kindes, die sie über Mischa kennt, zu ihr sagt: »Lena, ich bin jetzt übrigens im Verein der Israelfreunde sehr aktiv!« (Gorelik 104). Vgl. auch den ›Urlaubsdialog‹ zwischen Lena und einem Freund (Gorelik 80).

wieder im Haupttext und in Randbemerkungen zu ihren Ausführungen zitiert, bleibt allerdings namenlos, wie auch die meisten anderen Familienmitglieder.[90]

Die Ich-Erzählerin, Lena, reflektiert über sich selbst, ihre Befindlichkeit und die Beweggründe ihres Tuns. Sie teilt die Eckdaten von Lena Goreliks Lebensweg, wie sie in einer Biografie[91] erzählt werden könnten. Die Ich-Erzählerin ist ebenfalls Schriftstellerin und, wie die Autorin, erstmals Mutter geworden. Wie Gorelik selbst kam sie als Kind aus Russland nach Deutschland. Als ein Beispiel für die Fiktionalisierung wichtiger Ereignisse ihres Lebens mag folgende Erzählung im Roman dienen:

> Wir waren 1992 nach Deutschland eingewandert und gehörten somit zu den ersten Kontingentflüchtlingen, die in Heerscharen die deutschen Gemeinden eroberten mit ihrer Sprache, ihrem gefillten Fisch und den sonderbaren Schachklubs. (Gorelik 33)

Die Umwandlung des Ichs der Autorin mit ihren eigenen Erlebnissen durch Fiktion in das Ich der Romanfigur geschieht in dieser Passage, indem die Autorin ihre tatsächliche Immigration nach Deutschland aus ihrer heutigen Perspektive beschreibt. Sie fasst das Ereignis kurz und knapp zusammen und beschreibt nicht ihre Gefühle und Ängste an diesem wichtigen Drehpunkt in ihrem Leben, sondern nennt humoristisch kulturelle Besonderheiten der osteuropäischen Juden, derer sie sich erst im Nachhinein – nach ihrem Einleben in Deutschland und ihrer Selbstreflexion zugunsten ihres Sohnes – bewusst geworden ist. Aufgrund der russischen Sprache, der mangelnden Deutschkenntnisse, der russischen Bräuche, der ethnischen und nicht religiösen Definition des Judentums fühlen sich Kontingentflüchtlinge im Zuwanderungsland und den deutschen jüdischen Gemeinden häufig zunächst fremd und nicht immer wohl gelitten. Obwohl auch die Eltern der bei der Einwanderung elfjährigen Ich-Erzählerin Schwierigkeiten hatten, sich in ihrer neuen Lebensumwelt zurechtzufinden, wie sie Mischa berichtet (Gorelik 20), beschreibt sie ihm ihre Eingewöhnungszeit in die neue Umgebung positiv:

---

90 Eine Ausnahme bildet die Urgroßmutter Frumma Fejga, deren jiddischer Name für die Protagonistin Jüdischsein symbolisiert – frum bedeutet gläubig – und an die der Sohn als junger, selbstständig gewordener Mann sich u. a. erinnern soll, wenn ihm hin und wieder sein Judentum bewusst wird. Genau sagt die Ich-Erzählerin, wenn er sich ab und an »jüdisch fühlen« wird (Gorelik 184). Dies bedeutet, sie geht davon aus, er wird kein Jude im religiös-orthodoxen Sinne sein. Warum sie das meint, darauf wird im zweiten Teil des Kapitels eingegangen. An dieser Stelle spielt die Autorin im doppelten Sinne mit der Authentizität, denn die jiddischen Namen erinnern an ihre Wurzeln in Ost Europa und an das unter deutschen Juden gängige Klischee des streng gläubigen, jiddisch sprechenden Ostjudentums (Heid, »Ostjuden in Deutschland«).

91 Biografie wird in dieser Arbeit mit Autorin Evelyn Hinz als »literary art« (196) verstanden und über die Elemente definiert, die sie mit der Autobiografie gemeinsam hat: »an element of conflict and dialogue, a sense of performance and/or spectatorship, and a mimetic or referential quality« (195).

> Wir Kinder lernten schnell Deutsch und trugen bald die richtigen Klamotten, für die wir uns mit Nachhilfe und Babysitten fleißig Geld verdienten, Levi's-Jeans, Diesel-Kapuzenpullis und Nike-Schuhe, wir lernten, was ein Gameboy ist und ein Stickeralbum, da waren die interkulturellen Unterschiede schnell ausgelöscht. (Gorelik 20)

In dieser Beschreibung spiegelt sich die deutsche Jugendkultur der 1990er Jahre. Trotz ihrer frühkindlichen Prägungen im kommunistischen Russland beschreibt die Ich-Erzählerin ihre Integrationsgeschichte und den Gewöhnungsprozess an die Andersartigkeit des Lebens in Deutschland, einem kapitalistisch-konsumorientierten Land, auffällig glatt und unkompliziert. Der Impuls, dazugehören, sich anpassen zu wollen, war für die Ich-Erzählerin offenbar ein so starkes Bedürfnis, dass sie eine ›Auslöschung‹ der kulturellen Unterschiede zwischen ihrer russischen Herkunft und ihrer neuen deutschen Umgebung nicht nur hinnimmt, sondern begrüßt. Über eventuelle Anpassungsprobleme oder -verletzungen geht sie rückblickend hinweg. Anders die Autorin: Auch sie hatte den starken Wunsch, in dem neuen Umfeld akzeptiert zu werden, aber für sie waren die ersten Jahre der Eingewöhnungszeit in dem fremden Land ein Stück ›verlorene Kindheit‹. So berichtet sie im Blog »Freitext« des Magazins *Zeit Online,* dass sie als Kind nicht wagte, die Eltern, die in Geldsorgen steckten, um Dinge zu bitten, die sie sich so sehr wünschte, wie bspw. Eis und Teddybärenbettwäsche (Gorelik, »Erinnerungen, die. Zuhause, das«). Weiter schreibt Gorelik von dem Gefühl, sich der Eltern schämen zu müssen, weil sie ihr so sehr russisch erschienen und dass sie diese deshalb in der Absicht, nicht anders als die anderen wahrgenommen zu werden, von den Klassenkameraden möglichst fern hielt. Sie spricht von den Schwierigkeiten, die neue Sprache zu erlernen und von ihrer abgrundtiefen Scham in einem Flüchtlingswohnheim zu leben.[92] In dem autofiktionalen Text *Lieber Mischa* lässt Gorelik derartige negative Erfahrungen aus dem eigenen Leben bei der Konstruktion des Lebens ihrer Erzählfigur einfach weg oder verkürzt, verschönt, stilisiert sie im Zeitraffer, anstelle sie detailliert und kritisch-reflektiert darzustellen. An Goreliks beschriebenem Umgang mit Erinnerung zeigt sich, dass sie diese Erzähltechnik nutzt, um sich zugunsten ihres Sohnes auf das Wesentliche, nämlich ein Abbild ihres momentanen Selbstverständnisses, zu konzentrieren. Sie sagt dazu: »Unsere Erinnerungen legen wir uns zurecht in erzählbare Geschichten« (Gorelik, »Erinnerungen, die. Zuhause, das.«). Und so wird in *Lieber Mischa,* in Hinblick auf die frühesten Immigrationserfahrungen

92 Vgl. Gorelik, »Erinnerungen, die. Zuhause, das.« Dass die Gefühle Scham und Fremdsein lange ihre Begleiter waren, erzählt die Autorin auch in einem Gespräch mit der *Stuttgarter Zeitung* anlässlich ihres späteren Besuchs in der Flüchtlingsunterkunft in Ludwigsburg, in der sie mit ihrer Herkunftsfamilie in den ersten eineinhalb Jahren in Deutschland gelebt hat (Frenkel, »Interview mit der Schriftstellerin Lena Gorelik«). In ihrem Buch *Meine weißen Nächte,* in dem sie sich mit Hilfe ihrer Hauptfigur mit ihrer Identität auseinandersetzt, berichtet Gorelik ebenfalls von solchen Gefühlen (vgl. u. a. 19ff.).

der Protagonistin ihres Romans, eine für den Sohn und ›die anderen‹ erzählbare Geschichte konstruiert. Der Text stilisiert das unglückliche Mädchen, das Gorelik in ihrer frühen Jugend war, zu einem unkomplizierten smarten Teenager. Dennoch spielen, wie zu zeigen sein wird, Erfahrungen und Probleme, die sich aus der Immigration in einen anderen Kontext ergeben haben, durchaus eine Rolle, wenn die Protagonistin ihr Jüdischsein analysiert, über ihr Leben als Jüdin in Deutschland nachdenkt und über die gewünschte Zukunft ihres Sohnes, dem Vertreter der nächsten, neuesten jüdischen Generation in Deutschland.

In einem Interview wurde Lena Gorelik gefragt, warum sie in ihrem Buch *Lieber Mischa* über »ihr Jüdischsein« schreibe. Die Autorin antwortet:

> Weil ich häufig gefragt werde, wie das für mich ist, heute als Jüdin in Deutschland zu leben. Also habe ich mich mit dieser Frage beschäftigt und wollte sie klären – für mich, für meinen Sohn und die anderen. (Leinkauf, »Ich rede extra leise«)

Gorelik weist in ihrer Antwort die Interviewerin nicht darauf hin, dass in dem fraglichen Buch eine literarische Figur, eine Protagonistin über »ihr Jüdischsein« und ihr Leben als Jüdin in Deutschland Auskunft gibt. Im Gegenteil, sie bestätigt die Annahme der Interviewerin, sie, die Autorin, würde ihre eigene jüdische Identität, ihre eigenen Erfahrungen als in Deutschland lebende Jüdin thematisieren. Die Gorelische Behauptung ist zulässig, aber nicht vollständig. Mit *Lieber Mischa* hat sie mehr als das getan: Gorelik hat einen Briefroman, genauer einen autofiktionalen Roman, geschrieben.[93] *Lieber Mischa* ist der Autofiktion zuzuordnen, denn dieses Genre – so meine These – eröffnet der Autorin die Möglichkeit, auf der Suche nach dem, was ihr Jüdischsein ausmacht, eine Romanfigur zu erschaffen, in der sich die Ergebnisse ihrer Wahrheitssuche mit ihren Imaginationen, Fiktionen mischen lassen. Hätte sie die Ergebnisse ihres Klärungsversuchs in Form einer Autobiografie niedergeschrieben, hätte sie genregemäß dem Anspruch auf Authentizität, ›Wahrheit‹ über ein Leben genügen und sich nur an Fakten halten müssen. Goreliks Text ist jedoch als ein semi-autobiografischer Text verfasst, der zwar eine literarische Kunstfigur, eine Ich-Erzählerin hat, aber in diese Kunstfigur sind biografische Ereignisse aus ihrem, dem Leben der Verfasserin eingegangen – ihre Reflektionen, Selbstanalysen, ihre widersprüchlichen Haltungen, Zweifel und Wünsche zu jüdischer Identität und jüdischem Leben in Deutschland. Autofiktion, so meine ich und schließe mich damit Doubrovsky an,[94] erlaubt bei der Erkundung des eigenen Ichs, der Fiktion Raum zu geben und die mangelnde Einheitlichkeit der Identität, ihre Diskontinuitäten

---

93 Diese »epistolary form« wird definiert als »the ›I-you‹ grammar of the form, the importance of the addressee and the emphasis on the acts of reading and writing« (Bower 22).

94 »Ich betrachte mein Leben nicht im mindesten als Ganzes, sondern als verstreute Fragmente, zerbrochene Existenzebenen, lose Phasen, aufeinanderfolgende, sogar simultane Diskontinuitäten. Das ist es, was ich aufschreiben muss« (Doubrovsky, »Nah am Text« 126).

mit Dichtung, Erfindung, Annahmen, Wünschen u. dgl. auszugleichen. Die Ich-Erzählerin ist bei allen Übereinstimmungen mit der Person der Autorin eine Kunstfigur: Über die Verwendung von Imaginationen, Fiktionen bei ihren autobiografischen Betrachtungen stilisiert die Autorin sich zu einer Romanfigur, in der sie zwar enthalten ist, die sie aber nicht mehr ist, sondern die ein Eigenleben gewinnt.

Wegen der Botschaft, die Gorelik übermitteln will, so meine These, benutzt sie das Genre Autofiktion, greift sie bei ihrer Selbsterkundung nicht nur auf Tatsachen aus ihrem Leben, sondern auch auf Fiktion zurück, schreibt sie einen literarischen Text, einen Briefroman und konstruiert eine literarische Hauptfigur, eine Ich-Erzählerin, die sich nicht nur an Fakten halten muss. In einem Brief an den kleinen Sohn lässt sie die Erzählstimme des Romans die Botschaft verkünden: »Wir sind eine neue Generation, Du noch mehr als ich« (Gorelik 181).[95] Dieser neuen Generation schreibt sie eine spezifische Identität zu, die sie der Protagonistin konstruiert und die diese an den kleinen Sohn, den Vertreter der noch neueren Generation in Form von Briefen weitergibt. Sie lässt ihre Protagonistin als Vertreterin dieser neuen Generation wünschen, in einem Deutschland zu leben, in dem es so normal ist, dass Juden dort leben, dass niemand mehr auf die Idee kommt ihr, bzw. ihrem Sohn, sprich einem Juden die Frage zu stellen »WIE IST ES, ALS JUDE IN DEUTSCHLAND ZU LEBEN?« (Gorelik 181). Auch wenn ihr im Hinblick auf den Holocaust als Jüdin in Deutschland ihre »geschichtstragende« (Gorelik 181) Rolle bewusst ist, möchte sie ganz normal, alltäglich in diesem Land leben.[96] Gorelik lässt ihre Erzählerin sagen: »Also, solange mir keiner diese Frage stellt, lebe ich hier ganz gut. Als Jüdin und als Mensch, also einfach als ich« (Gorelik 178). In einem Gespräch gefragt, ob sie, Gorelik mit ihren Ansichten »ein Beispiel des »neuen Judentums« in Deutschland?« sei, weist sie diese Verallgemeinerung für sich als reale einzelne Person zurück, indem sie sagt: »Das ist eine seltsame Schublade. Woher weiß ich denn, ob andere junge Juden so denken wie ich?« (Leinkauf, »Ich rede extra leise«). Die Frage der Interviewerin ist direkt an sie als tatsächliche Person gerichtet und betrifft nicht die literarische Aussage der Hauptfigur ihres autofiktionalen Romans. In einem autofiktionalen Text, der neben eigenen Erfahrungen per definitionem auch Fiktion zulässt, muss sie ihre Behauptung aber nicht beweisen, sondern kann mit Hilfe der Ich-Erzählerin Wünsche, Vermutungen, Annahmen äußern und muss sich nicht nur auf die ›wahrheitsgetreue‹ Wiedergabe ihrer Lebensfakten beschränken. Die Autofiktion ermöglicht Gorelik, ihre Botschaft von der Existenz einer neuen Generation von Juden in Deutschland in die

95 Welches Selbstverständnis Gorelik dieser neuen jüdischen Generation konstruiert, wird im nächsten Teil dieses Kapitels untersucht.

96 Auf die Rolle, die der Holocaust im jüdischen Selbstverständnis der literarischen Figur und in deren Verhältnis zu Deutschland spielt, wird genauer im dritten Teil dieses Kapitels eingegangen.

Öffentlichkeit zu tragen und in der Konstruktion eines spezifischen Selbstverständnisses für die Protagonistin ihres Romans Überlegungen zu ihrer eigenen deutsch-jüdischen Identität und zu der von ihr vermuteten oder gewünschten Identität »andere[r] junge[r]« in Deutschland lebender Juden so zu vermischen (Leinkauf, »Ich rede extra leise«), dass der Unterschied zwischen Fakt und Fiktion verwischt wird. Durch diese Kombination entsteht, so meine These, eine literarische Repräsentation der deutsch-jüdischen Identität besagter neuer Generation.

I.2 Textstruktur, Spiel mit Authentizität und Selbstreflexion

Das Buch *Lieber Mischa*, in dem Gorelik die Öffentlichkeit an der Analyse »ihres Jüdischseins« und ihres Befindens als Jüdin in Deutschland teilnehmen lässt, ist in Briefen an ein etwa einjähriges Kind abgefasst. Dieses Stilmittel macht *Lieber Mischa* eindeutig zu einem literarischen Text. Die Anrede »*Lieber Mischa*«, wie sie in dem Briefroman für den Sohn gebraucht wird, erscheint bereits im Buchtitel. Dem Sohn als Adressaten kommt bei dieser Textform zwar eine hervorgehobene Stellung zu, jedoch kann *Lieber Mischa* nicht als klassischer Briefroman gelten, da wichtige Elemente wie Datum, Anrede – nur der allererste Brief beginnt mit »*Lieber Mischa*« (Gorelik 13) –, Grußformeln und Unterschrift fehlen.[97] Die Anrede suggeriert Intimität und Wahrhaftigkeit, bzw. Wirklichkeit im Gegensatz zur Romanhaftigkeit. Dann werden aber zu Beginn des Romans zunächst ohne die persönliche Anrede »Die Top Ten der antisemitischen Vorurteile« abgehandelt. Dies ist ein Hinweis der Autorin, dass die Mitteilungen für alle Leser*innen gedacht sind, besonders aber »für alle Glücks« (Gorelik 5), denen sie den Text ja speziell widmet, sprich für alle Neuankömmlinge, eben die neueste Generation, wie die Protagonistin am Ende des Buches sagt. Dass aber auch und besonders Mischa zur neuesten Generation von Juden in Deutschland gehört, der die Ich-Erzählerin das Jüdischsein der neuen Generation, so wie sie es sieht, vermitteln will, wird wiederum in einer Randbemerkung zum Text vermerkt. Im Haupttext geht es um den Stereotyp der »problematisch[en]« Beziehung zwischen jüdischen Müttern und ihren Kindern, worauf die Ich-Erzählerin sich selbst kommentiert: »Schon gar nicht Deine und meine, mein Sohn. Nicht wahr?« (Gorelik 11). Der Randkommentar verweist die Leser*innen wieder – wie der Buchtitel – auf den vermeintlich intimen Charakter des Briefwechsels, ist aber auch nach Doubrovsky ein Teil von Autofiktion, da er »das Erscheinen kritischer

97 Gorelik benutzt zwar für *Lieber Mischa* einige Strukturen eines Briefromans, bricht das Briefformat aber weiter auf, indem sie Metakommentare an den Rändern des Haupttextes benutzt, die Kommentare, Gedanken und Erklärungen enthalten, die sich – so nehme ich an – hauptsächlich nicht an ihren Sohn, sondern an ihre nicht-jüdische deutsche Leserschaft richten.

Reflexion im romanesken Text« unterstreicht (»Nah am Text« 124). Das Possessivpronomen »Deine« für den Adressaten des Kommentars, Mischa, schreibt Gorelik groß, wie in einem echten Brief üblich. Der Anschein der Intimität der Ausführungen wird dann im nächsten Brief (Gorelik 13), der mit der Anrede »*Lieber Mischa*« beginnt, weiter hervorgehoben. Die folgenden Briefe für Mischa, den Vertreter der neuesten Generation, erklären ohne direkte Anrede, was die Protagonistin unter Judentum versteht. Humorvoll beginnt Gorelik ihre Briefsammlung an Mischa gleich mit den »Top Ten der antisemitischen Vorurteile« und »Warum sie wahr sind« (9). Im gleichen Tenor weist sie Mischa ironisch darauf hin, dass sie ihm das Judesein nicht »ersparen« (Gorelik 13) kann, von dem sie aber gleichzeitig sagt, Jude zu sein, sei das Beste, was er werden konnte (Gorelik 16). Als einen erzählerischen Kunstgriff, die narrative Spannung des Romans für die Leserschaft bis zum Ende der Erzählung – ganz im Sinne Doubrovskys (»Nah am Text« 131)[98] – aufrecht zu erhalten, interpretiere ich den Fakt, dass die Autorin ihre Erzählfigur erst am Schluss des Romans ausdrücklich die Frage wie es ist, »ALS JUDE IN DEUTSCHLAND ZU LEBEN« (Gorelik 177), beantworten lässt und sagt, was sie sich für die »neue Generation«, zu der sie und ihr Sohn »noch mehr« gehören (181), erhofft. Den sehnlichsten Wunsch nach dem, was sich am Leben in Deutschland für Juden verändern sollte und woran sich seine Erfüllung messen ließe, spricht die Ich-Erzählerin erst gegen Ende des Textes explizit aus, worauf später zurückzukommen sein wird.

Lieber Mischa spielt mit den Konventionen des Genres Autofiktion und den Erwartungen der Leserschaft an einen semi-autobiografischen, autofiktionalen Text. Der Briefroman ist zwar in der autodiegetischen Erzählweise geschrieben,[99] die typisch für Texte mit autobiografischen Komponenten ist und mit deren Hilfe die anhaltende Auseinandersetzung mit den unterschiedlichen Facetten zeitgenössischer jüdischer Identität in Deutschland sich gut ausdrücken lässt, aber der Text experimentiert mit den Konzepten Identität und Authentizität. Gorelik gibt ihrer Erzählstimme nicht sofort ihren eigenen Vornamen und nimmt damit eine Verunsicherung der Leserschaft in Kauf, die aufgrund des Klappentextes[100] und der literarischen Selbstpräsentation des Textes vermutlich erwartet, authentisch,

98 Doubrovsky empfindet sein Leben oft als »fade« und um seine Texte für den Leser*in interessanter zu gestalten, setzt er letztere »unter Hochspannung«: »Ich schneide sie [seine Existenz] aus, ich nehme ausgewählte Teile davon, sie bekommt Geschmack, sie ist nicht mehr fade. Ich schummle nicht, nein, ich sortiere aus« (»Nah am Text« 131).

99 Die Ich-Erzählerin ist zugleich die Hauptfigur des Textes.

100 Auf der Rückseite der I. Auflage von *Lieber Mischa* im List Taschenbuch Verlag von 2012 heißt es: »Klar sind Juden gerissen, meint Lena Gorelik, sonst hätten sie nicht überlebt. Hier erzählt sie, wie man entspannt mit den üblichen Klischees umgeht. Denn für sie ist die jüdische Identität längst nicht mehr nur an den Holocaust gekoppelt. Und so erklärt sie es auch ihrem kleinen Sohn Mischa.« Bei dem Pronomen »sie« wird der Leserschaft gleich vermittelt, es handle sich um Gorelik selbst und bei Mischa, um ihren Sohn.

gewissermaßen aus erster Hand, direkt von der Autorin selbst zu erfahren, was für sie Jüdischsein heißt und wie es sich als Jüdin in Deutschland lebt. Ähnlich wie der Chor in griechischen Tragödien greift die Autorin in ihrem Roman durch Kommentare zum Geschehen immer wieder in den Lesefluss ein. Die Randnotizen sind Metakommentare und dienen im Text nicht nur dazu, sachliche Ausführungen zu machen, bspw. die der Ich-Erzählerin (z. B. Gorelik 31, 38f.), konträre Meinungen wiederzugeben, so z. B. die der Mutter der Protagonistin (z. B. Gorelik 55) oder humorvolle Einwürfe zu ermöglichen, bspw. die des Vaters von Mischa (z. B. Gorelik 77), sondern sie sind ein stilistisches Mittel. Ebenso ist der Humor ein solches Mittel, den Gorelik, um nur ein Beispiel zu nennen, bei der Besprechung der »Top Ten der antisemitischen Vorurteile« (Gorelik 9) einsetzt. Sie stellen die Möglichkeit des Bestehens mehrerer Auffassungen neben und gegeneinander und das Schwanken zwischen ihnen dar. Die Aussagen der Protagonistin im Haupttext können von dieser per Selbstreflexion im Kommentar kritisch infrage gestellt, im Kommentar zum Kommentar dann doch wieder bekräftigt und sogar zurückgenommen werden (z. B. Gorelik 50, 100f., 169).

Als ein Werkzeug, um den Anschein der Authentizität des Textes zu dekonstruieren und die Leser*innen auf seine Romanhaftigkeit hinzuweisen, dienen Gorelik z. B. die potentiellen Namen, die die Protagonistin zusammen mit ihrem Mann und Freunden für ihr Kind überlegt. Durch Dekonstruktion wird die Leserschaft ständig in eine Grauzone zwischen Realität, Ironie und Fiktion versetzt. Der Name Mischa, der eventuell der Name des realen Sohnes der Autorin ist[101] und der bereits im Titel des Buches *Lieber Mischa* erscheint, wird sogleich im Untertitel des Buches *Der du fast Schlomo Adolf Grinblum geheissen hättest, es tut mir so leid, dass ich dir das nicht ersparen konnte: Du bist ein Jude* infrage gestellt.[102] Gorelik spielt mit der Erwartung der Leserschaft authentische Informationen zu erhalten auf mehreren Ebenen: Erstens durch den Gebrauch des vermeintlich tatsächlichen Namens des Kindes der Autorin, den sie in Interviews weder nennt, bestätigt noch zurückweist, und zweitens durch die Ironie

101 Lena Gorelik spricht den Namen ihres echten Sohnes in Interviews nicht aus und in Rezensionen und Artikeln zu *Lieber Mischa* wird sowohl berichtet, dass Mischa der tatsächliche Name des Kindes sei, als auch das Gegenteil: »Lena Gorelik erklärt ihrem Sohn Mischa, wie das ist: ein Jude zu sein« (vgl. Patzer, »Gutmenschen, die ›Jüdische Allgemeine‹ lesen«). Oder: »Im übrigen, Lena Gorelik hat zwar einen Sohn, aber der heißt natürlich nicht Mischa« (vgl. »Lieber Mischa« in *haGalil.com*).

102 Abgesehen von der generischen Zuordnung des Textes zur Autofiktion und der humorvollen Formulierung des Titels stellt sich auch die Frage, welche Rolle der Titel bei der Vermarktung des Buches gespielt hat. Ein Buch, das Hitlers Vornamen in Kombination mit dem Wort ›Jude‹ im Titel hat, verspricht auf dem deutschen Lesemarkt ein gutes Verkaufsrezept zu sein. Es erregt Aufsehen und erzeugt Interesse an dem Inhalt eines solchen Werkes.

der Kombination des jiddischen Namens ›Schlomo‹ mit Hitlers Vornamen ›Adolf‹ und dem wiederum jiddischen Nachnamen Grinblum.[103] Der Eindruck der Authentizität, bei den Leser*innen durch den Namen Mischa erweckt, wird damit sofort im Untertitel dekonstruiert, denn einer auch nur in Ansätzen mit der deutschen Geschichte vertrauten Leserschaft dürfte es schwerfallen zu glauben, dass eine Jüdin ihr erstes Kind wirklich Adolf nennen würde. Gorelik dekonstruiert die Authentizität durch Humor, der als Buchtitel eine gewisse Schockwirkung über die »Tatsache« erzeugt, dass eine Jüdin in Deutschland auch nur darüber scherzen könnte, ihr Kind Adolf zu nennen. Die Ich-Erzählerin beschreibt den Namensgebungsprozess ihres Kindes in einem der Briefe wie folgt:

> Es ging gerade einmal wieder um Deinen Namen. Die Vorschlagsliste war lang: Verboten war alles, was zu den Top Ten der Namen der letzten Jahre gehört, verboten war alles, was zu bayerisch klang (und so wurdest Du dann doch nicht Leopold), verboten war alles, was an Persönlichkeiten aus der Geschichte, insbesondere der Musikgeschichte, erinnerte (und so wurdest Du dann doch nicht Béla). Dein Vater schlug Schlomo vor, jüdisch, jiddisch, schön. [...] Unser Freund hängte dem Schlomo ein Grinblum an, [...]. Ich schlug dann Adolf als zweiten Namen vor, Schlomo Adolf Grinblum, [...]. Schlomo Adolf Grinblum, da würden sich zwar gewisse Menschen im Grab umdrehen, aber das wäre vielleicht ganz gut so. Geschichte geraderücken und so weiter. Deutsch-jüdische Symbiose in einem Kind. (Gorelik 69f.)

In diesem Haupttext ist zweimal – beim Verbot eines bayrischen Namens oder dem einer historischen Persönlichkeit – die Randnotiz »O-Ton: Dein Vater« (Gorelik 69) eingeschoben. Die Passage zeigt, bei aller Ironie, wie wichtig es den Eltern ist, dass bei der Namensgebung der jüdische vor dem deutschen – oder gar nicht erst erwähntem russischen – Einfluss bekräftigt wird. Eigentlich favorisieren Ich-Erzählerin und Ehemann den Vornamen Chaim, verwerfen ihn aber als Erstnamen, weil er ihnen »zu jüdisch« für ein Leben in Deutschland erscheint (Gorelik 70) und man eines Namens wegen – hier zeigt sich der Humor – nicht nach Israel emigrieren wolle.[104] An dieser Stelle kommt die Überzeugung der Protagonistin zum Tragen, dass ein in Deutschland lebender Jude nicht schon mit seinem Vornamen sein Jüdischsein anzeigen, sich als Jude ›outen‹ sollte. In erster Linie soll Mischa als Mensch wahrgenommen werden, nicht als Religionsangehöriger oder Volkszugehöriger – jedenfalls nicht sichtbar nach außen.

103 Das ›i‹ in Grinblum deutet auf eine osteuropäisch-jiddische Transliteration hin, denn im stark von Assimilation geprägten West- oder deutschen Judentum (Heid, »Ostjuden in Deutschland«) wäre das ›i‹ wahrscheinlich zu einem ›ü‹ transliteriert worden.

104 Dies ist auch eine geschichtliche Anspielung auf andere jüdische Intellektuelle deutscher Sprache, die nach Israel gegangen sind und ihre Namen geändert haben, so z. B. Hans später Chaim Noll oder Gerhard später Gershom Scholem.

Fakt und Fiktion werden auch durch den Gebrauch des umstrittenen Terminus ›deutsch-jüdische Symbiose‹[105] vermischt. Versteht man die Erzählerin wörtlich, sind beide Eltern jüdisch[106] und leben in Deutschland: Indem sie ihrem Kind bei der Erziehung Einflüsse dieser zwei Kulturen – die Vermittlung russischer Sprache oder Traditionen steht anscheinend nicht im Raum – mitgeben, könnte in Mischa tatsächlich eine Symbiose beider entstehen. Gleichzeitig wirken die Namen, die die Erzählerin vorschlägt, wieder als Mittel der humorvollen Dekonstruktion der Glaubwürdigkeit der oberflächlichen Bedeutung des Textes. Hinter dem humorvollen Spiel mit der Namensgebung stehen vermutlich auch ernsthafte Beweggründe der Mutter, die die Privatsphäre ihres Kindes wahren und ihren Sohn gegebenenfalls vor Diskriminierung durch einen ›zu jüdischen‹ Namen schützen möchte.[107] Die Frage wird provokativ salopp gestellt, ob die Geschichte durch ein Kind mit einem jüdischen und einem historisch extrem belasteten deutschen Namen geradegerückt werden und in ihm eine deutsch-jüdische Symbiose entstehen könnte. Und trotz allem Humor als Stilmittel, mit dem der Text diese Hypothese aufstellt und gleichzeitig verwirft, drückt sich darin doch eine gewisse, ins Komische gewendete Hoffnung aus, Mischa würde in einem Deutschland aufwachsen, in dem Juden und Nicht-Juden friedlich zusammenleben.

I.3 Humor, Stereotype und Klischees als literarischer Stil

Die autofiktionale dichterische Ausdrucksform, der sich der Roman bedient, ist knapp, eindrucks- und sehr humorvoll. Wie effektiv Humor eingesetzt wird, zeigt auch die folgende kleine Szene im Namensgebungsprozess: Die Protagonistin und ihr Mann einigen sich im Verlauf der Namensfindung auf den Vornamen Mischa für ihren Sohn und auf Chaim als zweiten Vornamen. Aber als die Ich-Erzählerin von einem Jungen hört, der Béla genannt wurde und damit einen Vornamen trägt, den sie früher lange Zeit bevorzugte und dies sie »jammern ließ:

105 Einer der berühmtesten Kritiker des Terminus »deutsch-jüdische(n) Symbiose« (Gilman und Zipes xxi), die vor dem Nationalsozialismus zwischen Deutschen und Juden angenommen wurde, ist wohl der Historiker Dan Diner, der, inspiriert durch Hannah Arendt, diesen zur »negative[n] Symbiose« (»Negative Symbiose« 185) umkehrte.

106 In Bezug auf ihren Mann schreibt die Ich-Erzählerin: »Meine Verwandtschaft in Russland mochte Deinen Vater sofort. […] Sie mochte[n] ihn dann noch ein klitzekleines bisschen mehr, als sie erfuhr[en], dass er jüdisch ist« (Gorelik 60).

107 Antisemitische Übergriffe treten leider wieder vermehrt in Deutschland auf. Der Staatsschutz und der *Zentralrat der Juden in Deutschland* zeigen sich besorgt, um steigende Zahlen. Der Präsident des *Zentralrats*, Josef Schuster, hält diesbezüglich 2018 fest: »Offensichtlich ist es zunehmend problematisch, sich im – ich habe eher das Gefühl – großstädtischen Bereich offen als Jude zu erkennen zu geben« (vgl. »Judenfeindlichkeit«).

›Siehst du, alle heißen Béla!‹«, antwortet der Vater, wie ich finde, kurz, bündig und witzig: »Alle heißen Béla, nur Mischa nicht, der heißt schon Chaim« (Gorelik 71). Unberührt von modischen Trends in der Namensgebung und Präferenzen der Ich-Erzählerin hält der Vater unbeirrt am Namen Mischa fest jedoch nicht despotisch, sondern humorvoll.

In *Lieber Mischa* werden tatsächliche und ausgedachte Ereignisse, historische Fakten, Zukunftsvisionen und erlebte Anekdoten frei kombiniert. Es kommen aber auch Vorurteile und Klischees zur Sprache. Der Text benutzt Autofiktion z. B., um in fiktionalen Situationen der Erzählerin provokativ Vorurteile und Klischees über Deutsche, aber auch jüdische Autostereotype in den Mund zu legen. Es ist schwer vorstellbar, dass die gebildete Autorin als öffentliche Person ohne ihr literarisches Alter-Ego, bei allem Sarkasmus, zumindest die folgende Heterostereotype in der Öffentlichkeit ohne den Mantel der Fiktion aussprechen würde. Die Fiktionalisierung ermöglicht ihr jedoch – bisweilen kontroverse – Auffassungen und Themen in *Lieber Mischa* in größerer Bandbreite darzustellen und aufzunehmen. In einer fiktionalen Textpassage macht die Erzählerin bspw. einen Zeitsprung in die Zukunft und stellt sich ihr Verhalten vor, wenn ihr dann erwachsener Sohn eine bestimmte Art von Freundin mit nach Hause bringen würde, für die sie wenig Begeisterung aufbringen könnte:

> Ich werde auch zu der dümmlichen langbeinigen Blondine mit den überlangen Fingernägeln sehr nett sein, die irgendwann einmal an unserem Frühstückstisch sitzen wird. (Gorelik 59)

Und sie überlegt weiter, sie wird so nett zu der Freundin sein, dass ihr pubertierender Sohn niemals wieder – nur aus Auflehnung gegen die Eltern – eine solche Frau mit nach Hause bringen wird. Von ihrem Sohn nimmt sie grundsätzlich langfristig nur das Beste an, obwohl sie ihm als Pubertierenden, ganz im Sinne des Klischees des auf sexuelle Attraktivität fokussierten Teenagers, auch zutraut, eine oberflächliche, aufs Äußere reduzierte Damenwahl zu treffen. Derartige Passagen sind im Text als hypothetisch gekennzeichnet und legen den Leser*innen provokativ eine ironische Interpretation nahe. Die Frage stellt sich aber, warum der Text so explizit darauf hinweist, welche Art Freundin die Mutter nicht für ihren Sohn möchte, nämlich – wie ich zeigen werde – schreibt der Text sich explizit in den Diskurs um Intermarriage[108] im Judentum ein. Äußerlich-

108 Die Bedeutsamkeit der Frage, wen man als Jude heiratet, wird von amerikanischen Forschern neben genealogischen Gründen folgendermaßen beantwortet: »marriage and the choice of mate demonstrate fundamental beliefs about the self as an individual within a social landscape« (Imhoff 263). In Amerika, wo »the intermarriage rate hovers around one-half« und es Anfang des 21. Jahrhunderts Tatsache ist, dass »most American Jews have experienced intermarriage in their own lives or through someone close to them« (Imhoff 263), wird viel zu dem Thema recherchiert. In Deutschland nahm die Rate der ›Mischehen‹

keiten, die dem gängigen Stereotyp ›sexy aber dumm‹ aus Blondinenwitzen entsprechen, wie blonde Haare, lange Beine und lange Fingernägel, hält diese an einer Frau nicht für erstrebenswert und hängt an die Beschreibung gleich die Wertung »dümmlich(e)« (Gorelik 59) an. Voller Hoffnung geht die Protagonistin dagegen davon aus, dass ihr Sohn intelligent sein wird. Bereits in der Schwangerschaft, so merkt sie an, habe der Gedanke sie bewegt, »Wird er Bücher mögen?« (Gorelik 78). Später, als Mischa lieber Bilderbücher anschaut, anstatt zu krabbeln, obwohl andere Kinder in nichtjüdischen Mutter-Kind-Gruppen dies bereits taten, bedient sie halb stolz, halb scherzhaft das Klischee vom (jüdischen) Bildungsideal, demzufolge »jüdische Kinder keinen Sport machen wollen, sondern lernen wollen« (Gorelik 74), denn »Das Lernen liegt den Juden im Blut« (73).[109] Indem die Ich-Erzählerin jedoch aus ihrer Kindheit berichtet »Alles durfte man sein: unmusikalisch, unsportlich, ungezogen sogar, nur unklug, ungebildet, das ging nicht« (Gorelik 71), stellt sie das aus Angeborenheit Nichtanderskönnen als zu lernen, als bildungshungrig zu sein von jüdischen Kindern infrage und verweist ironisch auf die familiale druckausübende Erwartungshaltung an die Kinder hinsichtlich des Lernens. Zu Mischa sagt sie:

> Nein, Du sollst kein jüdischer Nerd werden mit dicken Brillengläsern, einem dicken Buch unter dem Arm, dem blassen Gesicht eines Mamasöhnchens, warmer Schal um den Hals. Aber auch kein Fußballprofi. (Gorelik 78)

Der Text suggeriert einerseits, dass in einem jüdischen Haushalt Fußballprofi zu sein – also eine auf die physischen Talente ausgelegte Karriere –, nicht der bildungsbewussten Auffassung der Eltern entspricht und daher nicht angemessen für einen Juden ist. Andererseits spricht der Stereotyp des Juden als eines blassen, schwachen »Nerds« auch die Diskussion um »Jewish effeminacy« an,[110] in der es um die Darstellung jüdischer Maskulinität geht. Halb ernst sagt sie, selbst wenn ihr Sohn »Mechaniker in einer Autowerkstatt« (Gorelik 63) wäre, würde er seine Ehefrau in »einem Doktorandenseminar« kennenlernen. Die Ich-Erzählerin spinnt den fiktiven Faden weiter und stellt sich vor, ihr erwachsener Mischa

---

nach 1945 wieder zu – allein »in der Zeit von 1951 bis 1958« kamen »auf 100 jüdische Ehen […] fast 300 ›Mischehen‹«, dies änderte sich erst wieder mit der Rück- und Einwanderung von Juden, die »stärker in der jüdischen Tradition verankert waren« (Herzig 64). Die zitierte Textstelle aus dem US Kontext zeigt jedoch auch für den deutschen Kontext, wie wichtig eine frühzeitige Übermittlung der jüdischen Identität an den Nachwuchs in Hinblick auf dessen spätere Ehepartnerwahl ist und erklärt, warum die Ich-Erzählerin sich schon ein Jahr nach der Geburt ihres Sohnes Gedanken über seine zukünftige Ehefrau macht.

109 Vgl. auch »Juden sind schlauer als andere« (Gorelik 11, 128). »Das jüdische Bildungsideal wurde von Jahrhundert zu Jahrhundert, von Familie zu Familie, von Gen zu Gen weitergegeben« (Gorelik 73).

110 »Jewish effeminacy« bezieht sich auf folgendes europäisches Klischee: »The idea that Jewish men differ from non-Jewish men by being delicate, meek, or effeminate in body and character runs deep in European history« (Baader et al. 2).

werde dort zunächst eine nicht-jüdische, vermutlich katholische Freundin kennenlernen: »Nehmen wir mal an, indem wir einen Blick in die Zukunft wagen, Du hast eine Maria mit nach Hause gebracht. Nehmen wir das doch mal kurz an« (Gorelik 63). Und sie malt sich das Bild der Maria als »nett«, »blond, aber keineswegs blöd«, sogar mit »eine[r] Spur von Humor« (Gorelik 63) aus. Dass Juden selbstverständlich Humor haben und nicht nur eine Spur davon, ist ebenfalls ein jüdisches Klischee, das die Protagonistin nicht nur für einige Juden, sondern offenbar für Juden allgemein in Anspruch nimmt. Das Buch bedient diese Stereotype aber auch auf der Metaebene. Wenn sie Mischa einige Implikationen des Judentums erklärt und ihn einerseits halb und halb bedauert, weil auch er ein Jude ist, so tröstet die Ich-Erzählerin ihn doch mit jüdischen Eigenschaften, die ihm auch die »guten Seiten« des Jüdischseins aufzeigen sollen. So sagt sie u. a.: »Du wirst ein kluger Junge sein. Du wirst Humor haben« (Gorelik 15). Nett und obwohl blond[111] nicht blöd, sogar etwas humorvoll. Das alles reicht der Mutter, die sinngemäß von sich sagt, in ihrer Brust schlügen gewissermaßen zwei Herzen, ein rationales aufgeklärtes und ein jüdisches, aber nicht aus: Sie, die weiterdenkt und sich vorstellt, ihr Sohn könnte diese Maria heiraten wollen, möchte, dass Mischa sich »Mit jemandem von uns« (Gorelik 63ff.) verheiratet, nicht mit einer Maria, so intelligent und humorvoll sie auch sei. Das Genre der Autofiktion erlaubt der Ich-Erzählerin vorzugreifen und sich Charaktere auszudenken, die bekannten Stereotypen entsprechen, um der ›Mischa-Generation‹ und anderen jüdischen Müttern, die wie sie die neue Generation bilden, aufzuzeigen, was ein Jude tun bzw. lassen sollte. Als liebevolle aufgeklärte Mutter wünscht sie sich, ihr Sohn möge glücklich sein, egal ob mit einer Jüdin oder Nichtjüdin. Aber der Vorname Maria, der Christin, vielleicht Katholikin für dessen Trägerin impliziert, und der Fakt, dass diese Maria nicht versteht, was der Begriff »Mazel tov« (Gorelik 66) bedeutet, der von Juden als Glückwunsch und bei kleinen Missgeschicken, wie dem Umfallen eines Glases ausgerufen wird, kennzeichnet die Freundin als Nichtjüdin. Und der Jüdin in der Erzählerin kommen übliche Argumente in den Sinn wie, die Eheschließung eines Juden gehe nicht nur diesen als Individuum an, sondern sein ganzes jüdisches Volk (Gorelik 62), die Heirat eines Juden mit einer nichtjüdischen Deutschen wäre angesichts des Holocaust unmöglich. »Intermarriage«, d. h. Heirat zwischen Juden und Nichtjuden, könne zum Aussterben des jüdischen Volkes führen (Gorelik 66f.). Aufgabe in einer jüdischen Ehe sei es, »die jüdische Religion an die Kinder weiterzugeben« (Gorelik 67). Beim Überdenken der Frage der Religionsweitergabe macht sie sich aber klar, dass sie, wie sehr viele in der deutschen Diaspora und in Israel lebende

111 Blond bei einer Frau wird an dieser Stelle nicht negativ belegt, so meine ich, da Maria ohnehin nicht für die Ich-Erzählerin als Partnerin bzw. Ehefrau für ihren Sohn infrage kommt.

russischstämmige Juden, nicht religiös erzogen wurde, sie und ihr Mann Religion kaum praktizieren. Die Ich-Erzählerin erkennt, bzw. die Autorin lässt die Leserschaft wissen, warum es dieser besonders wichtig ist, dass ihr jüdischer Sohn später ebenfalls eine Jüdin ehelicht. Die Protagonistin, die sich einerseits ein »aufgeklärtes, weltoffenes Herz« (Gorelik 63) bescheinigt, sagt sich zwar selbstkritisch, es komme auf den Menschen und nicht »seine Religions- oder Volkszugehörigkeit« (67) an, dennoch siegt ihr »jüdisches Herz« (63) und alle ihre Überlegungen laufen darauf hinaus, dass einer Nichtjüdin das fehlt, was ihrer Ansicht nach Jüdischsein u.a. ausmacht, nämlich, ein gemeinsames, wenn für Juden aus der ehemaligen Sowjetunion vielleicht auch rudimentäres jüdisch-kulturelles Wissen und das selbstverständliche Verstehen verbindender Elemente wie beispielweise den »jüdischen Humor«. So lässt die Protagonistin Mischa wissen: »Schon gut, dass dein Vater Jude ist. Weil er Dinge verstehen kann, die andere nicht unbedingt verstehen, den jüdischen Humor zum Beispiel« (Gorelik 67), der auch in dem Begriff »Mazel tov« zum Ausdruck kommt. Und es erfahren die Leser*innen, alle diejenigen, die die Autorin mit ihrer fiktionalen Heiratsepisode ansprechen bzw. beeinflussen will: Die Tradition – die Ich-Erzählerin nennt sie humorvoll und etwas selbstkritisch, gleichzeitig aber verstärkend »Religion« – zu erwarten, dass Juden ihresgleichen heiraten, habe die Großmutter an sie weitergegeben.

> Wäre aber nicht schlecht, wenn Mischa eine Jüdin heiraten würde. Irgendwann. Falls er will, natürlich. Freuen würde ich mich. Diese Religion habe ich von meiner Großmutter mitbekommen. Das tut mir leid. (Gorelik 68)

Mit der Erwartung, Juden heiraten unter sich, wird versucht, eine Regel, die in den Anfängen der Diaspora und der Verfolgung verwurzelt ist,[112] aufrecht zu erhalten, obwohl oder gerade weil in der Realität, z.B. den USA, wie die Hauptfigur des Buches selbst sagt, längst über die Hälfte aller Juden mit Nichtjuden verheiratet sind (Gorelik 62).[113]

---

112 Entstanden zu Zeiten Esras um 400 v.Chr. (von Braun 52), war es Absicht mit Hilfe des Matrilinearitätsprinzips und des Verbots der ›Mischehe‹ das bedrängte Judentum in der Diaspora zu erhalten. Für ausführlichere Informationen siehe Anmerkung 72 in der Einleitung unter Punkt *III.3.2 Gender.*

113 In jüngster Zeit ist der Sammelband *Hybride jüdische Identitäten* herausgegeben von Lea Wohl von Haselberg mit Untersuchungen zu gemischten Familien erschienen, der auch bei Intermarriage durchaus die Hoffnung auf Fortbestand des Judentums nährt (vgl. u.a. Heiss, »Wer darf sich eigentlich als Jude bezeichnen?«).

I.4 Adressaten und Leserschaft

Gorelik klärt, wie sie in einem Interview sagt,[114] nicht nur für sich selbst und ihren Sohn, was Jüdischsein und speziell Jüdischsein in Deutschland bedeutet, bzw. für ihn bedeuten wird und soll. Indem sie die Ergebnisse ihrer Überlegungen, Erfahrungen, Wünsche, Fiktionen publiziert, antwortet sie auch nicht nur ganz speziell denjenigen, die ihr diese Fragen gestellt haben – nicht nur diese sind »die anderen« –, sondern der Klärungsversuch soll mit Hilfe ihres Buches auch eine breitere Öffentlichkeit, nichtjüdische wie jüdische und da, die ältere und jüngere Leserschaft erreichen. Aus der privaten ist eine öffentliche Klärung, gewissermaßen Aufklärung der Öffentlichkeit geworden.

Die Sammlung von Briefen über Leben und Erfahrungen einer Jüdin im zeitgenössischen Deutschland ist nicht so persönlich, dass sie nur von ihrem Sohn verstanden werden könnte, sie ist bewusst literarisch: Die realen und fiktiven, provokativ-ironischen und bisweilen ernsten und traurigen Darstellungen und Berichte machen Goreliks Diskussion von deutsch-jüdischer Identität relevant für eine weite Leserschaft in Deutschland, jüdisch und nicht-jüdisch. *Lieber Mischa* ist für den deutschen Buchmarkt geschrieben und auf ihn abgestimmt. Gorelik schreibt sich mit dem autofiktionalen Text in die Tradition der deutsch-jüdischen Literatur, der Migrationsliteratur[115] und der Literatur der literarischen Identitätssuche ein.[116] Die Einordnung der Autorin als Migrantin, zugehörig zur jüdischen Minorität in der deutschen Gesellschaft, ist für die Vermarktung des Textes als Autofiktion wichtig, da es der westlichen Leserschaft um die Rezeption von »authentischen« Erfahrungen der »anderen« geht.[117] Wie Literaturwissenschaftler Adrian Wanner festhält, ist es aufgrund der Popularität von »multicultural products« mittlerweile »chic« in westlichen Gesellschaften ein Einwanderer*in zu sein (»Out of Russia« 14).

114 Vgl. Leinkauf, »Ich rede extra leise«.

115 Zwischen Autofiktions- und Migrationsliteratur besteht, meiner Ansicht nach, eine wichtige Übereinstimmung in Genrekriterien: Autofiktion ist ein Mischgenre zwischen Fiktion, genauer dem Roman und der Autobiografie, das Autor*innen nutzen, um einen »wahren Roman« über ihr Leben zu schreiben (Doubrovsky, »Nah am Text« 130). Die Literaturwissenschaftlerinnen Christa Gürtler und Eva Hausbacher halten als zwei wichtige Kriterien der Migrationsliteratur ebenfalls, sowohl die Erschaffung eines literarischen Doppelgängers der Autorenpersönlichkeit, als auch die Vermischung verschiedener (autobiografischer) Genre fest (127).

116 Grünhoff, »Lena Gorelik im Interview«. Vgl. bspw. auch Rabitz, »Identität: Russisch, Jüdisch, Deutsch.« *Deutsche Welle*, 12. Juli 2012; »Lena Gorelik.« *Goethe Institut*; Lenz, »Wie soll man klarkommen, wenn man ›Margarine‹ genannt wird?« *Frankfurter Rundschau*, 16. Dezember 2015; »Lena Gorelik. Schriftstellerin.« *Die Zeit*, 9. Mai 2018.

117 Wie bereits erwähnt, hält die Germanistin Chantelle Warner fest, dass insbesondere bei Autoren, die einer Minderheit angehören, das Interesse an »authentischen« Inhalten groß ist (3).

Um auf die bei der Briefform so wichtigen Adressaten des Buches einzugehen, diese sind die neue jüdisch-deutsche Generation, über sie ihre Nachkommenschaft, nämlich die noch neuere jüdische Generation, wie Mischa. Aber auch die ältere jüdische in Deutschland lebende Generation neben Kontingentflüchtlingen allgemein, soll erreicht werden, sodann deutsche Nichtjuden, die an jüdischen Fragen interessiert sind.

Ich beginne mit der ersten Adressatengruppe, der neuen deutsch-jüdischen Mutter-Kind Generation: Das Buch, wie oben bereits gesagt, ist allen Glücks gewidmet (Gorelik 5), dem Glück der Ich-Erzählerin, dem kleinen Mischa, eingeschlossen, den diese jüdisch erziehen will. Sie, die ihr »Judentum doch angeblich nach eigener Aussage kaum interessiert« (Gorelik 183), muss aber erst einmal nachdenken, was denn Jüdischsein für sie bedeutet. Dabei ist sich die Protagonistin nicht immer sicher, es kommt zu Widersprüchen. Aber sie zitiert das jiddische Sprichwort »Wenn du lehrst, lernst du« (Gorelik 184). Und lernen soll nicht nur sie selbst, was es mit dem Jüdischsein auf sich hat, sondern mit ihr auch ihr Nachwuchs und mit diesem alle Neuankömmlinge der noch neueren Generation als sie selbst. Vermitteln will sie ihre Erkenntnisse auch den Eltern, insbesondere den jüdischen Müttern. Mischa, etwa ein Jahr alt, und die anderen Glücks können die Brieflektionen in ihrem zarten Kleinstkindalter ja noch nicht selbst lesen, sie sind, was die Erziehung anbelangt, auf diese angewiesen. Der Nachwuchs, d.h. Mischa und die anderen Glücks leben in Deutschland, »inmitten von Juden, die nicht wissen, was Judesein ist, weil auch sie aus der »g"ottlosen Sowjetunion hierher eingewandert sind statt nach Israel« (Gorelik 15).[118] Die junge im gegenwärtigen Deutschland Kinder erziehende Generation, die ›unjüdisch aufgewachsen‹ ist und der sich die Protagonistin zugehörig fühlt,[119] will diese mit ihren durch Selbstreflexion gewonnenen Erkenntnissen belehren, damit auch sie ihre Nachkommen jüdisch erzieht. Sie will sie in ihrem Judentum bestärken, es wieder erwecken bzw. hervorholen, denn »sie wüssten nicht, wer sie seien, sie verneinten die eigene Identität«

118 In einem anderen Zusammenhang überlegt die Protagonistin: »Ich begann zu rechnen: Es leben derzeit rund 200 000 Juden in Deutschland, von denen wiederum rund 180 000 aus den Ländern der ehemaligen Sowjetunion stammen und also aufgrund ihrer Vergangenheit auch kaum eine Ahnung davon haben, was Chanukka genau ist. Zieht man dann von den übrigen die geschätzten Nichtreligiösen ab, dann kommt man auf wie viele? Auf etwa 2000 orthodoxe Juden in Deutschland?« (Gorelik 98 f.).

119 Die areligiöse Haltung der meisten zugewanderten sowjetischen Juden führte – wie beretis unter Punkt II. »Thema und Hintergrund« erwähnt – durchaus zu Irritationen und Diskrepanzen zwischen ihnen und den Mitgliedern der eingesessenen deutschen jüdischen Gemeinden. In der ehemaligen Sowjetunion war Jude eine ethnische Bezeichnung, die im Ausweis vermerkt war. Das Selbstverständnis der jüdischen Gemeinden in Deutschland beruhte hingegen auf der jüdischen Religion und einer mit ihr verbundenen Kultur (vgl. u. a. Gilman, »Becoming a Jew by Becoming a German« 17).

(Gorelik 183f.), obwohl sie z. B. zu Hause fast nur Werke jüdischer Verfasser*innen hätten.

In der F.A.Z. wurde *Lieber Mischa* in Hinblick auf die Briefe einer jungen Mutter an ihr erstes Kind als »Erziehungsfibel« bezeichnet (Hieber, »Mutterwitz mit Telefon«). Die Charakterisierung als Erziehungsfibel trifft zu, aber der Rahmen lässt sich weiter spannen. Nicht nur ein spezifisches Mutter-Kind Verhältnis steht zur Debatte, sondern das Buch richtet sich, wie gezeigt, an die neue jüdische Mutter-Kind Generation in Deutschland, aber eben nicht nur an diese. Dass es auch die ältere in Deutschland lebende jüdische Generation anspricht, zeigt sich, wenn die Ich-Erzählerin Abgrenzungen von dieser vornimmt. In *Lieber Mischa* beantwortet die Ich-Erzählerin die Frage, wie es ist, als Jüdin in Deutschland zu leben (Gorelik 177ff.). Als Vertreterin der neuen Generation, meint die Erzählstimme u.a., heutzutage sei es »doch nicht so schlimm«, als Jude in Deutschland zu leben. Dass es einmal anders gewesen sei, sei »nun fünfundsechzig Jahre her.« Und in ihrem Kopf protestiert »Eine jüdische Stimme«, ein Angehöriger der älteren Generation: »Oh, oh, Hat sie das tatsächlich gerade gesagt? Man darf Geschichte nicht vergessen, niemals!« (Gorelik 177f.). Diese und andere Passagen zeigen, Adressat des Textes ist, so meine These, auch die ältere jüdische Generation, der durch die Protagonistin, die sich einer neuen jüdischen Generation in Deutschland zurechnet, vermittelt werden soll, wie das neue Selbstverständnis aussieht. Weiter dürften sich auch Kontingentflüchtlinge im Allgemeinen in den Schilderungen der Erzählerin wiederfinden, wenn diese berichtet, dass es des Unterrichts in deutschen jüdischen Gemeinden bedurfte, um zu lernen, dass Jüdischsein auch etwas mit Religion zu tun hat und um das Wissen um jüdische Traditionen wieder zu beleben (Gorelik z.B. 19, 24ff.). In einer anderen Passage spricht die Erzählerin Juden russischer Herkunft und Deutsche gleichermaßen an:

> Dann kam ich nach Deutschland. Jüdisch sein in Deutschland schien erst einmal schwierig, weil es exotisch ist. Exotisch zu sein kann anstrengend sein. Jüdisch und russisch gleichzeitig zu sein – das Opfer aus dem Zweiten und der Feind aus dem Kalten Krieg in einem – ist, wie doppelt bestraft zu sein. (Oder doppelt gesegnet.). (Gorelik 19)

Humorvoll erklärt sie die historisch motivierte deutsche Wahrnehmung von Juden aus Osteuropa und deren Auswirkungen auf die jüdische Minderheit aus der ehemaligen Sowjetunion. Als Jüdin ist die Ich-Erzählerin in den Augen der Deutschen ein Opfer, als Russin ist sie ein ehemaliger Feind. Doppelt bestraft oder gesegnet ist sie, weil beide Merkmale sie im positiven oder negativen Sinn aus der Masse hervorheben und ›anders‹, d.h. im ›exotischen‹ Sinne, interessant für die deutsche Gesellschaft machen. Diese Sonderrolle empfindet sie als ›anstrengend‹.

Gorelik lebt in Deutschland, hat den größeren Teil ihres bisherigen Lebens in diesem Land verbracht, schreibt ihre Texte auf Deutsch, d.h. in einer Sprache, die nicht ihre Muttersprache ist,[120] die sie aber so gut beherrscht, dass sie sagen kann, »Ich bin es, die der Sprache befiehlt.« (Gorelik, »Erinnerungen, die. Zuhause, das«). So ist das Buch in erster Linie für den deutschen Buchmarkt bestimmt. Einen Text über jüdische Identität in Deutschland zu schreiben, verspricht für den Literaturbetrieb und die Verfasserin als ein Teil dieses Betriebes ein Verkaufserfolg zu werden, da wie die Ich-Erzählerin selbst sagt, wegen der deutschen Geschichte und der Debatte über Schuld und Erinnerungskultur ein gesteigertes Interesse an jüdischen Themen besteht.[121] Neben deutschen nichtjüdischen Leser*innen, die allgemein das Buch aus solchen historischen Gründen heraus lesen werden und Leser*innen, deren Interesse Minderheitengruppen betrifft, erweckt der Text auch bei einer spezifischen, besonders am Judentum interessierten Gruppe Deutscher Aufmerksamkeit. Diese Gruppe nennt die Ich-Erzählerin provokativ »Philosemiten«:[122] »*Menschen, die Dich nur aus einem Grund lieben*«, nämlich weil man Jude ist (Gorelik 96). Sie selbst fühlt sich von Philosemiten belästigt – findet sie »Nicht schlimmer, aber definitiv nervenaufreibender als Antisemiten« (Gorelik 96) –, schreibt aber ein Buch, das genau diese Klientel besonders bedienen oder aufklären dürfte und lässt sich als ›Vorzeigejüdin‹, als »das Tier im Käfig, die Jüdin per se.« auf deren Tagungen einladen (Gorelik 98). Von der Thematik her richtet sich der Text einerseits an die neue jüdische Generation in Deutschland für die die Ich-Erzählerin gewissermaßen stellvertretend ihr jüdisches Selbstverständnis klärt und hat auch eine Appellfunktion an diese neue Generation, ihre jüdische Identität im Interesse der jüdischen Erziehung der Kinder anzunehmen. Dennoch dürfte andererseits, ein Buch diesen Inhalts, das auf dem deutschen Buchmarkt veröffentlicht wird, hauptsächlich von dem genannten spezifischen nicht-jüdischen deutschen Publikum gelesen werden. Der Ich-Erzählerin ist diese Tatsache bewusst und sie weiß auch, dass sie sich mit Lesungen und Büchern zu jüdischen Themen »selbst in diese Schublade«, nämlich die der »Berufsjüdin« einordnet (Gorelik 22). Kritische Fragen zu dieser Klassifizierung nimmt sie vorweg und sagt: »Und ich

---

120 Für Gorelik spielt die Sprache eine bedeutende Rolle. Sie sagt im Leinkauf-Interview auf die Frage der Interviewerin, wie sie in Deutschland »heimisch« wurde, »Das hatte viel mit der Sprache zu tun« (»Ich rede extra leise«) oder an anderer Stelle, obwohl die deutsche Sprache nicht ihre Muttersprache ist, sei sie doch ihr »Zuhause«. »Die Sprache gehört mir: Die Worte geben sich mir hin. Wenn sie es nicht tun, so zwinge ich sie« (Gorelik, »Heimat ist ein Gefühl«).

121 Sie sagt: »Nicht schlimmer, aber definitiv nervenaufreibender als Antisemiten sind deshalb die Philosemiten. Praktizierende Philos, nenne ich sie. Deutschland hat eine Menge davon« (Gorelik 96).

122 Liegt der Fokus bei der Ausgrenzung von Juden beim Begriff Antisemitismus auf vermeintlich negativen Eigenschaften, so ist dessen Umkehrung – wie bereits erwähnt – der Philosemitismus, der Juden per se auf positive Eigenschaften reduziert (Thurn 42).

würde wohl antworten, es mache mich doch noch lange nicht zu einer Berufsjüdin, wenn ich mich zu diesem Thema äußere« (Gorelik 22).

Der Text benutzt das Genre der Autofiktion und das stilistische Mittel des Humors in *Lieber Mischa* auch, um die Erzählfigur, die die Autorin nicht selber ist, in die aber ihre Erfahrungen und Wünsche eingehen, in fiktionalen Situationen Kritik üben zu lassen. Kritik, die ohne Humor und ohne literarische Einbettung von einer realen Person geäußert, dem Publikum schwer vermittelbar wäre. So kritisiert diese bspw. die »Praktizierenden Philos« in Deutschland. Die Ich-Erzählerin meint, Philosemiten seien nur deshalb so überinteressiert an allem Jüdischen, weil sie auf der »Suche nach Katharsis« seien (Gorelik 101). Von Lesungen erwarteten sie häufig »betroffen« gemacht zu werden, das Vorlesen lustiger, witziger Passagen eines Buches empfänden sie als unangemessen, denn »Man darf nicht über Juden lachen!« (Gorelik 102) und Witziges macht nicht »betroffen« (104). Aus diesem Grund setzt der Text gerade Humor, mitunter auch bissigen Humor gezielt ein, um diese Haltung der gesellschaftlich eingeforderten Betroffenheit und multikulturellen Übereifrigkeit aufzubrechen.[123] So fragt sich die Ich-Erzählerin, ob die übermäßige Liebe der Philosemiten zu Juden und deren »Engagement« in allen möglichen »jüdisch-deutschen Vereinen und Gesellschaften« dem Wunsch nach Vergangenheitsbewältigung entspringt[124] und merkt an: »Werden die Juden, die der Vater tötete, durch das Verhalten des Sohnes etwas weniger tot?« (Gorelik 100f.). Übermäßige Liebe durch eine Bevorzugung oder Sonderbehandlung von Juden wiegt demnach nicht übermäßigen Hass wieder auf. Juden seien vielmehr das »Hobby« der Philosemiten (Gorelik 97). Sie besuchten Veranstaltungen, die alle den Begriff Jüdisch im Titel haben müssten in der Hoffnung, dort »echte Juden« anzutreffen (Gorelik 97). Auf diesen Veranstaltungen seien außer der Vortragenden aber kaum Juden, sondern nur ihresgleichen zu finden. Ironisch denkt sie daran, deren übermäßigen Wunsch nach dem Anblick richtiger Juden zu befriedigen, indem sie »anstatt zu lesen, einfach nur sagen würde: ›Guten Tag! Ich bin Jüdin. Betrachten Sie mich bitte, solange Sie möchten.‹« (Gorelik 100). In dieser Kritik der Protagonistin drückt sich der Wunsch der neuen deutschen Judengeneration nach Normalisierung aus. Sie will nicht länger wie ein seltenes »Tier im Zoo« bestaunt und für die Katharsis der Täternachfahren verantwortlich gemacht werden (Gorelik 104). Mit dieser Äußerung bezieht sich die Autorin auf den Exotikdiskurs und das

123 Der multikulturelle Eifer einiger Deutscher, um eine Kompensation für die vererbte Schuld des Holocausts zu finden, lässt sich vergleichen mit dem Phänomen »tokenism«, definiert als eine »practice or policy of admitting an extremely small number of members of racial (e.g., African American), ethnic (e.g., Latino) or gender (i.e., women) groups to work, educational, or social activities to give the impression of being inclusive« (Riccucci 197).

124 »Ist es, weil diese Liebe ihnen hilft, die deutsche Vergangenheit zu bewältigen?« (Gorelik 100f.).

gesteigerte Interesse in der deutschen und westlichen Gesellschaft an »anderen«. Gorelik wehrt sich einerseits gegen diese »exotic aura as cultural outsider(s)« (Wanner, »Out of Russia« 6), zielt aber genau auf dieses Interesse der Leserschaft bei Themenwahl und Vermarktung von *Lieber Mischa* ab. Im Buch selbst werden vor dem Haupttext »Pressestimmen« aus dem deutschsprachigen Raum zitiert, die *Lieber Mischa* hochloben und sogar sagen, das Werk könne »mehr Schranken einreißen als jeder noch so gute didaktische Impuls« (Schwegmann in Gorelik 3).

Die Wirkung des Genres der Autofiktion bedenkend, ist erwähnenswert, dass in Hinblick auf zeitgenössische jüdische Identität in Deutschland eine zumindest ›halb wahre‹ Geschichte für die Leserschaft mehr Geltung und Aussagekraft zu haben scheint als eine erfundene. Bei der Vermarktung des Buches als semi-autobiografisch wird impliziert, Goreliks Briefen sei mehr »Authentisches« über deutsch-jüdische Identität zu entnehmen, als einem wissenschaftlichen Aufsatz oder einer fiktiven Erzählung über Einwanderung, Geschichte und Identität. Eine Erklärung für den Wunsch nach Authentizität kann, um es in den Worten der amerikanischen Schriftstellerin Mary Karr zu sagen, etwas »naiv« wirken (xvii):

> As I turn a novel's pages, a first-person narrator may seduce me, but the fact that it's all made up and not actually outlived oddly keeps me from drawing courage outside the book's dream. The deep, mysterious sense of identification with a memoirist who's confessed her past just doesn't translate to a novelist I love, however deliciously written the work. I am embarrassed to confess this, because it sounds so naive – ›identifying‹ with someone I've never met. (Karr, xvi f.)

Trotz des Grundbedürfnisses der Leser*innen, etwas »Echtes«, »Wirkliches« oder »Wahres«, dem nur Erfundenen vorzuziehen,[125] hat sich Gorelik bei der Behandlung des Themas Identität gerade nicht für eine Autobiografie entschieden. Das Genre der Autofiktion erlaubt einer breiten Leserschaft, an Goreliks Suche nach ihrem Selbst teilzuhaben und ermöglicht daher ein tieferes Verständnis des diesem Prozess innewohnenden Ringens um persönliche ›Wahrheiten‹. Da Lena Gorelik über ihr Leben und ihre Grundwerte im autofiktionalen Modus erzählt und den Anspruch auf Authentizität durch ironische und überzogene fiktionale Passagen dekonstruiert, läuft sie nicht Gefahr, eine entweder zu persönlich spezifische oder eine zu verallgemeinernde Aussage über jüdische Identität im heutigen Deutschland zu treffen. Auf seine ganz eigene Weise erlaubt das Genre der Autofiktion der Autorin ihre Biografie als Grundgerüst für die Wiedergabe ihrer Erfahrungen zu benutzen – auf der Metaebene bietet der Text folglich auch eine Identifikationsmöglichkeit für andere jüdische Einwanderer aus Osteuropa ihrer Generation mit ähnlichen Erfahrungen – und gewährleistet so ein gewisses

125 Vgl. auch die Forschung der Germanistin Chantelle Warner, die festhält, ein gesteigertes Interesse der Leserschaft an authentischen Geschichten entstamme »our will to believe in the stories of others« (3).

Maß an »autobiographical truth« (Smith und Watson 13)[126]. Autofiktion verpflichtet sie aber dabei nicht zur ausschließlichen Wiedergabe von Fakten oder ›Wahrheiten‹ aus ihrem Leben oder zum ›autobiographischen Pakt‹ oder »contract of identity«, wie ihn Lejeune (19) beschreibt. Durch die Hervorhebung der Vermischung von Autobiografie und Fiktion in *Lieber Mischa* – durch das literarische Element, das der Autofiktion inne ist – entgeht die Autorin der Gleichsetzung von Autor*in und Ich-Erzähler*in im »contract of identity« und weist auf diese Weise allzu einfache Vergleiche zwischen ihrer Meinung und der des »imaginary ›I‹« (Mueller 4) indirekt zurück.[127] In *Lieber Mischa* werden die Erwartungen der Leserschaft, etwas Wahres, Persönliches über die Autorin zu erfahren, mit dem Element der Fiktion verbunden, das eine vieldeutige Lesart erlaubt, die sich eindeutigen Interpretationen entzieht. Durch die Mischung von Autobiografie und Fiktion kann der Text nicht in die Schublade des ›authentischen‹ Exotikums ›deutsch-jüdisch‹ oder ›Migrationserfahrung‹ geschoben werden, denn die fiktionalen, oft ironisch-provokativen Stellen unterwandern den oberflächlichen Anspruch auf Authentizität.

II. Zur Identität der Ich-Erzählerin

Der Text *Lieber Mischa* ist aufgrund seiner Autofiktionaliät als persönlicher Ratgeber oder Leitfaden zu zeitgenössischem jüdischem Leben, jüdischem Erbe und jüdischen Traditionen vor allem für die neue und neueste Generation von Juden in Deutschland,[128] aber auch für die nicht-jüdische deutsche Leserschaft zu verstehen. Die Ich-Erzählerin durchläuft in ihren Briefen einen Prozess, in dem sie versucht, sich ihrer jüdischen Grundwerte zu vergewissern und diese einem jüdischen und nicht-jüdischen deutschen Publikum zu erklären. Mit diesen Grundwerten fühlt sie sich einer neuen jüdischen Generation in Deutschland zugehörig. Angehörigen der neuen Generation will sie die Grundpfeiler der jüdischen Identität vermitteln, insofern diese sich aufgrund der Herkunft aus der

126 Die Autorinnen definieren dies als »an intersubjective exchange between narrator and reader aimed at producing a shared understanding of the meaning of a life« (Smith und Watson 13).

127 Mueller beschreibt die Vorzüge der Fiktion bei der Diskussion kontroverser Themen wie folgt: »Textual indeterminacy can be used as a defense against any critical or moral argument, since fictional texts are by definition multivalent in ways that defy a seemingly one-sided interpretation« (9).

128 Die neue Generation von Juden in Deutschland verstehe ich als die der Autorin selbst, nämlich die der Kinder der ersten Generation jüdischer Kontingentflüchtlinge aus Osteuropa. Die neueste Generation ist Mischas Generation, d.h. die in Deutschland geborenen und aufgewachsenen Kinder der zweiten Generation, der bspw. Gorelik und Grjasnowa angehören.

ehemaligen Sowjetunion, in der die Inhalte des Judentums verschüttet wurden, ihrer Grundwerte nicht mehr oder nur noch rudimentär bewusst sind.[129] Die direkte Anrede ihres Kindes legt auf den ersten Blick einen sehr persönlichen Charakter der Briefe nahe, deren Veröffentlichung als Buch oder »Erziehungsfibel« zeigt jedoch (Hieber, »Mutterwitz mit Telefon«), die Aussage ist doch allgemeiner: Es sind die Kinder der neuen Generation, um die es geht. Sie sollen von den Eltern jüdisch erzogen werden und erfahren, was Jüdischsein heißt. Auch die ältere jüdische Generation soll wissen, was die neue deutsch-jüdische Generation unter jüdischer Identität versteht. Die Ich-Erzählerin wendet sich aber auch an deutsche Nichtjuden, die zur Kenntnis nehmen sollen, wie das Selbstverständnis der Juden im Gegenwartsdeutschland aussieht. Wenn sie Mischa von ihren Erlebnissen, Erfahrungen z. B. mit Antisemiten, Philosemiten oder Konvertiten berichtet oder versucht, ihm diese Phänomene zu erklären, ist dies gleichzeitig eine Kritik und Aufforderung an deutsche Nichtjuden, das Leben für Juden in Deutschland zu verändern. Beispielsweise gehörte es für sie zu einem ›normalen‹ Leben in Deutschland nicht mehr als Jüdin – nach Art der Philosemiten – wie ein Wundertier im Zoo bestaunt zu werden oder von Nichtjuden, eingedenk der deutschen Geschichte, wenn sie hören, sie sei Jude besonders, d. h. vorsichtiger behandelt zu werden, als sie dies normalerweise tun würden. Dazu gehörte auch, dass Kritik am Verhalten bestimmter Juden, z. B. Michel Friedman, nicht verstummt, nur weil sie, die Jüdin ins Zimmer kommt (Gorelik 18). Die Ich-Erzählerin, die sich als Angehörige der neuen Generation in Deutschland betrachtet, will »keine Sonderbehandlung« (Gorelik 18) und auch nicht, nur weil sie Jüdin ist, Stellung zu politischen Entscheidungen Israels beziehen müssen (Gorelik 21f., 150). Sie lebt als Jüdin in Deutschland und nicht als Jüdin in Israel (Gorelik 112, 169),[130] eine bewusste Entscheidung, die auf ein gewisses Zugehörigkeitsgefühl zu Deutschland schließen lässt. Dass Juden in Deutschland leben, müsste von Nichtjuden als ein ganz normales unspektakuläres Ereignis betrachtet werden. So wie sie meint, Deutsche sollten auch das Wort ›Jude‹ trotz

129 Adrian Wanner, Professor der russischen Literatur, beschreibt den kulturellen Hintergrund von jüdischen Kontingentflüchtlingen der 1990er Jahre aus der ehemaligen Sowjetunion wie folgt: »most of them are (secular) Jews. In the Soviet Union, Jewishness was constructed as a ›nationality‹ that was officially noted in a person's identity documents and was considered mutually exclusive from the category ›Russian‹« (»Out of Russia« 6). Aufgrund ihrer Pässe, die sie als Juden auswiesen, wurden sie in Deutschland als Kontingentflüchtlinge aufgenommen, für die jüdischen Gemeinden aber waren sie »not Jewish ›enough,‹« oder sogar »not Jewish at all« wegen ihrer »secularity and ignorance of the Jewish faith and Jewish tradition« (Wanner, »Out of Russia« 6).

130 Sie sagt: »Ich bin übrigens nicht diejenige, die Juden mit Israelis und Israelis mit Juden verwechselt« (Gorelik 112). Vgl. auch für ähnliche Aussagen S. 153 und 169.

ihrer Geschichte wieder unbefangen aussprechen,[131] wünschte sie sich aber auch, der unterschwellige Antisemitismus, der ihr gelegentlich in Deutschland begegnet, möge verschwinden. Sie meint: »Es wird sie immer geben, die Antisemiten. […]: Solange es Juden gibt, wird es Antisemiten geben«, »Die Frage ist nur, wie viele Antisemiten es auf dieser Welt so gibt« (Gorelik 84). Die Ich-Erzählerin hat zwar nicht viele antisemitische Erlebnisse gehabt, aber stößt immer wieder auf unterschwellig antisemitische Einstellungen, z. B. wenn ihr Fragen wie diese gestellt werden: »Wie groß ist eigentlich der Einfluss der Juden auf die deutsche Wirtschaft?« (Gorelik 90), »Oder in diesem Land« und sagt, dass sie »so viele Antisemiten gar nicht sehe« (84).[132] Das Vorurteil, Juden wären reich, weist sie mit der humorigen Bemerkung zurück, Rothschild sei leider kein Verwandter von ihnen (Gorelik 9), sie selbst sei leider nicht mit Geld gesegnet (131 ff.). Die Protagonistin geht auch auf »innerjüdische Klischees« (Gorelik 128) ein, beispielweise auf das Klischee von der überbesorgten jüdischen Mutter, der ›jiddischen Mamme‹, das die Mutter – Kind Beziehung etwas schwierig gestalte, aber so vermerkt sie witzig, die Psychoanalyse hervorgebracht habe (10, 128). Was den Antisemitismus angehe, so kämen »die heftigsten Antisemiten aus den eigenen Reihen« und nennt Karl Marx und Kurt Tucholsky (Gorelik 125 f.). Für eine Erklärung des jüdischen Antisemitismus zieht sie das Klischee des »jüdische[n] Selbsthass[es]« heran, von dem sie meint, er sei ein »feststehender Begriff« (Gorelik 125) unter Juden. Die verschiedenen Formen des Philo- und Antisemitismus stehen noch einem ganz ›normalen‹ Zusammenleben von Juden und Nicht-Juden in Deutschland entgegen:

> Ersparen kann ich Dir all das leider nicht. Aber ich kann Dir ein paar kleine Hinweise mit auf den Weg geben. Das eine oder andere Phänomen erklären, es zumindest versuchen. Dich auf Erlebnisse vorbereiten, so gut es geht. Vielleicht hilft es etwas. Wahrscheinlich nicht. (Gorelik 16)

Die Protagonistin sagt zu Mischa in Hinblick auf bestimmte Erfahrungen, die er in seinem Leben als Jude in Deutschland, aber auch allgemein als Jude unter Juden – z. B. in der Mutter-Kind-Beziehung – machen wird, dass sie ihm diese nicht »ersparen« kann. Was sie jedoch kann, ist ihn auf wichtige Aspekte aufmerksam zu machen und ihn zur frühzeitigen Selbstreflexion anzuregen, damit er später zumindest in Bezug auf seine Zugehörigkeit zum Judentum nicht an Selbstzweifeln leiden muss. Welche Aspekte der jüdischen Identität sie an ihn weitergeben möchte, wird im Folgenden besprochen.

131 »›Du bist doch Jüdin‹ oder ›Du bist doch Jude!‹ bringt nämlich hierzulande kaum jemand über die Lippen« (Gorelik 22).

132 Der Roman *Lieber Mischa* wurde 2011 veröffentlicht.

II.1 Ethnische und religiöse Identität im deutschen Kontext

Die Suche nach dem eigenen Platz in der deutschen Gesellschaft als Jüdin, Einwanderin aus Osteuropa und junge Mutter wird in Goreliks Text[133] reflektiert im anhaltenden Prozess der Definition des Selbst der Protagonistin als primär ethnisch jüdisches Individuum[134] gegenüber einer Mehrheitsgesellschaft, die – wenn sie das Judentum außerhalb des Diskurses zu Schuld und Vergangenheitsbewältigung überhaupt wahrnimmt[135] – darunter etwas potentiell Anderes, Religiöses, versteht.[136] Das Judentum als eine Ethnie anstelle einer Religion zu definieren, entspricht zwar dem jüdischen Selbstverständnis in weiten Teilen der Welt, widerspricht aber den Grundsätzen der Aufarbeitung der rassisch-motivierten Verbrechen gegen die Juden während des Nationalsozialismus (vgl. u. a. Lubrich 215). Wie die Ich-Erzählerin ihrem Sohn und der Leserschaft erklärt, versteht man daher in Deutschland unter Judentum keine Ethnizität, sondern eine Religion:

133 Vgl. u. a. die Buchkapitel »*Lieber Mischa*« (Gorelik 13), »*Oj vej*« (17) und »*Wie ich keine jüdische Mutter geworden bin*« (50).

134 Gorelik folgt der Definition des Judentums, wie sie außerhalb Deutschlands – bspw. in den USA –weitverbreitet ist, die Judentum als Religion und Volkszugehörigkeit versteht. Wo man in Deutschland vor der Bezeichnung von Juden als Ethnie aufgrund der Klassifizierung als ›Rasse‹ im Dritten Reich zurückschreckt, gilt für das Judentum bspw. im US-amerikanischen konservativen Kontext folgendes: »to define Jews solely as members of a religion is a misapprehension of what it means to be a Jew, because a Jewish identity constitutes a religious group, a people, an ethnicity, a culture, and a civilization (Langman, 1999). Thus, Jewish identity needs to be redefined to include the different issues involved with this unique population« (Altman et al. 163).

135 In Muellers Worten: »Jewishness and/or Judaism, even though perceived as an ethnic more than a religious category, seem essentially absent from German public memory« (Mueller 7).

136 Ich betrachte die Identitätskonstruktionen in dem zu untersuchenden Text *Lieber Mischa* im Kontext des umfassenderen Diskurses über den eingangs erwähnten »German-Jewish Transnationalism« (Geller und Morris 261) – ein kulturelles Phänomen das auch einen bleibenden Eindruck in der Literatur hinterlassen und zum sog. »Eastern European Turn in Contemporary German-Language Literature« (Haines 145) geführt hat. Vor dieser Wende wurden Juden in Deutschland zumeist als religiöse Gruppe oder Gemeinde definiert. Diese religiöse Identität – wie der Geschichtswissenschaftler Sander Gilman (»Becoming a Jew by Becoming a German« 19) sie nennt – steht im Widerspruch zum Selbstverständnis der jüdischen Einwanderer aus der ehemaligen Sowjetunion, für die die Bezeichnung ›jüdisch‹ weniger mit Religion oder Tradition zu tun hatte (Brumlik, »Kurze Geschichte« 197) als mit Nationalität oder Ethnizität. Einerseits sehen sich die »alteingesessenen« (Gorelik 20) deutschen Juden und jüdischen Gemeinden daher mit jüdischen Einwanderern konfrontiert, die keiner religiösen Definition jüdischer Identität entsprechen. Gilman beschreibt die Situation der jüdischen Gemeinden in Deutschland folgendermaßen: »Jewish authorities in Germany were confronted with ›Jews‹ who did not fulfill any religious definition of Jewish identity, never mind the official Orthodox one« (18). Andererseits wird in Deutschland gemeinhin unter ›jüdisch‹ die Zugehörigkeit zu einer Religion verstanden, vergleichbar mit der katholischen oder evangelischen Konfession (vgl. Gilman, »Becoming a Jew by Becoming a German« 19).

> Erst in Deutschland lernte ich, dass Judentum eine Religion ist: im Religionsunterricht der Jüdischen Gemeinde, den ich einmal wöchentlich nachmittags besuchte. [...] Ich ging nun regelmäßig in die Jüdische Gemeinde, in der die sogenannten ›deutschen‹ Juden verwundert die sogenannten ›Russen‹ anstarrten, uns also, die wir so gut wie gar nichts über das Judentum wussten und kein Hebräisch verstanden. So manch einer rümpfte die Nase. (Gorelik 19)

Aus diesem Zitat geht hervor, dass nicht nur die Mehrheitsgesellschaft, sondern auch viele der »alteingesessenen Gemeindemitglieder« (Gorelik 20), also die deutschen Juden – Angehörige des assimilierten Westjudentums (Heid, »Ostjuden in Deutschland«) – selbst, Judentum in erster Linie als eine Religion verstehen und weniger als eine Volkszugehörigkeit. Welche Definition von Judentum nicht nur dem eigenen Selbstverständnis zugrunde liegt, sondern auch offiziell anerkannt wird, ist ein wichtiges Instrument des Ein- und Ausschlusses von der jüdischen Gemeinschaft.[137] Goreliks Erzählung reflektiert bspw. Probleme jüdischer Identität in Deutschland nach der Jahrtausendwende. Die Frage danach, was jüdische Identität ausmacht, entzieht sich jedoch einer einfachen Antwort, denn die Definitionen sind zahlreich: Es gibt

> die staatsbürgerliche (wie sie in den Pässen der ehemaligen Sowjetunion zum Ausdruck kommt, in denen unter der Kategorie ›Nationalität‹ die Festlegung ›Jude‹ vorgesehen war), eine ethnische (die in Deutschland spätestens seit dem rassistischen Antisemitismus der Nationalsozialisten diskreditiert ist), die mutterrechtliche, sogenannte ›halachische‹ (die sich nach der ›Halacha‹, dem jüdischen Religionsgesetz, richtet, das von den – vergleichsweise konservativen – jüdischen Gemeinden in Deutschland anerkannt wird), eine religiöse (Jude wäre, wer sich zur jüdischen Religion bekennt), eine formale (...wer Mitglied einer jüdischen Gemeinde ist) oder eine kulturelle (...wer sich mit jüdischer Tradition identifiziert). (Lubrich 215)

Goreliks Ich-Erzählerin beschreibt die spezifische Situation der osteuropäischen Einwanderer wie folgt:

> Ich bin in Russland aufgewachsen, wo Judentum keine Religion war, sondern eine Volkszugehörigkeit, die im Pass festgehalten wurde, an der Stelle, wo bei allen ›normalen‹ Menschen ›russisch‹ stand. (Gorelik 19)

137 Der damalige Vorsitzende des Zentralrats der Juden, Paul Spiegel, äußert sich in einem Interview wie folgt: »Wenn es die durch den Zusammenbruch des Kommunismus bewirkte Einwanderung nicht gegeben hätte, wären wir heute eine Gemeinde von 25000 Mitgliedern [...]. Heute haben wir dank der Zuwanderung aus Osteuropa wieder viele junge Mitglieder. Wenn es uns Alteingesessenen gelingt, diese Menschen zu integrieren, das heißt ihnen nicht nur die deutsche Sprache, sondern auch die jüdischen Werte zu vermitteln, dann stehen wir vor einer großen Renaissance des Judentums in Deutschland« (Spiegel, »Mit offenem Visier«).

Sie definiert sich als jüdisch nach der halachisch-orthodoxen Definition durch Abstammung, Abstammung von einer jüdischen Mutter.[138] Die Ich-Erzählerin sagt, »Jüdisch sein heißt für mich, eine jüdische Mutter zu haben« (Gorelik 22) und doch zweifelt sie aufgrund ihres Mangels an religiöser Erziehung an der Vollständigkeit ihrer jüdischen Identität. Mischa, dem die Ich-Erzählerin vermitteln will, was jüdisches Selbstverständnis ausmacht, lebt in einem Land, in dem die Ansicht vorherrscht, die jüdische Religion gehöre zum Jude sein. Sie würde ihm gern eine »religiöse Erziehung mitgeben« (Gorelik 25), vermag es aber nicht, denn ihre Religiosität endete, trotz des Religionsunterrichts in der deutschen jüdischen Gemeinde, als sie in der Pubertät die Existenz von Jungs entdeckte (21). So kann sie ihm nur – nach ihrem Verständnis – den Sinn der jüdischen Feiertage und deren traditionelle Riten erklären[139] und dies auch nur voller Distanz und Ironie aufgrund ihrer fehlenden Religiosität.[140] Selbstkritisch bemerkt die Protagonistin:

> Wächst man als echter Jude mit all diesen Regeln und Köstlichkeiten auf, stellt man sie nicht infrage. Ist man zwar ein echter, aber nachgelernter Jude wie ich, können sie einem die eine oder andere Schwierigkeit bereiten. (Gorelik 32)

Aus diesem Zitat geht hervor, dass man, um in ihrem Selbstverständnis ein vollständiger ›echter‹ Jude zu sein, eigentlich eine ethnische und eine religiöse Identität benötigte – zumindest in Deutschland. Ihre eigenen Maßstäbe für diese Art ›Echtheit‹ erfüllt sie jedoch nicht, eine religiöse Erziehung, die Verinnerlichung der religiösen Tradition fehlt ihr:

> Religion, welche Religion? Ich habe außer gefillte Fisch, Tum-Balalaika und Erzählungen meiner Großeltern keine Religion mitbekommen, und das ist – [...] – ein Phänomen, das sich sowohl in der Diaspora als auch in Israel weit über die russisch-jüdische Bevölkerung hinaus erstreckt. (Gorelik 67)

Religiös zu sein, hat sie nicht ›nachgelernt‹.[141] Sie fühlt sich demnach nicht »Echt im Sinne von: gläubig, Schläfenlocken, Klagemauer, schwarze Kleidung« (Gorelik

138 Vgl. bspw. die Definition der Zugehörigkeit zum Judentum des *Zentralrats der Juden in Deutschland:* »Nach jüdischem Recht gilt die Person als jüdisch, deren Mutter jüdisch ist, oder wer ins Judentum konvertiert ist« (»Geburt und Beschneidung«).

139 Sie sagt, »Alle Feste entspringen dem Gedanken: ›Sie haben versucht, uns umzubringen, wir haben überlebt, lasst uns essen!‹« (Gorelik 24). Die rituellen Gerichte erwecken nicht gerade ihre Begeisterung, z. B. am Schabbat und sie fragt, ob es bei Gott »auch Tscholent« gab (Gorelik 39).

140 Ihre und die »Religionsausübung« ihres Ehemannes »ist einer Erwähnung nicht wert und besteht hauptsächlich aus ein paar hübschen Chanukkah- und Schabbatleuchtern, die wir im Wohnzimmer verteilt haben« (Gorelik 67).

141 Die Protagonistin sagt: »Lieber Mischa, ich bin keine echte Jüdin, zumindest nicht, wenn man nur betende als solche bezeichnet. Ich kann Dir keine jüdische religiöse Erziehung mitgeben, so gerne ich es wollte.« Und fragt sich gleichzeitig, warum ihr das so wichtig

32), ein ›Makel‹, den sie ihrer frühen Kindheit im kommunistischen Russland zu verdanken hat, der jedoch auch Juden ohne osteuropäische Wurzeln betrifft.[142] In diesem Zusammenhang betreibt die Ich-Erzählerin in dieser Passage nicht nur Stereotypenbildung, wenn sie männliche orthodoxe israelische Juden so beschreibt, wie nicht-jüdische Deutsche sie sich vorstellen würden. Interessant ist auch, dass sie sich in ihrer Vorstellung von jüdischer Religiosität an der Orthodoxie ausrichtet, obwohl sie sich als nicht religiös versteht. Gleichzeitig hat sie ein schlechtes Gewissen, weil sie nicht orthodox religiös ist.[143]

Viele jüdische Familien, so Goreliks Ich-Erzählerin, hätten aufgrund der ablehnenden Haltung der Sowjetunion gegenüber Religion ihre religiösen Bräuche und religiös bedingten Traditionen, die Religion verloren. Ihre Kinder, also die neue Generation, der sich die Erzählerin zurechnet, hätten sich das verlorene Judentum jedoch zurückerobert:

> Die Kinder, um deretwillen so viele Kontingentflüchtlinge den Schritt der Auswanderung wagten, brachten ihren Familien das Judentum zurück, das diese irgendwo auf dem Weg durch den Kommunismus verloren haben. (Gorelik 33)

Durch die jüdische Erziehung, die die Kinder jüdischer Einwanderer in den jüdischen Gemeinden in Deutschland erhielten, seien sie im umgekehrten Rollenverhältnis diejenigen gewesen, die ihren Eltern vermittelten, dass zum Judentum auch eine Religion samt religiöser Rituale, die sie nachlernen musste, gehört. Aus diesem Grund sagt Goreliks Protagonistin über sich, sie sei »zwar ein echter, aber nachgelernter Jude« (Gorelik 32). Allerdings ist sie der Meinung, das Zurückbringen dieses Judentums sei sehr unvollkommen. Ihr selbst ist die jüdische Religion insofern fremd geblieben, als sie nicht religiös geworden ist, sich

---

erscheint. Selbstkritisch zieht sie dann diesen Fakt ins Lächerliche, wenn sie in Frageform ihre »jüdischen Gene« zur Erklärung heranzieht (Gorelik 24f.).

142 Obwohl laut einer groß angelegten Studie des Pew Research Centers in den USA, die neben Israel 2016 den größten jüdischen Bevölkerungsanteil haben – Deutschland liegt auf Platz 8 – (»Vital Statistics: Jewish Population of the World«), nur ein Zehntel der jüdischen Bevölkerung osteuropäische Wurzeln hat, verstehen sich auch in Amerika gerade in der jüngsten Generation 32 % als nicht-religiös und dem Judentum nur durch Abstammung, Ethnizität oder Kultur zugehörig (»A Portrait of Jewish Americans«). Eine wesentlich kleinere Online-Studie, die das Selbstverständnis von Immigranten der zweiten Generation der Zuwanderer aus der ehemaligen UdSSR untersucht, wurde 2013 in Deutschland an 267 Teilnehmern durchgeführt, die sich aus sowohl halachisch-jüdischen als auch patrilinearen oder staatsbürgerlichen Teilnehmern (wie vermerkt in den russischen Pässen der Kontingentflüchtlinge) zusammensetzten. Die Probanden fühlten sich alle dem Judentum zugehörig – 51 % über ethnische Abstammung und nur 13,1 % über Religion (Körber, »Die Aufsteiger«).

143 Im gegenwärtigen Judentum gibt es drei Hauptströmungen: die strenggläubigen Orthodoxen, das gemäßigte konservative Judentum und das liberale Reformjudentum (Lanzke, »Die Frau im Judentum«).

nicht an die religiösen Feiern mit ihren traditionellen Riten hält.[144] Und auch was die etwa 180.000 aus der ehemaligen Sowjetunion nach Deutschland eingewanderten Juden betrifft, ist sie skeptisch. Diese wüssten kaum, »was Chanukka genau ist« (Gorelik 98 f.). Sie erklärt die jüdischen Feiertage, damit diese verstärkt in das Bewusstsein rücken und das Wissen um die religiösen Traditionen des Judentums weitergegeben werden kann. Dass die Kenntnis von den religiösen Traditionen noch lange keine Religiosität ist, macht der Text deutlich. Der Anker und die Kernkomponente bei der Selbstvergewisserung ihrer deutsch-jüdischen Identität bleibt die ethnische Identität, sie spricht auch von Juden als einer »Rasse« (Gorelik 61 f.).[145] Einige Anklänge an jüdische Traditionen, wie Tum-Balalaika oder gefillte Fisch, kennt Gorelik dennoch aus ihrer Kindheit. Andere hat sie im Religionsunterricht in der jüdischen Gemeinde in Deutschland gelernt. Daher ist ihr Buch trotz des ›Mangels‹ an Religiosität voller Referenzen jüdischer Traditionen, wenn auch nicht unbedingt religiöser. Wenn aber Religiosität bei der Protagonistin und der neuen jüdischen in Deutschland lebenden Generation, also den Kindern der Zugewanderten nicht so leicht zu erzeugen ist, was macht außer der Abstammung von einer jüdischen Mutter ihrer Ansicht nach die jüdische Identität aus? Was kann und sollte an die neueste Generation, deren Stellvertreter Mischa ist, weitergegeben werden, damit dieser das Bewusstsein des Jüdischseins und der Zusammengehörigkeit nicht verloren geht?

Das Wichtigste am Jüdischsein ist neben der Abstammung für Goreliks Protagonistin der »jüdische(r) Geist« (Gorelik 141). Was sie unter diesem Ausdruck versteht, zeigt sich, wenn sie – die nur selten in eine Synagoge geht (Gorelik 139) – beschreibt, wie es »in der Synagoge« in ihrem »Kopf« zugeht, in welcher auch »G"tt«[146] gern anwesend ist.[147] Sie weist auf die Wortbedeutung von Synagoge als ein Versammlungsort hin und meint: »Es geht laut zu, in der Synagoge in meinem Kopf, Kinderlachen, Babygeschrei, Erwachsenendiskussionen und Hundegebell« (Gorelik 139). Menschen treffen sich dort, sie lesen kultureller jüdischer Tradition folgend, jüdische Bücher, reden, streiten, singen und essen

---

144 Zum Beispiel haben der Ehemann und die Ich-Erzählerin immer wieder den Gedanken, »Schabbat zu Hause zu feiern. Bis Freitag ist. Und wir zufällig etwas anderes vorhaben« (Gorelik 143).

145 In der Textpassage, in der die in Russland lebende Tante erfährt, der Ehemann der Protagonistin sei jüdisch und diesen daraufhin noch lieber hat als zuvor, findet die Protagonistin »das nicht gut« – obwohl auch sie sich wünscht, auch ihr Sohn möge eine Jüdin ehelichen. Sie sagt: »Jeder Mensch ist gleichwertig und sollte nicht nach seiner Herkunft beurteilt werden, davon bin ich überzeugt.« »Juden sind keine bessere Rasse« (Gorelik 61 f.).

146 Gorelik schreibt das Wort ›Gott‹ nicht aus, weil es im Judentum vermieden werden soll, den Namen Gottes auszulöschen oder auszuschreiben (Appell, »Why do some Jews write ›G-d‹ instead of ›God‹«).

147 Die Ich-Erzählerin sagt: »In der Synagoge in meinem Kopf herrscht ein jüdischer Geist, ich gehe sehr gerne und sehr regelmäßig dahin. G"tt übrigens auch« (Gorelik 141).

miteinander. Ihre Wunschsynagoge ist aber nicht nur ein Treffpunkt, »Wenn man möchte, dann kommt man natürlich auch zum Beten« (Gorelik 140). Beten und Religionsausübung sind für die Protagonistin anscheinend eher nebensächlich in ihrer ›säkularen‹ Vorstellung einer Synagoge. Für sie ist Gott in der Natur anwesend, z. B. im Englischen Garten in München, wenn kurz nach dem Regen die Sonne wieder durchbricht bzw. »mitten im Lärm, Lachen, im jüdischen Leben« (Gorelik 144 f.).[148] Sie sagt: »In meinem Fall geht es darum, meine Jüdischkeit – so unreligiös ich auch sein mag – auszuleben« (Gorelik 142). Kennzeichen ihres Jüdischseins ist ein »Gefühl« (Gorelik 22), die »Lebensfreude« (139), wie sie sich in der Art Synagoge in ihrem Kopf ausdrückt.[149] Diese Lebensfreude, dieser jüdische Geist verträgt auch die Unkenntnis von jüdischen Gesetzen und Regeln, den Verstoß gegen sie, z. B., wenn man nicht koscher isst (Gorelik 119)[150], das Nichtwissen um bzw. das Nichteinhalten von »Bräuche[n]« (143). Zum jüdischen Geist gehört, dass ein Jude, ihr Ehemann bspw. »Dinge verstehen kann, die andere nicht unbedingt verstehen, den jüdischen Humor zum Beispiel« (Gorelik 67). Für sie als Kontingentflüchtling, die sich ihr Zugehörigkeitsgefühl in Deutschland erarbeiten musste, wie häufig Juden in der Diaspora, ist ihr Judentum eine konstante stabilisierende Komponente, die ein Partner, der auch zu dieser Kultur gehört, verstärkt. Der jüdische Humor ist für die Ich-Erzählerin der »Kern« des Judentums, ihn könne man »nicht lernen« (Gorelik 113). Als Beispiel dienen ihr Konvertiten, die sich bemüßigt fühlen, »den Juden das Judentum zu erklären« (Gorelik 111), die witzige Reaktion der Belehrten auf das Belehren aber nicht verstehen. Zum jüdischen Geist gehört der Ausruf »Mazel Tov«, »wenn etwas herunterfällt«, der einem sagt, alles ist in Ordnung (Gorelik 143), eine überbesorgte jüdische Mutter, das Erzählen jüdischer Witze (Gorelik 143 f.) und vor allen Dingen, so wird die Stereotype Humor am Leben gehalten, das streitbare Diskutieren:

148 In dieser Textpassage kommt nicht nur das säkulare Religionsverständnis der Protagonistin zum Ausdruck, sondern in Hinblick auf Autofiktion lässt die Autorin als weitere Gemeinsamkeit mit ihrer Ich-Erzählerin, diese auch in der gleichen Stadt wohnen, in der auch sie lebt, nämlich in München. Für Goreliks Kurzbiografie vgl. u. a. Leinkauf, »Ich rede extra leise«.

149 Bei der Synagoge im ›Kopf‹ der Protagonistin stehen die Türen immer offen und »Durch diese sieht man Gewusel, hört man Gelächter und Gesang, ahnt man Lebensfreude« (Gorelik 139).

150 Die Ich-Erzählerin grenzt sich von Konvertiten ab – und unterdrückt gelegentlich aufkommende Zweifel, ob es nicht doch zum Jude sein gehörte, Regeln zu kennen und Gesetze einzuhalten – indem sie sagt, sie könnten noch so »fleißig und brav alle jüdischen Regeln und Gesetze studiert haben und diese auch kennen; nur den jüdischen Geist, den tragen sie meist nicht in sich, weil man ihn nicht einfach lernen kann« (Gorelik 143).

> Die Synagoge ist ein jüdisches Haus, ein offenes Haus voller Menschen, man kommt her, um diese zu treffen und mit diesen zu diskutieren – jüdisch zu diskutieren: zwei Juden, drei Meinungen. (Gorelik 140)

Dass sich in der ›jüdischen‹ Art des Diskutierens ausdrückt, dass Juden »schlauer« als andere sind, wird zwar humorvoll von der Protagonistin infrage gestellt, aber mit der Bemerkung, »nur wer schlau ist, kann sich über Ambivalenzen Gedanken machen« (Gorelik 128), doch halb zurückgenommen. Jedenfalls zeigt diese Äußerung, sie zählt sich zu den Schlauen bzw. Klugen, denn gerade sie macht sich ja, wenn sie ihr Jüdischsein für sich und die anderen klärt, ambivalente Gedanken:[151] Sie hält den jüdischen Geist zwar für das Wesentliche am Jüdischsein und hofft – auch wenn sich ihre »Jüdischkeit zu Hause« und ›mitten im jüdischen Leben‹ und nicht in der Synagoge abspielt (Gorelik 143) – diesen Geist auch an Mischa, der Teil der neuesten Generation ist, weitergeben zu können. Andererseits würde sie ihm aber doch sehr gern auch die jüdische Religion vermitteln – weil er dann, wie oben gezeigt, nicht nur ein echter, aber unvollkommen nachgelernter Jude wäre wie sie selbst, sondern ein vollkommen ›echter‹ Jude. Dies vermag sie mangels Religiosität aber nicht.[152] Auch die neue jüdische Generation in Deutschland, d. h. die Kinder der Kontingentflüchtlinge, können ihren Nachwuchs nicht zum jüdischen Glauben erziehen, denn ihnen fehlen, wie die Erzählstimme meint, häufig bereits die Grundkenntnisse über traditionelle jüdisch-religiöse Festlichkeiten. Was sich in *Lieber Mischa* jedoch deutlich zeigt, ist, dass das Gefühl der Zugehörigkeit zum Judentum für Goreliks Ich-Erzählerin eine Verhandlungssache auf Grundlage der während der Kindheit und Jugend vermittelten Werte ist.

Der starke Wunsch nach Religionsübermittlung an Mischa, und damit die zukünftige jüdische Generation, lässt sich einesteils als Appell an jüdische Gemeinden in Deutschland interpretieren, anzuerkennen, dass diese sich wegen der Einwanderung der zumeist unreligiösen Juden aus der ehemaligen Sowjetunion

151 Bei der Ich-Erzählerin zeigt sich auch ein gewisser Stolz auf ihr nicht-so-einfach-einzuordnendes Judentum. Dies interpretiere ich als Zeichen des Normalisierungsprozesses des jüdischen Lebens in Deutschland. Denn wenn das Judentum eine ›normale‹ Religion unter anderen ist, darf es auch ›ungläubige‹ Anhänger geben. So wie es in Deutschland sicherlich auch viele Menschen gibt, die zwar nicht religiös sind, aber sich über bestimmte Normen und Werte, z. B. dem Katholizismus oder Protestantismus zugehörig fühlen. Mit ihrer ›Ungläubigkeit‹ in Hinblick auf jüdische Religion, aber ihrem Zugehörigkeitsgefühl zum kulturellen Judentum, lässt Gorelik ihre Ich-Erzählerin folglich eine spezifisch deutsche Variante der säkularen Religionszugehörigkeit an den Tag legen und ›beweisen‹, dass Jude sein nicht zwangsläufig auch an Gott glauben heißt.

152 Mischa wird nur »hin und wieder […], ein bisschen oder viel« sein Jüdischsein fühlen (Gorelik 184), wenn er erwachsen ist und die Welt bereist, ein betender orthodoxer Jude wird er nicht sein. Diese Seite der jüdischen Identität konnte ihm die Ich-Erzählerin nicht vermitteln.

in ihrer Zusammensetzung verändert haben.[153] Ebenso lässt sich daraus der Appell an die jüdischen Gemeinden ablesen, diese Unfähigkeit der meisten Kontingentflüchtlinge zur religiösen Erziehung ihrer Kinder nicht nur zur Kenntnis zu nehmen, sondern auszugleichen und verstärkt die Glaubensvermittlung an die neueste Generation zu übernehmen.

II.2 Transnationale und/oder exklusive jüdische Identität

Die Autorin hat ihre Ich-Erzählerin so konstruiert, dass diese ihre Jüdischkeit grundsätzlich matrilinear herleitet, zur Vollständigkeit des Judeseins aber den jüdischen Geist und den jüdischen Glauben hinzuzählt. Damit befindet sie sich in Hinblick auf die ethnisch-halachische und religiöse Definition von Judentum auf einer Linie mit den »vergleichsweise konservativen« Gemeinden in Deutschland,[154] die an diesen Bestimmungen von Judesein festhalten und in diesem Sinne Kinder zu Juden erziehen wollen. Die Ich-Erzählerin bescheinigt sich, eigentlich »korrekt-politische(n) Weltvorstellungen« (Gorelik 63) zu haben. Sie geht »gegen Fremdenfeindlichkeit und Rassismus« (Gorelik 61) auf die Straße, glaubt nicht, dass Juden eine »bessere Rasse« (62) seien, will auch ihrem Sohn ein offenes transnationales Weltbild mitgeben und ihn bspw. in die Welt hinaus schicken: »Geh hinaus und lebe, […]« (184, 13) – nach dem Motto, wie man sagen könnte, erlebe so viel du kannst und weite deinen Horizont. Ihre ethnische Identität,[155] die das Herzstück ihres jüdischen Selbstverständnisses ausmacht, kommt ihr aber dabei bisweilen in die Quere. Sie bezeichnet das Judentum als eine »geschlossene Veranstaltung« (Gorelik 13), von der man weder austreten, noch ihr ohne Weiteres beitreten kann. Wer eine jüdische Mutter hat, ist und bleibt Jude, ob er will oder nicht. Diese Zuschreibung nähmen Antisemiten vor, aber auch Juden, die in Juden, die nicht Jude sein wollen, dennoch jemanden sehen, der zu ihnen gehört, nur »der vom Wege abgekommen ist« (Gorelik 14). Das halachisch-

153 In den 1990er Jahren, als die Ich-Erzählerin (und die Autorin selbst) nach Deutschland eingewandert ist, war Paul Spiegel Vorsitzender des Zentralrates der Juden in Deutschland. In einem Interview mit dem Spiegel aus dem Jahr 2001 fasst er die offizielle Einstellung der jüdischen Gemeinden in Deutschland folgendermaßen zusammen: »In den letzten Jahren sind 30.000 Menschen – gegen unseren Rat – hier aufgenommen worden, die nach unserem halachischen Religionsgesetz keine wirklichen Juden sind; sie stammen weder von einer jüdischen Mutter ab, noch sind sie nach Regeln des Rabbinatsgerichts übergetreten. Das Zuwanderungsgesetz soll sich an unsere strengeren Regeln halten. Wir nennen den Auslandsvertretungen dazu Experten, die die jüdische Abstammung richtig kontrollieren können« (Spiegel, »Deutschkurse für Juden«).

154 Die *Jüdische Allgemeine* nennt sie »gemäßigt orthodoxe(n) Einheitsgemeinden« im Vergleich bspw. zu »neo-orthodoxen Gemeinden« oder »liberalen Gemeinde[n]« (Körber, »Die Aufsteiger«).

155 Jude ist, wer von einer jüdischen Mutter abstammt.

ethnische Selbstverständnis des Judentums kollidiert mit dem christlichen Verständnis der Religionszugehörigkeit als einer bewussten Entscheidung – bspw. durch Taufe oder Konversion.[156] Die Ich-Erzählerin ist deshalb auch äußerst skeptisch eingestellt gegenüber Konvertiten zum jüdischen Glauben:[157]

> Nur die Konvertiten, die kann ich leider wirklich nicht leiden. Und bin mir dessen bewusst (und schäme mich dessen sehr), dass ich hiermit eine große Sünde begehe, denn ein Jude hat einen Konvertiten als Juden anzusehen, so G"tt zu den Juden. (Gorelik 109f.)

Wird sie mit dem Wissen von Konvertiten um jüdische Religion und Traditionen konfrontiert, reagiert sie defensiv und fällt auf ihr exklusives, ethnisches Modell des Judentums zurück. Sie verrät dadurch ihre eigenen Unsicherheiten und Spannungen in ihrer jüdischen Identität. Nach eigenen Angaben musste die Ich-Erzählerin ihre Kenntnisse von der jüdischen Religion und den religiösen Traditionen selbst nachlernen. Wenn das andere tun, die dem Judentum beitreten wollen, lehnt sie dies aber strikt ab. Das Nachlernen ist ein intellektuelles Konzept, das die Ich-Erzählerin benutzt und eigentlich mit den Konvertiten teilt, sich aber von ihnen vermutlich gerade deshalb abgestoßen und bedroht fühlt. Sie fühlt sich selbst ein bisschen wie eine Konvertitin, denn die religiöse Seite des Judentums ist ihr erst in den Kursen der deutschen jüdischen Gemeinde bewusst gemacht worden. Deswegen zieht sie sich, sobald ihr die Unvollständigkeit ihres Wissens bewusst wird oder zu Bewusstsein gebracht wird, immer wieder auf ihre ethnische jüdische Identität zurück. So sagt sie: »Ich habe es nicht nötig, das zu wissen; ich habe es auch nicht nötig, Kerzen anzuzünden, […], denn ich bin Jüdin, und muss das niemandem beweisen« (Gorelik 113). Für die Ich-Erzählerin

---

156 Im deutschen Kontext gilt, wie der Landesrabbiner in Niedersachsen und Gemeinderabbiner in Braunschweig, Jonah Sievers, sagt: »*Die Definition, was Deutschland anbelangt, ist für die Orthodoxie und das liberale Judentum identisch, nämlich die klassische Position: Nämlich, dass Jude diejenige Person ist, die a) entweder von einer jüdischen Mutter geboren oder b) rechtmäßig übergetreten ist*« (Brinkmann und Kinet, »Judentum«). In Israel wird vom orthodoxen Rabbinat die ethnische Zugehörigkeit durch »*Blutsbande*« vor der religiösen Entscheidung zur Konversion betont (Brinkmann und Kinet, »Judentum«). In Amerika, wo ›Mischehen‹ zwischen Juden und Nicht-Juden weitverbreitet sind, gilt eher, wer sich als Jude fühlt und »genügend religiöse Kenntnisse hat«, sollte »als Jude / Jüdin« akzeptiert werden (Much und Kescheth, »Kein Konsens in Sicht«).

157 Ein Übertritt zum Judentum ist schwierig, aber möglich: Nach jahrelanger Vorbereitung wird ein potentieller Konvertit von einem »dreiköpfigen Rabbinatsgericht« geprüft und muss nachweisen können, dass er/sie streng nach der jüdischen Tradition lebt, die Speisegesetze und den Schabbat einhält und Grundkenntnisse des Hebräischen hat. Einige Rabbiner verlangen sogar ein psychologisches Gutachten bevor dieser Prozess überhaupt beginnen kann (Kühn, »Wenn aus Martin Mosche wird«). Auch Kinder jüdischer Väter werden von der offiziellen jüdischen Gemeinde in Deutschland nicht als Juden anerkannt und müssen nach denselben Regeln konvertieren (vgl. u. a. Segal, »Nicht jüdisch genug, Papa?«; Goldmann, »Vaterjuden«).

steht eines fest, nämlich, dass das Jüdischsein, so wie sie es versteht, als Abstammung von einer jüdischen Mutter, gepaart mit jüdischem Geist, nichts ist, was man lernen kann, »Weshalb man zwar zum Judentum übertreten, aber nicht Jude werden kann« (Gorelik 119, 143).

Da die Autorin und durch sie die Ich-Erzählerin in einer multikulturellen Gesellschaft leben, betreibt letztere selbstkritisch und bewusst eine Analyse dessen, was ihre jüdische Identität ausmacht. Sie ist sich des Konflikts zwischen dieser ausgrenzenden Definition von Judentum und ihren transnationalen Werten[158] bewusst. Ihrem Sohn und der vermutlich mehrheitlich nicht-jüdischen deutschen Leserschaft offenbart sie selbstkritisch die widerstreitenden Seiten in ihrem Selbst, wenn sie sagt:

> Zwei Herzen schlagen, ach, in meiner Brust. Mein aufgeklärtes, weltoffenes Herz ist das laute. Bumm, bumm, bumm macht es in regelmäßigen Schlägen, laut, selbstbewusst, deutlich. Das andere ist das jüdische Herz. Es ist leiser, unregelmäßiger. Es macht: aber, aber, aber. (Gorelik 63)

Mit der intertextuellen Referenz zu Johann Wolfgang von Goethes *Faust*[159] zeigt die Ich-Erzählerin nicht nur, dass sie sich mit den Größen der deutschen Literatur auskennt, sondern überträgt Fausts inneren Seelenkampf auf sich selbst. Sie identifiziert sich aufgrund ihrer grundsätzlich transnationalen[160] und weltoffenen Weltanschauung nicht mit der Einstellung einiger Gemeinden zur ›Mischehe‹,[161] wenn sie sagt:

> Eines der kräftigsten Argumente gegen ›Intermarriage‹ lautet, man dürfe das jüdische Volk, die jüdische Religion nicht aussterben lassen. Das Argument wird meist von thorakundigen und -treuen Menschen propagiert, die ›Intermarriage‹ sogar als ›stillen Holocaust‹ bezeichnen. (Gorelik 66)

158 Unter solchen »*transnational values*« werden Werte (Szakács 200) wie »human rights, diversity, or active and participatory democracy« verstanden, die einen »universalising ethos« hervorbringen sollen (202).

159 Bei Goethe heißt es in *Faust I* »Zwei Seelen wohnen, ach! in meiner Brust« (Vers 1112).

160 Transnational wird für diesen Abschnitt folgendermaßen definiert: »The term transnational refers to both the morphology and optic of these cross-border flows of people, capital, information, and commodities. Though the term transnational seems to presume the nation-state as a coherent entity, a transnational perspective does not naturalize the nation as a primary social and political unit in the modern world. Instead, a transnational optic considers the historical contingency of borders and social fields« (Poethig 1302). Das Transnationale (Transnational) als Begriff zur Bezeichnung der Identität von Goreliks Ich-Erzählerin habe ich ausgewählt, da er eng verbunden ist mit »travel, diaspora, and migration« (Poethig 1303), Konzepten, die bei deren literarischer Identitätskonstruktion eine Rolle spielen.

161 Es ist anzunehmen, dass Gorelik den Begriff ›Intermarriage‹ absichtlich auf Englisch verwendet, weil der deutsche Terminus ›Mischehe‹ von den Nationalsozialisten benutzt wurde, um Juden zu diskriminieren.

Trotz dieser distanzierten Haltung zu Bezeichnungen wie ›stillen Holocaust‹ gesteht die Protagonistin ihrem Sohn und ihrer Leserschaft ihren Wunsch, Mischa möge doch ein Jüdin und keine Nicht-Jüdin, wie bspw. die von ihr als Antithese erdachte, oben erwähnte Blondine mit den langen Fingernägeln, heiraten:[162]

> Weil ich im tiefsten Grunde meines Herzens fühle und im tiefsten Grunde meines Kopfes denke – und so sehr widerspricht es meinen korrekt-politischen Weltvorstellungen, dass ich mich kaum traue, das hinzuschreiben: Es wäre vielleicht doch nett, wenn Du eine Jüdin heiraten würdest. (Gorelik 63)

Das kosmopolitische Selbstbild der Ich-Erzählerin steht im Widerspruch zu ihrem Wunsch nach einer jüdischen Ehefrau für ihren Sohn, dieser Tatsache ist sie sich bewusst. Dieser Wunsch entspringt ihrem ethnischen und bisweilen exklusiven Selbstverständnis als Jüdin,[163] das zum Ausdruck kommt, wenn sie sagt, sie hätte »das Geschenk der jüdischen Zugehörigkeit qua Geburt erworben« (Gorelik 14). Zugehörigkeit zum Judentum in der Diaspora ist gekoppelt an die Zugehörigkeit zu dem Land,[164] in dem man lebt. Allerdings gilt für die Prot-

---

162 Es geht der Ich-Erzählerin bei diesem Wunsch darum, ihr Sohn und mit ihm die neueste Generation möge das Judentum aufrechterhalten und selbst auch weitergeben. Sie als Angehörige der neuen Generation will das Zugehörigkeitsgefühl zum Judentum vermitteln und stärken und dies der jüdischen und nicht-jüdischen Leserschaft erklären. Sie möchte, wenn es ihr und der neuen Generation schon nicht aus eigener Kraft möglich ist – abgesehen von der Unabdingbarkeit der matrilinearen Abstammung –, den jüdischen Glauben zu vermitteln, dass zumindest der jüdische Geist, d.h. die sozio-kulturelle Seite des Judentums weitergegeben wird. Zugehörigkeitsgefühl im Kontext der Debatte um persönliche Identität meint »Identifikation als Prozess [der] sich gegen Differenz richtet« und als solcher »Diskursarbeit, das Ziehen und Markieren symbolischer Grenzen, die Produktion von ›Grenz-Effekten‹« erfordert (Hall 169). Die Ich-Erzählerin grenzt bspw. Juden von Nicht-Juden oder Konvertiten ab und wünscht sich für Mischa auch eine derartige ›Loyalität‹ zum Judentum.

163 Für die deutsche bzw. westeuropäische Leserschaft ist das Konzept der Identifikation über ethnische Zugehörigkeit oder Abstammung von einer jüdischen Mutter so schwer zu verstehen, da, wie der Historiker Dan Diner festhält, eine der »Lehren«, die Deutschland und Europa aus der Judenverfolgung während des Zweiten Weltkrieges (die einen Tragen Schuld durch Verfolgung, die Anderen durch unterlassene Hilfeleistung, bspw. der Abweisung jüdischer Flüchtlinge aus Deutschland und Österreich) gezogen haben, die ist, Zugehörigkeit, bspw. in Form von Staatsangehörigkeit, nicht nach dem *ius sanguinis* – Herkunft oder »origin in the sense of bloodties – a kind of collective genealogy generally based on long historical memory«, sondern nach dem *ius soli* – »which more or less ignores origin and ethnicity while relying on institutions« (Diner, »Nation, Migration, and Memory« 300) – zu definieren. Diese bewusste ideologische Entscheidung des Westens Ethnizität als Konsequenz des Holocausts nicht als Erkennungsmerkmal für Zugehörigkeit zu nutzen: »›Western‹ means – again – that the political self-understanding is grounded in a core of values and institutions which deliberately ignore origin, as well as ethnic or religious legitimations« (Diner, »Nation, Migration, and Memory« 300).

164 Zugehörigkeit, oder »belonging« zum Judentum entsteht, wenn »Jews strike local roots while maintaining and recreating their own traditions« (Goldberg et al. 1). Diese Zugehörigkeit

agonistin – anders als etwa bei der Wahl eines Landes als Lebensmittelpunkt – was die Zugehörigkeit zum Judentum anbelangt: »ein Austritt ist unmöglich. Du kannst nicht gehen, nicht fliehen, dem jüdischen Schicksal nicht entrinnen« (Gorelik 14). Die Ich-Erzählerin weist explizit auf den öffentlichen Diskurs zur politischen Korrektheit in Deutschland hin, in dem die Medien mit ihrer Weitergabe der politisch gewünschten Sprachregelung an die Bevölkerung eine prägende Rolle spielen. Abweichung von der geforderten Sprachvorgabe kann zum politischen und dadurch gesellschaftlichen Außenseiter machen.[165] Sie weiß, was sie politisch-korrekt zum Thema ›Intermarriage‹ sagen sollte und dass ihr Wunsch, ihr Sohn möge eine Jüdin heiraten, in Konflikt dazu steht. Da die Ich-Erzählerin ihre Gedanken aber auf einer persönlichen Ebene abhandelt – obwohl sie mit der Öffentlichmachung ihres jüdischen Selbstverständnisses erziehenden

findet unterschiedliche Ausprägungen je nachdem in welchem Land die Juden leben – in Israel, den USA oder Europa. Bei »Jewish belonging« geht es um die Frage der »›Jewish continuity‹ in the Diaspora, or challenges of Jewish identity in Israel« (Goldberg et al. 2). In Amerika gehören zur Diskussion um den Fortbestand des Judentums Fragen wie die ›Mischehe‹, sinkende Identifikation mit dem Judentum unter jüngeren Juden und Entfremdung von jüdischen Gemeinden. In Israel geht es um die Frage, welchen Stellenwert das Judentum in Bildungseinrichtungen einnehmen sollte und den Fakt, dass sich immer weniger Bürger zu gemeinsamen jüdischen Werten bekennen. In West-Europa ist das Judentum, wie andere Religionen auch, beeinflusst durch »rapid and broad movement of capital, people, ideas, and practices across national borders« und der daraus entstehenden Freiheit zur Identifikation mit selbstgewählten Werten, Religionen, etc. unabhängig von »family, community, or religion of birth« (Goldberg et al. 1). Wegen dieser globalen Trends und nicht nur wegen der mit dem Holocaust belasteten deutschen Vergangenheit besteht auch und gerade in Deutschland ein gewisser Druck nach Definition dessen, was Zugehörigkeit zum Jüdischsein ausmacht.

165 Die Bundeszentrale für politische Bildung definiert *Political Correctness* (PC) als »Sprachreglementierungen, die zum einen den Gebrauch bestimmter Ausdrücke ächten, zum anderen […] eine neue, ›feinfühligere‹ Terminologie vorschlagen oder vorschreiben. Über den Sprachwandel soll ein Bewusstseinswandel […] erreicht werden« (Forster, »Political Correctness / Politische Korrektheit«). Kritiker der PC sehen darin die Gefahr von Euphemismen und merken an: »Nicht nur diktatorische Staaten versuchen systematisch, die Meinungsbildung zu wichtigen Themen über die Verwendung bestimmter Benennungen bzw. das Verbot anderer Ausdrücke zu beeinflussen« (Forster, »Political Correctness / Politische Korrektheit«). Auffällig ist, dass Gorelik ihre Protagonistin den Begriff ›Rasse‹ in Bezug auf Juden verwenden lässt, einen Begriff, den man, seit dem Nationalsozialismus auf Menschen bezogen eigentlich nicht mehr verwendet (Gorelik 61 f.). Indem Gorelik als Jüdin den Begriff benutzt, nimmt sie eine Bedeutungsverschiebung vor: Sie deutet einen historisch belasteten Terminus von etwas Negativem zu einer Selbstbezeichnung um und erzielt damit einen gewissen Schockeffekt bei der nicht-jüdischen deutschen Leserschaft. Im US-amerikanischen Kontext wird der aus dem Marxismus stammende Begriff »political correctness« definiert als »the single correct stance, or line of action, on a specific political issue« und assoziiert mit der Gefahr von »dogmatic tendencies of liberal and leftist groups« in Bezug auf Themen, wie »affirmative action, crime, parenting, multiculturalism, hate speech, feminism, welfare, economic regulation, and environmental protection« (Cummings 1239).

Einfluss ausüben will, wie gezeigt wurde –, kann auch eine politisch-korrekte Leserschaft ihr kaum einen Vorwurf machen.

Die obigen Zitate sind fiktive Überzeichnungen zu schwierigen und kontroversen Themen wie ›Mischehe‹ und Konversion. In ihnen wird die Wirkung und die Stärke des Genres der Autofiktion besonders deutlich, denn die Fiktion erlaubt eine kontrastierende, provokativere und humorvolle Auseinandersetzung mit diesen schwierigen Konzepten, die sich nicht so einfach glätten lassen. Es bleibt den Leser*innen überlassen, bewusst oder unbewusst zu entscheiden, ob die ›Geständnisse‹ der Ich-Erzählerin zu diesen Themen auch die der Autorin sind. Das Genre erlaubt es, in dem Text schwierige Dinge anzusprechen und der Ich-Erzählerin, sich durch ihre persönliche ›Wahrheit‹ verletzlich aber nicht generell angreifbar zu machen. Indem Einstellungen und Antworten zu kontroversen Themen und Fragen als der ›ehrliche‹ und selbst-reflexive Widerstreit zweier Seiten einer weltoffenen Persönlichkeit präsentiert werden, kann die Autorin auch mehrere sich gegenseitig widersprechende Ideen und Konzepte ihrer Protagonistin, wie die ihrer ethnischen einerseits und transnationalen weltoffenen Identität andererseits, nebeneinander bestehen lassen. Autofiktion bringt die schwierigen Themen weder in direkten Bezug zur Person der Autorin noch zu einer bestimmten Gruppe oder Strömung innerhalb des deutschen Judentums. Sie zeigt aber die tiefe persönliche Dimension der äußerst komplexen Frage nach dem Selbst und der eigenen Identität auf.

II.3 Geschlechter- und Mutterrolle

Bisher wurde aufgezeigt, dass im Text grundsätzlich zum Verständnis von Jüdischsein die Abstammung von einer jüdischen Mutter, der sozial verbindende jüdische Geist und die Wunschvorstellung einer an orthodoxen Prinzipien ausgerichteten konservativen Religiosität gehören. Das halachische Verständnis des Judentums lässt bei der Ich-Erzählerin an der jüdischen ›Echtheit‹ von Konvertiten starke Zweifel aufkommen. Die Konversion ist zwar möglich, weil institutionell erlaubt, ›macht aber keine Juden‹. Der jüdische Geist, das jüdische Gefühl fehlen den Konvertiten.[166]

Im allgemeinen Diskurs zum Thema deutsch-jüdische Literatur wurden weibliche Stimmen[167] lange vermisst (vgl. Lezzi 17). In Goreliks *Lieber Mischa* wird die

166 Auf die Problematik der patrilinearen Juden geht die Protagonistin nicht ein. Siehe zu diesem Thema den Sammelband *Hybride jüdische Identitäten*, herausgegeben von Lea Wohl von Haselberg.

167 Obwohl spätestens seit dem späten 18. Jahrhundert jüdische Schriftstellerinnen und Kritikerinnen zunehmend in die Öffentlichkeit treten, um patriarchalische Gesellschaftsstrukturen zu kritisieren (Lorenz, »Keepers of the Motherland« xi). Besonders nach dem Zweiten

Konstruktion einer jüdischen Identität in Deutschland durch das weibliche Geschlecht der Ich-Erzählerin mitbestimmt.[168] Ethnizität in Verbindung mit Minderheitenidentitäten, wie der deutsch-jüdischen, deutsch-türkischen, deutsch-russischen, usw. findet in der Literatur viel Aufmerksamkeit (vgl. u. a. Wanner, »Out of Russia« 6 oder Warner 3). Gender als Unterkategorie in diesen Kontexten wird dagegen weniger wahrgenommen (Mueller 7). Anhand von Textbeispielen soll daher gezeigt werden, wie gender-spezifische Ausdrucksweisen und die Auslegung von Genderrollen die Gestaltung des jüdischen Selbstverständnisses der Protagonistin Goreliks beeinflussen.

In der deutsch-jüdischen Literatur der Gegenwart fällt auf, dass es insbesondere viele junge weibliche Stimmen, wie die von Gorelik, Grjasnowa und Petrowskaja gibt, die sich zum Thema Identität äußern. Interessant dabei ist, dass die traditionelle Geschlechterrolle, die den Frauen Familie, Fürsorge und vor allem die Mutterrolle zuschreibt, in der Dritten Generation deutsch-jüdischer Schriftstellerinnen nach dem Zweiten Weltkrieg nach wie vor – wenn auch in unterschiedlicher Ausprägung – zu finden ist. In Lena Goreliks *Lieber Mischa* dient die Matrilinearität[169] als Grundpfeiler der jüdischen Identität der Ich-Erzählerin. Mit der Geburt ihres Kindes hat die Ich-Erzählerin die Bedingung zur Möglichkeit der Weitergabe des Judentums erfüllt. Sie lebt mit Mann und Kind in einer klassischen Familienkonstellation und akzeptiert – ganz im Sinne konservativ-orthodoxer Anforderungen –, dass es ihre Aufgabe als Mutter ist, das jüdische Erbe an die Nachkommen weiterzugeben, ja, dass die Mutter geradezu entscheidend für dessen Transmission ist. Sie berichtet aus ihrer Kindheit, dass

Weltkrieg meldeten sich in der Ersten und Zweiten Generation jüdischer Schriftsteller*innen verstärkt Frauen zu Wort – so bspw. Hilde Domin, Katja Behrens, Barbara Honigmann oder Esther Dischereit.

168 Auch Hyman betont in ihrem Aufsatz zum Beitrag jüdischer Frauen zur Modernisierung in Deutschland und Russland im 19. und 20. Jahrhundert, »wie wichtig die Kategorie Geschlecht für jede Analyse sozialer Veränderungen oder/und Selbstverortung(en)« sei, denn »eine geschlechtergeschichtlich orientierte Perspektive erweitert unser Verständnis der unterschiedlichen jüdischen Erfahrungen« (27). Ein solcher Ansatz wird in diesem Abschnitt für die Konstruktion von Identität bei zeitgenössischen jüdischen Autorinnen des 21. Jahrhunderts zugrunde gelegt.

169 Nach Brumliks religionsgeschichtlichen Forschungen kann man eine erste Entstehung des Matrilinearitätsprinzips, als Kriterium der Zugehörigkeit zum Judentum, etwa zu Zeiten Esras um 400 v.u.Z. annehmen. Es wurde eingeführt, um das Judentum in der Diaspora zu erhalten. Dieses Prinzip besagt nach der Halacha, dem noch heute, insbesondere in Israel geltenden orthodoxen jüdischen Religionsgesetz, Kinder gelten nur dann als jüdisch, wenn die Mutter Jüdin ist. Ist die Mutter Nicht-Jüdin und allein der Vater Jude, werden die Kinder nicht als Juden anerkannt (Brumlik, »Matrilinearität im Judentum« 19f.). Auch von Braun schreibt, wie Brumlik, die Einführung der Matrilinearität dem der herrschenden Schicht angehörigen Thoragelehrten Esra zu und hält fest, dass, um den »Zusammenhalt in der Diaspora« zu wahren, die Kinder von Juden, die mit Nicht-Jüdinnen verheiratet waren, nicht mehr als Juden galten (51f.).

sie erst in Deutschland, in der jüdischen Gemeinde Bekanntschaft mit religiösen Traditionen machte: »Ich lernte die Traditionen, an die sich meine Großmutter nur noch dunkel erinnerte, und die Gebete« (Gorelik 19). Sie erwähnt – ganz im mutterrechtlichen Sinn – ihre Großmutter als Übermittlerin des Judentums, nicht ihren Großvater, und deren vage Erinnerung an eine religiöse Erziehung. Da die Großmutter aufgrund der politischen Situation in der Sowjetunion selbst nur schemenhaftes Wissen hatte, war sie nicht in der Lage, außer der Zugehörigkeit zum Judentum via Geburt, das jüdische Erbe in Form von traditioneller jüdischer Kindererziehung an die Mutter der Ich-Erzählerin weiterzugeben. Die ehemalige Präsidentin des *Zentralrats der Juden*, Charlotte Knobloch, erklärt gegenüber der Katholischen Akademie in Bayern die Rolle der Frau im Judentum folgendermaßen: Frauen würde »die häusliche ›Priesterschaft‹« zugeschrieben und sie seien als »Ehefrau und Mutter […] privilegiert«, sie seien nämlich die »zentrale Säule des jüdischen Hauses« (Knobloch 8). In der Familie von Goreliks Ich-Erzählerin gingen auch für die nächste Generation, die der Erzählerin, die religiös bedingten Traditionen und Bräuche verloren und diese musste die religiösen Inhalte des Judentums in der Jüdischen Gemeinde in Deutschland erst ›nachlernen‹, wobei ihr dieses Nachlernen nur unvollkommen gelungen ist. Fällt die Mutter bei der Transmission jüdischer Religion und Tradition aus, wie im Falle der Ich-Erzählerin und zuvor deren Mutter und Großmutter, bleibt hauptsächlich die Weitergabe der ethnischen Zugehörigkeit zum Judentum übrig. Nach Prüfung ihres jüdischen Selbstverständnisses in den Briefen fügt die Protagonistin aber neben Abstammung und Religion dem Judentum ein drittes ›Standbein‹ hinzu, nämlich, wie gezeigt wurde, den jüdischen Geist, der nach ihrer Meinung auch zum Erhalt des Judentums mitbeitragen kann, wenn der Glaube nicht oder kaum vorhanden ist. Dass die Ich-Erzählerin, die bei dem Nachlernen Religiosität nicht verinnerlicht hat, kaum Synagogen besucht, mit Gott Zwiesprache in der Natur bzw. ›mitten im jüdischen Leben‹ hält und eher säkular lebt, sich dennoch hinsichtlich der Kindererziehung an den Erwartungen der deutschen eher konservativen jüdischen Gemeinden orientiert, die in ihrer Ausrichtung der religiös-orthodoxen israelischen Politik folgen, führe ich auf deren Dominanz in Deutschland zurück. Indem die Protagonistin, die sich in den Briefen an ihren Sohn erst die Elemente ihres Jüdischseins bewusst machen muss, den konservativ-orthodoxen Forderungen eine Leitfunktion für sich zugesteht, erlebt sie eine starke Verunsicherung. Sie ist von einer Jüdin geboren worden und hält sich eigentlich für eine »echte Jüdin«, aber wenn nur »betende« Jüdinnen als »echte« Jüdinnen anerkannt werden (Gorelik 24), dann zweifelt sie an ihrer Authentizität und ihrer Zugehörigkeit.[170] In diesem Zweifel zeigt sich

170 »Lieber Mischa, ich bin keine echte Jüdin, […]. Ich kann Dir keine jüdische religiöse Erziehung mitgeben, so gerne ich es wollte« (Gorelik 24f.).

auch, dass der Anpassungsprozess der aus der ehemaligen Sowjetunion stammenden Erzählerin in Deutschland nicht so reibungslos gelungen ist, wie sie rückblickend ihrem Sohn berichtet. Der Teenagerin mag es so erschienen sein, als wären mit der Übernahme bestimmter Jugendsymbole »die interkulturellen Unterschiede schnell ausgelöscht« gewesen (Gorelik 20), aber in ihrer Rolle als Mutter wird sie von der Andersartigkeit in Deutschland eingeholt. Judesein erschöpft sich, konservativ jüdisch gesehen, nicht allein in der Abstammung, Religion kommt hinzu. So bedauert sie, ihre Mutterrolle, die als so entscheidend für die Transmission des Judentums erachtet wird, nicht angemessen im Sinne von Vollständigkeit ausfüllen zu können.[171]

Nicht nur Juden mit osteuropäischen Wurzeln, die aufgrund der politischen Situation in der ehemaligen Sowjetunion ihre Religion und Tradition aufgeben mussten, wie die Ich-Erzählerin Goreliks, sondern auch Juden in Israel oder Amerika, z. B. Juden, die sich für ›Mischehen‹[172] – gegen die sich auch die Ich-

171 Eine Untersuchung der US Soziologin Pearl Beck zur Weitergabe der Zugehörigkeit zum Judentum in ›Mischehen‹ ergab, dass nicht nur Mütter bei der Erziehung von Kindern generell eine größere Rolle spielen als Väter, sondern, dass auch, wenn die Mütter in gemischten Ehen jüdischer Religion waren, diese Religion signifikant häufiger an die Kinder weitergeben wurde, als wenn die Väter jüdisch-religiös waren. Auch die jüdischen Großeltern hatten einen größeren Anteil an der Ausbildung einer jüdischen Identität beim Nachwuchs als bis dahin bekannt war (Beck 160). Angesichts der Aussagen dieser Untersuchung sei aber darauf hingewiesen, dass in dem genannten Sammelband *Hybride jüdische Identitäten* Studien zu finden sind, die zeigen, dass heutzutage, infolge von Emanzipationsprozessen, jüdisch-religiöse Väter in interreligiösen Verbindungen es durchaus auch als ihre Aufgabe ansehen, die Kinder zum Judentum zu erziehen – vgl. z. B. den Beitrag von Madeleine Dreyfus, »›Mischehe‹ und Übertritt« auf S. 103–120. Dieses Teilergebnis der Untersuchung von Dreyfus, so meine ich, kann man als einen Gesichtspunkt ansehen, der das Matrilinearitätsprinzip mit infrage stellen könnte (vgl. u. a. Heiss, »Wer darf sich eigentlich als Jude bezeichnen?«).

172 In Bezug auf interreligiöse Verbindungen in Deutschland schreibt die *Jüdische Allgemeine*, das Sprachrohr oder »Hausblatt« des *Zentralrats der Juden* (»Nach innen«), als Antwort auf die Ergebnisse der Pew Studie in den USA ein Plädoyer gegen die ›Mischehe‹. Die Assimilationstendenz in Amerika wird kritisiert und der hohe Anteil an interkonfessionellen Ehen (58 %) wird ebenso beklagt, wie der Trend zur Akzeptanz von ›Mischehen‹. Dieser Trend führe dazu, dass die Frage inzwischen nicht mehr sei, »warum man jüdisch heiraten, sondern warum man überhaupt noch jüdisch sein soll.« Folglich würden interreligiöse Partnerschaften die jüdische Identität erheblich schwächen (Folger, »Gemischtes Doppel«). Übertragen auf Deutschland fällt das Urteil der *Jüdischen Allgemeine* nicht viel besser aus, denn abgesehen von ›Mischehen‹, würde selbst an jüdischen Schulen nicht genug Religionsunterricht stattfinden. Das Fazit der *Jüdischen Allgemeinen* ist, dass man sich – um das Ziel der Erhöhung der Gemeindemitglieder zu erreichen – nicht in »einen direkten Kampf gegen die interreligiöse Ehe« begeben bräuchte, sondern man der nächsten Generation »Gründe an die Hand geben« müsse, »jüdisch sein zu wollen, damit sie selber wünschen, jüdisch zu heiraten, und nicht einmal bereit sein werden, interreligiös zu daten«. Der offizielle Standpunkt des Beitrages ist folglich, ›Mischehen‹ sollten verhindert werden durch »jüdische Erziehung« der Kinder zu »bessere[n], versiertere[n] und intensiver praktizierende[n] Juden als ihre Eltern« (Folger, »Gemischtes Doppel«). In dem Kapitel »Natürlich darfst Du

Erzählerin positioniert – entschieden haben, scheinen aufgrund von Definitionsschwierigkeiten, was denn das Judesein ausmacht, verunsichert zu sein. In ihrem Untersuchungsbericht zu jüdischen Identitätskonstruktionen in der Schweiz hält die Psychoanalytikerin und Kulturwissenschaftlerin Madeleine Dreyfus fest, dass bei vielen Befragten, die nicht als Juden anerkannt werden, aber auch bei säkular sozialisierten liberalen Juden keine Sicherheit mehr darüber vorhanden sei, woraus das eigentlich Jüdische bestehe (Dreyfus 116f.).[173] Zum ›richtigen‹ Jüdischsein, so werde häufig von diesem befragten Personenkreis gemeint, gehöre nicht nur die orthodoxe Vorgabe der matrilinearen Weitergabe des Judentums, sondern auch die geforderte Einhaltung der jüdischen Gebote. Da sie ihr Verhalten an orthodoxen Vorschriften messen würden, in einer Zeit, in der weltliches Denken und Handeln immer stärker dominierten, Mann und Frau gleichgestellt würden, hätten sie ein Gefühl des Ungenügens mit sich selbst und Zweifel an ihrer Praxis, selbst dann, wenn diese weitgehend jüdisch sei (Dreyfus 116f.).

Auch Goreliks Ich-Erzählerin ist, wie gezeigt, verunsichert und hat ein Gefühl des Ungenügens. Was sie ihrem Kind jedoch vermitteln will und kann, ist eine sozial-emotionale Bindung an das Judentum. Sie sagt:

> Jüdisch zu sein heißt für mich, dass ich gerne möchte, dass auch Du [Sohn] dieses Gefühl kennst und ich Dir deshalb ein paar Dinge erklären will, ein paar Dinge, die ich mit einem ›Oj vej‹ werde einleiten müssen, ein paar Dinge, die schön – nervtötend – melancholisch – komisch – gemein – absurd – rassistisch – wunderbar – verrückt – erzürnend – wahnsinnig – klug – unwichtig – lebensbejahend – todtraurig – einfach – schwierig – jüdisch sein werden. (Gorelik 22)

Der Text bemüht in dieser Passage mit der Vermittlung einer emotionalen Bindung an das Judentum, dem jüdischen »Gefühl«, ein weiteres Gender-Klischee, nämlich das der »emotionalen« Frauen. Die Ich-Erzählerin möchte nicht Wissen, sondern Emotionen vermitteln. Schon seit der Zeit von Aristoteles werden Frauen als emotional dargestellt, »wobei emotional implizit gleichbedeutend ist mit ›irrational‹« (Debold, »Rationale Männer, emotionale Frauen«).

heiraten, wen Du willst, aber« appelliert auch Goreliks Ich-Erzählerin an jüdische Eltern in diesem Sinne – vgl. auch die Studie des Pew Research Center »A Portrait of Jewish Americans«.

173 Auch in den USA ist ein ähnlicher Trend zu beobachten. Laut Beck scheint die Veränderlichkeit der Identität ein globales Phänomen zu sein, u. a. hervorgerufen durch die Überschreitung geographischer Bindungen und der Veränderlichkeit des Geschlechts. Viele Menschen identifizieren sich mit einer bestimmten Religion, ohne in sie hinein geboren worden zu sein. So stellte bspw. die New York Jewish Community Studie fest, dass 5 % derjenigen, die sich als jüdisch bezeichneten weder jüdische Eltern, noch einen formalen Konversionsprozess durchlaufen hatten (150).

Dass die Protagonistin ihrem Sohn den jüdischen Geist, das jüdische Gefühl weitergeben will und was sie inhaltlich darunter versteht, ist bereits besprochen worden. In diesem Zusammenhang geht es um die Art und Weise, in der sie ihrer Transmissionsrolle als Mutter gerecht zu werden gedenkt. Wie also glaubt sie, kann es ihr – und mit ihr anderen jüdischen Müttern bei kaum vorhandener Religiosität – gelingen, dass ihr Kind, die neueste Generation, sich jüdisch fühlt und dann auch später einen jüdischen Partner/in wählt? Sie handelt ihre Vorstellungen an ihrem Sohn ab.

Goreliks Erzählerin ist gemäß der von ihr angenommenen traditionellen Geschlechterrolle die pädagogische Vermittlerin des jüdischen Erbes an ihr Kind. Sie will ihrem Kind die jüdische Identität mit Hilfe eines komplexen Gebildes, das sie jüdisches Gefühl, jüdischen Geist nennt, weitergeben. Dieses jüdische Gefühl versucht sie über Emotionen einzufangen. Die Gefühle sind weder rein positiv noch unkompliziert, sondern gegensätzlich. Jüdisch fühlen wird ihr Sohn sich nach ihrer Auffassung, wenn er die Besonderheit des jüdischen Witzes, Humors erkannt hat,[174] die Debattier- und Streitfreudigkeit der Juden (Gorelik 115), ihre Lebensfreude genießt und den starken jüdischen Familiensinn verinnerlicht hat. Er wird wissen was es heißt, »Jüdisch zu sein« (Gorelik 22), wenn er verstehen lernt, warum sie Phänomene, wie Philosemiten, Konvertiten, Antisemiten ablehnt, welche Vorurteile gegenüber Juden bestanden haben bzw. bestehen und welche Eigenschaften sich Juden ›inner-jüdisch‹ (128) zuschreiben, welche Klischees ihnen lieb geworden sind, wie z. B. das Klischee der jüdischen Mutter.[175]

174 Als ein Beispiel für die Besonderheit des jüdischen Witzes sei auf den Moischele-Witz hingewiesen, den die Mutter der Ich-Erzählerin erzählt und den die Protagonistin in einer Randnotiz nacherzählt (Gorelik 56).

175 Schriftsteller*innen, die mit der Verarbeitung der Schrecken des Nationalsozialismus befasst sind, wirken gleichzeitig auch durch die Erwähnung von negativ besetzen Vorurteilen über Juden an deren Aufrechterhaltung mit. So wird z. B. in Hinblick auf das Aussehen von Juden immer wieder das Klischee einer besonderen Form jüdischer Nasen erwähnt, siehe u. a. Edgar Hilsenrath, Vertreter der Ersten Generation jüdischer Autoren, die nach dem Zweiten Weltkrieg in deutscher Sprache schreiben und in Deutschland leben. Hilsenrath, seit 1975 wieder in Deutschland, lässt in seinem Roman *Der Nazi und der Friseur* den ›arischen‹ Max Schulz ironischerweise aussehen, wie nationalsozialistische Propaganda das Vorurteilsbild eines Juden beschreibt: »schwarze Haare, Froschaugen, eine Hakennase,« usw. Während der Jude Itzig Finkelstein »blond und blauäugig« und »eine gerade Nase« habend beschrieben wird, ganz nach dem Wunschbild nationalsozialistischer Propaganda für das Aussehen von ›Ariern‹ (Hilsenrath 31 f.). In Katja Behrens Erzählung »Alles normal« setzt sich die Ich-Erzählerin mit jüdischer Identität auseinander. Sie berichtet, dass ihre Mutter nach Deutschland, in das Land das sie ermorden wollte, zurückgekehrt, nicht nur verhindern will, dass sie selbst als Jüdin erkennbar ist, sondern ihrem Kind eine Nasenoperation ermöglichen will, damit es nicht mehr jüdisch aussieht. Die Tochter aber verzichtet auf die Operation und geht lieber für zwei Jahre »ins Nasenland« (Behrens 132), nach Israel. Behrens ist der Zweiten Schriftsteller*innengeneration in Deutschland nach 1945 zuzurechnen. Bei Lena Gorelik, Vertreterin der neuen jüdischen Autor*innengeneration, nimmt die Ich-Erzählerin wiederum in *Lieber Mischa* das Nasenthema auf. Sie setzt es humorvoll sogar bei

Die jüdische Mutter wird als überemotional, überbesorgt in Bezug auf das Wohlergehen ihres Nachwuchses geschildert. Als Frau und Mutter wird die Ich-Erzählerin in Verbindung zu Emotionen gebracht und in die Tradition einer jahrhundertelangen Diskussion um Geschlechterfragen eingereiht,[176] die Männern Rationalität und Frauen Emotionalität zuordnet.[177]

Die Ich-Erzählerin erklärt ihrem Sohn, was sie unter dem Begriff »jiddische Mamme« (Gorelik 13) versteht.[178] Einesteils, so meint sie, auch sie sei eine typisch jüdische Mutter, insofern sie ihn vor jeglicher Unbill bewahren möchte, insbesondere der, wie bereits gezeigt wurde, eine nichtjüdische Frau zu heiraten, wenn er erwachsen sein wird. Sie liebäugelt mit dem Stereotyp der jiddischen Mamme, steht diesem aber ambivalent gegenüber. Ihre eigene Mutter ist gewissermaßen sowohl Vorbild als auch abschreckendes Beispiel für sie. Sie ist einesteils eine überbesorgte Mutter gewesen und ist es noch. Als die Erzählerin während des Studiums in einer Wohngemeinschaft lebte, wurde sie z. B. ständig von ihrer

---

den »Top Ten der antisemitischen Vorurteile« auf Platz 1 der Liste (9). Dies, obwohl Juden, die sich nicht ausdrücklich als Juden zu erkennen geben, im alltäglichen Leben des multikulturellen Deutschland nicht auffallen, aufgrund irgendwie gearteter Äußerlichkeiten schon gar nicht – vgl. u. a. in Bezug auf das Nasenstereotyp auch Sander Gilmans *The Jew's Body* oder jüdische Comedy wie bspw. Seinfeld.

176 Gängige Klischees zur Weiblichkeit lassen sich bspw. wie folgt zusammenfassen: »Poets and orators speak of a woman as a love-craving being, who lives almost wholly in her affections« (Wheeler Wilcox 14). Die angedeuteten »gender differences in emotion« (Brody 2), dass bspw. Frauen und Männer ihre Emotionen anders ausdrücken, werden – real oder stereotypisch überzeichnet – in der Regel auf mehrere Faktoren zurückgeführt, so u. a. »biological differences, cultural pressures, family relationships, peer interactions« etc. (1).

177 Bspw. der Sentimentalismus, der in Deutschland Ende des 18. Jahrhunderts (Barkhausen 14) als Reaktion auf die vernunftgeprägte Aufklärung entsteht (24), unterstreicht die Bedeutung der Gefühle und Empfindungen gegenüber der Rationalität. Allerdings schwingt in der Beschreibung einer Person, besonders einer Frau, als gefühlsbetont zumindest teilweise auch die Annahme mit, diese Person sei deshalb weniger rational und »Nach der herrschenden, rationalistischen Meinung gilt Sentimentalität als irrational« (Barkhausen 36). Bei der Kindererziehung wiederhole sich laut Jochen Barkhausen, Forscher in Sprach- und Literaturwissenschaft, die »geschlechterspezifische Verteilung der Vernunftsorten«, während »der ersten Sozialisationsphase« – in dieser befindet sich Mischa zum Zeitpunkt, als die Ich-Erzählerin den Text verfasst – stünden »die Kinder ohne Rücksicht auf ihr Geschlecht primär unter dem Eindruck mütterlicher Empfindsamkeit«, jedoch entstehe später »für Jungen eine Art ontogenetischer Bruch: das Überwechseln zur Rationalität des Vaters« (37).

178 Im Deutschen und Amerikanischen hat das Klischee eine »kulturelle Karriere« gemacht: 1925 kam das Lied »A Yiddische Momme« von Jack Yellen geschrieben, gesungen von Sophie Tucker an den Broadway. 1964 schrieb Dan Greenberg einen satirischen Ratgeber *How To Be a Jewish Mother*, in dem er den »Liebesterror« jüdischer Mütter beschreibt. 1969 zementierte Philip Roths *Portnoys Beschwerden* den Stereotyp der jiddischen Mamme als Witzfigur. Im deutschen Kontext schrieb in den 90er Jahren Rafael Seligmann mit *Die jiddische Mamme* einen Roman über die omnipräsenten, übermächtigen jüdischen Mütter und Familientraditionen (vgl. Gogos, »Ikone und Witzfigur«).

Mutter angerufen (Gorelik 21).[179] Auf der anderen Seite haben ihre Mutter und ihr Vater ihr auch Freiräume eingeräumt in Situationen, die zumindest eine gewisse Besorgtheit gerechtfertigt hätten. Beispielsweise durfte die Protagonisten an ihrem 16. Geburtstag Freunde und Freundinnen über Nacht einladen. Die Eltern verließen die Wohnung, vertrauten ihr und gaben ihr die gewünschte Freiheit (Gorelik 59f.). Die Mutter der Ich-Erzählerin ist nun eine überbesorgte Großmutter, die sich ständig um ihren Enkel sorgt und Ratschläge gibt (Gorelik 54ff.), weswegen die Protagonistin auch getrost, wie sie ironisch sagt, »eine coole, unbesorgte Mutter« (55) sein kann bzw. sein könnte – sie erwischt sich immer wieder dabei, wenn sie es nicht ist. Einerseits spielt sie mit dem Gedanken in die Fußstapfen der jüdischen (Über-)Mütter zu treten,[180] andererseits lehnt sie dieses Klischee ab, da sie so »niemals werden wollte« (Gorelik 13).[181] Besorgt ist sie schon um ihr Kind, ruft z. B. bei Abwesenheit von zu Hause dort viel häufiger als vor der Geburt des Kindes an (Gorelik 57) und sorgt sich beispielweise zunächst, wenn der Sohn weniger schnell krabbeln lernt als andere Kinder. Aber sie findet ihren Abstand dazu und übernimmt die Sprachregelung ihres weniger besorgten Mannes. Sie sagt nun nicht Mischa kann nicht, sondern er will nicht »krabbeln« (Gorelik 77). Ihre Sorge gilt auch der Intelligenz des Kindes, sie fragt sich, ob er dem jüdischen Bildungsideal entsprechen wird und ist erst erleichtert, als Mischa sich für Bilderbücher interessiert. Dennoch, sie findet ein Verhältnis zu ihrer Überbesorgtheit. Sie ruft sich gewissermaßen zur Ordnung. Der Text spielt mit verschiedenen Mutterstereotypen – wie dem der ›jiddischen Mamme‹ oder der ›coolen‹ Mutter –, um die Ich-Erzählerin als Mutter zu inszenieren. Wie sie ihre Rolle später, wenn Mischa älter ist, tatsächlich ausüben wird – überbesorgt oder ganz lässig –, bleibt offen. Die Protagonistin wird, so nimmt sie sich vor, sehr kühl reagieren, wenn der herangewachsene Sohn die besagte dümmliche Blondine mit den langen Fingernägeln mit nach Hause bringen wird. Durch ihre Coolness wird sie die Provokation Mischas unterlaufen. Gorelik geht selbstverständlich davon aus, es handelt sich dabei nur um eine Provokation, die einer pubertären Auf-

179 Hier stimmen Ich-Erzählerin und Autorin überein. Auch Gorelik berichtet, dass sie als sie einige Zeit in Israel lebte, ständig Telefonate von ihrer Mutter bekam. Sie bewertet den »Familienzusammenhalt« positiv, aber etwas »nervig« (Ludwig, »Deutsch mit Pippi Langstrumpf gelernt!«).

180 Laut Niedermeyer sind die Probleme, die eine jiddische Mamme beschäftigen, folgende: »Die Kinder verschmähen das Essen, weigern sich, sich warm anzuziehen, und sind sie endlich auf der Uni, studieren sie statt Medizin oder Jus lieber Kunstgeschichte und Theaterwissenschaften« (»Jiddische Mamme«).

181 Mit dem Stereotyp der jiddischen Mamme sind nicht nur positive Assoziationen verbunden: Es verkörpert auch die »Comicfigur« einer »allzu präsenten Mutter«, die besonders ihre jungen Söhne bis in den letzten Winkel deren Lebens verfolgt (Gogos, »Ikone und Witzfigur«).

lehnung geschuldet ist (Gorelik 59).[182] Sie glaubt voraussehen zu können: Im Zusammenleben mit ihr und der Familie habe Mischa gelernt, wie er sich als Jude zu verhalten hat, nämlich u. a. mit jüdischen Mädchen zu gehen. Auf jeden Fall haben ihn ihre Briefe mit den Erwartungen an ihn vertraut gemacht. Schließlich wird er doch den Hoffnungen anderer jüdischer Mütter nachkommen und sich für deren Töchter interessieren.[183] Die Ich-Erzählerin hat ihre Mutterrolle akzeptiert und dazu gehört für sie, dass sie, so gut es geht, dafür sorgen möchte, dass ihr Sohn jüdische Nachkommen hat.[184]

Die Protagonistin wird, sollte sie ihre Vorsätze einhalten, zwar in ihrer Mutterrolle aufgehen, aber sie nicht zum alles überschattenden Hauptfaktor ihrer Identität machen. Dafür spricht, dass sie, wie die Autorin, einen Beruf hat, der ihr wichtig ist und in dem sie sich selbstverwirklichen kann. Sie ist Schriftstellerin und berichtet einer »Übermutter« (Gorelik 117), sie selbst habe bereits »zwei Wochen nach seiner Geburt« ihre Tätigkeit »im Literaturhaus« (118) wiederaufgenommen. An dieser Stelle bedient Gorelik wieder ein Klischee, diesmal das der erfolgreichen, karriereorientierten Mutter. Aber indem Gorelik ihre Ich-Erzählerin sich mit dem Stereotyp der jüdische Mutter auseinandersetzen lässt, reiht diese sich in eine lange Tradition ein und bemüht mit der jiddischen Mamme, die sich ständig um das Wohlergehen ihrer Kinder sorgt, einen literarischen, geschlechterspezifischen Topos für jüdische Frauen und deren Söhne. Sie glaubt voraussehen zu können, dass Mischa eine Phase haben wird, in der ihn die angenommenen physischen Reize der »blonden gojischen Mädels« anziehen werden (Gorelik 15). Sie aber will auf keinen Fall, dass ihr Sohn diese den jüdischen Mädchen vorzieht und fasst trotzdem den Vorsatz, Mischa keine Vorhaltungen zu machen, selbst dann nicht, wenn er mit einer intelligenten, sogar ein wenig humorvollen blonden Maria zusammenziehen will. Indem sie ihm seine Freiheit im Handeln lässt, hofft sie, ihn zu entwaffnen. In diesem Verhalten ist der Gedanke mit inbegriffen, dass sie ihm schon so viel jüdischen Geist vermittelt hat, dass er von allein einsehen wird, nur eine jüdische Frau wird mit ihm diesen Geist teilen, nur mit einer jüdischen Frau wird er Kinder haben, die echte Juden sind:

> Du wirst ein kluger Junge sein. Du wirst Humor haben. Die Mütter jüdischer Mädchen werden Dich lieben (was Dich wenig interessieren wird, weil Du die blonden gojischen Mädels lieben wirst). (Gorelik 15)

182 »Ich werde so eine obercoole Mutter sein, dass du es nie wieder für nötig halten wirst, eine dümmliche langbeinige Blondine mit überlangen Fingernägeln mitzubringen!« (Gorelik 59).

183 »Die Mütter jüdischer Mädchen werden Dich lieben« (Gorelik 15).

184 Sie würde ihrem Sohn u. a. deshalb so gerne eine religiöse Identität vermitteln – und bedauert dies nicht umfassend tun zu können –, weil die Weitergabe des jüdischen Geistes und des jüdischen Lebensgefühls, verstärkt durch Religiösität, die Wahrscheinlichkeit erhöhen würde, dass er später eine jüdische Frau heiratet und sie als jüdische Mutter somit mehr Aussichten hätte, ihre Transmissionsaufgabe zu erfüllen.

Gleichzeitig zeigt die Textstelle auch die Unsicherheit der Mutter über ihr Muttersein und ihr Jüdischsein. Beides sind keine einfachen Beziehungen zu sich selbst und anderen. Die Protagonistin möchte ihren Sohn so erziehen, dass andere jüdische Mütter nicht nur implizit ihre Erziehungskunst bewundern werden, sondern ihn gern zum Schwiegersohn hätten. Allerdings dürfte das Klischee der jiddischen Mamme, die ihren Sohn gängelt, übermäßig behütet, eventuell sogar zum Muttersöhnchen erzieht oder gar eine »ödipale« Beziehung (Gogos, »Ikone und Witzfigur«) zu ihm unterhält, nicht in den Augen aller jüdischen Mütter erstrebenswert sein. Dennoch betrachtet die Ich-Erzählerin ihren Sohn als einen Teil ihrer selbst, der sie repräsentiert und damit auch das Judentum.

An dieser Stelle sei angemerkt, dass bemerkenswerterweise bei einer weiblichen Autorin bei der Beschreibung von Frauen sexistische Stereotype in den Annahmen mitschwingen, dass eine jüdische Mutter auch, oder besonders, gegen ihren erklärten Willen wie bei der Ich-Erzählerin, nach der Geburt eines Sohnes doch zu einer jiddischen Mamme werden könnte, und dass eine attraktive Frau, wie die Blondine mit den langen Fingernägeln, dümmlich ist und nicht intelligent sein kann oder darf. Der Text benutzt diese Klischees jedoch auch, um zu zeigen, dass die Ich-Erzählerin kein perfekter Übermensch ohne Vorurteile ist, sondern eine ›normale‹ Frau und Mutter mit Fehlern. Neben dem Interpretationsansatz, dass diese Beschreibungen von der Autorin als ironische Infragestellungen dieser Geschlechterstereotype konstruiert sind, ließen die Textstellen auch die Lesart zu, die Autorin habe eine von patriarchalischen Vorstellungen geprägte Voreingenommenheit gegenüber bestimmten Typen von Frauen. Eine weitere im Text nur an einer Stelle oberflächlich infrage gestellte Grundannahme der Mutter/Ich-Erzählerin ist, dass sie davon ausgeht, dass ihr Sohn heterosexuell ist. Die Möglichkeit, er könne später einen Mann – jüdisch oder nicht – mit nach Hause an den Frühstückstisch bringen, wird zwar erwähnt, aber beiläufig damit abgetan, »eine(r) jüdische(n) Person« (Gorelik 63) müsse es zum Kinderbekommen sein.[185] Aufschlussreich wäre an dieser Stelle, welche ähnlichen oder unterschiedlichen Ratschläge zum Jüdischsein im heutigen Deutschland die Autorin dann für ihren Sohn hätte.[186] Für die neueste Generation von Juden in Deutschland zeichnet sich ab, dass zumindest im Reformjudentum Heterose-

185 Sie schreibt: »Es wäre vielleicht doch nett, wenn Du eine Jüdin heiraten würdest. Oder einen Juden. Dies ganz, wie Du willst. Dass Du nach all Deinen zahlreichen Beziehungen und Affären mit Gojim dann doch Kinder mit einer jüdischen Person hast« (Gorelik 63).

186 Vgl. Gorelik, »Wenn der Sohn sich den Schulranzen mit dem Einhorn wünscht.« In diesem Artikel, in dem sie sich mit Geschlechterstereotypen auseinandersetzt, beschreibt Gorelik: Der Sohn trägt Nachthemden, liebt ›Mädchenfarben und –spielzeug‹, verkleidet sich als Prinzessin, will eine Schulmappe zunächst mit Mädchenoutfit, entscheidet sich dann doch für eine, die für Jungen gedacht ist und die Eltern sind, trotz aller Infragestellung von geschlechterspezifischen Zuschreibungen, froh.

xualität nicht mehr standardmäßig vorausgesetzt wird und es auch Jungen erlaubt ist, Gender-Stereotype zu durchbrechen, Dinge wie ›Nachthemden und Einhörner‹, die normalerweise Mädchen zugeschrieben werden, mögen dürfen.[187] Das Selbstverständnis als Frau, dass der Text für die Ich-Erzählerin konstruiert und deren darauf basierende Ausübung ihrer Geschlechterrolle, wird einerseits durch die Gegenüberstellung und das Spiel mit Kontrasten von – schablonenhaften – Frauentypen (potentielle jiddische Mamme vs. nichtjüdische dumme Blondine) dargestellt und basiert andererseits auf dem jüdischen Matrilinearitätsprinzip.

Zusammenfassend bleibt zur literarischen Identitätskonstruktion festzuhalten: Der Text stellt das Judentum als »geschlossene Veranstaltung, zu der wenige Zugang haben und die niemals endet« dar (Gorelik 13 f.), als etwas, das man nicht erwerben oder ablegen kann. Daraus resultiert der Wunsch der Ich-Erzählerin, ihr Sohn möge eine Jüdin heiraten, sowie ihre Skepsis gegenüber Konvertiten.[188] Um das Judentum traditionell weitergeben zu können, bedarf es eben der ethnischen Abstammung von einer jüdischen Mutter. Dieser Rückzug in ihrer Identität als Jüdin und als Frau auf die Ethnizität entstammt – wie gezeigt wurde – ihrer Verunsicherung durch den Mangel an religiöser und traditioneller jüdischer Bildung in der Sowjetunion und verweist auf ein Nebeneinander, bzw. teilweises Gegeneinander von Mehrfachidentitäten, die ihre Transnationalität ausmachen. Die Ich-Erzählerin hat eine Teilidentität, die von der ehemaligen Sowjetunion beeinflusst wurde. Dort wurde ›Jude sein‹ als Nationalität betrachtet und sie wurde als Jüdin angesehen, weil ihre Mutter ihr das ›Jüdin sein‹ mitgegeben hatte. Diese, auf Abstammung basierende Definition des Judentums hat sie beibehalten. Eine ihrer weiteren Teilidentitäten beruht auf dem Fakt, dass sie sich als dem jüdischen Volk zugehörig betrachtet. Dass sie die Juden als ein Volk betrachtet, geht u. a. aus der Bemerkung der Protagonistin hervor, die Ehepartnerwahl würde nicht nur den Sohn betreffen, »sondern ein ganzes Volk«

187 Die *Bundeszentrale für Politische Bildung* fasst die Standpunkte der drei Strömungen im Judentum folgendermaßen zusammen: »Für gleichgeschlechtlich Liebende jüdischen Glaubens gibt es eigene Synagogengemeinden in den USA, während ihre orthodoxen GlaubensgenossInnen ihnen und ihren Beziehungen negativ gegenüberstehen und die konservativen gespalten sind. Im Reform-Judentum hingegen können sie offen als RabbinerInnen wirken. In der Reflexion über Glauben, Leben und Lieben bedienen sie sich ähnlicher Argumentationsstrategien wie ihre christlichen Brüder und Schwestern: Sexuelle Orientierung und Identität seien Ergebnis des göttlichen Schöpfungshandelns« (Finger, »Homosexualität/en und Religion/en«).

188 Als Jude gilt nach dem jüdischen Gesetz auch, wer zum Judentum konvertiert ist. Patrilineare Juden erhalten aber auf Wunsch die israelische Staatsbürgerschaft, Jude können sie nur durch Konversion nach orthodoxem, nicht nach konservativem Ritus oder Reformritus werden (Brumlik, »Matrilinearität im Judentum« 19f.). Bei letzteren beiden erhalten sie keine Heiratserlaubnis und kein Begräbnis auf einem jüdischen Friedhof in Israel.

(Gorelik 62).[189] Neben der Teilidentität Angehörige des jüdischen Volkes zu sein, wird ihr jüdisches Selbstverständnis auch von Israel beeinflusst. Sie weiß, sie kann wann immer sie will, wann immer es ihr in einem Land, z. B. in Deutschland, nicht zusagt, nach Israel emigrieren.[190] In Israel gefällt es ihr. Alle, sie korrigiert sich, die meisten sehen aus wie sie. Anders als in Deutschland sind dort auch ›alle‹ so laut und emotional wie sie (Gorelik 154f.). Dennoch, so sagt sie »ist Israel nicht mein Land, sondern Deutschland.« Deutschland ist ihr »Zuhause« (Gorelik 155).[191] Deutschland liebt sie (Gorelik 18) trotz aller Kritik an den Phänomenen, die ihr nicht gefallen und deren Veränderung sie sich wünscht. Da die Ich-Erzählerin Deutschland als ihr zu Hause betrachtet, hat sie auch eine deutsche Teilidentität. Diese Teilidentitäten sind die Basis ihrer Transnationalität und bewirken bei der Protagonistin ihre Weltoffenheit und Aufgeklärtheit. Letztere werden jedoch infrage gestellt, wenn es um die Heirat ihres Sohnes und dessen Nachkommen geht.

III. Fazit

An der Schnittstelle der beschriebenen Merkmale jüdischer Identität – transnational, religiös, ethnisch, matrilinear, weiblich – konstruiert Lena Gorelik die literarische Identität ihrer Ich-Erzählerin. Im Text *Lieber Mischa* wird deutlich, dass bei allen Normalisierungstendenzen die jüdische Minderheit in Deutschland von der Mehrheit immer noch oft als »anders«[192] empfunden wird, im positiv-philosemitischen und negativ-antisemitischen Sinn. Diese gesellschaftlich konstruierte ›Andersartigkeit‹ einer Minderheit wird im Folgenden abgeglichen gegen den Begriff der Intersektionalität, der besonders im US-amerikanischen Kontext benutzt wird, um diskriminierende Hervorhebung aufgrund

189 In ihrem Bericht über eine Israelreise sagt die Ich-Erzählerin: »Ein kluges Völkchen, diese Israelis.« Und in einem Randkommentar berichtet sie, sie habe darüber nachgedacht, ob sie »diese Juden« schreiben soll. Da sie jedoch »Juden nicht mit Israelis gleichsetzen« will, fragt sie sich »Aber sind die Israelis dann ein Volk neben den Juden?« (Gorelik 169).

190 Ihrem Sohn schreibt sie diesbezüglich: »Jederzeit wirst du ins Land, wo Milch und Honig fließen und Krieg und Hitze herrschen, auswandern können, einen israelischen Pass bekommen« (Gorelik 15).

191 Die Autorin definiert für sich, die deutsche Sprache sei zwar nicht ihre Muttersprache, aber ihr »Zuhause«. Und »Zu Hause ist, wo ich mich frei und nackt und mit allem, was ich bin, bewege« (Gorelik, »Heimat ist ein Gefühl«).

192 Indem die Mehrheitsgesellschaft Juden nicht als Teil ihres Kollektivs wahrnimmt, macht sie die Personen, die als »Juden« bezeichnet werden zu »Anderen«. Diese, wie Thurn sie nennt, »diffuse ›Gemachtheit‹ ›des Juden‹ und seiner vermeintlichen Identifizierbarkeit durch die Gesellschaft hat vielfach den Weg über die Literatur als Ort der Ver- und Aushandlung von gesellschaftlichen Ein- und Ausschlüssen, Identitäten und Grenzen genommen« (38).

von Merkmalen wie ›Rasse‹, Geschlecht und Religion[193] zu beschreiben. Als Vermeidungsstrategie der Diskriminierung führt u. a. die Kulturwissenschaftlerin Nike Thurn das Konzept des »Passing« an, definiert als absichtliches oder unabsichtliches »›Durchgehen‹ eines Individuums als Mitglied einer anderen als seiner eigenen Statusgruppe« (69). Anders als bei dem Konzept des »Passing« baut der Text Goreliks Ich-Erzählerin jedoch nicht so auf, als versuchte diese als Deutsche mittels Aussehen oder Verhalten ›durchzugehen‹, sie ist Deutsche. Sie ist Deutsche und sie ist Jüdin zugleich. Goreliks Ich-Erzählerin ist es leid als ›anders‹, weil jüdisch, bezeichnet zu werden und wünscht sich als ganz normale Deutsche gesehen zu werden. Denn auf die Frage, wie es für sie als Jüdin ist, ausgerechnet in Deutschland zu leben,[194] möchte sie antworten: »Wir sind eben Juden und leben in Deutschland. Das ist doch nicht so schlimm. Müsste man meinen« (Gorelik 177). Die Ich-Erzählerin suggeriert ihrer deutschen Leserschaft, es ginge ihr auf die Nerven wegen ihres Judentums als »anders« empfunden zu werden, denn sie wolle »keine Sonderbehandlung« (Gorelik 18). Und dennoch bedient die Autorin, wie die Protagonistin in einer Randbemerkung zugibt, mit ihrem Buch über jüdische Identität in Deutschland einerseits das Klischee der »Berufsjüdin« (Gorelik 22) und andererseits die philosemitische deutsche Leserschaft, die diese auch auf Lesungen oder Kulturtagen trifft, aber vorgeblich gerade nicht anziehen will – nämlich diejenigen, die im Sinne des englischen Begriffs ›tokenism‹ sich apologetisch, d. h. aus historischer Schuld und/oder multikulturellem Übereifer, nur oberflächlich für das Judentum interessieren.[195] Der Text treibt – jedenfalls erweckt er diesen Anschein – ein doppeltes Spiel mit dem Sonderstatus, den die Ich-Erzählerin als Jüdin in Deutschland erfährt: Einerseits prangert er die besonders am Judentum interessierte deutsche Leserschaft an und führt ihr vor, wie deren Interesse an jüdischen Menschen wegen deren ›Exotik‹ oder Seltenheit aufgrund der deutschen Geschichte[196] zu »Othering« führt (vgl. u. a. Brons 69), andererseits nutzt und

193 Der Terminus beschreibt – wie bereits erwähnt – die »interactivity of social identity structures such as race, class, and gender in fostering life experiences, especially experiences of privilege and oppression« (Gopaldas 90).

194 Die Ich-Erzählerin gibt vor, diese Frage nicht für bedeutsam zu halten, wenn sie sagt: »Denn es scheint eine wichtige Frage zu sein. Für mich persönlich weniger, aber für viele andere Menschen in diesem Land« (Gorelik 177). Diese Bemerkung lässt sich als Anspielung auf den im deutschen Selbstverständnis verankerten Schuldkomplex wegen des Holocausts gegenüber der jüdischen Bevölkerung verstehen, denn »Deshalb wird sie meist langsam und eher leise gestellt, so als wüssten die Fragenden nicht genau, ob es politisch oder sogar menschlich korrekt ist, sie zu stellen« (Gorelik 177).

195 Vgl. Definition von »tokenism« (Riccucci 197) in Anmerkung 123 in diesem Kapitel unter Punkt *I.4 Adressaten und Leserschaft.*

196 In seinem Artikel »Nation, Migration and Memory: On Historical Concepts of Citizenship,« stellt der Historiker Dan Diner, in Bezug auf Probleme von Migranten bei der Integration in die deutsche Gesellschaft und das deutsche kulturelle Selbstverständnis die These auf, dass

nährt der Text dieses Interesse durch die Briefsammlung zu dieser Thematik. Die Behandlung des Themas der deutsch-jüdischen Identität in dem Text *Lieber Mischa*, ist, so will es scheinen, in zweierlei Hinsicht von Vorteil: Einmal, weil Briefe, die sich mit dem Jüdischsein befassen, besser auf dem Buchmarkt zu verkaufen sind.[197] Und dann, weil die Ich-Erzählerin sich von dem Ansprechen und der Kritik bestimmter Phänomene positive Veränderungen für die neue und die neueste Generation der Juden in Deutschland und deren Verhältnis zu nichtjüdischen Deutschen verspricht. Die Frage, ob die Protagonistin aufgrund ihrer ethnischen jüdischen Identität und/oder ihres Geschlechts und/oder ihrer Religion in Deutschland intersektionale Diskriminierung erfährt, wird im Text mit einem »Ja« im vierfachen Sinne beantwortet: Erstens erfährt diese persönlich als Jüdin negative Diskriminierung durch an sie gerichtete antisemitische Fragen, etwa der nach dem »Einfluss der Juden auf die deutsche Wirtschaft« (Gorelik 90) oder wenn sie nach ihrer Meinung zum »Nahostkonflikt« und den »armen unterdrückten Palästinenser[n]« gefragt wird (21 f.).[198] Zweitens erfährt die Ich-

Deutsche diejenigen seien, »who define themselves in terms of belonging by rejection of the Nazi past. A German citizen of Turkish background can hardly fully belong to such a collective. He cannot use the common ›we‹ concerning the contaminated past of Germany« (303). Ein derartiges deutsches Selbst- und Fremdverständnis gepaart mit der Opfer-Täter Dichotomie, die die Ich-Erzählerin selbst anspricht, wenn sie ihrem Sohn erklärt, »Als Jude in Deutschland wirst du zudem ein Opfernachfahre im Land der Täternachfahren sein« (Gorelik 15), liegt dem gesteigerten Interesse der deutschen Bevölkerung an jüdischem Leben zugrunde.

197 Das gesteigerte Interesse der deutschen Öffentlichkeit an jüdischem Leben, das auch größere Verkaufszahlen auf dem Buchmarkt verspricht, äußert sich u. a. im Philosemitismus und wird außer von Gorelik auch von anderen prominenten jüdischen Persönlichkeiten, wie bspw. dem Autor Rafael Seligmann oder dem Geschichtsprofessor Moshe Zuckermann beschrieben (vgl. Rosbach, »Dubiose Freunde«).

198 Der Begriff Antisemitismus hat sich »in der langen Geschichte der Judenfeindschaft« nach dem Jahr »1945 zum pauschalisierenden Synonym für jegliche Form der Judenfeindschaft entwickelt« (Lorenz, »Auschwitz drängt uns auf einen Fleck« 44). Wurde Antisemitismus vorerst noch als religiös begründete Ablehnung gegenüber Juden definiert, wandelte sich die Bedeutung des Begriffs hin zu einer biologischen Auslegung (Lorenz, »Auschwitz drängt uns auf einen Fleck« 43). Auch der Soziologe Zygmunt Bauman bezeichnet Antisemitismus als modernen Begriff und beschreibt, dass »das Objekt der Feindseligkeit als ›Jüdischsein‹ anstatt als ›Judaismus‹ neuformuliert« wurde und der Begriff nicht einfach auf Phänomene des Judenhasses aus vorausgegangenen Jahrhunderten angewendet werden kann (46). Judenfeindlichkeit, so meint Thurn, war und ist in unterschiedlichen Formen »zu jeder Zeit vorhanden(en)« und lässt sich zwar theoretisch in Formen wie bspw. »kirchlichen/christlichen Antisemitismus, bürgerlichen, wirtschaftlichen, rassistischen, nationalen, faschistischen, romantischen, sekundären und schuldabwehrenden Antisemitismus« untergliedern, in der Realität überlagern sich diese Formen jedoch häufig (Thurn 42). Thurn spricht sich dafür aus, dass die »methodischen Klassifizierungstermini« des Begriffs Antisemitismus im heutigen Kontext »differenziert werden« müssten: »diesmal in ›nationalisierend‹ und ›biologisierend‹, um so den Paradigmenwechsel hin zur Thematisierung der performativen Wirkmächtigkeit von Kategorien wie Nation, Körper et cetera deutlicher zu machen« (42).

Erzählerin positive Diskriminierung durch Philosemiten, drittens muss sie sich in ihrer Geschlechterrolle als Frau und Mutter mit Genderstereotypen auseinandersetzen und viertens wird ihr in Deutschland aufgrund der Geschichte der Judenverfolgung im Dritten Reich eine ungebetene »Sonderbehandlung« (Gorelik 18) zu Teil, die sowohl auf das Unbehagen der Deutschen gegenüber Juden wegen ihres Schuldkomplexes, als auch auf Neugier von Deutschen gegenüber Juden wegen deren ›Seltenheit‹ in der Gesellschaft zurückzuführen ist (Allosemitismus[199]).

Das Kapitel, in dem die Ich-Erzählerin ihrem Sohn erklärt, welche positive Diskriminierung er in Deutschland erfahren wird, weil er Jude ist, nennt sie ironisch »›Du bist echt Jude?‹ Von Menschen, die Dich nur aus einem Grund lieben« (Gorelik 96). Sie beschreibt ihre Begegnungen mit Philosemiten wie folgt:

> Ich treffe Philosemiten meist auf Lesungen, denn privat umgebe ich mich mit ihnen nicht. Die Lesungen müssen etwas ›Jüdisches‹ im Namen tragen, ›jüdische Kulturtage‹, ›Fest der jüdischen Kultur‹ und so weiter, damit Philosemiten kommen. (Gorelik 101)

Die intersektionale Diskriminierung durch Philosemiten erfährt die Ich-Erzählerin aufgrund ihres der Öffentlichkeit bekannt gemachten Jüdischseins, bzw. ihrer religiös-kulturellen jüdischen Identität, über die sie von Deutschen als besonders und anders wahrgenommen wird, als Vertreterin eines für viele abstrakten und fremden Judentums,[200] das sich wenig im gesellschaftlichen Alltag widerspiegelt.

Der negative Gegenpart zur positiven Diskriminierung durch Philosemiten ist der Antisemitismus, den die Ich-Erzählerin Mischa in einem separaten Brief mit dem Titel »›Du bist ein Jude!‹ Von Menschen, die Dich nur aus einem Grund hassen«, (Gorelik 84) erklärt:

> Schon mal vorweg: Es wird sie immer geben, die Antisemiten. Darin sind sich die Antisemiten und die Juden ausnahmsweise einmal einig: Solange es Juden gibt, wird es Antisemiten geben. Die Menschen, die Dich hassen, weil Du Jude bist. Oder Dich vielleicht gar nicht hassen, aber Dir bestimmte Eigenschaften zuschreiben. Oder Deine vorhandenen Eigenschaften darauf zurückführen, dass Du Jude bist. (Gorelik 84)

199 Der Soziologe und Philosoph Zygmut Bauman definiert Allosemitismus als in seiner Natur ambivalentes Konzept, das »nicht widerspruchslos entweder Haß oder Freundschaft gegenüber Juden« als »radikalste Verkörperung« des Anderen oder Fremden meint, sondern »die Keime beider Phänomene« beinhaltet (41 f.).

200 Ich nehme an, dass solchen »Kulturtagen« die Goreliks Ich-Erzählerin beschreibt und die Philosemiten anziehen, das traditionelle Verständnis von Kultur als »Literatur, Recht, bildende Kunst, Architektur, Musik, Philosophie« zugrunde liegt, gepaart mit dem nach dem Holocaust entstandenen Schuldkomplex, zusammengefasst in der Frage, wie »das ›Volk der Dichter und Denker‹ so tief, zu einem Volk der ›Schlächter und Henker‹, fallen« konnte (Brechenmacher, »Kulturelle Identität«).

Dieser allgemeinen Definition von Antisemitismus schickt die Mutter noch eine differenziertere, wenn auch ironische Erklärung der intersektionalen Diskriminierung aufgrund von Ethnizität und Religion hinterher: Einerseits werde Mischa später vorgeworfen, als ethnischer Vertreter des jüdischen Volkes die »Übernahme der Weltherrschaft« und die Vorbereitung der »jüdischen Diktatur in der Welt« zum Ziel zu haben (Gorelik 87), andererseits würde er als Anhänger der jüdischen Religion verdächtigt werden, zu seiner Bar Mizwa nur zur »Show« aus der Thora vorgelesen zu haben, während »das eigentliche Ritual« verlange: »Zum Beweis Deiner Treue wirst Du einen christlichen Knaben (vielleicht einen Deiner Schulfreunde?) entführen müssen und ein wenig von seinem Blut trinken« (Gorelik 88).

Drittens wird die Ich-Erzählerin aufgrund der Geschlechterrolle (gender) auch als jüdische Frau und Mutter diskriminierenden Stereotypen in- und außerhalb der jüdischen Gemeinde in Deutschland ausgesetzt: Mit der (Selbst-) Bezeichnung als ›jiddische Mamme‹ kommt auch der Diskurs, um die Unterdrückung und Reduzierung der jüdischen Frau auf den häuslichen Kontext und das ›Produzieren‹ von Nachwuchs für das jüdische Volk zum Ausdruck. Der Versuch aus der (familiären) Erwartung, z.B. ihrer Mutter, dass sie eine überbesorgte Mutter werde, auszubrechen, ist trotz ihrer Profession als Schriftstellerin nicht einfach für die Ich-Erzählerin. Sie fühlt sich hin- und hergerissen zwischen der Vorstellung eine ›coole‹ Mutter oder eben eine ›jiddische Mamme‹ zu werden.

Es gibt noch eine vierte Art der intersektionalen Diskriminierung, die Goreliks Ich-Erzählerin ihrem Sohn erklärt: Dies ist die Sonderstellung der Juden in Deutschland als Opfer des Holocaust gegenüber der deutschen Bevölkerung als den Täternachfahren. Die Ich-Erzählerin beschreibt das Phänomen wie folgt:

> Ich bin nicht anders und will auch keine Sonderbehandlung. Ich will nicht, dass jemand aufhört, über Michel Friedman zu lästern, wenn ich den Raum betrete. Ich will mich nicht für Israels Politik verantworten müssen. Meistens will ich nur in Ruhe gelassen werden. (Gorelik 18)

In diesem Zitat kommt unabhängig davon ob man Judentum als Ethnizität und/oder Religion versteht, noch Nationalität in Form von nationaler Zugehörigkeit als intersektionales Merkmal von Identität der Ich-Erzählerin und als Grund für Diskriminierung hinzu. Israel als Staat der Juden wird von denjenigen gleichgesetzt mit dem jüdischen Volk – dem sich die Ich-Erzählerin zurechnet –, die verlangen, dass sich die deutsche Protagonistin ›für Israels Politik verantworte‹. D.h., es wird nicht unterschieden zwischen Juden, die der Staatsangehörigkeit nach Israelis sind und Juden mit ethnisch-jüdischer Identität, die aber eine andere Nationalität haben. So wird die Ich-Erzählerin aufgrund ihrer jüdischen Identität in direkte Verbindung mit Israel und dessen Politik gebracht. Das

Trauma des Holocausts, auf dem die Sonderstellung der Juden in Deutschland beruht, erlaubt für die Generation der Ich-Erzählerin noch keinen ›normalen‹ Umgang zwischen Juden und Deutschen. In dem oben angeführten Zitat kritisiert die Protagonistin die in Deutschland verbreitete Vorstellung, es dürfe wegen der deutschen Belastung mit dem Holocaust nichts Negatives über Juden gesagt werden, als ein Verhalten, das ihr anzeigt, dass Juden noch nicht als ›normale‹ Bürger behandelt werden, wie sie es gern hätte. Neben solcher falschen Rücksichtnahme, die ihr begegnet, wird ihr auch immer wieder die Frage danach, wie sie als Jüdin in Deutschland leben kann, gestellt (vgl. u.a. Gorelik 178). Da der Nationalsozialismus besiegt sei, Deutschland sich verändert habe, sei es »doch nicht so schlimm« (Gorelik 177) für Juden in Deutschland zu leben. An die ältere Generation der Juden gerichtet, deren Vorwurf mitreflektierend, sie habe den Holocaust vergessen, erklärt sie:

> Wir [Juden] haben überlebt, und jetzt leben wir hier in Deutschland, [...], und wir leben gerne hier, und wir freuen uns des Lebens, und das ist kein Verrat an unseren ermordeten Verwandten, sondern ein Triumph, den wir ihnen schulden. (Gorelik 180)

Indem die Protagonistin sagt, es sei ein Triumph, dass Juden wieder in Deutschland leben, nimmt sie ihre »geschichtstragende« Rolle (Gorelik 181) an, den Holocaust nicht zu vergessen und Gleiches auch von Deutschland zu fordern. Der Text bestätigt folglich meine These von der Ablösung des Holocausts als zentralem Merkmal jüdischer Identität für Goreliks Generation von ›neuen‹ deutschen Juden mit osteuropäischen Wurzeln. Zu diesem Triumph für die Juden gehört für sie auch, dass Juden in Deutschland im Alltag ganz normal, eben wie Nichtjuden, leben könnten, wenn ihnen eine Sonderstellung nicht zugewiesen würde. Und so fällt ihre Antwort auf die ihr so häufig gestellte Frage eindeutig aus:

> Alle reden von Normalität, aber Normalität ist, wenn man diese Frage nicht mehr stellen muss. Vielleicht sind wir ja eines Tages so weit. Vielleicht wirst Du ja eines Tages sagen: ›Mama, was für ein Blödsinn! Ich wurde das noch nie gefragt!‹, und mir fällt kaum etwas ein, was mich mehr freuen würde. Wir sind eine neue Generation, Du noch mehr als ich. (Gorelik 181)

Der sehnlichste Wunsch der Ich-Erzählerin ist, dass es so selbstverständlich sein muss, als Jude in Deutschland zu leben, dass eine Frage danach auf völliges Unverständnis stößt (Gorelik 182). Solange jedoch eine intersektionale Hervorhebung oder Sonderbehandlung[201] besteht, weil die Ich-Erzählerin als ethnisch

201 Die Hervorhebung und Sonderbehandlung der Juden als »Other« (insbesondere durch Philosemiten) ist u.a. zu erklären aus der Aufarbeitung der Verbrechen des Nationalsozialismus und der sich daraus für den deutschen Staat und die deutschen Staatsbürger ergebenden moralischen Verantwortung (Diner, »Nation, Migration, and Memory« 297), die Verbrechen an den Juden ›wiedergutzumachen‹. Philosemiten stellen Juden durch ihre

und religiös jüdisch, als anders, als Opfer, wahrgenommen wird, gibt es keine Normalität für sie in Deutschland, weder für sie, die Vertreterin der neuen Generation, noch für die neueste Generation, der Mischa angehört.[202] Dennoch lässt Gorelik die Ich-Erzählerin sagen: »Also, solange mir keiner diese Frage stellt, lebe ich hier ganz gut. Als Jüdin und als Mensch, also einfach als ich. Aber diese Antwort ist, glaube ich, nicht interessant« (Gorelik 178). Sowohl die positive als auch die negative Diskriminierung in Deutschland hält sich für die Ich-Erzählerin folglich zumeist in Grenzen und tritt nur dann hervor, wenn sie ihre jüdische Identität direkt im Fokus des Interesses sieht. Das ›Interesse‹, das Deutsche am Jüdischen und insbesondere an der Selbstdefinition und dem Befinden in Deutschland lebender Juden haben und auf dem die erfolgreiche Vermarktung und der Verkauf des Buches *Lieber Mischa* beruht, ergibt sich aus dem kulturellen Gedächtnis der Deutschen und der moralischen Verpflichtung, die Geschichte der Judenverfolgung nicht in Vergessenheit geraten zu lassen.[203] Die Autorin hat als weiße Frau die Möglichkeit, im Sinne von »Passing« als ›Deutsche‹ durchzugehen und nicht in der Masse aufzufallen – ein solches vermeintliches

positive Diskriminierung jedoch genauso heraus, wie Antisemiten durch ihre Geringschätzung von Juden.

202 Andererseits bleibt auch festzuhalten, dass dort Juden als »White and [...] highly assimilated« und als »[...] both victims and members of a privileged class« gelten, sie in den westlichen Gesellschaften eine gemeinhin »invisible minority« sind, die oft zumindest im US-amerikanischen Diskurs um »oppression and multiculturalism« übergangen wird (Altman et al. 163).

203 Nach Diner befinden sich Deutsche in einem Zwiespalt: Traditionell definiert sich Deutschland als Kollektiv über das *ius sanguinis* – nicht gleichzusetzen mit »Nazi biologism and racialism«, sondern mit einem »collective memory as well as a political culture which bases itself essentially upon a concept of origin in the sense of a relatively close genealogical continuity« (»Nation, Migration, and Memory« 303) –, aber nach dem Zweiten Weltkrieg und der Reduzierung der Zugehörigkeit zum deutschen Volk auf Grundlage der von den Nazis propagierten Rassenreinheit wurde ethnische Zugehörigkeit als Mittel der Identifikation ausgeschlossen. Paradoxerweise sind aber diejenigen, die Ethnizität ablehnen und die Erinnerung an die nationalsozialistische Vergangenheit zu einer »fundamental layer of German self-identity and a pivotal content of political culture« gemacht haben, ethnische Deutsche (Diner, »Nation, Migration, and Memory« 302). In Diners Worten: »Those whose memory reaches back to the Nazi past, and this first and foremost, by its rejection, do belong dialectically to an ethnified German collective« (303). Aus diesem Grund besteht das *ius sanguinis* ironischerweise aufgrund derselben Erinnerungskultur fort, deren erklärtes Ziel es ist, es durch ein *ius soli* zu ersetzen: aber »*ius soli* would mean to cut off the past as frame of reference for belonging. It would amount to neutralizing the past and pleading for historical oblivion« (Diner, »Nation, Migration, and Memory« 303). Dieses Dilemma hat vermutlich auch Goreliks deutsche Leserschaft: Einerseits durch Nicht-Vergessen ein ›verordnetes Interesse‹ am Judentum haben zu sollen und andererseits Juden, nach der Forderung von Goreliks Ich-Erzählerin, als ganz ›normale‹ Menschen ohne »Sonderbehandlung« zu betrachten. Aktuell gibt es mehrere Arten des Zugangs zur deutschen Staatsbürgerschaft: »Das Abstammungsprinzip«, »Das Geburtsortprinzip« und »Deutscher durch Einbürgerung« (Kehlbach, »Staatsbürgerschaft«).

›Privileg‹ hat eine dunkelhäutige Frau bspw. nicht[204] –, sie entscheidet sich aber bewusst, ihr Judentum der deutschen Leserschaft in einem Identitätsroman zu offenbaren und damit das ›Interesse‹ u. a. auf dem Buchmarkt zu befriedigen.

Im Hauptteil dieses Kapitels wurde gezeigt, dass Lena Gorelik bei der Konstruktion der literarischen Identität ihrer Hauptfigur in *Lieber Mischa* mit den Merkmalen Geschlecht, Ethnizität und Religion operiert. Sie kreiert und beschreibt Mehrfachidentitäten, die für die Ich-Erzählerin teilweise nebeneinander existieren und sich teilweise überlagern. Während die religiöse und die ethnische Identität der Protagonistin in ihrer Selbstanalyse bisweilen bewusst getrennt werden und manchmal sogar entgegengesetzt sind, überlagern sich die ethnische und die Geschlechteridentität der Ich-Erzählerin. In ethnischer Hinsicht erfüllt sie die von orthodoxen Juden geforderte matrilineare Abstammung für sich selbst und ihren Sohn. Gleichzeitig nimmt sie mit der Geburt und Erziehung eines jüdischen Kindes nach traditionellem Verständnis die Hauptaufgabe einer jüdischen Frau wahr, auch wenn sie ihr Wissen um jüdische Religion und Bräuche ›nachlernen‹ musste und nicht religiös geworden ist. Die Briefe an den Sohn in dem Buch *Lieber Mischa* spielen eine symbolhafte Rolle bei der Selbstbehauptung und Selbstbestätigung der Ich-Erzählerin als jüdische Mutter. Sie geben ihr die Gelegenheit, ihre vermeintlichen Defizite als jüdische Mutter zu reflektieren und sich selbst in dieser Rolle neu zu erfinden. Sie und mit ihr ihre Generation, die Kinder der aus der ehemaligen Sowjetunion eingewanderten Kontingentflüchtlinge, denen es an Religiosität mangelt, können und sollen versuchen, den jüdischen Geist, das jüdische Gefühl an den Nachwuchs zu vermitteln, damit auch die neueste Generation das Judentum im mutterrechtlichen Sinn weiterzugeben vermag. Aber Aufgabe der etablierten jüdischen Gemeinden in Deutschland wäre es, für die religiöse Transmission des Judentums zu sorgen, so die jüdische Religion übermittelt werden soll. Auch in ihrer Rolle als Frau sieht sie sich nicht nur in der Mutterrolle – das Klischee einer jüdischen Mamme ist nicht negativ besetzt, aber so will sie mit großer Wahrscheinlichkeit dennoch nicht werden –, ebenso sieht sie ihren Aktionsradius nicht nur auf den häuslichen Bereich begrenzt. Sie hat studiert, ist Schriftstellerin, ist beruflich von zu Hause abwesend, hält Lesungen, insofern entspricht ihr Verhalten nicht dem konservativ-orthodoxen Verständnis der Rollenverteilung zwischen den Geschlechtern, wie es z. B. in den Worten Charlotte Knoblochs in »Die Stellung der Frau im Judentum« zum Ausdruck kommt. Demnach kann *Lieber Mischa* auch in Hin-

204 Das Konzept »white privilege« erklärt Bevorzugung oder Benachteiligung bspw. aufgrund von Hautfarbe: »White privilege is a form of domination; hence it is a *relational* concept. It positions one person or group over another person or group. It is a concept of racial domination that enables us to see this relationship from the perspective of those who benefit from such domination« (Amico 2). In den USA, wo das Konzept entstanden ist, gelten zumeist »people of color« als benachteiligte Personengruppe (Amico 2).

blick auf die Religionsübermittlung und die Rollenverteilung zwischen Mann und Frau als weibliche Selbstbehauptung und (leise) Kritik der Ich-Erzählerin an den etablierten jüdischen Gemeinden in Deutschland gelesen werden.

Um auf die Eingangsfrage dieses Kapitels zurückzukommen, wie eine spezifische Variante jüdischer Identität – die deutsch-russisch-jüdisch-israelisch-weibliche Identität in Lena Goreliks *Lieber Mischa* – im 21. Jahrhundert in literarisch-autofiktionaler Aufbereitung konstruiert wird, lässt sich festhalten, dass die Autorin Mehrfachidentitäten parallel nebeneinander, sich überschneidend und bisweilen auch sich widersprechend bestehen lässt. Infolgedessen stellt sich die Frage, aus welchen Komponenten eine transnationale Mehrfach- oder ›hybride‹ Identität eigentlich besteht (Wohl von Haselberg 7). Wie der Begriff der Intersektionalität besagt, sind alle Individuen mehrdimensional und haben Teilidentitäten, bspw. aufgrund ihrer Sozialisation, ihres Geschlechts, ihrer Nationalität, ihrer Ethnizität. Literarisch dargestellt als autofiktionale Selbstreflexion in Briefform, unternimmt die Ich-Erzählerin den Versuch, ihrem Sohn einen Abriss ihrer jüdischen Identität zu geben. Gorelik lässt die Protagonistin der Leserschaft des Buches aufzeigen, dass in ihr diese Identitäten nebeneinander, gegeneinander und übereinander existieren. Sich aus diesem Wirrwarr ein halbwegs akkurates Selbstbild zu erarbeiten, gelingt der Protagonistin nur, indem sie sich von niemandem – weder sich selbst noch ihrem Sohn noch ihrer Leserschaft – auf eine eindeutige oder gar allgemeingültige Antwort verpflichten lässt. Trotz der Spannungen und Gegensätze sollen die Angehörigen ihrer Generation und mit Mischa, diejenigen der neuesten Generation ihren Erkenntnissen nützliche Ratschläge entnehmen. Schien die jüdische Identität der Protagonistin eingangs noch klar, wenn sie schreibt: »Na ja, ich bin einfach ich. Jüdisch, per Zufall, weil so geboren, so wie ich als Frau geboren wurde und mit dem Muttermal am linken Bein« (Gorelik 17), so lässt Gorelik ihre Ich-Erzählerin in ihrem Klärungsprozess, was denn Jüdischsein für sie bedeutet, nach und nach erkennen, dass sich weder eine Jüdin noch eine Frau zu sein, gar so einfach für sie darstellt und dekonstruiert so das eingangs erstellte simple Bild der ethnischen jüdischen Identität nach und nach. Die Schwierigkeit bei vermeintlich eindeutigen Einordnungen ist, dass »Zugehörigkeit zu einer Kategorie […] oft den Ausschluss aus einer anderen« impliziert, dies jedoch »in vielen Kombinationen unbemerkt« bleibt (Jacobs 169f.), bis man sich eben genauer mit der eigenen Identität auseinandersetzt oder ein Konflikt durch die »ungewollte(n) Zuschreibung oder Verwehrung des Zugangs zu einer Kategorie« entsteht (170).

Zusammenfassend gesagt, hat die Geburt ihres Sohnes Goreliks Ich-Erzählerin inspiriert, eine selbst-reflexive Erzählung über ihre Identität als Jüdin und als Mutter in Deutschland zu schreiben. In den Briefen geht es jedoch nicht nur um die Darstellung der Arbeit an der eigenen Identität, sondern auch um das Problem, wie das Judentum trotz weitgehend fehlender Religiosität weiter übermittelt werden kann. Ihre Erkenntnisse in dieser Frage sollen ihr ein Leitfaden für die jüdische Erziehung ihres eigenen Sohnes sein, aber auch hilfreich für die Angehörigen ihrer Generation bei der Weitergabe des Judentums an den Nachwuchs. Die Protagonistin schreibt mit ihrem ›Ratgeber‹ ihren Sohn und damit die zukünftige Generation auch direkt an. Er soll die eine oder andere Schwierigkeit ersparen und die eine oder andere Frage bereits im Voraus beantworten, kurz das Leben als Jude in Deutschland ein wenig, sozusagen prophylaktisch, einfacher, vertrauter und letztlich ›normalisierter‹ machen. Mit Mischas Geburt und dem Beschützerwunsch erfährt die Ich-Erzählerin eine gewisse Veränderung in ihrem Selbstbild und ihrer Geschlechterrolle. Sie ist nun nicht mehr nur eine jüdische Frau, sondern eine jüdische Mutter. Mit beinahe den ersten direkt an Mischa gerichteten Worten drückt sie diesen Rollenwandel aus: »Mütter (*alle* Mütter, ich als jiddische Mamme, die ich niemals werden wollte, nehme mir da kein Vorrecht heraus) wollen ihren Kindern jegliches Unglück ersparen« (Gorelik 13). Der Wunsch ihr Kind zu beschützen, ihm eine gute Zukunft in Deutschland zu ermöglichen und ihm nach ihrer Auffassung die bestmögliche jüdische Erziehung mitzugeben, lässt sie danach fragen, welche Definition von Judentum das Fundament ihrer eigenen jüdischen Identität bildet und was das Kernstück jüdischer Identität für Mischa sein soll. Obwohl ethnische jüdische Identität und matrilineare Abstammung Kern ihrer eigenen jüdischen Identität sind – darin kommen gewissermaßen ihre sowjetische Teilidentität und das Sich-Zugehörig-Fühlen zum jüdischen Volk zum Ausdruck – und sie dieses scheinbar ›unangreifbare‹ jüdische Erbe an ihren Sohn weitergeben möchte, bestehen dennoch Risse und Zweifel in ihrem Zugehörigkeitsgefühl zum Judentum allein auf dieser ethnischen Grundlage. Gerade weil das ›jüdische Gefühl‹ ihr nicht so bewusst und automatisch vermittelt wurde, wie sie es für Mischa anstrebt, erfolgt die aktive Auseinandersetzung mit ihrem Judentum. In den meisten deutschen jüdischen Gemeinden gehört zum ›echten Judesein‹ auch die jüdische Religion. Die Zweifel an ihrer ›Echtheit‹ als Jüdin aufgrund ihrer fehlenden Religiosität illustrieren – neben dem Fakt, dass sie Deutschland als ihr Zuhause betrachtet –, dass sie eine deutsche Teilidentität hat, jedenfalls hat das deutsche Verständnis von Judentum als einer Religion Spuren in ihrem jüdischen Selbstverständnis hinterlassen. Als Folge des Konflikts zwischen ihrer ethnischen und gefühlt defizitären religiösen jüdischen Identität stellen die Ich-Erzählerin und mit ihr die Leser*innen fest, dass es mehr als eine ›Wahrheit‹ in dieser Frage gibt.

Abschließend bleibt festzuhalten, dass das Genre der Autofiktion Gorelik mit Hilfe ihrer Ich-Erzählerin erlaubt, der Leserschaft mehrere Wahrheiten nebeneinander zu präsentieren. Diese Vielschichtigkeit bzw. Mehrdeutigkeit ist in diesem Genre, ebenso wie im Begriff Identität, fester Bestandteil. Die bewusste Mischung zwischen dem oft kritisierten der Autobiografie innewohnenden Anspruch auf ›Wahrheit‹ der Geschichte oder Authentizität einer Erfahrung

– James-Dunbar nennt die Behauptung »Wahrheit« zu schreiben sogar einen »act of violence« (»Authentic Violence«) – und der Freiheit, Fiktion, Fantasie, Wünsche und Vorstellungskraft zu benutzen, um die Erzählung schöpferisch zu ergänzen, macht das Genre der Autofiktion so ergiebig für die Erforschung von Identitäten. Identität besteht weniger aus unumstößlichen Wahrheiten oder Realitäten, sondern fußt mehr auf Emotionen und persönlichen Wahrnehmungen des eigenen Selbst und des Selbst anderer. Ihre Vorstellung von jüdischer Identität nicht ausschließlich auf selbst erlebte Ereignisse und Erfahrungen beschränken zu müssen, wie eine klassische Autobiografie es verlangt hätte, erlaubt Gorelik durch den Gebrauch der Autofiktion ein breiteres Bild von jüdischen Erfahrungen und Identitäten zu zeichnen. Eben diese literarische und künstlerische Freiheit, die Autofiktion der Autorin bietet, macht *Lieber Mischa* zu einer aufschlussreichen Momentaufnahme zeitgenössischer jüdischer Identität in Deutschland. Ihrem Sohn Mischa in literarischen Briefen die eigenen Erfahrungen und Erlebnisse ihres Lebens gemischt mit fiktionalen Anekdoten zu übermitteln, scheint Gorelik das beste Medium für die beabsichtigte Weitergabe ihres persönlichen Verständnisses des Jüdischseins auch an die neueste jüdische Generation gewesen zu sein. Hintergründig richtet sich Goreliks Ich-Erzählerin jedoch auch mit ihrer Beschreibung jüdischer Identität an ihre deutsche Leserschaft. Die Art und Weise, wie der Text den Leser*innen angepriesen wird – eine Jüdin erklärt, »jüdische Identität« sei »längst nicht mehr nur an den Holocaust gekoppelt« (Klappentext) –, lässt Rückschlüsse auf Grundannahmen darüber zu, was unter ›Jüdischsein‹ in der zeitgenössischen deutschen Gesellschaft verstanden wird. Mit ihrem Werk und seiner inhärenten Kritik könnte die Autorin zu einem neuen Diskurs über Vergangenheitsbewältigung, Schuld und Judentum in Deutschland beitragen, der ein »new level of a more differentiated view in which several discourses of the poetics and memory of the shoah might coexist« zuließe (Mueller 4). Goreliks Text versucht einerseits, das in der deutschen Literatur von Mueller angenommene Klischee vom Judentum als »undefined label for an unfamiliar, seemingly unknowable ethnic identity that is represented as ›the other‹ vis-à-vis the German cultural heritage« (6) aufzuheben, spielt damit aber andererseits in dieses Label (bewusst) hinein. Die Autorin nutzt mit Hilfe der Autofiktion die der Literatur innewohnende Fähigkeit, Zustände in der Gesellschaft zusammenzufassen, kritisch ins Bewusstsein zu bringen und eventuell sogar Einstellungen zu verändern (Mueller 6). *Lieber Mischa* ist auch deshalb eine Momentaufnahme zeitgenössischer jüdischer Identität, weil es als literarisches Werk unterschwellige Wahrnehmungen und Stereotype über Juden, Deutsche und deren Interaktion in der zeitgenössischen Gesellschaft offenzulegen vermag. In ihrem autofiktionalen Roman gelingt es Gorelik daher Probleme, die das jüdische und das deutsche kulturelle Selbstverständnis betreffen – wie Erinnerungskultur, Sonderbehandlung, positive und negative Diskriminierung, vermeintliche Normalität, Normalisierungswünsche und das Bild von Juden in Deutschland –, zu behandeln und im Rahmen der deutschen mit dem Holocaust belasteten Geschichte zur Diskussion zu stellen.

Kapitel zwei: Katja Petrowskajas *Vielleicht Esther*

In Katja Petrowskajas literarischem Erstlingswerk *Vielleicht Esther*, erschienen 2014, zeichnet die Protagonistin ihre Familiengeschichte nach. Sie begibt sich auf die Spuren ihrer Ahnen und – so meine These – indem sie unter Zuhilfenahme von Fiktionen deren Leben und Leiden betrachtet, findet sie zu ihrer Identität, erkennt welcher Wesenszug charakteristisch für sie selbst ist, sieht wem sie ähnelt, wessen Werte, Lebensanschauung und Handeln sie teilen kann und wessen Verhalten ihr Unverständnis findet. Seit zweihundert Jahren widmeten sich ihre Vorfahren mütterlicherseits voller Altruismus den Taubstummen. Als Taubstummenlehrer*innen errichteten sie Schulen in Österreich-Ungarn, Frankreich und Polen (Petrowskaja 49f.). Dieses »altruistische Erbe« lebt in der Protagonistin nicht weiter (Petrowskaja 50). Sie gehört nicht mehr »diesem selbstlosen Taubstummenlehrer-Betrieb« (Petrowskaja 65) an. Wie ihr die altruistische Arbeit mit Menschen mit Behinderung nicht entspricht, so hatte während ihres Aufwachsens in der Sowjetunion auch das Judentum nicht zu ihr gesprochen. Vor der Fahrt mit dem Warszawa-Express in die Vergangenheit teilt sie einem Mitreisenden mit, sie sei »eher zufällig jüdisch« (Petrowskaja 10). Und zu ihrer Identität meint sie am Beginn ihrer Suche nach Familienmitgliedern ganz dezidiert: »Unser Judentum blieb für mich taubstumm und die Taubstummheit jüdisch. Das war meine Geschichte, meine Herkunft, doch das war nicht ich« (Petrowskaja 51). Das war nicht sie, aber wer – oder vielmehr wie – ist sie dann? Sie fragt sich, wem sie sich zuordnen kann und wessen Verhalten nicht ihren Werten entspricht und deshalb von ihr abgelehnt wird. Manche Wesenszüge ihrer Vorfahren erkennt sie in sich wieder. Aber wie steht es mit ihrem Judentum? Auf ihrer Reise in die Vergangenheit muss sie sich damit auseinandersetzen. Die Familiengeschichte der Ich-Erzählerin ist verwoben mit der sowjetisch-jüdischen Geschichte, zwei Weltkriegen und dem Holocaust. Die Verbrechen der Nationalsozialisten sind an ihrer Familie nicht vorübergegangen, sondern haben tiefe Wunden geschlagen, denn viele ihrer Verwandten sind von den Nazis ermordet worden.[205] Auch wenn das Judentum, wie sie meint, für sie taub und stumm geblieben ist, ist doch anzunehmen, dass der Holocaust, der ihre Familie so schwer betroffen hat, für die Identität der Protagonistin des Buches von Bedeutung ist.

Mein besonderes Untersuchungsinteresse gilt dem Selbstverständnis der literarischen Hauptfigur in *Vielleicht Esther* und der Frage, welches Verhältnis zu Deutschland die Autorin, die aus Moskau nach Berlin gezogen ist und dort mit ihrer Familie lebt, ihre Hauptfigur haben lässt. Goreliks Ich-Erzählerin des Romans *Lieber Mischa* hat Deutschland trotz aller Kritik, die sie auch an diesem Land hat, eine Liebeserklärung gemacht. Wie steht Petrowskajas Protagonistin zu Deutschland? Äußert sie sich zu der Frage, wie sie sich ein ›normales‹ Verhältnis zwischen Juden und Deutschen in Deutschland vorstellt, bzw. ob für sie – im Zeitraum ihrer literarischen Erschaffung – Normalität bereits eingetreten ist? Und sollte für sie der Holocaust – eigentlich wider die literarische Tradition der Zweiten Generation jüdischer Schriftsteller*innen – nicht mehr der Dreh- und Angelpunkt ihres Selbstverständnisses sein, welche anderen Merkmale spielen dann in ihrer Identitätskonstruktion eine wichtige Rolle? Um diesen Fragen nachzugehen, untersuche ich zunächst, welches Genre Petrowskaja für ihr Buch wählt und betrachte dann die Inhalte, die der Text transportiert, d.h. mit welchen Merkmalen die Identität der Protagonistin konstruiert wird. Für die Autorin selbst ist der Holocaust, der ihre Familie so sehr betroffen hat, erstaunlicherweise in Bezug auf Deutschland nicht mehr von zentraler Bedeutung. Die Verbrechen der Nationalsozialisten haben sie nicht daran gehindert, einen deutschen Mann zu heiraten, mit ihm sogar auf ihre Initiative hin, gegen seinen Willen von Russland nach Deutschland zu ziehen und damit Deutschland zu ihrer Wahlheimat und zu dem Land zu machen, in dem ihre Kinder aufwachsen. Ich werde der Frage nachgehen, ob Petrowskaja ihre Ich-Erzählerin ähnliche Handlungsweisen bzw. Einstellungen übernehmen, und wenn ja, in welchem Zusammenhang und auf welche Art und Weise die Autorin sie zu der dahinterstehenden Haltung gelangen lässt. An der Schnittstelle der Kategorien Sprache, Transnationalität und ethnische Identität verorte ich die Merkmale, mit denen Petrowskaja ihre literarische Identität in Gestalt ihrer Ich-Erzählerin konstruiert.

---

205 Die SS ermordete bspw. während des Zweiten Weltkrieges ihre Ur-Großmutter väterlicherseits, die vielleicht Esther hieß, in Kiew (Petrowskaja 221). Andere Verwandte der mütterlichen Seite, so ihre Urgroßmutter Anna und ihre Großtante Ljolja wurden in Babij Jar ermordet. Ein Sohn aus der ersten Ehe ihres Urgroßvaters Ozjel mit Estera, nämlich Zygmunt und dessen Ehefrau Hela starben in den Konzentrationslagern Lublin bzw. Treblinka (Petrowskaja 107f.). Ihr Großvater Wassilij Owdijenko geriet in Kriegsgefangenschaft, wurde u.a. in den Konzentrationslagern Mauthausen und Gunskirchen (Petrowskaja 241) interniert, überlebte, kehrte nach Hause zurück und überlebte dort auch »ein Filtrationslager« (Petrowskaja 227), in das aus deutscher Kriegsgefangenschaft heimkehrende sowjetische Soldaten als sog. Verräter interniert wurden (Petrowskaja 231).

I. Die Funktion des Genres der Autofiktion in *Vielleicht Esther*

Geht man, wie ich, davon aus, dass Katja Petrowskaja mit *Vielleicht Esther* sich selbst, ihrer Leserschaft – sowohl den Nachfahren der Täter als auch der Opfer – eine Möglichkeit zum Umgang mit dem Holocaust, mit Gewalt und Verbrechen auch in der eigenen Familiengeschichte und Identität aufzeigen will, ist besonders aussagekräftig, wie die Autorin dieses sensible Thema literarisch angeht. Vordergründiges Bestreben der Autorin ist es, ihre Familiengeschichte zu erzählen. Sie sagt von sich, mit ca. 38 Jahren »schien es mir einfach an der Zeit, meine Familiengeschichte aufzuschreiben« (Heimann, »Die deutsche Sprache kam eine Befreiung gleich«). In dem »Drang, nach Verschwundenem zu suchen« (Petrowskaja 12), wie sie ihre Protagonistin sagen lässt, wählt sie zunächst einen wissenschaftlichen Ansatz: Sie betreibt Recherchen in Archiven, Zeitungen, Verzeichnissen, Suchmaschinen und verschiedenen Orten. Von dem Leben ihrer Verwandten sind aber nur wenige Bruchstücke überliefert, die deren Persönlichkeiten und Lebenswege nicht ohne Weiteres sichtbar machen. Jedes Bruchstück anhand von Fakten nachweisbarer ›Wahrheit‹,[206] das sie findet, ordnet sie daher selbst in ihr Weltbild, ihr Gesamtnarrativ und ihr Selbstverständnis ein. Es entsteht eine Mischung aus Dichtung – in Form des Erzählens, der Vermutungen und des Imaginierens – und Wahrheit – in Form der realen Ereignisse der Familiengeschichte.[207] Im Folgenden zeige ich, dass Katja Petrowskajas *Vielleicht Esther* weder ein klassischer Generationen- oder Familienroman[208], noch eine reine »autobiographical narrative« (Lizarazu 168) ist, stattdessen gehört der Text dem Genre der Autofiktion[209] an.

206 Petrowskaja sieht sich beim Erzählen ihrer Familiengeschichte – wie sie in einem Interview sagt – weder der ›Wahrheit‹ noch der literarischen Fiktion verpflichtet (Heimann, »Die deutsche Sprache kam einer Befreiung gleich«).

207 Wie der Untertitel *Dichtung und Wahrheit* von Goethes Biografie *Aus Meinem Leben* (1811–33) bereits andeutet, hat schon Johann Wolfgang von Goethe sich mit Problemen, die beim Schreiben einer Autobiografie auftauchen, befasst. 1829 hat er in einem Brief an den bayrischen König Ludwig I. über seine Bestrebungen eine Autobiografie zu verfassen, geschrieben, es sei sein »ernstestes Bestreben das eigentliche Grundwahre, das, insofern ich es einsah, in meinem Leben obgewaltet hatte, möglichst darzustellen und auszudrücken«, welches allerdings nicht umsetzbar sei »ohne die Rückerinnerung und also die Einbildungskraft wirken zu lassen« (209). Reale Ereignisse und Einbildungskraft sind demnach bereits bei Goethe Grundlage jedes (auto-)biografischen Schreibens.

208 Hauptmerkmal eines Familien- oder Generationenromans ist, dass die Geschichte mehrerer Generationen einer Familie über einen längeren Zeitraum hin erzählt wird (Eichenberg 11). Im Kontext von Familiengeschichten, die den Zweiten Weltkrieg betreffen, geht es hauptsächlich um »experiential representations of the war experience and its long after-life in post-war memory« (Fuchs 1).

209 In der Einleitung zu dieser Dissertation definiere ich Autofiktion mit Serge Doubrovsky (1977) und Philippe Gasparini (2004) als Literatur ohne klare Grenze zwischen Fiktion und Realität. Ich verstehe dieses Genre als eine Hybridform aus Autobiografie und Fiktion, das

Bisher wurde der Roman gemeinhin als transnationale »Holocaust narrative(s)« bezeichnet (Lizarazu 168) und in das Konzept ›Postmemory‹[210] eingeordnet.[211] Die Handlung umreißt, wie die Ich-Erzählerin sich auf den Spuren ihrer Familie und deren Geschichte[212] nach Osteuropa und Österreich begibt. Bereits ihre erste Auslandsreise 1989 galt Polen und dem Besuch der Gedenkstätte Auschwitz, »Oświęcim« (Petrowskaja 57) und dem ehemaligen Warschauer Ghetto. Später reist sie erneut »als Russin aus Deutschland in das jüdische Warschau meiner Verwandten« (Petrowskaja 101), in ihre Geburtsstadt Kiew und dort zur Vernichtungsstätte Babij Jar. Sie sucht auch die Konzentrationslager Mauthausen und Gunskirchen in Österreich auf. Bei ihrer Reise in die Vergangenheit wird ihr immer deutlicher, welche desaströsen Auswirkungen die Ideologien des 20. Jahrhunderts, Kommunismus und Nationalsozialismus, und deren Verbrechen nicht nur auf ihre Familie hatten. Die Verfasserin und ihre Ich-Erzählerin haben den Holocaust und den Zweiten Weltkrieg jedoch selbst nicht erlebt. Die Erzählungen geben aber u. a. auch die Erfahrungen und das Leid während der Judenverfolgung von größtenteils nicht persönlich bekannt gewordenen Familienmitgliedern wieder.[213] Problematisch beim Schreiben einer Familiengeschichte zwei Generationen nach dem Holocaust ist es, dem Leid der

---

sich daran erkennen lässt, dass neben fiktionalen Elementen eine personale Übereinstimmung von Autor*in und Ich-Erzähler*in angenommen werden kann, dass wiedererkennbare Ereignisse aus dem Leben des/der Verfasser*in erzählt werden und der Text einen selbstreflexiven/-analytischen Tenor hat.

210 Marianne Hirsch definiert ›Postmemory‹ in *Family Frames* als »experience of those who grew up dominated by narratives that preceded their birth, whose own belated stories are evacuated by the stories of the previous generation, shaped by traumatic events that can neither be understood nor recreated« (22). Hirsch führt in *The Generation of Postmemory* weiter aus: »›Postmemory‹ describes the relationship that the ›generation after‹ bears to the personal, collective, and cultural trauma of those who came before – to experiences they ›remember‹ only by means of the stories, images, and behaviors among which they grew up« (5).

211 Vgl. u. a. Maria Lizarazus Artikel »The Family Tree, the Web, and the Palimpsest: Figures of Postmemory in Katja Petrowskaja's *Vielleicht Esther*« und Dora Osbornes »Encountering the Archive in Katja Petrowskaja's *Vielleicht Esther*«.

212 Fuchs bemerkt bei ihrer Analyse von deutschen Familiengeschichten, u. a. von Günter Grass, dass diese auch eine Antwort auf die »historical narrative proper« sind, denn die literarisch erzählten Familiengeschichten ignorieren »the institutionalized boundaries between the past and the present« und konfrontieren die Leserschaft mit der »persistence of non-historicizing visions of the past« (19). Dies trifft auch auf Petrowskajas *Vielleicht Esther* zu, denn sie lässt sich beim Erzählen ihrer Familiengeschichte nicht auf die Historizität der erzählten Ereignisse beschränken – auch die Vergangenheit wird in der Gedächtnisforschung verstanden als eine »Konstruktion, die von Menschen nach den Bedürfnissen und Möglichkeiten ihrer aktuellen Gegenwart hervorgebracht wird« (Assmann 16) –, sondern erlaubt sich die Freiheit einer persönlichen Interpretation, die ihrer Erzählung neben dem wissenschaftlich-recherchierten auch einen literarischen Charakter gibt.

213 Susan Sontag problematisiert bspw. in ihrem Buch *Regarding the Pain of Others* wie bzw. ob über den Schmerz anderer berichtet werden kann/soll.

Familienmitglieder angemessen Rechnung zu tragen. Literaturwissenschaftlerin Marianne Hirsch formuliert dieses Problem in *The Generation of Postmemory* in der Form von Fragen:

> What do we owe the victims? How can we best carry their stories forward, without appropriating them, without unduly calling attention to ourselves, and without, in turn, having our own stories displaced by them? How are we implicated in the aftermath of crimes we did not ourselves witness? (2)

Die Autorin hat ihrer Ich-Erzählerin die schwierige Aufgabe gestellt, sowohl Ereignisse aus der eigenen Lebensgeschichte zu berichten, die ihre Identität beeinflusst haben, als auch Begebenheiten aus dem Leben gleich mehrerer Generationen vor ihr, auch der Generation des Holocaust. So muss Petrowskaja bei der literarischen Erschaffung ihrer Protagonistin folglich nicht nur der eigenen Erzählstimme und Erinnerung gerecht werden, sondern auch den Erlebnissen und Gefühlen von Verwandten vor ihr. Deren Leid und Schrecken kann sie sich aber bestenfalls nur annähernd vorstellen. Dennoch deckt die Kategorie ›Postmemory‹ nur Teilelemente des Werkes ab. ›Postmemory‹ erfüllt zwar die Voraussetzung, Erinnerungen aus dritter Hand an den Holocaust zu erzählen, aber andere von Petrowskaja beim Schreiben verwendete Konstruktionselemente sind dieser Kategorie nicht zuordenbar. *Vielleicht Esther* ist – so zeige ich – mehr als ›Postmemory‹, da es die Anforderungen des Genres Autofiktion erfüllt.

Was also macht diesen Text autofiktional und warum ist das Genre für die Konstruktion von Identität von Bedeutung? Petrowskajas Buch gehört dem Genre der Autofiktion an, da es die drei in der Einleitung dieser Studie ausgeführten Kriterien erfüllt: Erstens ist es durch den Untertitel »Geschichten«[214] (Petrowskaja 3) und seinen literarischen Stil klar als fiktional gekennzeichnet. Zweitens besteht eine bewusst konzipierte, d. h. am Text nachweisbare personale Einheit zwischen Autorin und Ich-Erzählerin. Wichtige Eckdaten aus dem Leben der Autorin stimmen mit denen der Ich-Erzählerin überein.[215] Drittens enthält das Werk selbstreflexive Elemente und bewusste Hinweise auf und Reflexionen der Erzählerin über den Akt des Erzählens, Erinnerns und Schreibens.[216] Auto-

214 Der Begründer der Autofiktion Serge Doubrovsky sagt in seiner Genrebeschreibung von Autofiktion von sich: »Ich erzähle durchaus eine Geschichte, genau genommen: die meine« (»Nah am Text« 126).

215 Im Klappentext der in dieser Studie verwendeten zweiten Auflage von *Vielleicht Esther* im Suhrkamp Verlag heißt es: »Katja Petrowskaja geht den Menschen nach, die durch ihr unzuverlässiges Gedächtnis geistern.« Der Leserschaft wird also gleich deutlich gemacht: Autorin und Erzählerin sind ein und dieselbe Person. Allerdings ist – so meine ich – die Ich-Erzählerin eine stilisierte Version der realen Katja Petrowskaja.

216 Doubrovsky nennt sich selbst »ein fiktives Wesen«, welches sich durch den Akt des Denkens, des Reflektierens und des Schreibens selbst erkennt und dadurch erst ein »reales Wesen« wird (»Nah am Text« 126). Auch Katja Petrowskaja reflektiert in doppelter Hinsicht ihre eigene Herkunft – einerseits durch ihre Reisen und Recherchen und andererseits durch die

fiktion mit der erlaubten und geradezu geforderten Kombination von Faktizität und Fiktion eröffnet der Autorin einen besonders fruchtbaren Spielraum für die literarische Konzeption von Identität. Sie ist relativ frei in deren künstlerischer Gestaltung. Mit der Verwendung von Fiktion schafft sie eine bewusste Distanz zu ihrer realen Person und Familie. Vorstellungen, Aussagen, Forderungen, Wünsche ihrer Ich-Erzählerin, die über die persönliche Erfahrungsebene Petrowskajas hinausgehen, z.B. zu einer evtl. Normalisierung im deutsch-jüdischen Verhältnis, erhalten damit eine größere Aussagekraft.[217] Auch für Petrowskaja erfüllt die Verwendung des Genres Autofiktion – wie für Lena Gorelik in Kapitel EINS – eine bestimmte Funktion. Über die Betrachtung des Lebensweges einiger ihrer Vorfahren – wie lückenhaft und fiktional auch immer erkundet – lässt sie ihre Ich-Erzählerin nicht nur sich selbst besser erkennen, sondern auch eine Botschaft zum Umgang mit dem Holocaust verkünden, die besagt, dass das Leben – zwar nur für die Nachfahren – siegt und die ständige Erinnerung an den Horror des Holocaust die menschlichen Möglichkeiten übersteigt.

I.1 Die Autorin und die Ich-Erzählerin

> Mein Konzept der Autofiktion ist nicht jenes von Vincent Colonna, […]. Die hier in Frage stehende Persönlichkeit und Existenz ist die meine, und die jener Personen, die mein Leben teilen. (Doubrovsky, »Nah am Text« 128)

Im Eingangszitat zu diesem Abschnitt beschreibt Serge Doubrovsky sein Verständnis des Verhältnisses zwischen Autor*in und Hauptfigur in autofiktionalen Werken. Für ihn steht fest: Bei Autor*in und Ich-Erzähler*in handelt es sich um dieselbe Person, das beschriebene Leben ist das des Autors und die Personen in dessen Leben sind die Nebenfiguren im literarischen Werk.[218] Die personale Übereinstimmung zwischen Autor*in und Erzähler*in ist bei der Autofiktion folglich ein Konstruktionsmuster. Diesen Ansatz übertrage ich im Folgenden auf Katja Petrowskajas *Vielleicht Esther* und zeige, dass eine personale Einheit aus

---

literarische Bearbeitung ihrer Nachforschungsergebnisse und die Auffüllung lückenhafter Fakten mit Fiktion in einem »Epochenroman«, wie das Buch *Vielleicht Esther* im Klappentext genannt wird.

217 Die Protagonistin lebt in Deutschland und denkt über ihre Identität, ihr Judentum nach. Mit dem Ergebnis aus dieser Reflexion zeichnet sie nicht nur ihre Familiengeschichte nach, sondern auch ein zeitgenössisches Bild jüdischen Selbstverständnisses in Deutschland.

218 Für Doubrovsky ist Autofiktion »Fiktion strikt realer Ereignisse und Fakten.« Allerdings handelt es sich bei diesen ›realen Ereignissen und Fakten‹ um »Verstreute Fragmente, unvollständige Teile, […]: Die Autofiktion wird die Kunst sein, etwas aus den Resten herzustellen« (Doubrovsky, »Nah am Text« 128). Die wahre »Belohnung der Arbeit« an einem autofiktionalen Werk ist nach Doubrovsky, »Wenn sich der Leser mit der Figur identifiziert. Sie mit dem Autor identifiziert« (Doubrovsky, »Nah am Text« 130).

Autorin und Hauptfigur besteht, die beschriebene Identität die der Ich-Erzählerin ist und die Verwandten, die ihr Leben beeinflusst haben, zu Romanfiguren in ihrem autofiktionalen Text werden.

Die biografischen Eckdaten der Ich-Erzählerin in *Vielleicht Esther* stimmen mit denen der Autorin weitgehend überein: Die Ich-Erzählerin wurde, wie Petrowskaja, nicht in Deutschland geboren, sondern in Kiew, das zur Zeit ihrer Geburt zur »Familie der Brudervölker der Sowjetunion« gehörte (51). Ihre Kindheit verlebte sie im siebenten Stock eines eher als luxuriös geltenden von Mittelschichtangehörigen bewohnten »vierzehnstöckigen Wohnblock[s]« in der »Uliza Florenzii« (Petrowskaja 40ff.). Deutsch ist nicht ihre Muttersprache, sondern Russisch.[219] Sie wanderte in den 1990er Jahren nach Deutschland ein und wohnt mit ihrem deutschen Mann[220] und ihrer Tochter in Berlin (Petrowskaja 45).[221] Auch die Autorin hat einen deutschen Mann geheiratet, ist mit ihm auf ihre Initiative hin von Russland nach Deutschland gezogen[222] und hat damit Deutschland zu ihrer Wahlheimat gemacht.[223] Auch der vordergründige Schreib-/Erzählanlass[224] der Protagonistin stimmt mit dem der Autorin überein: Wie

219 Russisch ist ihre Muttersprache, die ihr ihre Verwandten »vererben« wollten und vererbt haben (Petrowskaja 9) und die alle Angehörigen der »Brudervölker der Sowjetunion« lernen mussten (51), die sie aber nicht an ihre in Deutschland lebenden Kinder »weiterverschenk[t]e« (9).

220 Die Ich-Erzählerin sagt: »Meine Großmutter Rosa hätte uns beide nicht verstanden, meinen Bruder und mich. … ich verliebte mich in einen Deutschen« (Petrowskaja 78).

221 Dass die Ich-Erzählerin eine Wohnung in Berlin hat, geht aus mehreren ihrer Äußerungen hervor. So erwähnt sie die Berliner Wohnung anlässlich eines Telefonats mit Mira, der Nichte von Hela, Ehefrau von Zygmunt, dem Sohn aus erster Ehe ihres Urgroßvaters Ozjel Krezwin (Petrowskaja 119, 125); schreibt, dass sie in Warschau, auf den Spuren ihrer polnischen Verwandtschaft, ihren Nachbarn, einen Opernsänger, der »Tobias heißt wie mein Mann« und »der in Berlin schräg gegenüber wohnt«, trifft (109f.); berichtet von ihrer Berliner Küche im Zusammenhang mit der Möglichkeit bzw. Unmöglichkeit Rezepte ihrer Tante Lida nach zu kochen (33); und dass sie vom Berliner Hauptbahnhof den ›Warszawa-Express‹ nimmt, »der sich zwar gemäß dem Fahrplan, jedoch gegen die Zeit bewegt« (10), d.h. zurück zu Stalinismus, Nationalsozialismus und Krieg.

222 Petrowskaja berichtet in einem Interview auf die Frage, was sie nach Deutschland geführt hätte: »In Moskau spürte man seinerzeit [Mitte der Neunzigerjahre] schon das Getrampel von Putin. Ich konnte da nicht bleiben. Mein deutscher Mann wollte in Moskau leben. Ich habe ihn nach Berlin verfrachtet« (Heimann, »Die deutsche Sprache kam einer Befreiung gleich«).

223 Harald Loch schreibt für die *Jüdische Allgemeine* über die Autorin, sie habe Mitte der 90er Jahre ihren deutschen Mann kennengelernt, der ebenfalls jüdische Vorfahren gehabt hätte, von denen er aber lange Zeit nichts gewusst habe. Sie wohne seit 1999 mit ihrer Familie, d.h. ihrem Mann und zwei Töchtern Rosa und Marusja – zum Zeitpunkt von Lochs Bericht 13 und 11 Jahre alt – in Berlin (Loch, »Ingeborg-Bachmann-Preis. Babuschkas Tod«). Die Ich-Erzählerin erwähnt in ihren »Geschichten« nur eine Tochter anlässlich des Besuchs eines Berliner Museums (Petrowskaja 44ff.).

224 In einem Interview mit der Zeitschrift *Die Welt* sagt die Autorin über ihren Schreibanlass Folgendes: »Was ich mache, bezeichne ich nicht als Literatur. Als ich ungefähr 38 Jahre alt

Petrowskaja, die in einem Interview sagt, sie habe über ihre Familie »sehr viel recherchiert«, bzw. »der gesamte Erzählband [...] ist als Familienbuch gedacht« (Heimann, »Die deutsche Sprache kam einer Befreiung gleich«), betreibt auch die Ich-Erzählerin in *Vielleicht Esther* für sich und die Leser*innen zunächst »Familienforschung« (11), bevor sie zu ihrer allgemeingültigeren Botschaft zum Umgang mit dem Holocaust kommt. Die Autorin bedient sich einer Ich-Erzählerin und vereint wissenschaftliche und historische Recherchen mit künstlerischer Freiheit. Sie mischt Fiktion und Fakten, um das Puzzle ihrer Herkunft und Identität zusammenzusetzen.

Die personale Einheit zwischen Ich-Erzählerin und Autorin wird betont, indem die Protagonistin den gleichen Vornamen wie die Autorin erhält.[225] Doch trotz der personalen Einheit von Verfasserin und Erzählerin, die auch das Genre der Autobiografie fordert, lässt die Autofiktion Raum für Fiktion, denn Namen stellen sich in *Vielleicht Esther* schon im Titel nicht als verlässliche Quelle der Identität heraus. Der Nachname, den sowohl die Erzählerin der »Geschichten« in *Vielleicht Esther* als auch die Verfasserin des Buches trägt, wird eingangs als ein künstliches Fantasieprodukt[226] erklärt, geboren aus der politischen Not ihres Großvaters, Semjon Stern:

> Als Semjon während der Revolution in den Untergrund gegangen war, hatte er den Decknamen Semjon Petrowskij angenommen, und als die Bolschewiki an die Macht kamen, kehrte er nicht zu seinem alten Namen Schimon Stern zurück, sondern behielt den neuen bei, so jedenfalls wurde uns erzählt. [...] Seither trug Semjon als einziges seiner Geschwister den Namen Petrowskij, ein Stein unter Sternen [...]. (Petrowskaja 142)

Semjon veränderte auch den Namen seiner Mutter aus Opportunitätsgründen »in jedem sowjetischen Fragebogen«, gibt ihr immer »einen neuen Namen«, »bis er auf Anna Akardjewna kam, so hieß Anna Karenina, die damit zu meiner Urgroßmutter wurde« (Petrowskaja 20).

---

war, schien es mir einfach an der Zeit, meine Familiengeschichte aufzuschreiben« (Heimann, »Die deutsche Sprache kam einer Befreiung gleich«). Der Suhrkamp Verlag, der *Vielleicht Esther* publiziert hat, bezeichnet das Werk jedoch durchaus als Literatur und zwar als »Epochenroman« (Petrowskaja Klappentext).

225 Dies geht z. B. aus einem von einer Z. an die Protagonistin adressierten Brief hervor, der mit »Liebe Katja« (Petrowskaja 173) beginnt. Als die Ich-Erzählerin ihrer Mutter mitteilt, sie habe auf einer Fotografie das Haus Nummer 14 in der Straße in Warschau gefunden, in der sich die Taubstummenschule ihres Urgroßvaters Ozjel befand, klärt die Mutter sie über den Irrtum in der Hausnummer auf und redet sie dabei mit »Katenka« an (Petrowskaja 113). Auch Mira, die Nichte von Zygmunts Frau Hela, redet die sich in Berlin aufhaltende Protagonistin bei ihrem Telefonat aus Oak Ridge mit Katja an: »Katja, Sie müssen unbedingt zur Hochzeit nach Malaga, sagte Mira« (Petrowskaja 126).

226 Ein Name, wie die Ich-Erzählerin berichtet, den der Bolschewik Semjon zur Tarnung »dem niederen russisch-orthodoxen Klerus« entnahm (Petrowskaja 142).

Bei der literarischen Gestaltung ihrer Ich-Erzählerin macht Petrowskaja einerseits durch die Verwendung ihres eigenen Vor- und Nachnamens deutlich, dass es um sie selbst geht. Andererseits konstruiert sie beim Schreiben ein fiktionales Ich, das ihre Wünsche und Hoffnungen, ihre Vermutungen und Annahmen als Fakten in der Fiktion beschreiben kann. Es entsteht eine »Vereinigung von existenziellem und literarischem Status des Selbst als ›fiktivem Wesen‹« (Doubrovsky, »Nah am Text« 131). Der Prozess der Selbstfindung der Autorin läuft in der Autofiktion über die literarisch konstruierte Entwicklung der Ich-Erzählerin. Denn wie Serge Doubrovsky über den Prozess des autofiktionalen Schreibens sagt:

> Schreiben macht es leichter. Ich schneide sie [die Existenz] aus, ich nehme ausgewählte Teile davon, sie bekommt Geschmack, sie ist nicht mehr fade. Ich schummle nicht, nein, ich sortiere aus. Meine Romane sind mein sorgfältig ausgesuchtes Leben. [...] Das Überflüssige, das Gleichgültige unterdrücke ich. Ich behalte die markanten oder pikanten Episoden, ich ordne sie, ich verknüpfe sie, ich montiere sie. (»Nah am Text« 131)

Auch Petrowskaja »montiert« sich selbst mit Hilfe ihrer Ich-Erzählerin, sie schreibt sich in ihre Familiengeschichte ein, greift in den Prozess, wie über ihre Person gesprochen, gedacht oder an sie erinnert wird durch den Text selbst ein, wie es ihre Verwandten vor ihr, bspw. durch die Namensänderung von Stern zu Petrowskij, auch schon getan haben.

I.2 Selbstreflexivität und Mischung aus Fakten und Fiktion

Ein weiteres Merkmal der Autofiktion ist der selbstreflexive Stil. Petrowskaja benutzt analytische Elemente, um ihr Ich oder Selbst in literarischer Freiheit zu erkunden (James-Dunbar, »Authentic Violence«). Ihre Selbstfindung geschieht über die Aufarbeitung der mit dem Holocaust verwobenen Vergangenheit ihrer Familie. So sind es auch Verlust und Unsicherheit über die eigene Herkunft und die Hoffnung, sich im Denken und Handeln der Vorfahren wiederzufinden, die die Ich-Erzählerin bei ihren intensiven Recherchen antreiben. Aufgrund der dürftigen Informationsquellen und Faktenlage nutzt Petrowskaja – auch in Hinblick auf ihre Leserschaft – das literarische Mittel der Lücke oder des Bruchs im Text in ihren Erzählungen und bei der Konstruktion ihrer Ich-Erzählerin.[227] Denn das Schreiben der eigenen Familiengeschichte, das sich Petrowskajas Erzählerin in *Vielleicht Esther* zur Aufgabe macht, ist nicht so einfach, wie an-

227 Wie in »Gespräche« gesagt wird, können die Autor*innen, wenn sie das Stilmittel der Lücke verwenden, nicht nur den Protagonist*innen, sondern auch der Leserschaft durch Aufbau und Organisation der Erzählung die Möglichkeit bieten, Fehlendes oder Lücken selbsttätig aufzufüllen.

fänglich von ihr angenommen. Stehen doch die »Verwandten – die aus der tiefen Vergangenheit –« mit denen sie »den Familienbaum blühen lassen« will, »ohne Gesichter und Geschichten« vor ihr, »die kleine Flächen um sich herum beleuchteten, ein paar Straßen oder Begebenheiten, aber nicht sich selbst« (Petrowskaja 25). Eigentlich, so reflektiert die Protagonistin ihren Schreibprozess, hatte sie nicht nur geglaubt, Einblick in die Persönlichkeit ihrer Vorfahren zu erhalten, sondern auch

> gedacht, man braucht nur von diesen paar Menschen zu erzählen, die zufälligerweise meine Verwandten waren, und schon hat man das ganze zwanzigste Jahrhundert in der Tasche. (Petrowskaja 17)

Anders als der Vater der Protagonistin, der – wie er sagt – die Ahnen nicht benötigt, um eine Beziehung zur Geschichte zu haben, hatte diese geglaubt, das historische Geschehen mit Hilfe ihrer Vorfahren erschließen zu können (Petrowskaja 180).[228]

Doch dies stellt sich als ein schwierigeres Unterfangen heraus, denn die Protagonistin dieser Familiensaga hat nur einen Bruchteil der berichteten Ereignisse selbst erlebt und ihre Vorfahren erscheinen ihr plötzlich mehr als »Legenden« (Petrowskaja 17) denn als reale Menschen. Sie unternimmt den Versuch, das Vergessene zurückzuholen, aber schon nach dem Tod ihrer Tante Lida – der älteren Schwester ihrer Mutter, die als letztes Familienmitglied Lehrerin für taubstumme Kinder war und schweigsam die Familie bekochte – erkennt sie, »was das Wort Geschichte bedeutet«: »Geschichte ist, wenn es plötzlich keine Menschen mehr gibt, die man fragen kann, sondern nur noch Quellen« (Petrowskaja 30). Ihre Tante Lida hätte die Protagonistin noch rechtzeitig nach ihrem Leben und warum sie so geworden ist, wie sie war, befragen können, hat dies jedoch versäumt: »Statt rechtzeitig Fragen zu stellen, hatte ich mich am Wort Geschichte verschluckt« (Petrowskaja 30). Bei den meisten anderen Verwandten stehen ihr nur »Erinnerungsfetzen, zweifelhafte Notizen und Dokumente in fernen Archiven« (Petrowskaja 30) zur Verfügung, um zu erkunden, wie deren Persönlichkeit war, was ihnen geschehen ist, was sie gedacht, wie sie sich verhalten haben und ob sie ihnen ähnelt oder sich in ihnen wiedererkennt.

Aber wenn niemand mehr da ist, den man fragen kann, auch keine offiziellen oder verlässlichen Dokumente, ist immer noch die Vorstellungskraft, also die

228 Die Ich-Erzählerin meint, »ich habe nun einmal diese Neigung, alles in ein großes Panorama zu stellen, als befänden wir uns selbst in der Windrose des Geschehens« (Petrowskaja 180). Die Autorin, als Konstrukteurin ihrer Ich-Erzählerin, erkennt – offenbar nachdem der Roman beinahe vollendet ist: »Ich hatte sehr viel recherchiert, bis ich verstand, dass ich die Wahrheit in einem historischen Sinn überhaupt nicht brauche. Dass ich sogar meine Familie nicht brauche, aber dafür war es zu spät. Nun bleibt abzuwarten, ob ich mich vom Familiären trennen und mich reiner Fiktion widmen kann« (Heimann, »Die deutsche Sprache kam einer Befreiung gleich«).

Fiktion oder, genauer, die Autofiktion vorhanden.[229] Mit ihrer Hilfe lassen sich, jedenfalls bis zu einem gewissen Grad, Lücken füllen. Die Ich-Erzählerin versucht bspw., in ihrer Geschichte über ihren Großonkel Judas Stern, der 1932 »den deutschen Botschaftsrat Fritz von Twardowski« zu erschießen versuchte (Petrowskaja 141 ff.), eine »Verbindung herzustellen« zwischen ihm und sich (174). Sie versucht herauszufinden, was diesen zu seiner Tat veranlasste, was er während seines Prozesses gedacht, gehofft hat.[230] Aber es sind ihre Vorstellungen, ihre Interpretationen. »[...] und hier«, lässt die Autorin eine Frau namens Z. im Text sagen, »beginnt die Literatur und endet die Geschichte« (Petrowskaja 173). Die Persönlichkeit, mit der die Autorin ihre Ich-Erzählerin ausgestattet hat, stellt sich etwas vor – sie füllt die Lücken der feststellbaren Faktizität autofiktional, sodass »die Gewissheit in der Vermutung liegt« (Petrowskaja 276). In der Titelgeschichte des Romans, die ebenfalls »Vielleicht Esther« heißt, wird ein vielleicht fiktiver, vielleicht realer Fikus vom Vater der Protagonistin mit den Worten »Manchmal ist es gerade die Prise Dichtung, welche die Erinnerung wahrheitsgetreu macht« (Petrowskaja 219), »als literarischer Gegenstand rehabilitiert« (220).[231] Mit Hilfe des Genres Autofiktion macht die Autorin *Vielleicht Esther* sowohl zu einem ›So-war-es‹ als auch zu einem ›So-könnte-es-gewesen-sein‹.[232]

229 Die Protagonistin fragt sich bspw. in der Erzählung, in der sie sich die Erschießung ihrer Urgroßmutter (vielleicht) Esther vorzustellen versucht, »Wer flüstert uns Geschichten ein, für die es keine Zeugen gibt, und wozu?« (Petrowskaja 221). Wie ich zeigen werde, ist es die Erzählerin selbst, mit ihrer Persönlichkeit und ihrem auf Erkenntnis für sich selbst ausgerichtetem Blick auf die Ereignisse, die sich selbst die Geschichten eingibt.

230 Da die Beweggründe für die Tat sich nicht aufklären lassen (vgl. Petrowskaja 158), stellt die Protagonistin sich z. B. vor, Judas Stern sei »mit dieser dreckigen kleinen Welt« nicht einverstanden gewesen und habe erklärt: »Man muss etwas tun, zeig, sagten sie mir, zeig, was du kannst, ein Zeichen setzen, ich habe gezeigt, ich bin nicht einverstanden, mit nichts, ich, ich, ich...« (Petrowskaja 172).

231 Die Protagonistin ist unglücklich, weil sie nicht weiß: »Gab es den Fikus, oder ist er eine Fiktion?« (Petrowskaja 219). Dieser Fikus ist für sie bedeutungsvoll, denn er hat ihrem Vater fiktiv mit seiner Entfernung Platz auf dem Fluchtwagen gemacht, ihn damit gerettet und ihr später zum Leben verholfen. Sie ruft daher ihren Vater Hilfe suchend an und erfährt von ihm Trost und Ermutigung für das Erzählen der (halb-)vergessenen Geschichte: »Sogar wenn er nicht existiert hat, sagen solche Fehlleistungen manchmal mehr aus als eine penibel geführte Bestandsaufnahme« (Petrowskaja 219).

232 In einem Interview, das nach einer Lesung der Titelgeschichte »Vielleicht Esther« und vor der Verleihung des Bachmann-Preises an sie, vor Fertigstellung des Erzählbandes stattfand, sagt die Autorin zu ihrer Genrewahl: »Man kann sagen, dass die eigene Biografie ein Geschenk für die Fantasie ist. Für mich ist das meine Palette« (George, »Eine unerzählte Geschichte«). In einem anderen Interview meint Petrowskaja: »Da habe ich verstanden, dass aus realen Erlebnissen etwas Fiktives erzeugt werden kann« (Krautstengel und Schneider, »Ich habe einfach auf meinen Rhythmus gehört«). Im Interview mit Marie-Luise Goldmann betont die Autorin: »Fast alles in dem Buch ist wahr, oder sagen wir, alles. Es geht aber trotzdem eher um eine Wahrnehmung des Geschehens als um das Geschehen an sich.« An anderer Stelle fügt sie hinzu: »Mich interessierte der Blick. Wer das erlebt, war nicht so

Der Weg zu näheren Kenntnissen über ihre Familie und sich selbst führt Petrowskajas Erzählerin mehrmals an ihre Grenzen, die sie reflektiert und metaphorisch beschreibt. Sie berichtet, dass sie bereits in ihrer Kindheit einen Traum hatte, der sie erschreckte. Sie träumte, »mir wird eine Aufgabe gestellt, die ich nicht erfüllen kann« (Petrowskaja 136). Sie geht eine Straße entlang auf der Suche nach einem Buch, das ein Wissen enthält, das ihr bisher verborgen blieb, findet dieses auch, aber erhält dennoch keine Antworten:

> und das Buch lag tatsächlich vor mir, mein Herz sprang mir beinahe aus der Brust, jetzt! jetzt! Doch was früher ein Buch war oder hätte sein sollen, war nun eine Eisscholle, mir schien, es sei plötzlich hell geworden, und ich verstand, dass ich zu spät kam, das Wissen war verlorengegangen, und es stand nicht in meiner Kraft, es zurückzuholen, ich hatte mich verspätet, mit meiner Geburt und überhaupt, es war keine Schuld, es war nur zu spät. (Petrowskaja 137)

Auch wenn die Erzählerin sich noch so bemüht, macht ihr Traumbericht doch deutlich, dass ihre Suche nach ihrer eigenen und der Familienidentität aufgrund der Begrenztheit ihres Gedächtnisses und der Überlieferungen aus Familienerzählungen nicht auf faktischer Ebene stattfinden kann. Trotz intensiver Recherchen und Reflexion lässt ihr Wissensstand keine faktische, realitätsgetreue Nacherzählung ihrer Familiengeschichte zu. Auf der Realebene gelingen die Versuche der Protagonistin, Einblick in die schrecklichen Geschehnisse selbst zu bekommen, denen ihre Vorfahren ausgesetzt waren oder an denen sie beteiligt waren, nicht oder nur sehr unvollkommen.[233] Wahrzunehmen und zu verstehen, was Menschen alles einander anzutun imstande sind, geht zuweilen über ihre Kraft. Die Versuche, fiktionales Wissen über das zu erlangen, was ihre Vorfahren bewegt hat, wenn etwas Grauenhaftes mit ihnen getan wurde oder sie selbst etwas taten, das nicht ihren Werten entspricht, überfordern die Protagonistin mitunter. Zu dieser selbstreflexiven Erkenntnis gelangt die Ich-Erzählerin beim Aufschreiben ihrer Familiengeschichte, bspw. des Großvaters Wassilij. Wassilij, der zunächst in einem Kriegsgefangenenlager bei Salzburg, Österreich war, dann in das Konzentrationslager Mauthausen kam und »am 25. März 1945 das überfüllte Lager Mauthausen verließ und nach Gunskirchen marschierte, 55 Kilometer zu Fuß« (Petrowskaja 242). Warum, so überlegt die Protagonistin, ist er, nachdem er Kriegsgefangenschaft, Vernichtungslager und sowjetisches Filtrationslager überlebt hat (Petrowskaja 227f.), erst nach 41 Jahren zu seiner Frau Rosa und seinen

wichtig« (Goldmann, »Wenn keine Arbeiter in der Literatur vorkommen, ist das kein Weltuntergang«).

233 Im Goldmann-Interview grenzt die Autorin ihr Buch von einem Memoir ab, indem sie sagt: »Ein Memoir versucht, etwas zu rekonstruieren, und ich habe versucht, etwas wahrzunehmen oder zu verstehen. Das ist ein großer Unterschied« (Goldmann, »Wenn keine Arbeiter in der Literatur vorkommen, ist das kein Weltuntergang«).

Kindern zurückgekehrt? Ende April, kurz bevor der Krieg beendet wurde, traten auch »ungarische Juden« den Weg »von Mauthausen nach Gunskirchen« an (Petrowskaja 242). Und sie gelangt zu der Überzeugung oder die »Vermutung« wird ihr ohne realen Beweis zur »Gewissheit« (Petrowskaja 276), »dass die Schlechtesten überlebt haben« (274). Sie glaubt, in Gunskirchen habe ihr nichtjüdischer Großvater (252) etwas getan, das ihm die Rückkehr zu seiner jüdischen Familie nicht gestattete (276). Sich vorzustellen, was dies aber genau gewesen sein könnte, gestattet sich die Persönlichkeit der Protagonistin selbst als Fiktion nicht – dies ginge über ihre Kraft, würde sie zerbrechen. Der generationsübergreifende Erinnerungstransfer zwischen »individual, communicative and cultural memory« ist nicht mehr gegeben und nicht zurückholbar (Fuchs 5). So sehr *Vielleicht Esther* folglich auch eine in Archiven intensiv recherchierte Familienbiografie ist, so sehr ist der Text auch eine literarische Selbstrepräsentation.[234]

Die autofiktionale Erzählweise überlässt es den Leser*innen, zu entscheiden, wann die Ich-Erzählerin scheinbar durch Dokumente belegte Fakten zitiert und wann die Autorin ihre Vorstellungskraft eingesetzt hat. Im Fluss der Ereignisse wird häufig erst durch die explizite Kennzeichnung fiktionaler Stellen durch die Ich-Erzählerin deutlich, dass die Geschichten nicht nur auf Fakten basieren, sondern dass Rätselraten, Spekulation, Fantasie, manchmal sogar bewusste Lügen seitens der Erzählerin eine ebenso wichtige Rolle spielen. Gleich zu Beginn des Buches am Berliner Hauptbahnhof erzählt die Protagonistin einem älteren Mitreisenden, dass der Werbeschriftzug der kanadischen Firma *Bombardier*, die Flugzeuge und Eisenbahnen baut, der als »Bombardier Willkommen in Berlin« riesig über den Gleisen zu lesen ist, der Name eines Französischen Musicals sei. Sie reflektiert über diese Lüge im nächsten Absatz:

> Ich glaubte immer mehr an meine Worte, obwohl ich keine Ahnung hatte, was dieses Bombardier am Dachbogen des Bahnhofs bedeutete und woher es kam, aber das, was ich so begeistert und fahrlässig erzählte und was ich auf keinen Fall als Lüge bezeichnen würde, beflügelte mich, und ich schweifte immer weiter ab, ohne die geringste Angst

234 Denn was Marianne Hirsch in ihrem Kapitel »Postmemory's Archival Turn« für Künstler beschreibt, die sog. »counter-archives« herstellen, indem sie »Connecting various randomly found decontextualized images and objects to one another« (227), das muss Petrowskajas Erzählerin im übertragenen Sinne literarisch leisten: Sie möchte aus Schnipseln der Vergangenheit (Zeitungsartikeln, Gerichtsurteilen, Fotos, etc.) ein zusammenhängendes Narrativ bilden, das ihr auch Aufschluss geben soll, wer von ihren Vorfahren an ihrer Persönlichkeitsbildung, an der Art, wie sie ist und denkt, beteiligt war und dafür braucht sie, so argumentiere ich, die Freiheit ihrer Vorstellungskraft und der Fiktion. *Vielleicht Esther* ist daher wie andere Familiengeschichten auch ein »self-reflexive artefact(s)« (Fuchs 5). Was das zusammenhängende Narrativ angeht, meint die Schriftstellerin allerdings selbstkritisch: »*Vielleicht Esther* ist ein Buch geworden, aber es ist zusammengenäht wie eine Patchworkdecke« (Krautstengel und Schneider, »Ich habe einfach auf meinen Rhythmus gehört«).

abzustürzen, ich drehte mich immer weiter in den Kurven dieses niemals gesprochenen Urteils, denn wer nicht lügt, kann nicht fliegen. (Petrowskaja 9)

Dichtung und Wahrheit gehen von Beginn der Erzählung an Hand in Hand und die Weigerung der Ich-Erzählerin, ihre Fabrikationen als »Lügen« zu bezeichnen, zeigt, dass sie keinen Anspruch auf Wahrheit erhebt, denn nur durch diese sog. Lügen wird ihre Familiengeschichte erzählbar. Bspw. als die Ich-Erzählerin über den Tod der Titelheldin ihres Buches – die Urgroßmutter, die vielleicht Esther geheißen hat – schreibt, benutzt sie ihre Vorstellungskraft, um der Leserschaft die Szene eindrücklich zu beschreiben. Danach reflektiert sie, scheinbar erstaunt, über ihre eigene Detailtreue und macht den Leser*innen so bewusst, dass sie eben keinen Augenzeugenbericht beschreibt, sondern ihre Fantasie benutzt, um die Menschen und Ereignisse auferstehen zu lassen und in ihrem Text festzuhalten:

> Ich beobachte diese Szene wie Gott aus dem Fenster des gegenüberliegenden Hauses. Vielleicht schreibt man so Romane. Oder auch Märchen. Ich sitze oben, ich sehe alles! Manchmal fasse ich mir ein Herz und komme näher heran und stelle mich hinter den Rücken des Offiziers, um das Gespräch zu belauschen. Warum stehen sie mit dem Rücken zu mir? Ich gehe um sie herum und sehe nur ihre Rücken. Sosehr ich mich bemühe, ihre Gesichter zu sehen, in ihre Gesichter zu blicken, von Babuschka und von dem Offizier, sosehr ich mich auch strecke, um sie anzuschauen und alle Muskeln meines Gedächtnisses, meiner Phantasie und meiner Intuition anspanne – es geht nicht. Ich sehe die Gesichter nicht, verstehe nicht, und die Geschichtsbücher schweigen. (Petrowskaja 221)

Die Ich-Erzählerin ist sich ihrer Funktion als Medium zwischen Erinnerungen, Figuren und Leser*innen bewusst und sie erinnert sich selbst und die Leserschaft in Stellen wie diesen daran, dass es eben doch ihre Fantasie ist, die ihr als Stütze beim Schreiben der Familiengeschichte dient.[235] Aus historischer und literarischer Sicht ist *Vielleicht Esther* daher gerade wegen der autofiktionalen Erzählweise ein bemerkenswerter Text. Sie erlaubt der Autorin tatsächliche politische, historische und persönliche Ereignisse, die ihre Familiengeschichte beeinflusst haben, in einer Weise aufzuzeichnen, als schreibe sie ›authentische‹ Memoiren oder eine Biografie bestimmter Verwandter. Andererseits ermöglicht sie Petrowskaja ebenso, ihren Einfallsreichtum und ihre Fantasie einzusetzen, um die existierenden Informationen in einer fiktionalen Erzählung zusammenzusetzen und die Lücken mit solchen Hypothesen zu füllen, die für sie persönlich einen Sinn und insgesamt eine literarische Selbstrepräsentation der Autorin ergeben. Allerdings lassen sich auch durch Fantasie nicht alle Lücken schließen: So sehr sich die Ich-Erzählerin auch bemüht, sie sieht immer nur die Rücken der Be-

235 Vgl. auch Goldmann-Interview »Wenn keine Arbeiter in der Literatur vorkommen, ist das kein Weltuntergang«.

teiligten, nie ihre Gesichter, das, was da Schreckliches geschehen wird, entzieht sich ihrem Verstehen.

I.3 Literarischer Stil

> Die Autofiktion wird über den Kanal der Schrift ihren eignen Text produzieren. Und diese Schrift wird entschieden romanesk sein, im modernen Sinne, offen für verschiedene, abweichende, poetische Äußerungen. (Doubrovsky, »Nah am Text« 128)

Trotz der aufwendigen Recherchen, dem Sammeln von Fakten, Anhaltspunkten und Spuren aus der Vergangenheit, die Petrowskaja im Vorfeld zum Schreiben von *Vielleicht Esther* betrieben hat, ist ihr Werk eine imaginierte, d.h. fiktionalisierte Darstellung der Ereignisse. Die Erzählung ist ausgerichtet auf die Erzeugung »narrative[r] Spannung […], die topische Verwendung von Dialogen, […], dazu Aufwallungen und Verschiebungen des Gleichklangs, die dazu beitragen, das, was das Reale war, in das zu verwandeln, was das Fiktive sein wird« (Doubrovsky, »Nah am Text« 131). Durch stilistische Textmerkmale wie rhetorische Figuren[236] und bildhafte Sprache (Bilder und Tropen)[237], Intertextualität[238] und – wie beim Genre der Autofiktion häufig gefordert (vgl. u.a. Krumrey 174) – den eingangs erwähnten, auf literarische Textformen hinweisenden Untertitel »Geschichten« (Petrowskaja 3), ist *Vielleicht Esther* eindeutig als literarischer Text identifizierbar.[239] Im Folgenden werde ich beispielhaft zeigen, dass der Text sich zwar um eine möglichst faktengetreue Darstellung der Familiengeschichte bemüht, jedoch mit Hilfe von »poetischen (d.h. in ihrer Kernfunktion ästhetisch motivierten) Stilelementen« (Meyer 81) konstruiert ist.

Um reale Ereignisse, oder zumindest als solche vermutete, zu einer fiktiven Erzählung zu machen, benutzt Katja Petrowskaja u.a. rhetorische Figuren, wie

236 Unter rhetorischen Figuren wird im Folgenden eine Mischung aus »Ordnungsschemata der antiken Rhetorik« und »Kategorisierungsmuster der modernen Stilistik« verstanden (Meyer 91f.).

237 Tropen als Sammelbegriff für bildhafte Rede meint, »die Ersetzung mindestens eines ›eigentlichen‹ durch mindestens einen ›uneigentlichen‹ Ausdruck« (Meyer 97).

238 Nach Roland Barthes besteht ein Text aus »einem vieldimensionalen Raum« mit unterschiedlichen, jedoch nicht »originell[en]« Schreibweisen und ist somit letztlich nichts weiter als »ein Gewebe von Zitaten aus unzähligen Stätten der Kultur« (»Der Tod des Autors« 190). Der Terminus Intertextualität beschreibt zusammenfassend »sämtliche Beziehungen zwischen Texten« (Baßler 360).

239 Durch die intensiven faktischen Recherchen und Reisen an die Schicksalsorte ihrer Familiengeschichte – z.B. Mauthausen, Kiew, Warschau –, die die Autorin unternommen hat, erfüllt sie auch Doubrovskys Forderung, dass Autofiktion »ein wahrer Roman. EIN ROMAN, DER WAHR IST«, sein soll (»Nah am Text« 128).

Klangfiguren,[240] so bspw. um ihre Leserschaft im Prolog »Google sei Dank« (7) auf das Thema des Buches, die Suche nach der Vergangenheit und der eigenen Identität, einzustimmen. Einige Beispiele: In der Vorrede umschreibt Petrowskaja, wie bereits angedeutet, Grundtenor, -emotion und -thema hinter ihrem Schreibanlass – nämlich das Gefühl des Verlusts,[241] die Zerstörungskraft und Verbrechen von Krieg und Nationalsozialismus – mit Hilfe der klanglichen Verbindung und Assoziation der beiden französischen Wörter und Eigennamen *Bombardier* und *Les Misérables* für ihre Leser*innen. Um die Botschaft des Verlusts an die Leser*innen weiterzugeben, erfindet die Autorin für ihre Protagonistin eine »innere Stimme, [die] sich in Gestalt eines alten Mannes mit schwarzen Augen und amerikanischem Akzent an mich wandte« (Petrowskaja 8). Diese Romanfigur ist über die reale, am Berliner Hauptbahnhof existierende Werbetafel eines kanadischen Eisenbahn- und Flugzeugbaubetriebs »*Bombardier Willkommen in Berlin*« (Petrowskaja 7) verwirrt und bittet die Ich-Erzählerin, deren Bedeutung zu erklären. Dies tut sie auch, aber – bewusst falsch: »Und dann erzählte ich ihm, dass *Bombardier* ein französisches Musical sei« (Petrowskaja 8). Später werden die Leser*innen auf das Folgende hingewiesen: »Auf einmal fiel mir das Musical ein, das tatsächlich vor Jahren hier Furore gemacht hatte, als man auf den Werbeflächen der Stadt die Worte *Les Misérables* sah« (Petrowskaja 12). *Bombardier* und *Les Misérables* sind französische Worte und die Autorin belegt beide mit etwas Schrecklichem: Aus dem Namen *Bombardier* klingt für sie das deutsche Wort ›Bombardieren‹ heraus, welches sie an die Zerstörung Berlins durch die Bombenangriffe der Alliierten erinnert (Petrowskaja 8). Der französische Musical-Titel *Les Misérables* klingt für die Erzählerin ähnlich wie *Bombardier* und bedeutet auf Deutsch ›die Elenden‹. Das französische *Misérables* erinnert klanglich an das deutsche, negativ konnotierte Wort miserabel. Die Ich-Erzählerin bezieht dies wiederum auf die Mitte der Stadt Berlins, auf deren Geschichte und den zentral gelegenen Hauptbahnhof, und sagt:

> angesichts dieser Ödnis in der Mitte der Stadt sind wir alle Elende, nicht nur die anderen, sondern auch ich. Und so füllen die Buchstaben von Bombardier am Bogen des Bahnhofsdaches uns mit ihrem Hall, wie Orgelmusik die Kirche füllt, und niemand kann entkommen. (Petrowskaja 13)

240 Diese werden genutzt zur »Instrumentalisierung klanglicher Übereinstimmungen«, bzw. um »lautlich-rhythmischen Qualitäten von Texten« (Meyer 93) zu erzeugen.

241 Ihr Ziel sei es, so erklärt sie, in eine polnische Stadt zu fahren, in der ihre jüdischen Vorfahren »vielleicht seit dem fünfzehnten Jahrhundert, […] zu Nachbarn wurden und zu den anderen« (Petrowskaja 9f.). Sie fügt hinzu, »– falls man den Drang, nach Verschwundenem zu suchen, überhaupt als Ziel definieren dürfe« (12).

Die geschichtliche Beschreibung der Zerstörungskraft von Krieg und dessen Folgen, wie die Teilung Berlins durch die Mauer, wird ausgedrückt in der Beschreibung der leeren Mitte der Stadt. Die Klangfigur *Bombardier/Les Misérables* weist allerdings noch auf eine andere stilistische Besonderheit von Katja Petrowskajas *Vielleicht Esther* hin, nämlich die Einbeziehung anderer Sprachen in den deutschsprachigen Gesamttext.[242] An den Klangfiguren im Prolog *Bombardier/Les Misérables* zeigt sich auch, dass *Vielleicht Esther* als literarisches Werk nicht in einem leeren Raum existiert. Intertextualität im engeren Sinne besteht bspw. in der direkten Bezugnahme/Anspielung im Text auf einen anderen Text: Im Text *Vielleicht Esther* gibt es erst eine indirekte Anspielung auf das Musical *Les Misérables* (Petrowskaja 8) und dann die direkte Nennung (12) und Assoziation mit dem gleichnamigen Film. Petrowskaja nennt neben dem Musical auch den deutschen Untertitel des Films »Gefangene des Schicksals« (12). Sowohl Musical als auch Film gehen auf das Buch des französischen Autors Victor Hugo aus dem Jahre 1862 zurück. Mit »die Elenden« (Petrowskaja 12) werden einleitend zur Familiensaga alle von der Ich-Erzählerin angesprochen, die in Berlin am Hauptbahnhof an- und abreisen und wie sie auf der Suche nach der Vergangenheit sind. Die Autorin benutzt Klangfiguren als literarisches Stilmittel, um Potentialität auszudrücken und Worte von ihrer eigentlichen Bedeutung zu trennen, sie neu zu konnotieren, wie am Beispiel von *Bombardier* gezeigt wurde.

Ein weiteres literarisches Stilmittel aus der Kategorie der rhetorischen Figuren, dessen sich die Autorin bedient, sind Wortschatzfiguren[243]. Ein Beispiel dafür ist der schon erwähnte Titel des Prologes zu *Vielleicht Esther,* »Google sei Dank« (Petrowskaja 7, 11), den die Autorin anstelle der Redewendung »Gott sei Dank« verwendet. Google wird von ihr in Anspielung auf das Medienzeitalter als

242 Auf diese stilistischen Besonderheiten und ihre Wirkung werde ich im zweiten Teil dieses Kapitels »Zur Identität der Ich-Erzählerin« näher eingehen. An dieser Stelle nur einige Beispiele neben dem Französischen aus dem Prolog: In Assoziation mit dem Motiv Bahnhof, vergleicht sich die Erzählerin auf Russisch mit einer Weichenstellerin. Sie schreibt das kyrillische Wort aus und sagt, vielleicht sei sie ein »*strelotschnik*, ein Weichensteller« (Petrowskaja 8). An anderer Stelle wirft sie mitten im Satz plötzlich eine englische Formulierung ein, als sie den »Warszawa-Express«, den Schnellzug zwischen Berlin und Warschau, beschreibt: Dieser Zug sei »ein Expresszug, der sich zwar gemäß dem Fahrplan, jedoch gegen die Zeit bewegt, in die Zeit von Bombardier, for us only, dachte ich« (Petrowskaja 10). Die Vermischung der Sprachen, Französisch, Polnisch und Englisch in diesem Abschnitt, weisen auf Petrowskajas multilinguale Denkprozesse beim Schreiben hin. Die Autorin und ihre Ich-Erzählerin vermengen beim Schreiben/Erzählen die verschiedenen Sprachen, die mit den Orten und Menschen verbunden sind, über die erzählt wird. Petrowskaja vermischt Klangfiguren – im Sinne von für eine deutsche Leserschaft fremden bedeutungslosen Klängen – mit der langen Tradition multilingualen Schreibens, wie sie sich bspw. in einigen Werken Winfried Sebalds findet.

243 Meyer spricht genauer von »morphologischen Figuren« (Meyer 93), nennt diese auch »Wortspiele« (94).

allwissend und lenkend eingreifend wie Gott beschrieben.[244] Ähnlich wie die Wortschatzfigur setzt Petrowskaja auch die Hyperbel[245] gleich im Prolog ein. Als die Ich-Erzählerin am Berliner Hauptbahnhof *Bombardier Willkommen in Berlin* (Petrowskaja 7) liest, beschreibt sie ihre Reaktion mit der Übertreibung, sie sei erstaunt »über das Gnadenlose dieses Willkommens« (8). Durch den Gebrauch solcher rhetorischer Figuren zu Beginn des Buches wird sofort deutlich: Es handelt sich um einen Roman und nicht um eine rein sachliche, aus den Archiven zusammengefasste Wiedergabe von Fakten aus der Familiengeschichte Petrowskajas. So wird das Willkommen durch die Werbung von *Bombardier* für die Ich-Erzählerin nur durch ihre persönliche Assoziation des Wortes mit Bomben und Krieg ›gnadenlos‹ und wird von ihr so zugespitzt, als ob Bomben die Reisenden in Berlin willkommen heißen würden. Sie beschreibt den Berliner Hauptbahnhof mit einer weiteren Hyperbel als einen »der unwirtlichsten Orte in unserem kreuz und quer vereinigten und doch sehr begrenzten Europa« und vergleicht ihn in einer Sinnfigur mit »eine[r] Ödnis« (Petrowskaja 7).

Auch Satzfiguren[246] gehören zum literarischen Schreibstil von Katja Petrowskaja. Die Autorin benutzt grammatische bzw. syntaktische Figuren, um bspw. den Lesefluss im ersten Teil von Kapitel I mit dem Titel »Familienbaum« (17) zu brechen und Akzente zu setzen, indem sie über zwei Drittel des Kapitels den Fließtext mit einer Liste von Familienangehörigen unterbricht, die sich über Seiten zieht und aus unvollständigen Sätzen besteht:

> Es gab
> einen Revolutionär, der zu den Bolschewiken ging und im Untergrund seinen Namen änderte, den nun wir schon fast hundert Jahre tragen, ganz legal
> mehrere Arbeiter in einer Schuhfabrik in Odessa, über die man nichts weiß
> einen Physiker, der [. . .]. (Petrowskaja 18ff.)

Das einleitende »Es gab« wird gleich zu Beginn einmal ausgeschrieben, aber danach müssen die Leser*innen es sich über die nächsten Seiten dazu denken. Dieser ›Satz‹, der sich fast über das ganze Kapitel zieht und die Liste der Verwandten darstellt, findet nie einen eindeutigen Abschluss durch ein Satzzeichen. Kommata werden zwar verwendet, aber nicht wie in einer Aufzählung zwischen den Absätzen zu den aufgelisteten Personen, sondern nur innerhalb jedes beschreibenden Paragrafen. Durch diesen Schreibstil wird das Sporadische, Abgehackte und letztlich Unzusammenhängende der Elemente der Familiengeschichte, bzw. Menschen auf der Liste deutlich. Die Einzelpersonen und ihre

---

244 »Gott googelt unsere Wege« (Petrowskaja 12).

245 Eine Hyperbel drückt eine »unangemessene Vergrößerung oder Verkleinerung eines Sachverhalts« aus (Meyer 93).

246 Mit Satzfiguren gemeint sind »sprachliche Figuren also, die Irregularitäten in der syntaktischen Struktur rhetorisch kreieren und ausnutzen« (Meyer 95).

individuellen Geschichten werden erst durch die Ich-Erzählerin mit Hilfe ihrer Recherchen und ihrer Fantasie im Laufe der Erzählung von einer Liste wieder zu einer zusammenhängenden Geschichte.

Ein weiteres herausstechendes Merkmal des literarischen Stils von Katja Petrowskaja ist ihre Verwendung von bildhafter Sprache,[247] genauer gesagt, von Vergleichen und Metaphern[248]. Gleich im Prolog bringt Petrowskaja einen Vergleich, der ihre Recherchen zur Familiengeschichte begleitet. Sie lässt ihre Ich-Erzählerin sagen: »Google wacht über uns wie Gott« (Petrowskaja 12) und meint, dass das Internet und die Suchmaschine Google allwissend erscheinen wie Gott, da sie in Sekundenschnelle Informationen liefern können, die zu beschaffen früher sehr viel mehr Mühe und Zeit gekostet hätte. »Google sei Dank« kann man bspw. im Internet herausfinden, dass es in einem kleinen Ort an der weißrussischen Grenze zwar einen Pferdefriedhof gibt, der jüdische Friedhof allerdings nicht mehr bestehe (Petrowskaja 11). Die Ich-Erzählerin benutzt später den folgenden Vergleich, um einen anderen jüdischen Friedhof, den in Kalisz, zu beschreiben: »Wie Unkraut ragten die wenigen verbliebenen Gräber aus der Erde« (Petrowskaja 132). Nicht nur Ort und Umgebung beschreibt Petrowskaja mit bildhafter Sprache in Metaphern. Auch Personen, wie ihre beiden Großmütter, die »bereits das volle Unvermögen ihres hohen Alters erreicht hatten« (Petrowskaja 21), werden mit Bildern und Symbolen besetzt:

> Meine Babuschkas lebten bei uns im siebten Stock, wo sie im Beton keine Wurzeln schlagen konnten. Beide hatten sie Blumennamen, und ich dachte insgeheim, dass die Malven, die vor unserem vierzehnstöckigen Haus wuchsen, Verbündete waren beim Komplott meiner Babuschkas, Rosa und Margarita, sich ins Pflanzenhafte zurückzuziehen. (Petrowskaja 21)

Die symbolische Gleichsetzung der beiden »Blumenomas« (Petrowskaja 19) mit Pflanzen geschieht sprachlich über ihre Namen und beschreibt deren Entwurzelung, Abschottung und Entfremdung durch die Geschichte, bzw. ihre Erlebnisse im Zweiten Weltkrieg und die darauffolgenden gesellschaftlichen Veränderungen. Die Erfahrungen im Zweiten Weltkrieg und der Grundtenor der Recherchen der Ich-Erzählerin – nach Verlorenem zu suchen –, klingen z. B. auch in einem Untertitel des ersten Buchkapitels, nämlich »Negative Zahlen« (Petrowskaja 20), an, der eine Metapher für den Verlust und Tod, bzw. das Verschwinden vieler Verwandter aus dem Leben und der Erinnerung der Überlebenden ist.

247 Wichtige Beispiele von Bildern bzw. Tropen sind Figuren wie »die Metapher, die Metonymie, das Symbol und der Vergleich« (Meyer 97).

248 Anders als beim Vergleich fällt bei Metaphern bei der Herstellung der »Ähnlichkeitsbeziehung« zwischen zwei ansonsten bedeutungstechnisch unverwandten Begriffen »der Vergleichspartikel ›wie‹« weg (Meyer 98).

Neben dem direkten Hinweis auf Literatur im Untertitel »Geschichten« macht der Gebrauch rhetorischer Figuren und bildhafter Sprache *Vielleicht Esther* eindeutig zu einem literarischen Text, der Doubrovskys Definition folgend, die Anforderung der Autofiktion nach literarischem Stil erfüllt. Sprache und Gestaltung des Textes erschaffen für die Leserschaft eine Zwischenwelt zwischen Petrowskajas realen Erfahrungen und ihrer Vorstellungskraft und gestatten ihr mit Hilfe künstlerischer Freiheit und literarischen Stilmitteln, wie Wortwahl, Ausdrucksweise und rhythmischem Satzbau, ihr Selbst durch ein lyrisches Ich in Gestalt der Ich-Erzählerin zu analysieren. Die Fiktion erlaubt der Autorin, ihre Hoffnungen und Wünsche für das jüdische Leben und Selbstverständnis im 20. und 21. Jahrhundert auszudrücken und Reales zu Fiktion und Fiktion zu Realem werden zu lassen. Damit löst sie ihre eigenen Erfahrungen und ihre Familiengeschichte von der persönlichen Ebene ab und macht sie zu einer allgemeinen Erfahrung, in der sich andere Jüd*innen ihrer Generation wiederfinden können und nicht-jüdische Leser*innen Aufschluss erhalten über eine mögliche Art des Umgangs zeitgenössischer jüdischer Identität mit der Vergangenheit. Deutlich wird: Der Holocaust ist auf keinen Fall vergessen, aber das Leben triumphiert auch an Orten, die Schauplatz fürchterlichster Verbrechen waren. Das Individuum solle sich in seiner Lebensführung nicht von Verbrechen bestimmen lassen, die, gelänge es, sie sich in ihrer ganzen Grauenhaftigkeit vorzustellen, es zerbrechen würden.

II. Zur Identität der Ich-Erzählerin

Welches Selbstverständnis verleiht also die in Deutschland lebende auf Deutsch schreibende jüdische Schriftstellerin Katja Petrowskaja der Hauptfigur ihres Werkes *Vielleicht Esther* und welches Verhältnis zu Deutschland lässt sich tendenziell aus deren Identität ablesen? Kann oder sollte es ›Normalität‹ im deutsch-jüdischen Verhältnis geben? Nachdem ich im ersten Teil dieses Kapitels gezeigt habe, mit Hilfe welchen Genres die Autorin ihre Ich-Erzählerin ›Geschichten‹ über die Familie erzählen lässt, zeige ich im Folgenden die Merkmale auf, die die Autorin zur Konstruktion der zeitgenössischen deutsch-jüdischen Identität ihrer Ich-Erzählerin heranzieht und dass sich in dieser Identitätskonstruktion eine Tendenz zur Normalisierung im deutsch-jüdischen Verhältnis abzeichnet.

Obwohl die Auslöschung großer Teile ihrer Familie während des Holocausts und des Zweiten Weltkrieges einen zentralen Teil der Familienidentität darstellt, lebt die Protagonistin mit ihrem deutschen Mann und ihrer Tochter bewusst in Deutschland und zwar in Berlin. Es stellt sich die Frage, inwiefern die nationalsozialistischen Morde an ihren Vorfahren Auswirkungen auf ihr Leben und ihre Identität haben. Wie hat der Holocaust sie geprägt? Es wird gezeigt, dass ein starker Wesenszug ihres Charakters, nämlich der Selbsterhaltungstrieb, bestimmend für ihr Handeln ist. Dieser Selbsterhaltungstrieb, den auch einige ihrer Vorfahren, insbesondere männliche Ahnen aufweisen, lässt sie unabhängig von Familiengeschichte oder historischen Gräueltaten ein sicheres und demokratisches Umfeld für ihre eigene Familie suchen. Ihre Wahl für den Standort eines ›normalen Lebens‹, das ihr in Russland Putins wegen nicht möglich erscheint, fällt dabei auf Deutschland, dessen Sprache sie seit der Kindheit fasziniert und das auf sie trotz – oder wegen – der Geschichte eine ihr unerklärliche Anziehungskraft ausübt.

II.1 Selbsterhaltungstrieb und Lebenszugewandtheit

Noch die Mutter der Protagonistin sagt von sich, dass auch sie »das altruistische Erbe« der Generationen von Taubstummenlehrern vor ihr besitzt (Petrowskaja 50). Anders die Tochter – sie weiß genau, sie hat den Altruismus ihrer Vorfahren nicht geerbt. Nicht altruistisch zu sein, heißt für sie aber nicht, nicht mitfühlend zu sein. In welchem Ausmaß sie mitfühlend sein kann und wie bedrohlich dieses Mitgefühl ihrem Selbst werden könnte, zeigt die Geschichte, in der sie sich anhand von Recherchen[249] und Fiktionen die Leiden des Judas Stern vorstellt. Gleichgültig, ob ihr Großonkel das Attentat beging, weil er verrückt war, wie der Großvater Semjon mit dem Verweis auf Van der Lubbe[250] nach Erzählungen des Vaters der Protagonistin andeuten wollte (Petrowskaja 144), ob er sich wie Herostratos in die Geschichte einschreiben wollte (174ff.) oder ob er im Namen stalinistischer Politik gegenüber Deutschland dazu angestiftet wurde (147, 178f.), Judas Sterns Tat findet nicht ihr Verständnis.[251] Ihm ähnelt sie nicht und ihm kann sie sich nicht zuordnen. Auch wenn die Ich-Erzählerin die Tat nicht billigt, so entwickelt sie doch ein starkes Mitgefühl mit ihm, findet bis zu einem gewissen

249 Recherchiert hat sie nicht im Geheimdienstarchiv der Lubjanka in Moskau. Eine »Urangst« (Petrowskaja 149) – interpretierend könnte man sagen ihr Selbsterhaltungstrieb – hinderte sie, es zu betreten. Die Lubjanka war in der Sowjetzeit »Gefängnis und Folterzentrale, wo auch Judas Stern verschwunden war« (Petrowskaja 149f.). Informationen und Aufklärungen zum Attentat – soweit vorhanden – hat die Protagonistin in Berlin im Archiv des Auswärtigen Amtes erhalten (Petrowskaja 150).

250 Marinus Van der Lubbe war ein holländischer Kommunist, der 1933 als alleiniger Schuldiger für den Reichstagsbrand hingerichtet wurde. Bis in die Gegenwart streiten Historiker jedoch darüber, ob er wirklich das Feuer gelegt hat (vgl. u. a. Hett, »Das Rätsel um den Reichstagsbrand«).

251 Die Protagonistin sagt: »Er hat geschossen, hat einen Menschen töten wollen, und das hindert mich, ihn zu verstehen« (Petrowskaja 176). Auch die Familie hat lange Zeit seiner nicht gedacht. »Es war lebensgefährlich, sich an Judas Stern zu erinnern.« Schließlich hatte er bei seinem Attentat nicht dessen mögliche Auswirkungen auf die Familie bedacht. »Wie sollten sie ihn dann im Familiengedächtnis bewahren?« (Petrowskaja 143).

Grad einen Zugang zu ihm und ist beinahe »stolz, als hätte mein Großonkel eine Heldentat begangen« (Petrowskaja 179). Sie stellt sich seine seelischen Qualen vor, wie er während Haft und Schauprozess mit Versprechungen und Folter »mit nicht-europäischen Methoden« (Petrowskaja 163) zwischen der Hoffnung für sein Leben und Verzweiflung hin- und hergerissen wird. Die Vorstellung der Empfindungen, die Judas Stern während seines Ausgeliefertseins bewegt haben müssen, bis er »in die welt der unorganisierten materie« (Petrowskaja 177, 167) geschickt wurde, rufen ein so starkes Mitleiden in der Ich-Erzählerin hervor, dass sie Angst bekommt, Angst um ihr Selbst. Sie erkennt, dass sie ihre fiktive Vorstellungskraft und Mitleidensfähigkeit zügeln muss. Diese Angst – die die Protagonistin hervorhebt, indem sie den gesamten Text, in dem sie davon berichtet, in Kleinbuchstaben schreibt – darf und will sie nicht zulassen, denn wenn man das täte, »versteinert man, wie beim anblick der gorgo medusa« (Petrowskaja 177). Sie heißt Petrowskaja und dieser Name, den der Großvater Semjon Stern sich gegeben hat, um als »Revolutionär« Verfolgungen zu entgehen, also um zu überleben (20), »trägt einen stein in sich, peter, peter ein stein« (177). Petrus, der erste Jünger Jesu, war vor seiner Namensänderung der Fischer Simon. In Anklang an diese biblische Referenz ändert der jüdische Semjon Stern seinen Namen in Semjon Petrowskij, um ihn ›christlicher‹ klingen zu lassen. Der Name ist der »Schild« der Ich-Erzählerin, sie braucht im Grunde Perseus nicht, der mit seinem ihr vorgehaltenen Schild verhindert, dass fortan Angst ihr Leben zerstören wird. Wie in Semjon, dem sie in dieser Hinsicht ähnelt, lebt ein starker »selbsterhaltungstrieb« (Petrowskaja 178) in ihr, der verhindert, dass die »Verbindung« zu ihrem Großonkel Judas zu stark wird: »Der Selbsterhaltungstrieb wacht und beobachtet uns in diesen Minuten scharf« (Petrowskaja 174). Er gebietet ihrem Mitgefühl, ihrer Mitleidensfähigkeit und Vorstellungskraft Einhalt und verhindert, dass sie an ihnen zugrunde geht. Großvater Semjon hat seinen Lebenswillen auch auf seine Familie ausgedehnt, als er diese mit einem Fluchtwagen, bevor er an die Front ging, vor der deutschen Besatzung rettete (Petrowskaja 208). Außerdem bestanden zu damaliger Zeit »mindestens drei Gründe, ihn zu erschießen. Er war der Bruder eines Attentäters, der Schwager eines Volksfeindes, und er ist aus dem Geheimdienst ausgetreten«, wie die Ich-Erzählerin berichtet (Petrowskaja 146). Dennoch hat er diese Situationen kraft seines Überlebenswillens irgendwie gemeistert, auch wenn ihm die »Angst um seine Kinder und vor seinen Kindern« fortan in der Stalinzeit die Lippen verschloss (Petrowskaja 146, 145). Judas Stern hatte diesen Selbsterhaltungstrieb nicht in sich, sonst hätte er das Attentat nicht begangen bzw. sich nicht dazu verleiten lassen.

Anders ist es bei ihrem Urgroßvater Ozjel, der als Stammvater der Familie gilt (Petrowskaja 133). Auf ihn ist sie »stolz«, nicht nur, weil er in Wien geboren wurde – »Auch darauf war ich stolz, wir – aus Wien« (Petrowskaja 94), sondern auch, weil er »sich um die Verlassensten kümmerte. Die taubstummen Waisenkinder« (94). In Ozjel lebte, wie in der Ich-Erzählerin, ein starker Selbsterhaltungstrieb und ein starker Selbstbehauptungswille. Der 1870 zur Welt gekommene Urgroßvater war, wie sich bei Recherchen der Protagonistin später herausstellt, ein uneheliches Kind (Petrowskaja 130). Dennoch, wie die Familienchronik berichtet, identifizierte er sich mit seinem biologischen Vater und übernahm dessen Taubstummenschule in Warschau. Wie »ein sowjetisches Arbeitsbuch« berichtet, war er u. a. »Lehrer für Taubstumme in Kolo-Kalisz-Limanowa-Warschau-Kiew« (Petrowskaja 94). Als er im Ersten Weltkrieg der Spionage für Österreich bezichtigt wurde, zögerte er nicht, sondern ging sofort mit seiner zweiten Frau und den drei Kindern – unter ihnen die Großmutter Rosa der Protagonistin – außer Landes, von Warschau nach Kiew. Warum seine Mutter und seine Schwester Maria in Warschau zurückblieben, ist ungeklärt. Mit großer Wahrscheinlichkeit wurden sie nach 1940 von den Nazis ermordet (Petrowskaja 102).[252] Zehn taubstumme Kinder und einen taubstummen Lehrer nahm er mit und richtete in der neuen Heimat wieder eine Taubstummenschule ein. Nach Warschau kehrte er nicht zurück (Petrowskaja 96ff.). Ozjel starb 1939 »rechtzeitig, wie man von diesen Zeiten zu sagen pflegt, [...] im noch friedlichen Kiew« (Petrowskaja 100). Das Verbot der »Gebärdensprache« hat er nicht mehr erlebt: »sie galt als sichtbares Merkmal einer Minderheit, einer geschlossenen Gesellschaft, doch in der Sowjetunion durfte es keine Minderheiten mehr geben« (Petrowskaja 100).

Die Ich-Erzählerin ist »als Russin aus Deutschland in das jüdische Warschau meiner Verwandten« (Petrowskaja 101) gereist. Auf dem Weg durch das ehemalige Ghetto, in dem sich auch die Straße befindet, in dem die Taubstummenschule ihres Urgroßvaters war, sieht sie, »dass von meiner Gegend nichts geblieben ist« (Petrowskaja 103). Die Vergangenheit erschließt sich ihr nicht angesichts ganz ›normaler‹ neuer Bauten, wie Hotels, Büros, Läden (Petrowskaja 103) und der gegenwärtig dort lebenden Menschen, die ihren alltäglichen Beschäftigungen nachgehen und dabei nicht des Schicksals der Vorfahren und früherer Nachbarn gedenken. Die Menschen, die ihr begegnen, sind ihr so »sympathisch«, dass sie sich wünscht, sie möge »ihnen auch sympathisch sein«, denn sie »wollte so sehr, dass jemand von ihnen versteht, was ich hier suche« (Petrowskaja 104). In Kalisz, der polnischen Stadt, in der vormals ihr Urgroßvater auch als Taubstummenlehrer wirkte und ihre jüdischen Krzewin-Verwandten

252 Auch die erste Ehefrau von Ozjel, die taubstumme Estera Patt und die gemeinsamen Söhne Zygmunt und Adolf blieben im polnischen Kalisz. Von Estera ist anzunehmen, dass sie 1940 in ein Konzentrationslager kam und dort starb (Petrowskaja 131f., vgl. dort die letzte Eintragung auf der Anmeldekarte). Der Sohn Zygmunt wurde im Konzentrationslager Lublin 1943 erschossen, seine Ehefrau Hela starb 1942 in Treblinka (Petrowskaja 108). Der andere Sohn Adolf, von dem aus der Familie der Ich-Erzählerin »niemand wusste«, starb 1938 (Petrowskaja 131).

lebten, wurden noch in der Kriegszeit, als dort keine Juden mehr lebten, die jüdischen Grabsteine zum Straßenpflastern verwendet. Und die Protagonistin meint: »Es war ein System der Vernichtung mit mehrfacher Sicherung. Ob man davon weiß oder nicht, jeder, der die Straßen von Kalisz entlanggeht, tritt die Grabsteine mit Füßen« (Petrowskaja 135). Dennoch lässt der Lebenstrieb, der in ihr wohnt, sie Verständnis für die Menschen haben, die im Hier und Jetzt leben.[253] Wie im ersten Teil gezeigt, muss sie im Namen des Lebens, aus Angst seelisch Schaden zu nehmen, vor den schrecklichen Dingen, die Menschen Menschen anzutun imstande sind, manchmal den Blick abwenden, bzw. darf sie nicht zu nahe an sich herankommen lassen.

Mit Wassilij, dem Ehemann ihrer Großmutter Rosa, kann sich die Protagonistin nicht identifizieren, trotz seines starken Selbsterhaltungstriebes. Wie bereits erwähnt, mutmaßt sie implizit, dass er als Nichtjude im Konzentrationslager Gunskirchen Juden etwas Böses angetan haben könnte, um selbst zu überleben. Obwohl sie über die Sowjetideologie, dass jeder Soldat, der aus feindlicher Kriegsgefangenschaft zurückkehrt, ein Verräter sein muss und rigoros bestraft gehört, zu reflektieren vermag (Petrowskaja 231), ist sie doch nicht frei von der Überzeugung, dass er sein Überleben der Kriegsgefangenschaft und der KZs Mauthausen und Gunskirchen vermutlich einer schlechten Tat, wie Mitläuferschaft oder Verrat, zu verdanken hat. Das Handeln des Großvaters kann nach ihrer Vermutung selbst in Friedenszeiten nicht ohne Schuld gewesen sein. Denn er war in der Position eines »stellvertretenden Leiter[s] der Kiewer Region im Bereich Viehzucht« tätig, »als in der Folge der Kollektivierung die große Hungersnot ausbrach, die ganz nebenbei die Bauernschaft ausrotten sollte« (Petrowskaja 238). Beweise für ihre Schuldzuweisungen hat die Protagonistin nicht. Als der Großvater »1982 nach seiner Kriegswanderung wieder in der Familie aufgetaucht war, hatte er seinen Garten mitgebracht« (Petrowskaja 233). Über diesen Garten, in dem Wassilij Rosen züchtete und in dessen Mitte ein Paradiesapfelbaum stand, war sie sehr glücklich, er war für sie ein Paradies. Ihre Eltern – der Vater Autor, die Mutter Lehrerin – hatten es zwar zu vielen Büchern gebracht, nicht aber zu einer Datscha, geschweige denn zu einem Garten (Petrowskaja 234f.). Als Kind hatte sie den Großvater oft in seinem Gartenparadies besucht. Als Erwachsene, die ihn schlechter Taten verdächtigt – »dass die Gewissheit in der Vermutung liegt« (Petrowskaja 276), – bleibt ihr, anders als Alice im Wunderland, der Eintritt »in dieses duftende und summende Gartenreich«,

253 Die Protagonistin sagt, »Ich wollte aber nicht, dass die Menschen auf ihren Spaziergängen in der Stadt in Trauer verfielen, auf diesem unsichtbaren Friedhof der fremden Nachbarn, die nicht mehr da waren. Ich wollte nicht, dass die Bewohner von Kalisz, wenn sie Geld abheben, dort, wo früher die Synagoge war und jetzt ein Bankgebäude steht, dass sie dabei an diese ihnen fremden Toten denken, als würden sie damit Zinsen bezahlen für ihr Leben« (Petrowskaja 136).

dieses Kindheitsmärchen für immer mental verwehrt (238f.). Auch ein anderes Paradies ging ihr verloren: In dem Palast auf einem Hügel von Kiew, in dem sich früher das »Institut für adlige Töchter« befand und der später »Oktoberpalast« geheißen hat, sang die Protagonistin viele Jahre im Chor und hatte dort auch Tanzunterricht (Petrowskaja 237ff.). Vor dem Palast blühten Teerosen, den Hügel bedeckten im Frühjahr wilde Veilchen und es gab einen Paradiesapfelbaum, dessen Früchte sie aß. »Jahre meiner Kindheit«, so sagt die Ich-Erzählerin, »verbrachte ich sitzend auf diesem schönen Kiewer Hügel, [...], direkt über dem Majdan« (Petrowskaja 237). Viele Jahre später wird sie aus diesem Paradies gerissen, als sie erfährt, »dass mein Palast in den dreißiger Jahren die zentrale Folterkammer des NKWD gewesen war, Tausende wurden hier erschossen« (Petrowskaja 237f.). Die in der Kindheit so gern gegessenen Paradiesäpfel, die Früchte des Wissens vom Baum der Erkenntnis, die Adam und Eva ihren Platz im Paradies gekostet haben, schienen ihr von da an aus Blut zu bestehen. Und so sagt sie, die Schuld bei ihrem Großvater vermutet: »Immer wenn ich an Paradiesäpfelchen denke, spüre ich einen Nachgeschmack, als wären auch die Äpfel im Garten meines Großvaters mit fremdem Blut kontaminiert« (Petrowskaja 238). Auch wenn ihr Selbstverständnis Großvater Wassilij ablehnt, den starken Selbsterhaltungstrieb hat sie auch von ihm geerbt. Dass er einen starken Lebenswillen besaß, erkennt die Protagonistin: »Mein Großvater«, sagt sie, »wollte überleben, und er war konsequent«:

> Auf der Mauthausener Registrierungskarte meines Großvaters Wassilij Owdijenko mit der Nummer 137 616 steht ›Russ. Zivilist‹ und nicht ›Sowjet. Offizier‹, als seine Ehefrau wird Natalia Hutorna genannt und nicht Rosalia Krzewina, und statt Kommunist steht ›russ. Orthodox‹. Nur die Adresse stimmt, Institutskaja 44. (Petrowskaja 241)

Um zu überleben, änderte der Großvater nahezu alle wichtigen Lebensdaten. Wieder greift also ein naher Verwandter der Ich-Erzählerin direkt in sein Schicksal ein und verändert ›Fakten‹ – Eckdaten seines Lebens – nach dem Opportunitätsprinzip. Auf der Suche nach der Persönlichkeit ihres Großvaters bereist die Ich-Erzählerin seine Internierungsstationen in Österreich. Sie sagt sich, »Es stimmt, nicht alle sind gute Menschen. Man muss unterscheiden. Aber wozu, sie sind alle schon alle hier« (Petrowskaja 247). Sie waren alle im KZ. Die Ich-Erzählerin bringt es mental nicht fertig, die Baracken von Mauthausen zu betreten und den verzweifelten Menschen ins Angesicht zu schauen. Sie verharrt »auf der Schwelle, über die auch der Henker tritt« (Petrowskaja 247). Sie hat das Gefühl, der Holocaust geschehe jetzt, gehöre nicht der Vergangenheit an und sie fragt sich: »Wer bin ich hier? Darf ich hinschauen?« (Petrowskaja 248). Einen Zugang zu Wassilij findet sie nicht. Auf der Zugfahrt in Richtung Mauthausen möchte sie, dass alle Mitreisenden erkennen, dass sie sich auf einer »Pilgerfahrt« zu den schrecklichen Geschehnissen in den Konzentrationslagern befindet, doch wünscht sie sich das vergeblich (Petrowskaja 260). In Linz wartet sie im Busbahnhof auf die Weiterfahrt. Der Bus fährt aber nicht nur zur KZ-Gedenkstätte, sondern auch in die Stadt Mauthausen und durch deren Umgebung und so steigen Jugendliche zu, die »offensichtlich baden« fahren wollen, auch eine Frau, die eine Klobrille gekauft hat, fährt mit (Petrowskaja 261 f.). Diese Alltäglichkeiten erscheinen ihr zunächst befremdlich, aber dann sagt sie sich:

> Aber sei ihnen doch nicht böse, seit dem Krieg sind tausend Jahre vergangen, […]. Ein längst vergangener Krieg steht nicht im Widerspruch zum Bikini, lass deine Gedanken von dieser Dame, sie ist keine Täterin und kein Opfer, […]. (Petrowskaja 262)

Die Protagonistin ist dem Leben so zugewandt, dass sie auch den »friedlichen Einwohner[n] der Gegend um Linz« ein ›normales‹, alltägliches Leben zugesteht: »sie sind einfach hier geboren und wohnen hier. Sie sind nicht schuld, dass dieser Krieg dein Ursprung ist, deine Geschichte, deine Antike« (Petrowskaja 262). Und auf der Weiterfahrt denkt sie, »wie seltsam es ist, dass in diesen heimeligen Tälern Menschen vernichtet wurden, als wäre es in Sibirien akzeptabel, dort, wo es kalt, kahl und flach ist« (Petrowskaja 263). Im Konzentrationslager Mauthausen sind etwa 100.000 Menschen umgebracht worden. An ihren Großvater zu denken, der dort »siebzehn Tage« zubrachte (Petrowskaja 267), und »42 Tage in Gunskirchen« war (274), ist ihr nicht möglich. Sie fragt sich: »Bei welcher Zahl verschwindet der Mensch?« (Petrowskaja 269) und meint, »wenn man diese Zahlen versteht, akzeptiert man auch die Gewalt« (269). Das Geschehene zu verstehen, gelingt ihr nicht.[254] An dem Ort der schrecklichen Verbrechen der Vergangenheit ist in der Gegenwart eine gewisse Normalität eingezogen, »Normalität, die sich in jeder Zeit ihren Raum erobert« (Petrowskaja 267). Eine Gruppe von Fahrradfahrern besichtigt die Gedenkstätte, ebenso »Teenager, die gackernd die Treppe rauf und runter wogen« (Petrowskaja 267), ein Läufer joggt jeden Abend dieser Strecke:

> erst die Denkmalmeile entlang, an allen dreißig Nationen vorbei, dann die Todesstiege hinunter und die Todesstiege hinauf. Vorbei an der steinernen Rutsche für die toten Kinder und wieder an den Denkmälern entlang zurück in den Ort, […]. (Petrowskaja 270 f.)

Einerseits sind da die Verbrechen der Vergangenheit, andererseits gibt es die heutige Normalität. Die Protagonistin »wollte eine Lösung finden« (Petrowskaja 269), die beidem gerecht wird, dem Schrecken, an den zu ›erinnern‹, den in seiner Fürchterlichkeit sich ständig vorzustellen ihr der Selbsterhaltungstrieb verwehrt *und* dem Alltag der heute dort Lebenden. Dieser Versuch stellt sich für sie als eine sisyphale, nicht endende Aufgabe heraus. Sie sagt:

254 Die Ich-Erzählerin meint: »ich schaffe es nicht, die hunderttausend auf mich zu nehmen« (Petrowskaja 267).

> Ich wollte eine Lösung finden, für mich und für diejenigen, die heute hier wohnen und arbeiten, ich wollte mich erinnern und darüber schreiben, es war aber eine Tätigkeit ohne absehbares Ende. (Petrowskaja 269)

Der Versuch, so meint sie, sei ihr misslungen, »meine Geschichten hatten den Ort nicht erfasst, ich konnte nichts erzählen, auch nicht, dass das Gelingen einem Menschen hier nicht gestattet ist« (Petrowskaja 270). Ihr Selbsterhaltungstrieb, ihre Lebenszugewandtheit lassen sie dennoch eine Lösung finden:

> Thanatos [...] verurteilte ihn [Sisyphus] zu ewiger Beschäftigung, ewiger Mühe, ewiger Erinnerung. Sisyphus rollte seinen Stein nach oben, im Schweiße seines Angesichts, und wie das ausging, wissen wir. (Petrowskaja 269f.)

»Warum«, so fragt sie, »lassen wir den Stein nicht liegen?« (Petrowskaja 270) so wie der Jogger, der jeden Tag seine Runde durch die Gedenkstätte dreht, scheinbar unbeschwert von den Schrecken, die dort einmal geschehen sind.[255] Die Ich-Erzählerin sagt ›wir‹: ›Warum lassen *wir* den Stein nicht liegen‹ und bietet damit nicht nur sich selbst, sondern auch ihren Leser*innen, seien sie jüdisch oder nicht-jüdisch, eine Möglichkeit zum Umgang mit Holocaust und Krieg an. Gedenken an den Holocaust, den Krieg, die Opfer ist ihrem Buch eingeschrieben. Aber der Versuch, sich das Grauenhafte ständig bildlich vorzustellen, sich seiner im täglichen Leben ständig zu erinnern, übersteigt die menschliche Kraft und ist letztlich gegen das Leben gerichtet, gegen die »Normalität, die sich in jeder Zeit ihren Raum erobert« (Petrowskaja 267).[256] Deshalb sollte man das entstandene neue Leben in seiner ganzen Alltäglichkeit anerkennen, es zulassen im Namen des friedlichen Miteinanders der sich im Krieg bekämpfenden Völker und ihrer Untaten. In Wien, dem Geburtsort ihres Urgroßvaters Ozjel, tanzt sie mit einem »DJ aus Deutschland« (Petrowskaja 278) die ganze Nacht. Sein Großvater war »als Deutscher in Sibirien, meiner als Russe in Österreich« in der Kriegsgefangenschaft, »we were raving for peace, die ganze Nacht« (Petrowskaja 279). Die

255 Die Autorin fragt Marie-Luise Goldmann, ihre Interviewerin, im gemeinsamen Gespräch: »Ist dir schon mal die Ähnlichkeit zwischen dem deutschen Wort ›Erinnerung‹ und den ›Erinnyen‹ aufgefallen? Also die Gewissensbisse, die ständige Verfolgung durch das Erinnern, durch die eigene kriminelle Erinnerung, das ist etwas sehr Deutsches« (Goldmann, »Wenn keine Arbeiter in der Literatur vorkommen, ist das kein Weltuntergang«).

256 An dieser Stelle soll festgehalten werden, dass eine derartige Äußerung kontrovers diskutiert werden kann. Ein früheres Beispiel dafür ist – wie bereits erwähnt – Martin Walsers Rede 1998 in der Frankfurter Paulskirche, in der er fragt, ob Deutschland nicht heute ein ganz normales Land sei. Er sagte, »Aber in welchen Verdacht gerät man, wenn man sagt, die Deutschen seien jetzt ein ganz normales Volk, eine ganz gewöhnliche Gesellschaft?« (Walser 13). Petrowskaja ist aber Jüdin und ihre Familie hat unter dem Holocaust gelitten, gerade deshalb steht ihr ihrer Meinung nach eine derartige Aussage zum Umgang mit der Vergangenheit zu. Petrowskaja sagt diesbezüglich in einem Interview: »Früher war es fast unmöglich, so etwas zu sagen. Aber jetzt geht das. Ich darf das sagen« (Goldmann, »Wenn keine Arbeiter in der Literatur vorkommen, ist das kein Weltuntergang«).

Konsequenzen – z. B. ihr Umzug nach Deutschland, ihr bittersüßer Kampf mit der deutschen Sprache, die Tatsache, dass ihre Kinder Deutsch und nicht Russisch als Muttersprache lernen –, die sich für die Protagonistin aus ihrem Selbsterhaltungstrieb und ihrem Lebenswillen für ihr persönliches Leben ergeben, wie sie ihre Botschaft für sich selbst umsetzt, wird im nächsten Teil des Kapitels gezeigt.

II.2 Deutschland und die deutsche Sprache als Wahlheimat

Der Krieg gehört für die Ich-Erzählerin zu ihrer »Antike«, zur mit Mythen gefüllten Vergangenheit. Sie lebt in der Gegenwart und ihre Gegenwart findet in Deutschland statt. In Kiew, ihrer Geburtsstadt, wird ein Deutscher ihre Liebe, sie beginnt die deutsche Sprache zu erlernen, lässt den Stein der permanenten Erinnerung an die Schrecken des Holocausts liegen und zieht mit ihm, trotz der mit dem Holocaust belasteten Geschichte Deutschlands nach Berlin, in eine Stadt, von der die Autorin sagt, »gerade die Zerstörung hat Berlin so faszinierend gemacht, so frei für Neues und so friedlich.«[257] In Deutschland lebend, ist der Holocaust weniger Dreh- und Angelpunkt der individuellen Identität der Protagonistin, sondern wird abgelöst durch eine Bindung an Land und Kultur primär durch Sprache. Die Protagonistin erarbeitet sich, in Deutschland lebend, eine neue, deutsche Identität. Ihr Selbsterhaltungstrieb, der sie davon abhält, den Blick ständig auf die Vergangenheit zu richten, lässt sie den Kampf mit der deutschen Sprache aufnehmen. Sie behauptet sich in dem Land des ehemaligen Kriegsfeindes, indem sie seine Sprache zu der ihren macht und die »Geschichten« über ihre Familienmitglieder auf Deutsch niederschreibt. Die Sprache wird zum zentralen Merkmal der literarischen Identitätskonstruktion.[258] Die Ich-Erzähle-

257 Als abzusehen war, dass Putin an die Macht kommen würde, bewog der Selbsterhaltungstrieb die Autorin in dieses friedliche Berlin zu ziehen und sie überredete auch ihren deutschen Ehemann, der lieber in Moskau gewohnt hätte, mit ihr zu gehen (Heimann, »Die deutsche Sprache kam einer Befreiung gleich«). Im gleichen Interview meint die Autorin, dass es vielleicht eine Modeerscheinung sei, dass so viele ausländische Autoren in deutscher Sprache schrieben, »Aber fest steht auch, dass es etwas unglaublich Attraktives an diesem Land [Deutschland] gibt. Nur vermittels der großen Deutschland-Sehnsucht der Ausländer können Deutsche das vielleicht verstehen.«

258 Die Autorin nennt folgende Motive für ihr Erzählen der eigenen Familiengeschichte in deutscher Sprache: »Denn die Wahrheit für mich war, dass ich nach Deutschland gekommen bin und versucht habe, diese Sprache zu ergreifen und zu erobern« – sie empfand die deutsche Sprache als eine »Kriegssprache«, die sie für sich »rehabilitieren, frei(zu)sprechen« wollte (Goldmann, »Wenn keine Arbeiter in der Literatur vorkommen, ist das kein Weltuntergang«). In demselben Interview, in dem sie sagt, dass für sie die Rollenzuweisung von »Opfer und Täter« überholt ist, erklärt sie: »Wenn man über diese Zeit auf Russisch schreibt, ist man unweigerlich in einen moralischen Diskurs von Sieg und Opferbereitschaft gefangen.

rin erschreibt sich eine neue, gewissermaßen nicht vorbelastete deutsche Identität unabhängig vom Opfernarrativ und beansprucht so ihren Platz in der deutschen Gesellschaft nicht als Opfer oder Nachfahrin von Opfern des Holocaust, sondern als selbstbewusste Jüdin, die zwar die Geschichte und ihre Familiengeschichte kennt, sich aber nicht durch sie definieren lässt. Petrowskaja sagt in einem Interview: »Und so konnte ich davon erzählen, dass die Geschichte von Opfer und Täter für mich passé ist« (Heimann, »Die deutsche Sprache kam einer Befreiung gleich«). Sie beansprucht die deutsche Sprache und Deutschland für sich und ihre Familie und nimmt damit dem Opferdiskurs die Definitionsmacht. Sie entscheidet sich bewusst, ihre Familie in Deutschland anzusiedeln und dort als Mitglied der Gesellschaft ohne Sonderrolle zu leben. Die Autorin hat ihrer literarischen Hauptfigur eine starke Zuneigung zur ehemaligen Sowjetunion/Russland konstruiert, aber gibt ihrer Ich-Erzählerin gleichzeitig im Sinne einer transnationalen Identität über das Erlernen der Sprache ihrer Wahlheimat und die Liebe zu deren Sprache eine wachsende Bindung an Deutschland mit. Die Loslösung von nach dem Holocaust vorgegebenen Opfer/Täter-Rollen findet bei der Protagonistin über das Erlernen der »Sprache des Feindes« (Petrowskaja 80) statt. Die Sprache hilft dabei, sich mit der Vergangenheit auseinanderzusetzen, sie auf persönlicher Ebene zu überwinden und ihr als Individuum die Möglichkeit zu geben, einen Ausweg zu finden, »ein zweites Leben« (Petrowskaja 80). Sie nimmt eine neue Identität für sich in Anspruch, die der selbstbewussten Jüdin, die Deutschland bewusst als Land ihres Lebensmittelpunktes ausgewählt hat und als ›Wahlheimat‹ beansprucht.

Die Textanalyse zeigt, wie schwierig sich der Prozess der Sprachaneignung gestaltet. So wie die Autorin sich selbst das Erlernen der deutschen Sprache erkämpft hat[259], lässt sie auch ihre Ich-Erzählerin einen schweren Kampf ausfechten. Diese will »auf Deutsch schreiben, auf Teufel komm raus« (Petrowskaja 79). Aber zunächst bleibt die neue Sprache für sie stumm. Es kommt ihr vor, als

Von der gleichen Begebenheit in deutschen Worten zu berichten, bedeutete hingegen, sich ein deutsches Gegenüber zu imaginieren« (Heimann, »Die deutsche Sprache kam einer Befreiung gleich«). Ein weiteres Motiv von ihr betrifft den Literaturbetrieb. Auf einem Spielplatz hatte sie 2002 einer Journalistin von ihrer »goldenen sowjetischen Kindheit erzählt« und diese riet ihr, »darüber auf Deutsch zu schreiben.« Als zwei Jahre später die *Neue Züricher Zeitung* ihren ersten Artikel veröffentlichte, »Da habe ich verstanden, dass meine sowjetischen Geschichten hier in Deutschland interessant sind« (Krautstengel und Schneider, »Ich habe einfach auf meinen Rhythmus gehört«). Es scheint, als habe die Erkenntnis Petrowskajas, dass sich auf deutsch geschriebene ›sowjetische Geschichten‹ in Deutschland gut verkaufen lassen, mit zu ihrer Auswahl von Sujet und Sprache ihres Buches beigetragen.

259 Die Autorin beschreibt das Erlernen der deutschen Sprache, in der sie sich noch »minderjährig« vorkommt, wie folgt: »Es ist ein Kampf mit dieser Sprache.« »Ich habe, um diese Sprache zu lernen, zehn Jahre Leben in die Luft geschossen. Vielleicht war dieses Opfer zu groß« (Heimann, »Die deutsche Sprache kam einer Befreiung gleich«).

würde sie aktiv wie ihre Ahnen den »Kampf gegen die Stummheit« aufnehmen(Petrowskaja 79).[260] Während des Schreibens ihrer Familiengeschichte in deutscher Sprache leidet sie unter der selbstauferlegten Last:

> ich kann mich nicht verstecken, und das alles auf deutsch, diese sprache, mein angeklebtes geschlecht, auf deutsch ist die sprache weiblich und auf russisch ist sie männlich, was habe ich mit diesem wechsel getan? […] hier unten, o mein deutsch! ich schwitze, mit meiner auf die zunge geklebten deutschen sprache. (Petrowskaja 118)

Der Wechsel vom Russischen ins Deutsche kommt der Ich-Erzählerin so drastisch wie eine Geschlechtsumwandlung vor. Der Sprachwechsel verändert ihre Identität, gibt ihre eine neue, die sich anfühlt wie auf die Zunge geklebt. In diesem Zitat kommen auch die gängigen Probleme mit der Rechtschreibung beim Erlernen der deutschen Sprache zum Ausdruck: Indem sie alle Wörter mit kleinen Anfangsbuchstaben schreibt, untergräbt sie die deutsche Groß- und Kleinschreibung und auch die Diskussion der richtigen Artikel, die den deutschen Nomen ein abstraktes grammatikalisches Geschlecht verleihen, deutet ihren schweißtreibenden Kampf mit der fremden, ›auf die Zunge geklebten‹ Sprache an. Warum also will die Ich-Erzählerin sich dieser ›Geschlechtsumwandlung‹ durch Sprache unterziehen? Sie schreibt:

> Ich begehrte Deutsch so sehr, weil ich damit nicht verschmelzen konnte, getrieben von einer unerfüllbaren Sehnsucht, einer Liebe, die weder Gegenstand noch Geschlecht kannte, keinen Adressaten, denn dort waren nur Klänge, die man nicht einzufangen vermochte, wild waren sie und unerreichbar. (Petrowskaja 79)

Die Liebe zur unerreichbar scheinenden deutschen Sprache mit ihren ›wilden Klängen‹ ist aber nur der eine Aspekt, der sie bei deren Erlernen vorantreibt, denn sie hat ein Gefühl, »als müsste ich das stumme Deutsch lernen, um sprechen zu können« (Petrowskaja 79). Wovon will sie sprechen können? Die deutsche Sprache soll ihr zunächst »Wünschelrute auf der Suche nach den Meinigen« sein (Petrowskaja 79). Sie will ihre eigene Stimme finden, nicht mehr stumm sein und den ehemaligen Opfern eine selbstbewusste Stimme geben, indem sie sich die Sprache der ehemaligen Gegner zu eigen macht und sich damit in die deutsche Geschichte einschreibt. Sie fragt sich – der Text ist klein geschrieben, weil sie die Frage und das Problem so sehr bewegen –,

> wer sind die, die meinigen, […], und die sprachwechsel, die ich unternehme, um beide seiten zu bewohnen, ich und nicht ich zugleich zu erleben, was für ein anspruch […]. (Petrowskaja 117f.)

260 Die Protagonistin merkt an, »denn Deutsch, *nemeckij*, ist im Russischen die Sprache der Stummen, die Deutschen sind für uns die Stummen, *nemoj nemec*, der Deutsche kann doch gar nicht sprechen« (Petrowskaja 79).

Dass der Anspruch, einen Rollen- und Blickwechsel (Petrowskaja 115) vorzunehmen, sie überfordert, hat sich z. B. gezeigt, als ihr Selbsterhaltungstrieb sie davon abhielt, sich zu sehr die Leiden des Attentäters Judas Stern vorzustellen. Ihr Selbsterhaltungstrieb – neben Sprache eines der Hauptidentitätsmerkmale bei Petrowskaja – riet ihr auch, ›den Stein liegen zu lassen‹ und das ständige Leben mit der Erinnerung an Kriegsleiden und Schrecken des Holocaust zugunsten des Lebens im Hier und Jetzt ruhen zu lassen. In Deutschland lebend, will sie sich mit dieser Sprache verändern, will sie sich zu eigen machen, eine neue Identität für sich und ihre Familie, ihre Kinder – die nächste Generation – mit ihr begründen. Sprache hat nicht nur ihren Lebensweg, sondern auch den ihres Bruders bestimmt, der das religiöse Judentum für sich wiederentdeckt hat: »Wir waren eine sowjetische Familie, russisch und nicht religiös«, aber »Sein Hebräisch und mein Deutsch – diese Sprachen veränderten unsere Lebenswege, *Betreten auf eigene Gefahr*«, lässt Petrowskaja ihre Ich-Erzählerin über das Erlernen einer neuen Sprache sagen (78). Diese erklärt weiter:

> wir bestimmten uns nicht mehr durch die lebenden und die toten Verwandten und ihre Orte, sondern durch unsere Sprachen. Als mein Bruder mit Hebräisch anfing, um sein Leben dem Judentum zu widmen, stürzte er sich in diese Sprache, [...]. Meine Wahl war unbedacht, aber logisch. Gemeinsam schufen wir, mein Bruder und ich, durch diese Sprachen ein Gleichgewicht gegenüber unserer Herkunft. (Petrowskaja 78)

Das ›Gleichgewicht‹, das durch die gewählten Sprachen des Geschwisterpaares, Hebräisch und Deutsch, hergestellt wird, verweist auf die Geschichte: Der Bruder lernt die Sprache Israels, des jüdischen Staates dessen Gründung eine geschichtliche Konsequenz des Holocausts war, die Schwester wählt die Sprache der Täter von damals. In *Vielleicht Esther* bestimmt damit das gegenwärtig lebende Individuum seine Identität, nicht die Familiengeschichte. Die Ich-Erzählerin und auch ihr Bruder greifen aktiv in den Prozess der Identitätsbildung ein. Die Autorin gibt ihrer Hauptfigur die Macht, sich selbst neu zu erfinden, sich loszulösen von den Traumata der Vergangenheit und sich die Sprache des ehemaligen Peinigers, des Kriegsfeindes zu eigen zu machen,[261] sich in ihr, der deutschen Sprache, neu zu definieren. Das Erlernen der deutschen Sprache und sogar in ihr sich als Schriftstellerin zu betätigen, in Deutschland zu leben, nicht als Opfer, sondern als aktives, selbstständig und bewusst agierendes Individuum, ist ihr Beitrag zur Erhaltung des Friedens. Die Ich-Erzählerin drückt es in ihrer eigenen Interpretation der deutschen Grammatik so aus: »aber wenn sogar ich auf

261 »Oft verbiss ich mich in die Sprache, mit dem Recht der Besatzungsmacht, ich wollte diese Macht, als müsste ich die Festung stürmen, mich mit dem ganzen Körper in die Schießscharte werfen, à la guerre comme à la guerre, als wäre mein Deutsch die Voraussetzung für den Frieden, der Blutzoll war beträchtlich und die Verluste sinn- und gnadenlos« (Petrowskaja 80).

Deutsch, dann ist wirklich nichts und niemand vergessen, und sogar Gedichte sind erlaubt, und Friede auf Erden« (Petrowskaja 80). Die deutsche Sprache zu erlernen, den »Kampf gegen die Stummheit« (Petrowskaja 79) zu gewinnen, heißt für die Ich-Erzählerin sich frei zu machen von den Lasten der Vergangenheit – neu zu beginnen, nicht als Opfernachfahrin im Land der Täter, sondern als ganz ›normaler‹ Mensch.

Mit der deutschen Sprache beginnt das nächste Kapitel der Familiengeschichte der Ich-Erzählerin, nämlich die Zukunft, denn sie findet nicht nur für sich selbst eine neue Identität über die neue Sprache, sondern auch für ihr Kind, das die nächste Generation in ihrer Familiensaga vertritt. Ihre Vermutung, wo ihre Liebe zu der deutschen Sprache ihren Anfang nahm, teilt die Ich-Erzählerin den Leser*innen am Ende der Erzählung, im Epilog »Kreuzung« mit. Die »Klänge« der deutschen Namen einer Straßenkreuzung seien in sie »hineingefallen«:

> Ich bin als Kreuzung zweier Straßen mit deutschen Namen entstanden, Engels und Karl Liebknecht. In diesen beiden Straßen sind meine Eltern zur Welt gekommen, mein Vater in der Uliza Engelsa und meine Mutter in der Uliza Liebknechta Ecke Institutskaja, und auch meine Schule stand an dieser Kreuzung. Wenn es eine Schuld gibt, in dem Sinn, dass alles einen Grund hat, dann liegt sie in dieser deutschen Kreuzung, ihre Klänge sind in mich hineingefallen, damals, als ich zur Schule ging. (Petrowskaja 281)

Auf diese Weise war die deutsche Sprache[262] von Anfang an Teil des Lebens der Ich-Erzählerin und begleitete sie auf dem Schulweg und beim Nachhausekommen. Auch ihre Familiengeschichte hängt mit dieser Sprache zusammen: Ihre Eltern stammen aus Straßen mit deutschen Namen und Deutsch ist ebenfalls die Sprache des Feindes im Zweiten Weltkrieg. Die Erkundung ihrer Familiengeschichte auf der Suche nach sich selbst, die Erkenntnis, dass sie, um ihr eigenes Leben zu leben, sich nicht ständig an die Leiden der Holocaust- und Kriegsopfer erinnern kann, gestatten ihr, einen deutschen Mann zu lieben, mit ihm in Deutschland zu leben und einen Neuanfang als deutsch schreibende Schriftstellerin zu wagen. Der Gebrauch der deutschen Sprache, um als Russin in Deutschland von ihren ermordeten jüdischen Verwandten zu erzählen, bedeutet für die Protagonistin nicht nur die Erarbeitung einer deutschen Identität, sondern ist auch eine versöhnliche Geste an die heutigen Deutschen, denen sie, wie sich auch, ein ›normales‹ alltägliches Leben zugesteht, in dem die Erinnerung zwar einen Platz hat, aber nicht alles dominiert. Ihr Selbsterhaltungstrieb, ihre Lebenszugewandtheit, – vielleicht ein wenig auch – die frühe Faszination durch den Klang der deutschen Sprache führen die Ich-Erzählerin nach Deutschland in

262 Und weil die Sowjetideologie sich auch der Namen von Marx, Engels, Liebknecht, Luxemburg zur Bezeichnung alltäglicher Dinge bediente – nach Marx wurde z. B. »unsere(r) Tortenfabrik« benannt (Petrowskaja 281).

ihr gegenwärtiges Leben. Sie denkt an den Beginn dieser Faszination zurück und überlegt:

> Jetzt ist mir rätselhaft, warum wir nie gefragt haben, wer dieser liebe Knecht ist und warum wir damals nicht begriffen haben, dass auch die zahlreichen Prinzen mit ihren Schimmeln und Schlössern sich aus den deutschen Märchen in unsere Kindheit eingeschlichen haben. (Petrowskaja 282)

Nicht nur die nach deutschen Gesellschaftstheoretikern benannten Straßennamen, sondern auch Kindermärchen, die der Ich-Erzählerin vermutlich als Kind vorgelesen oder erzählt wurden, haben in ihrer Vorstellungskraft mit daran gearbeitet, dass sie später die Sprache des ›Feindes‹ lieben lernte. Von Russisch, ihrer Muttersprache, der Sprache, die der Ich-Erzählerin von ihren Vorfahren vererbt wurde, sagt sie, es sei die Sprache, »die ich nun so großzügig niemandem weiterverschenke, dead end also und Halt« (Petrowskaja 9). Die neue, über den Spracherwerb so hart erarbeitete deutsche Identität dagegen, gibt sie an ihr Kind weiter.[263] Die Muttersprache ihrer Tochter ist Deutsch und nicht Russisch. Dennoch bleibt das Russische Teil der Identität der Ich-Erzählerin, bleibt ein Rückzugsort, eine Wissensquelle und die sprachliche Heimat eines großen Teils ihrer Familie. Sie sagt:

> So gründet die Herkunft unserer Familie in einer fragwürdigen Übersetzung ohne Original, und ich erzähle die Geschichte dieser Familie nun auf Deutsch, ohne dass es für sie je ein russisches Original gegeben hätte. (Petrowskaja 52f.)

Die Vergangenheit der Ich-Erzählerin liegt im Russischen, die Zukunft im Deutschen und dennoch hat es für die Vergangenheit nie eine einheitliche Sprache, die Russische, gegeben, so sprach die Großmutter väterlicherseits, die vielleicht Esther hieß, bspw. Jiddisch. Das Erzählen der Familiengeschichte auf Deutsch hat für die Ich-Erzählerin einen emanzipatorischen Charakter, denn sie befreit sich vom Verlust, vom Horror und Chaos des Krieges und von den von Generation zu Generation überlieferten Traumata des Holocaust. Doch jedem Neuanfang wohnen auch Verluste inne. So spricht die Tochter der Protagonistin kein Russisch mehr, ihre Eltern können die auf Deutsch erzählten Geschichten nicht verstehen und auch die Ich-Erzählerin selbst will sich, damit der Erwerb der neuen Identität und ein normal-alltägliches Leben gelingen kann, von spezifischen Aspekten ihrer alten Identität lösen. Z.B. von den Vorstellungen, die heute in Deutschland lebenden Deutschen seien identisch mit den nationalsozialistischen Tätern der Vergangenheit und die gegenwärtig in Deutschland lebenden Juden seien Opfer wie damals. Die Geschichte ihrer Herkunftsfamilie, ein »Konglomerat sowjetisch-jüdischer Geschichte« (Heimann, »Die deutsche Sprache kam einer Befreiung

263 Wie die Geschichte »Im Museum« zeigt, spricht die elfjährige Tochter der Protagonistin mit ihrer Mutter deutsch (Petrowskaja 44f.).

gleich«), wird für sie bereits ansatzweise und für ihre Tochter, die in Deutschland geboren wurde und einer neuen Generation angehört, dann ganz zu einer deutschen Geschichte. Der Ortswechsel von Kiew nach Berlin beinhaltet ein Ende und einen Neuanfang zugleich.

II.3 Transnationalität als Fluch und Segen zugleich

Mit dem Identitätsmerkmal der Sprache ist das Merkmal der Transnationalität, das ein Gefühl der Zugehörigkeit zu mehr als einem Land meint, eng verbunden. Wie in der Einleitung bereits erwähnt, hat die starke Zuwanderung von osteuropäischen Jüd*innen, wie Katja Petrowskaja, eine Veränderung in der kollektiven jüdischen Identität bewirkt, die sich daher gegenwärtig nicht mehr mit Begriffen wie ›positive‹ bzw. ›negative Symbiose‹ erfassen lässt, sondern laut Leslie Morris der Einführung des Begriffs der Transnationalität bedarf (601). Das Bipolare der deutsch-jüdischen »Bindestrichidentität« (Jacobs 178) greift nunmehr zu kurz, um den Einfluss zu erfassen, den Mobilität und Migration auf die zeitgenössische jüdische Identität, auch der von Petrowskajas Ich-Erzählerin, haben. Dieses Identitätsmodell ist um eine transnationale Komponente zu ergänzen. Die Identität der Protagonistin in Petrowskajas Buch weist russische, sowjetische, ukrainische, jüdische und deutsche kulturelle Elemente auf. Die komplexe Konstellation kompliziert das Konzept des Bipolaren zweier unterschiedlicher Nationen und transzendiert sie (Geller und Morris 1). Sie ist ein zentraler Faktor in der Identitätskonstruktion in *Vielleicht Esther*. Das Transnationale an der Identität von Petrowskajas Hauptfigur lässt sich an folgenden Faktoren im Text festmachen: An der Zugehörigkeit zu mehreren Kulturen und Orten und der daraus entstehenden Bindung an mehr als ein Land, dem Einfluss mehrerer Sprachen, der Beschreibung des Prozesses der Eingewöhnung in ein neues Land, z.B. des Erlernens von dessen Sprache, an der Darstellung der inneren und äußeren Mobilität der Ich-Erzählerin, bspw. anhand des Umzugs von der Ukraine nach Deutschland und ihrer inneren und tatsächlich durchgeführten Reisen ›zurück‹ in die Vergangenheit, dem Gefühl der Entwurzelung und der Suche nach Heimat und schließlich der Neuverhandlung der eigenen Identität durch die deutsche Sprache und die Zuneigung zu Deutschland über die Sprache, obwohl der Holocaust einer solchen entgegen stehen müsste.

Die Transnationalität, die Petrowskaja für sich selbst und ihre Ich-Erzählerin in Anspruch nimmt, manifestiert sich u.a. bereits in dem Fakt, dass sowohl Autorin als auch Ich-Erzählerin als nicht in Deutschland geborene Jüdinnen (Geller und Morris 7) durch ihr literarisches und künstlerisches Schaffen in das kulturelle Leben und Selbstverständnis in Deutschland eingreifen. Um auf die einzelnen Faktoren der Transnationalität einzugehen: Die multinationale Identität der Ich-Erzählerin haben verschiedene Länder, in denen die jüdischen Familienvorfahren lebten und wirkten, mit ihren kulturellen und politischen Einflüssen bewirkt. Petrowskajas Hauptfigur lebte mit ihrer engeren Familie in der Sowjetunion, aber ihre Familie hat auch Wurzeln in anderen osteuropäischen Ländern, wie bspw. der Ukraine oder Polen. Kennzeichen der Familie ist die Mobilität, die einige Mitglieder z.B. nach Paris gehen ließ und sie selbst schließlich nach Deutschland führte:

> Meine fernen Verwandten mit den Namen Krzewin und Levi hatten in Lódz, Kraków, Kalisz, Kolo, Wien, Warschau, Kiew und Paris gelebt, noch 1940, wie mir erst kürzlich klar wurde, und auch noch in Lyon, wie meine Mutter sagte. Rusja studierte in Wien und Jusek in Paris, an diesen Satz meiner Großmutter erinnere ich mich. Wer Rusja und Jusek waren, habe ich nie erfahren, irgendwelche Verwandte eben. Vielleicht war es gerade umgekehrt: Rusja studierte in Paris und Jusek in Wien. (Petrowskaja 26)

Die Vorfahren lebten in Polen, Österreich, der Ukraine und Frankreich. Gerade weil in der Erinnerung ihrer Großmutter und Mutter nur noch weit »verbreitet[e]« Namen und die Orte, an denen die Verwandten gelebt haben, vorhanden sind, nicht aber Lebensgeschichten und Charakterbeschreibungen, ist es der Ich-Erzählerin nicht mehr möglich, »die Meinigen [...] zu unterscheiden von Hunderten anderer, die genauso hießen« (Petrowskaja 27):

> dabei wäre es für mich nicht möglich, die Meinigen von den Fremden zu trennen wie den Weizen von der Spreu, es wäre eine Selektion gewesen, und ich wollte keine, nicht einmal das Wort. Je mehr Gleichnamige es gab, desto geringer war die Chance, meine Verwandten unter ihnen zu finden, und je geringer diese Chance war, desto klarer wurde mir, dass ich alle Aufgelisteten zu den Meinigen zu zählen hatte. (Petrowskaja 27)

Die Ich-Erzählerin beschreibt in dieser Passage eine Solidarität mit den Opfern, ein Nicht-mehr-unterscheiden-können und -wollen zwischen eigenen und fremden Angehörigen. Selektion, wie während des Holocaust, will sie auf keinen Fall. Dennoch sucht sie verzweifelt nach Informationen über die Ihren und will wissen, ob sie sich in deren Persönlichkeit und Verhalten wiederfinden kann. Sie fühlt sich zugehörig zu Menschen gleichen Namens und zu den Orten, an denen sie gelebt haben, um eine verschwundene, nicht mehr zurückholbare Verbindung zu ihren toten Verwandten entstehen zu lassen.

> Und an noch einen Satz erinnere ich mich: Auch Rusja und Jusek haben den Bürgersteig mit der Zahnbürste geputzt. In Lódz, Kalisz, Warschau waren vielleicht immer noch Ferien, und am Konservatorium hatte das Semester noch nicht begonnen, sie waren zu Hause und nicht in Paris oder Wien. Als ich diesen Satz in meiner Kindheit hörte, dachte ich, es wäre in der Schweiz, weil unsere Zeitungen damals darüber schrieben, dass in der Schweiz alles sauber sei [...] und ich sah, wie das Land in Seifenblasen versank, dieses Land oder ein anderes in seiner strahlenden, unerreichbaren Sauberkeit. (Petrowskaja 26)

Ob die Menschen wirklich ihre Verwandten waren, ob sie tatsächlich an den Orten lebten, die die unzuverlässige Erinnerung ihrer Eltern und Großeltern nennt, ist letztlich nicht von Bedeutung für die transnationale Identität der Ich-Erzählerin. Sie weiß nicht einmal, ob sich ihre beiden Angehörigen wirklich in der Schweiz befunden haben oder ob diese tatsächlich beim Militär waren. Wesentlich für sie ist, dass sie sich durch ihre Vorstellungskraft und einige Erinnerungsfetzen zu Menschen und Orten zugehörig fühlen will, zu denen sie keine reale, direkte Verbindung mehr aufnehmen kann. Als Symptom ihrer transnationalen Identität gibt es eine eindeutig zuordenbare ›Heimat‹ für die Ich-Erzählerin in der Vergangenheit nicht. Will sie irgendwo eindeutig zu Hause sein, muss sie sich erst eine eindeutige Identität im Hier-und-Jetzt schaffen, obwohl die Protagonistin selbst in ihrer engeren Herkunftsfamilie eine glückliche Kindheit mit eindeutiger Heimat verlebte: Sie hatte ihre Eltern, ihre »Blumenomas«, ihre Paradiese, so den Paradiesgarten, der den Palast umgab, in dem sie im Chor sang und tanzte und in dem sie viele Stunden ihrer Kindheit verträumte und den Rosengarten ihres Großvaters Wassilij. Als bewusste Erwachsene verlor sie jedoch ihre Paradiesgärten. Diese Orte und ihre positiven Erinnerungen werden durch begangene und vermutete Verbrechen entzaubert, und dadurch bitter und schal. Auch die Heimat, die die unbefangene Kindheit früher bot, wird damit zunichtegemacht. Die einzige, wenn auch unsichere Heimat, die die Ich-Erzählerin sich deshalb für sich selbst und ihre verstreute transnationale Familie zunächst vorstellen kann, ist die russische Sprache:

> Wir waren eine sowjetische Familie, russisch und nicht religiös, das Russische war das stolze Erbe aller, die wussten, was Verzweiflung ist, angesichts des Schicksals der eigenen Heimat, wie der Dichter sagt, *Nur du gibst mir Stütze und Halt, o du große, mächtige, wahrheitsgetreue und freie russische Sprache*, und heute höre ich in diesen Worten *o du fröhliche, o du selige*, [...]. (Petrowskaja 78)

Das Russische als sprachliche Heimat für alle in der Sowjetunion vereinigten Länder wird für die Ich-Erzählerin, die in Kiew aufwuchs und nach Auflösung der Sowjetunion Ukrainerin wurde und nun in Deutschland lebt, unzuverlässig und gilt nicht mehr umfassend für sie selbst. Ganz im Sinne der Mehrfachzugehörigkeiten, die eine transnationale Identität ausmachen, kreuzen sich im Selbstverständnis der Ich-Erzählerin Einflüsse mehrerer Länder und Kulturen: Die Zugehörigkeit zum ›Sowjetischen‹ ist mit dem Ende der Sowjetunion aufgehoben, das Russische war die Schicksalssprache der Heimat, der Verwandten, wie durch die intertextuelle Referenz zum Gedicht »Die Russische Sprache« (1882) des Dichters Iwan Turgenjew angedeutet, aber die Ich-Erzählerin hört nun in dem russischen Gedicht über die ehemalige Heimat das deutsche Weihnachtslied »O du Fröhliche«. Noch entzieht sich ihr das Deutsche als verlässlicher

Garant eines Heimatgefühls,[264] ausgedrückt in der Rechtschreibung im Zitat, in dem ›fröhliche‹ als Adjektiv klein geschrieben wird und nicht als kulturell begründeter Eigennamen eines Weihnachtsliedes groß.[265] Die deutsche Identität ist noch unsicher, ist wie die deutsche Sprache immer noch nicht selbstverständlich. Aber dass ihr – als nicht-religiöse russischsprachige Jüdin – gerade dieses christliche Lied in den Sinn kommt, zeigt ihre Hoffnung, dass sie sich über die neue Sprache, über ihre Tätigkeit als deutsch schreibende Schriftstellerin die deutsche Identität und Zugehörigkeit erwerben wird.

Die Suche der Ich-Erzählerin nach den Personen und Orten, die ihre Familie einst ausmachten, ist eine Suche nach einem Zugehörigkeitsgefühl, einer innerlichen Heimat – eine Suche nach sich selbst. Die Ich-Erzählerin sagt:

> Ich wusste nicht mehr, warum ich sie suchte und was die ursprüngliche Frage war, meine Suche war seit langem zur Sucht geworden, aber ich ahnte, wenn ich hier etwas fände, dann würde ich zurückkehren, obwohl ich nicht wusste, ob dieses Zuhause, in das ich zurückkehrte, in der Sprache, im Raum oder in der Verwandtschaft lag. (Petrowskaja 128)

Die Suche nach dem Vergessenen wird für die Ich-Erzählerin zur ›Sucht‹. Sie möchte heimkehren über das Zurückholen der Vergangenheit. Über die Auseinandersetzung mit der Vergangenheit der Familie, will die Ich-Erzählerin das Gefühl des Verlusts und das Nichtwissen, wem man ähnelt oder in welcher Persönlichkeit man sich wiederfindet, das ihren Schreibanlass ausmacht, loswerden, d.h. sie will in diesem Sinne zurückkehren zu einem imaginären Zuhause, das ihre Identität jedoch maßgeblich geprägt hat. Sie sagt:

> ich litt immer wieder an dieser manchmal schneidend scharfen, manchmal wermutherben Einsamkeit, und ich dachte, es kommt nur daher, dass mir etwas fehlte. Der üppige Traum von einer großen Familie an einem langen Tisch verfolgte mich mit der Beständigkeit eines Rituals. (Petrowskaja 23)

Die Einsamkeit, die die Ich-Erzählerin empfindet, versucht sie sich durch die Abwesenheit des idyllischen familiären Beieinanderseins um den Tisch und der gemeinsamen Rituale zu erklären. Sie wünscht sich über Recherchen und Fiktionen zu der Persönlichkeit ihrer über Länder- und Sprachgrenzen verstreuten, im Krieg oder KZ verschwunden oder einfach vergessenen Verwandten dieses Gefühl des Verlusts auszugleichen und an dessen Stelle eine Heimat zu setzen, die ein Zugehörigkeitsgefühl zu deren Identität bedeutete:

264 Die Autorin sagt zu der Frage ihres Interviewers, was Heimat für sie bedeutet und meint offenbar Russland damit: »Heimat ist für mich eine Gegend, durch die man reisen kann, wo man aber keine Wurzeln schlägt« (Heimann, »Die deutsche Sprache kam einer Befreiung gleich«).

265 Groß- und Kleinschreibung: Indem es üblich ist, Fröhlich im Titel des Liedes groß zu schreiben, wird die besondere Freude über die Ereignisse der Weihnachtszeit angezeigt.

> Ich wollte eine totale Rückkehr, wie im Märchen vom goldenen Schlüssel, der auf dem Boden eines Sumpfes liegt und eine Tür aufschließen soll, man weiß lange nicht welche, und dann befindet sie sich zu Hause, dort, von wo man fortgegangen ist. (Petrowskaja 128)

Die ›totale Rückkehr‹ gelingt nicht, nicht einmal das Gefühl der Zugehörigkeit zu *einem* bestimmten Land, in dem ihre Ahnen gelebt haben, will sich einstellen. Die sowohl erzwungene, als auch erwünschte Mobilität war zu groß. Zu viele Stationen, Orte haben sie bewohnt und wieder verlassen. Aber der »Drang, nach Verschwundenem zu suchen« (Petrowskaja 12) trägt dennoch Früchte. Die Ich-Erzählerin erkennt sich selbst bei der Betrachtung ihrer Vorfahren und deren Charakter- und Wesenszügen wieder. Wie schon erwähnt, sieht sie, dass sie einen starken Willen hat, sich selbst zu erhalten. Judas Stern, ihr Großonkel, hatte diesen Selbsterhaltungstrieb nicht und so möchte sie nicht sein. Ihr Urgroßvater Ozjel, der diesen Selbsterhaltungstrieb auch besaß, ist ihr für ihr Leben dennoch kein Vorbild mit seiner altruistischen Hingabe an die Taubstummen. Großvater Wassilij, von dem sie vermutet, er habe Böses getan, ist trotz seines Lebenswillens erst recht kein Wegweiser für ihr Handeln. Großvater Semjon dagegen ist positiv besetzt. Er, der der Verfolgung durch den Namenswechsel von Stern zu Petrowskij entging, hat sie erkennen lassen, dass in ihr, wie in ihm, ein starker Selbsterhaltungstrieb lebt. Mit ihrem Sprachwechsel von Russisch zu Deutsch, ihrer Flexibilität, Mobilität und Anpassungsfähigkeit geht sie ähnlich vor wie er und erfindet sich neu. Als Jüdin, die nach in den Wirren des 20. Jahrhunderts verschwunden Verwandten sucht, fällt es ihr schwer, sich ständig an die jüdischen Leiden durch Holocaust und Krieg zu erinnern. Ihre Lebenszugewandtheit zeigt ihr über ihre Liebe zur deutschen Sprache und zu einem Deutschen einen Ausweg. Sie zieht aus freiem Willen (Petrowskaja 78 ff.) mit ihm nach Deutschland, gründet mit ihm eine Familie und indem sie versöhnungsbereit den Kampf mit der deutschen Sprache aufnimmt und in dieser über die deutschen Verbrechen an ihrer Familie schreibt, beginnt sie sich eine neue deutsch-jüdische Identität aufzubauen. Sie nimmt eine neue Rolle ein und zwar nicht die der Stummen, sondern die der lebenszugewandten Schriftstellerin, die als Angehörige der Generation jüdischer Immigranten aus Osteuropa etwas zu sagen, eine Botschaft in Deutschland zu verkünden hat. Das Zugehörigkeitsgefühl zu ihrer neuen Wahlheimat, so hofft sie, wird langsam wachsen, trotz oder gerade wegen ihrer Transnationalität.

In *Vielleicht Esther* erleben die Leser*innen, wie die Ich-Erzählerin die Suche nach ihrer Herkunft, ihrer Identität von der Gegenwart, von Berlin aus, einer Stadt, die »zu einer der friedlichsten Städte der Welt geworden ist und diesen Frieden fast aggressiv betreibt, als eine Form der Erinnerung an den Krieg« (Petrowskaja 7), beginnt und versucht, sich vom Berlin-Warschau Expresszug in die Vergangenheit bringen zu lassen. Sie wird ›Weichenstellerin‹ (Petrowskaja 8) für ihr neues Leben, ihre Zukunft.[266]

Ein weiteres mit Transnationalität eng verknüpftes Identitätsmerkmal ist die unsichere Herkunft der Ich-Erzählerin, unter der sie leidet und gegen die sie sich mit ihrem Rechercheeifer und ihrer aufwendigen Suche nach Familienangehörigen zu wehren versucht. Wie schwierig sich die Erforschung der Familiengeschichte und damit ihrer eigenen Persönlichkeit gestalten wird, zeigt bereits der Untertitel »Geschichten« des Buches *Vielleicht Esther*, die sie ihren Leser*innen erzählt. Namen symbolisieren in Petrowskajas Roman – so meine These – Wandelbarkeit mehr als Beständigkeit. Sie können Schutz gegen politische Verfolgung und Ausdruck von Selbsterhaltungswillen sein. Durch ihre Wandelbarkeit sind Namen aber auch keine zuverlässige Informationsquelle über die verschwundenen Verwandten mehr. Vielleicht hat die Großmutter ihres Vaters Esther geheißen, vielleicht auch nicht. Ungefähr ein halbes Jahrhundert nach dem Tod ihrer Urgroßmutter ist es anscheinend unmöglich, selbst etwas so Simples, wie diesen Namen, herauszufinden. Niemand aus der Familie der Ich-Erzählerin lebt noch, der ihr den Namen ihrer Urgroßmutter väterlicherseits mit Sicherheit sagen kann. Er bleibt trotz intensiver Recherchen unbekannt und deshalb gibt die Protagonistin – und mit ihr die Autorin – ihr den Namen Esther. Die Ich-Erzählerin gibt ein Gespräch mit ihrem Vater wieder:

> Ich glaube, sie hieß Esther, sagte mein Vater. Ja, vielleicht Esther. Ich hatte zwei Großmütter, und eine von ihnen hieß Esther, genau.
> Wie, vielleicht?, fragte ich empört, du weißt nicht, wie deine Großmutter hieß?
> Ich habe sie nie bei ihrem Namen genannt, erwiderte mein Vater, ich sagte Babuschka, und meine Eltern sagten Mutter. (Petrowskaja 209)

Die Empörung der Erzählerin über die Unsicherheit ihres Vaters, was den Namen seiner Großmutter betrifft, ist symptomatisch für den Verlust von Fakten – Lebensdaten von nahen Verwandten. Die Ich-Erzählerin muss der unzuverlässigen Vermutung ihres Vaters glauben und kann nicht mit einem Anspruch auf faktische Genauigkeit den Namen ihrer Urgroßmutter festhalten. Namen werden in ihrer Familie benutzt, um mit den historischen Gegebenheiten umzugehen und eine Familienfiktion zu schaffen. Aus politischer Notwendigkeit unter Stalins Regierung wird in die Ahnenreihen eingegriffen und Verwandte werden aus der Familiengeschichte teilweise unwiederbringlich entfernt:

266 Die Ich-Erzählerin sagt von sich, sie gehe rückwärts in der Zeit, sie stelle die Weichen und der Zug bringt sie zurück in die Kriegszeit. Weichenstellerin könnte aber zusätzlich bedeuten, sie stellt die Weichen so, dass sie den schweren Stein (Sisyphus) der Rückkehr in die Vergangenheit ruhen lassen will und das auch indirekt anderen empfiehlt, weil das Leid zu groß ist, nicht erfassbar ist und die alltägliche Normalität des Jetzt immer siegt, das neue Leben das Leid zudeckt.

> In einer anderen Zeit, vor den Feiern an unserem langen Tisch, war eine große Familie ein Fluch, denn unter den Verwandten konnten sich Weißarmisten, Saboteure, Adelige, Kulaken, im Ausland Lebende, viel zu Gebildete, Volksfeinde und deren Kinder sowie andere Verdächtige finden, und unter Verdacht waren alle, deswegen erlitten die Familien einen Gedächtnisschwund, oft um sich zu retten, was nur selten half, und als wir damals feierten, waren solche Verwandte, wenn es sie überhaupt gegeben hatte, meistens schon vergessen, oft vor den Kindern geheim gehalten, und so schrumpften die Familien, ganze Familienzweige sanken in Vergessenheit, die Sippe schmolz zusammen, [...]. (Petrowskaja 24)

Dieses von der Erzählerin beschriebene Zusammenschrumpfen der Familie durch bewusstes, aus politischer Angst motiviertes Vergessen führt zu einem kollektiven Identitätsverlust, der retrospektiv nur noch durch Fantasie zu füllen ist.[267] Die nicht mehr verifizierbaren Erinnerungen und Überlieferungen sind tückisch, wie die Ich-Erzählerin reflektiert:

> [Es gab] meinen Großvater Wassilij, der in den Krieg zog und erst nach 41 Jahren zu meiner Großmutter Rosa zurückkehrte. Sie hat ihm seine lange Wanderung nie verziehen, aber – bei uns gibt es immer jemanden, der aber sagt – aber, sagte dieser jemand, sie haben sich geküsst, am Kiosk neben der U-Bahn, da waren sie beide schon über siebzig, das Hotel Tourist wurde gerade gebaut, aber Großvater, sagte meine Mutter, Großvater konnte doch damals die Wohnung schon nicht mehr verlassen, und das Hotel Tourist wurde erst später gebaut. (Petrowskaja 19)

Die Erinnerungen verschiedener Verwandter, auf die die Ich-Erzählerin zurückgreifen muss, um die Familiengeschichte zu rekonstruieren und herauszufinden, wem sie ähnelt, sind nicht verlässlich und voller Widersprüche. Ihre Herkunft bleibt hinter einem Schleier des bewussten und unbewussten Vergessens versteckt. Es gibt immer ein ›aber‹, dass die Ich-Erzählerin auch für die Leser*innen zu einer unzuverlässigen Erzählerin macht, die nicht für sich beanspruchen kann, die ›wahren‹ Gegebenheiten zu berichten. Das Eingreifen ihrer Verwandten, besonders die Namensänderung von Stern zu Petrowskij, die ihr Großvater während der Revolution vollzog, beeinflusst die Ich-Erzählerin in ihrem Selbstverständnis bis in die Gegenwart. Sie sagt: »Dank ihm und der Revolution trage auch ich diesen schönen langen Namen, der aus dem niederen russisch-orthodoxen Klerus stammt« (Petrowskaja 142). Neben den politischen Implikationen hat die Namensänderung auch Konsequenzen für die Familien-

267 Gibt es in der Familie keine verlässlichen Informationen mehr, muss die Ich-Erzählerin anfangen, »Geschichten«, wie der Untertitel des Buches heißt, zu erzählen. Sie sagt: »Geschichte ist, wenn es plötzlich keine Menschen mehr gibt, die man fragen kann, sondern nur noch Quellen« (Petrowskaja 30). Petrowskaja lässt aus der auf historischen Quellen, aber auch deren Interpretation beruhenden Geschichte, Geschichten werden, die die Verschwundenen nicht mehr erzählen können, die sie sich aber zusammenreimt aus Fakten und Fiktion.

identität. Der Nachname Petrowskij sollte den Bolschewisten während der Revolutionszeit, auch mit seiner Hindeutung auf eine christlich-orthodoxe Abstammung, schützen. Er eliminiert die jüdische Konnotation des eigentlichen Familiennamens Stern.[268] Als die Ich-Erzählerin erfährt, dass ihr Nachname gar nicht ihr ursprünglicher Familienname ist, bekennt sie sich dennoch ganz entschieden zu ihm:

> Als ich von unserem ursprünglichen Familiennamen erfuhr, wusste ich sofort, wir sind trotzdem echt, die Sterns sind und bleiben Gespenster, eine Stern werde ich nie werden. (Petrowskaja 142)

Die Familiengeschichte hat sie nicht zu einer Stern, sondern zu einer Petrowskaja gemacht. Großvater Semjon stammte aus Odessa. Aus Odessa sind jedoch alle seine Verwandten namens Stern »verschwunden«. Die Protagonistin vermutet, dass sie, falls sie nicht vor dem Zweiten Weltkrieg ausgewandert sind, dem Holocaust zum Opfer fielen (Petrowskaja 28f.). Sie fühlt sich den Sterns zwar noch verbunden, aber sie sind »Gespenster« für sie. Ihr Name ist Petrowskaja. Der Großvater hat ihr den Stein in seinem Namen weitergegeben (vgl. u.a. Petrowskaja 142). Der Stein, ihr Selbsterhaltungstrieb, ist ihr Schutz und Schild. Der Name Stern lässt sie nicht nur an ihren Großonkel Judas denken, sondern auch den gelben Stern assoziieren, den die Juden in der Nazizeit tragen mussten (Petrowskaja 157). Semjon rettete sein Leben durch einen Namenswechsel, die Ich-Erzählerin ›rettet‹ sich durch einen Sprach- und Ortswechsel vor der Einsamkeit, dem Gefühl des Verlusts, aber auch der realen politischen und ökonomischen Situation in der ehemaligen Sowjetunion, in eine neue Zugehörigkeit, in ein ›normales‹ Leben, in dem die in der Gegenwart Lebenden nicht mehr Täter oder Opfer sind (Petrowskaja 269). Indem sie die deutsche Sprache benutzt, um so weit ihr möglich, das Schicksal ihrer Ahnen niederzuschreiben, erwirbt sie sich eine neue deutsch-jüdische Identität, eine neue Zugehörigkeit. Und manchmal hat sie schon das Gefühl, »als ob ich zu jemandem gehörte, zu einer familie, zu einer sprache, und manchmal sieht es sogar so aus, als wäre es so« (Petrowskaja 118).

268 Der Großvater behält den »Decknamen« auch nach erfolgreicher Revolution bei und versucht durch die Namensänderung für sich selbst und seine Nachkommen eine neue Identität im Sinne des kommunistischen Zeitgeistes zu schaffen, getreu dem Motto: »Hier ist kein Jude noch Grieche, hier ist kein Knecht noch Freier, hier ist kein Mann noch Weib, denn ihr seid allzumal Menschen und Proletarier« (Petrowskaja 142).

II.4 Jüdische Identität und Geschlechterrolle

Die Ich-Erzählerin liebt die deutsche Sprache und will sich eine deutsche Identität erschreiben. Ausgerechnet eine deutsche Identität, obwohl allein in Kiew, ihrem Geburtsort, in Babij Jar von deutschen Nazis mehr als 33.000 Juden, »die ganze verbliebene jüdische Bevölkerung Kiews« (Petrowskaja 185), »auch meine Verwandten hier getötet wurden« (184). Ihre Verwandten, ihre polnischen Ahnen z.B., waren gläubige Juden. »Vor dem Krieg«, sagt sie, »wurde in Warschau« – etwa 39 % der Bevölkerung waren Juden – »jüdisch geglaubt, gegessen und gesprochen« (Petrowskaja 105). Als sie Kind in Kiew war – sie wurde 1970 geboren – hatten die Juden dort weder Religionsfreiheit, noch eine eigene Kultur, Tradition oder Sprache. Sie wuchs in einer »sowjetische[n] Familie« auf, »russisch und nicht religiös« (Petrowskaja 78). In der Sowjetunion hieß Jude sein, einer Nationalität anzugehören und nicht einer Religion. Juden »wurden als heimatlose Kosmopoliten stigmatisiert, vielleicht weil man sie«, wie sie sagt, »ungeachtet aller Grenzen tötete, sie, die verbotene Beziehungen mit dem Ausland unterhielten und deswegen nicht zur großen Familie der sowjetischen Brudervölker gehören durften« (Petrowskaja 188f.). Die Protagonistin meint zu ihrer jüdischen Identität, sie sei »eher zufällig jüdisch« (Petrowskaja 10). Diese Aussage entspricht dem Umstand, dass sie in der Sowjetunion in eine Familie hinein geboren wurde, die zwar der Abstammung nach als jüdisch galt, jedoch, wie politisch gefordert, ohne jüdischen Glauben und der jiddischen und hebräischen Sprachen nicht mächtig war (Petrowskaja 101). Jüdische Religion, Kultur, Tradition sind der Ich-Erzählerin so verloren gegangen. Es scheint ihr, »dass es mit unserem Judentum so ist [...]. Man sagt jüdisch, weiß aber nicht, womit das Wort gefüllt ist« (Petrowskaja 103). Aber sie spricht von *unserem* Judentum, d.h. trotz all ihrer Wissenslücken ist das Judentum – nicht nur wegen der Abstammung – auch ihr Judentum. Etwas gibt es, »was einen für immer jüdisch macht« (Petrowskaja 276) und das sind die ermordeten Vorfahren. Sie sieht sich ganz bewusst »als Nachfahrin des jüdischen Volkes«, auch wenn sie mit diesem nur noch der Holocaust, »nur noch die Suche nach fehlenden Grabsteinen verbindet« (Petrowskaja 184). Die Protagonistin bekennt sich zum Judentum nicht über Religion, Kultur, Tradition, sondern über die Leiden der Juden. Dennoch will sie ihre Identität und ihr Leben nicht durch den Holocaust bestimmen lassen. Bei ihrem Besuch in Babij Jar, wo so viele Menschen den Tod fanden, stellt sie fest, dass die Gedenkstätte einem Park gleicht (Petrowskaja 183): »Die Menschen gehen spazieren, reden, gestikulieren in der Sonne« (186). Während sie nur Augen und Ohren für die Vergangenheit hat, leben diese ganz in der Gegenwart, ohne des Leids zu gedenken. Ihr kommt es vor, »als ob diese Spaziergänger und ich uns auf verschiedenen Leinwänden bewegen« (Petrowskaja 186). Dann fragt sie sich aber: »Wäre es mir lieber, wenn Babij Jar nun wie eine Mondlandschaft aussehen würde? Exotisch? Giftig? Alle Menschen – vom Leid zerfressen?« (Petrowskaja 186). Der Selbsterhaltungstrieb in ihr, die Lebenszugewandtheit lassen wieder einmal nicht zu, dass sie sich als Opfernachfahrin ›vom Leid zerfressen‹ lässt. Nicht von Reue und Schuld im alltäglichen Leben zerfressen zu werden, sondern den ›Stein‹ liegen lassen zu dürfen, billigt sie den Nachfahren der Täter und den Nachfahren der Opfer zu – z. B. den Spaziergängern in Babij Jar oder dem Jogger in Ausschwitz, die, ohne der Juden, die dort litten und/oder starben, zu gedenken, ihrem Alltag nachgehen.

Die jüdische Identität der Ich-Erzählerin und mit ihr der Drang, die Vergangenheit für sich selbst aufzuarbeiten, sind Resultat ihrer Herkunft. Petrowskajas Ich-Erzählerin entstammt einer Familie, in der alle Mitglieder, bis auf ihren Großvater Wassilij, der Herkunft nach Juden waren. Ihre Mutter, ihre Großmütter Rosa und Rita, ihre Urgroßmütter Anna und (vielleicht) Esther, Titelfigur des Buches, waren Jüdinnen. Auch die Tochter der Protagonistin ist demnach der matrilinearen Abstammung nach Jüdin.[269] Ob ihr Mann Jude ist oder nicht, erwähnt sie in dem Buch nicht, es scheint nicht wichtig zu sein.[270] Das Matrilinearitätsprinzip spielt, ob gewollt oder ungewollt bei der Genderidentität der Ich-Erzählerin eine Rolle. Auch sie gibt die Zugehörigkeit zum Judentum und zu der Großfamilie über ihre Abstammung an ihre Tochter weiter, wie es immer in der Familie geschah und auch diese kann der Möglichkeit nach die Tradition fortsetzen. Wie gezeigt wurde, definiert sich die nicht-religiöse Protagonistin als Jüdin über die Verbrechen, die Leiden, die ihrem Volk angetan wurden. Wie sie ihre Rolle als jüdische Mutter ausfüllt, ob sie sich vielleicht darum sorgt, ob aus ihrem Kind einmal ein sich bewusst zum Judentum bekennender Mensch wird, wird in *Vielleicht Esther* nicht ausgeführt. Aber eine Episode des Buches – Mutter und Tochter befinden sich im Museum und die Tochter schließt sich entgegen der Billigung der Mutter einer Führung durch die Dokumentation der Geschichte der nationalsozialistischen Judenverfolgung an – zeigt, dass die Elfjährige, die weiß, dass sie Jüdin ist, bereits eine gewisse Vorkenntnis der jüdischen Geschichte hat. Die Mutter, die ihr Kind in diesem Alter gern noch vor genaueren Kenntnissen, »vor dem Schrecken« (Petrowskaja 50) beschützt hätte, wird von der Tochter mit den Worten, »ich weiß schon Bescheid, Mama« getröstet (Petrowskaja 45). Das

269 Matrilineare Abstammung wird in dem Buch *Vielleicht Esther* nicht thematisiert, sie scheint selbstverständlich zu sein. Für alle diejenigen, die das Matrilinearitätsprinzip anerkennen, ihm Gültigkeit zubilligen, ist jeder Jude, der von einer jüdischen Mutter abstammt, möge er diese Zuschreibung wollen oder nicht.

270 Auch für die Autorin scheint es nicht weiter erwähnenswert, dass unter den Vorfahren ihres deutschen Mannes – der offenbar Nichtjude ist – Juden waren, von denen er aber lange nichts wusste. Nur in dem Gespräch mit Harald Loch von der *Jüdischen Allgemeinen*, erzählt sie von diesem Umstand (Loch, »Babuschkas Tod«). Für ihre beiden in Berlin geborenen Töchter spielt dies nach dem Matrilinearitätsprinzip ohnehin keine Rolle.

weitere familiäre Umfeld und/oder die Thematisierung des Holocaust in der deutschen Öffentlichkeit haben bei ihrer so jungen Tochter bereits bis zu einem gewissen Grad informativ gewirkt. Ob die Protagonistin sich in ihrem mütterlichen Rollenverhalten der Tochter gegenüber möglicherweise wie eine »Jiddische Mamme« verhält oder nicht – eine Verhaltensweise, die bspw. Lena Goreliks Ich-Erzählerin u. a. in *Lieber Mischa* mit sich und ihrer Leserschaft debattiert – und auch generell ihr Rollenverhalten als jüdische Mutter in Bezug auf ihre Tochter sind nicht Themen des Buches.

Von der Herkunft her ist die Ich-Erzählerin eindeutig Jüdin, aber wie steht es mit ihrem Selbstverständnis als Frau, bzw. ihrer Auffassung der Geschlechterrollen? Die Familie, die Vorfahren haben eine große Bedeutung für ihre Identität. Sie forscht nach deren Schicksal, deren Persönlichkeit, will wissen, in welchen Wesensmerkmalen[271] sie sich erkennen kann. Zu fragen ist nun, welche Rolle die weiblichen Vorfahren für das Selbstverständnis der Protagonistin, auch ihr Rollenverhalten in Bezug auf das Identitätsmerkmal Gender[272] spielen. Das gesamte Buch heißt nach einer weiblichen Verwandten – *Vielleicht Esther.* Weder ihre Mutter, ihre Großmutter und andere weibliche Vorfahren haben ihr Betätigungsfeld ›nur‹ in der eigenen Familie gesehen. Sie hatten Berufe, wie die männlichen Familienmitglieder. So reduziert sich auch die Protagonistin nicht nur auf den Kompetenzbereich Familie, wie es ein konservativ-jüdisches Verständnis der weiblichen Geschlechterrolle erfordern würde.[273] Sie bezieht ihr weibliches Selbstwertgefühl aus ihrem Beruf als Schriftstellerin und aus dem Erlernen und Schreiben in einer neuen, fremden Sprache. Die Mutter, selbst Geschichtslehrerin, die überzeugt ist, »dass auch sie das altruistische Erbe in sich trug« (Petrowskaja 50), hätte es lieber gesehen, wenn ihre Tochter den Beruf einer Taubstummenlehrerin ergriffen hätte: »Wir haben immer unterrichtet, sagte meine Mutter, wir alle waren Lehrer, und anderes ist uns nicht gegeben« (Petrowskaja 49). Die letzte Taubstummenlehrerin in der Familie war allerdings Tante Lida, die ältere Schwester der Mutter (Petrowskaja 31). Mit ihr endete die

271 Wie gezeigt, ist die Ich-Erzählerin bei der Erforschung ihrer Familienzugehörigkeit auch auf der Suche nach sich selbst. Sie hat als Komponente ihrer Identität den in einigen männlichen Vorfahren beispielhaft stark vorhandenen Selbsterhaltungstrieb erkannt, wobei sie mit der bolschewistischen Ideologie des Einen, der altruistischen Berufswahl des Anderen und dem Überlebenwollen des Dritten um jeden Preis, auch den von ihr vermuteter Verbrechen, nicht einverstanden ist.

272 Gender wird, wie in der Einleitung dargelegt, als soziokulturell erlernte und immer wieder neu verhandelte Geschlechterrolle aufgefasst.

273 Wie bereits erwähnt, sichert nach traditionell-konservativem Verständnis der Thora die jüdische Frau über ihre Körperlichkeit, spezifisch die Fortpflanzung, die Weiterexistenz des Judentums und übernimmt die Erziehung des Nachwuchses insofern, als sie für die Vermittlung jüdischer Traditionen und Bräuche und häuslicher Dinge, wie z. B. die koschere Küche, zuständig ist (vgl. u. a. Schindler, »Jüdische Frauen«).

lange Reihe derjenigen, deren Profession es gewesen war, Gehör- und Sprachlosen das Sprechen beizubringen: Unter ihnen waren z. B. Rosa, die Großmutter der Protagonistin (Petrowskaja 131), der Urgroßvater der Ich-Erzählerin, Ozjel, der auch »in erster Ehe mit einer taubstummen Frau verheiratet« war (Petrowskaja 113, 130), die Geschwister des Urgroßvaters und auch ihr Ururgroßvater, dessen illegitimer Sohn Ozjel war (49). Rita, die Mutter des Vaters der Protagonistin hatte auch unterrichtet, allerdings an Berufsschulen und »meistens im ideologischen Bereich« (Petrowskaja 195).[274] So selbstverständlich es für weibliche Angehörige ihrer Familie war, berufstätig zu sein, so selbstverständlich ist es auch für die Protagonistin, eine berufliche Beschäftigung zu haben und sich nicht nur über die Familie zu definieren. Sie wählt jedoch eine Profession, die nicht »das altruistische Erbe« (Petrowskaja 50) erfordert, wie die Mutter ihr nahegelegt hatte und bei der es klang, »als wäre es auch zukünftigen Generationen nicht erlaubt, sich von der Pflicht des Wir zu befreien, der Pflicht, andere zu unterrichten, für andere zu leben, besonders für ihre Kinder« (Petrowskaja 49). Sie schreibt, wie ihr Vater (Petrowskaja 234). Worüber der Vater schreibt, wird nicht erörtert,[275] aber der Beruf des Autors ist ihr nicht fremd, insofern kann der Vater, wenn vielleicht nicht als Vorbild, so doch als jemand gelten, der ihr in Hinblick auf das Schreiben als Inspiration galt und eine gewisse Hemmschwelle genommen hat.

Das Schreiben über die eigene Familie mit dem Ziel der Selbsterkenntnis scheint kein überraschendes Sujet für eine Frau und ließe auf den ersten Blick zu, der Protagonistin ein typisch weibliches Verhaftetsein in der Familie zu unterstellen. Jedoch stellt Petrowskajas Ich-Erzählerin »alles in ein großes Panorama« (Petrowskaja 180) der deutsch-jüdischen und osteuropäischen Geschichte. Die sowjetisch jüdische Geschichte wird bspw. angesprochen, wenn sie den Umgang der Sowjets mit Babij Jar im Allgemeinen und deren Versuch im Spezifischen anspricht, jüdisches Gedenken an die Geschehnisse in Babij Jar zu verhindern (Petrowskaja 188ff.). Auch und gerade das umfassende Thema der Holocaustvergangenheit, das den Diskurs zu jüdischem (und deutschem) Selbstverständnis in Deutschland stark mitbestimmt (vgl. u. a. Hannah Arendt, Dan Diner, Andreas B. Kilcher, etc.), nimmt sich die Ich-Erzählerin im Rahmen der Erfahrungen ihrer

274 In ihrer Jugend hatte sie von Molotow, der mit ihr kurz im selben Haus wohnte, eine Empfehlung für den Parteieintritt erhalten. Molotow schloss am 24.08.1939 den Deutsch-sowjetischen Nichtangriffspakt mit Ribbentrop ab, der als Molotow-Ribbentrop Pakt oder Hitler-Stalin Pakt bekannt ist (Petrowskaja 195).

275 Der Vater der Autorin ist von Haus aus Literaturwissenschaftler, der Bücher – vermutlich auf Russisch – schrieb, aber nur wenige veröffentlichte. Die Autorin hat wie ihr Vater Literaturwissenschaften studiert, insofern ist er in wissenschaftlicher und beruflicher Hinsicht ihr Vorbild. Nach dem Studium in Tartu, Estland, folgte 1999 für Petrowskaja die Promotion in Moskau, das für die im sowjetischen Kiew Geborene nach dem Zerfall der Sowjetunion zum Ausland geworden war (vgl. für die biografischen Angaben Loch, »Babuschkas Tod«).

Familie mutig vor. Ihre Botschaft ist die der Versöhnung, des Dennochlebens und des Neuanfangens.[276] Diese im Vergleich zu vorherigen Generationen revolutionäre Botschaft kommt von einer Frau, die mutig einen Täternachfahren liebt, ihn heiratet und mit ihm – gegen seinen Willen – nach Deutschland zieht. Sie und ihr Überlebenswille setzen sich durch. Aber die Ich-Erzählerin sieht sich nicht nur in der Rolle der ›liebenden Frau‹, die aus Liebe zu einem deutschen Mann die Vorstellung ruhen lassen will, dass Angehörige ihres Volkes Opfer waren und die des seinen Täter. Eine solche Haltung würde auf die Akzeptanz einer konservativen jüdischen Geschlechterrolle hinweisen. Ihr Selbstwertgefühl als Frau bezieht sie nicht nur aus der Zugehörigkeit zu einer Familie – ihrer russisch-jüdischen Herkunftsfamilie und/oder ihrer eigenen deutsch-jüdischen Familie –,[277] sondern auch daraus, dass sie etwas zu sagen hat und der Allgemeinheit eine Mitteilung machen will. Sie meint als selbstbewusste jüdische Frau: »Warum lassen wir den Stein nicht liegen?« (Petrowskaja 270) und macht diese Haltung in einem Roman der Öffentlichkeit zugänglich. Sie sagt nicht ich, sondern w i r. Sie hat eine Botschaft und will diese Botschaft, nämlich aufzuhören in Täter-Opferkategorien zu denken, auch den gegenwärtig in Deutschland Lebenden – Juden, wie Nichtjuden – mitteilen. Aus diesem Wunsch heraus forscht sie bspw. in Geschichtsbüchern, Archiven und Registern und schreibt die Ergebnisse ihrer Reise zurück in die Familienvergangenheit und hin zu sich selbst in einem Buch nieder und zwar in deutscher Sprache. Aber dazu braucht sie Kraft, z. B. die Kraft, wie gezeigt wurde, den Kampf mit der deutschen Sprache aufzunehmen, in der sie ihr Anliegen ja der deutschen Öffentlichkeit verständlich machen will. Beispiele, woher die Ich-Erzählerin ihren starken Selbsterhaltungstrieb, ihre Lebenszugewandtheit hat, wurden bereits genannt. Schauen wir uns ihre weiblichen Vorfahren an, so zeigt sich, dass ihre Kraft, ein einmal begonnenes Unterfangen auch durchzuhalten, z. B. von ihrer Großmutter Rosa stammt. Die Großmutter war mit ihren zwei Kindern, d. h.

276 Als Lösung für ein schier unlösbares Problem gibt ihr ihre Selbsterkenntnis im Rahmen der Erkundung der Familiengeschichte den Vorschlag ein, »den Stein« liegen zu lassen (Petrowskaja 270). Der Stein, das ist das Problem, Unvereinbares zu vereinen: Die Vorstellung, dass Menschen anderen Menschen so viel Gewalt und Schrecken antun können, zu vereinen mit der Erkenntnis der Unmöglichkeit, als Opfernachfahrin ein eigenes alltägliches Leben zu leben bei ständiger Erinnerung an das Fürchterliche, dies würde den Einzelnen zerstören. Und als wäre dies nicht schon genug des Unmöglichen, auch noch mit der Einsicht zu vereinbaren, dass neues alltägliches Leben auch wieder an Orten entsteht, an denen die Verbrechen geschehen sind. Es buchstäblich, wie im ›Park‹ von Babij Jar, über die Gräber hinweggeht. Und dass man sich auch noch mit dem Gedanken vertraut machen muss, dass die Menschen, die in der Gegenwart an den Tatorten von damals leben, heutzutage weder Täter noch Opfer sind. Für sich selbst zieht die Protagonistin die Konsequenz aus ihrem Vorschlag sich nicht länger mit dem unlösbaren Problem zu befassen und akzeptiert ein neues Leben und den Versuch einer Identitätserwerbung in Deutschland.

277 Obwohl sie – wie bereits erwähnt – auch bei ihrer Suche nach den Familienangehörigen »Der üppige Traum von einer großen Familie an einem langen Tisch verfolgte« (Petrowskaja 23).

der damals sechsjährigen Mutter der Ich-Erzählerin, die an Masern erkrankt war und deren älterer Schwester auf der Flucht vor den Deutschen. Der Zug hielt, sie holte Wasser, aber bevor sie zurück war, fuhr der Zug wieder los. Rosa rannte und schaffte das schier Unmögliche, als sie den Zug einholte. Sie war um das Leben ihrer Kinder gerannt (Petrowskaja 80ff.). Als Rosa, »Auf der Flucht vor dem Krieg« (Petrowskaja 69), den Befehl bekam, »für zweihundert Leningrader Blockadekinder im Ural« (70) ein Waisenhaus aufzubauen und vor allen Dingen für diese Essen zu besorgen, obwohl überall Hunger herrschte, meisterte sie auch diese Aufgabe und keines der schwachen Kinder starb (69ff.). Schon so blind, dass sie die Protagonistin mit deren Bruder und Vater verwechselte, brachte sie es noch fertig, anderen Blinden in Kiew Lebensmittel zu bringen (Petrowskaja 63f.). Selbst die Memoiren, die Rosa schrieb, als sie bereits nichts mehr sah, zeugen noch von ihrem Durchhaltewillen und ihrer Lebenszugewandtheit und sind eine familiäre Verknüpfung zum Schriftstellerberuf der Ich-Erzählerin. Sie schrieb nicht nur häufig auf ein- und demselben Blatt, sondern die Zeilen auch übereinander, so dass ihre Niederschrift nicht lesbar war. Und die Protagonistin »verstand, dass Rosas Schriften nicht zum Lesen gedacht waren, sondern zum Festhalten, ein dick gedrehter, unzerreißbarer Ariadnefaden«[278] (Petrowskaja 62).[279] So wie Rosa Zeit ihres Lebens den Kampf aufnahm, so nimmt auch die Protagonistin den Kampf mit der deutschen Sprache und der in der zeitgenössischen deutschen Kultur verhafteten Rollenverteilung der Opfer und Täter mutig und selbstbewusst auf, um den in Deutschland Lebenden ihre Botschaft mitzuteilen, »als wäre mein Deutsch die Voraussetzung für den Frieden« (Petrowskaja 80).

III. Fazit

Um auf einer breiteren Basis über deutsch-jüdische Identität und Vergangenheitsbewältigung sprechen zu können, wählt Katja Petrowskaja das Genre Autofiktion. Dieses Genre eröffnet ihr die Möglichkeit, mit Hilfe ihrer Ich-Erzählerin Erkenntnisse aus ihrer Familiengeschichte zu gewinnen und aus diesen Erkenntnissen nicht nur Konsequenzen für ihr eigenes Leben zu ziehen, sondern auch in Deutschland lebenden Juden wie Nichtjuden Empfehlungen zum Umgang mit dem Holocaust zu geben. Petrowskaja will dem Gefühl ihrer Entwur-

278 Nach der griechischen Mythologie gab Ariadne Theseus einen Faden, der ihm half den Weg durch das Labyrinth des Minotaurus zu finden. Rosa hält sich an ihrer Schrift fest, um sich nicht im Labyrinth des Vergessens zu verlieren. Sie schreibt als Stütze für sich selbst, nicht für andere.

279 Die Autorin hat die übereinander geschriebenen Zeilen der Memoiren ihrer Babuschka Rosa für die Umschlaggestaltung der im Suhrkamp Verlag erschienenen gebundenen Ausgabe von *Vielleicht Esther* genutzt.

zelung entgegenwirken, indem sie »Geschichten« (Petrowskaja 3) erzählt, wie es im Untertitel des »als Familienbuch« gedachten »Erzählband[es]« heißt (Heimann, »Die deutsche Sprache kam einer Befreiung gleich«). Bei der Wiedergabe ist sie keine neutral-distanzierte Beobachterin und objektive Erzählerin, sondern sie ist ein Teil der zu schreibenden und zu erzählenden Geschichte. Die Geschichten beruhen nicht immer auf offiziellen Berichten und Fakteninformationen, sondern auf überlieferten Erinnerungen[280] der Familie[281] – emotionalen, teilweise mündlich von Generation[282] zu Generation weitergegebenen Erzählungen[283] – und auf der Fantasie, die sie ihrer Ich-Erzählerin mitgibt. Doch Autofiktion mindert nicht die Gültigkeit der aufwendigen Nachforschungen der Autorin – an denen sie dann ihre Protagonistin teilhaben lässt – in Archiven (Petrowskaja 148),[284] Zeitungen und Ämtern, und in deren Zuge sie so unterschiedliche authentische Zeitdokumente ihrer Familie wie Fotografien (u.a. 33, 63, 170), Kochrezepte (32), jiddische Volkslieder/-sagen, Gerichtsurteile und Zeitungsartikel (151) gefunden hat,[285] sondern erlaubt der Erzählerin die Fakten

280 Die Literatur- und Kulturwissenschaftlerin Aleida Assmann beschreibt in ihrem Buch *Der lange Schatten der Vergangenheit. Erinnerungskultur und Geschichtspolitik* die Schwierigkeiten und Besonderheiten von Erinnerungen wie folgt: »Erinnerungen existieren nicht als geschlossene Systeme, sondern berühren, verstärken, kreuzen, modifizieren, polarisieren sich in der gesellschaftlichen Realität immer schon mit anderen Erinnerungen und Impulsen des Vergessens« (17). Wie also kann die Erinnerung eines Verwandten verlässlich sein? Wie soll die Erzählerin sie einstufen und welche eigene Interpretation bringt sie mit? Diese und ähnliche Fragen können beim Schreiben der eigenen Familiengeschichte aufkommen. Die Geschichtsschreibung im Allgemeinen hat mit diesem Problem zu kämpfen: Wessen Bericht ist wirklich sachlich? Schreiben die Sieger die Geschichte? Ist es wirklich möglich jemals alle Fakten zu einem Ereignis zu haben?

281 Die Familie wird verstanden als »intersection of the private and the public, a site where official representations of the past are contested by alternative memories from below« (Fuchs 4).

282 Die Zugehörigkeit zu einer »Generation« wird bestimmt durch die »membership of an age group, which exposes individuals to similar historical experiences and cultural influences« (Fuchs 9).

283 Einige wegweisende Werke zu Familien- und Generationenromanen sind Friederike Eiglers *Gedächtnis und Geschichte in Generationenromanen seit der Wende* (2005), Sigrid Weigels *Genea-Logik: Generation, Tradition und Evolution zwischen Kultur- und Naturwissenschaften* (2006), Anne Fuchs *Phantoms of War in Contemporary German Literature, Films and Discourse* (2008), Silke Horstkottes *Nachbilder: Fotografie und Gedächtnis in der deutschen Gegenwartsliteratur* (2009) und Simone Costaglis und Matteo Gallis *Deutsche Familienromane: Literarische Genealogien und internationaler Kontext* (2010).

284 Die Erzählerin muss feststellen, dass sie sich anstelle fehlender Erinnerung auf konkretes Material aus der Vergangenheit verlassen muss und sucht daher »archive spaces and resources« auf (Osborne 255), die allerdings auch nicht immer das gewünschte Wissen um die Familienvergangenheit bringen.

285 Katja Petrowskaja operiert nicht nur mit ähnlichen literarischen Mitteln und Themen wie Winfried Sebald, sondern teilt auch dessen Faszination mit Erinnerung. In seinem letzten Interview in *The Guardian* sagte Sebald: »Memory, even if you repress it, will come back at you and it will shape your life. Without memories there wouldn't be any writing: the specific

mit Fiktion zu einer Geschichte zusammenzufügen. Durch die Linse der Autofiktion betrachtet, gehe ich davon aus, dass Petrowskaja, die der neuen Schriftsteller*innengeneration angehört, die Hauptaussage des Romans, nämlich die lebensbejahende auf Versöhnung ausgerichtete Einstellung der Protagonistin teilt. In einem Interview mit der *Jüdischen Allgemeinen* sagt Petrowskaja:

> Für mich gehört der Krieg zu unserer ›Antike‹. Ich kann nicht nach dem Klischee ›Täter–Opfer‹ entscheiden. Wir haben ein gemeinsames Erbe. Für meinen Vater und seine Generation hat das noch eine andere Bedeutung. Ich fühle mich demgegenüber wie eine – im klassischen Sinne – ›Barbarin‹, wie eine, die in dieser grausamen Geschichte nicht mehr so verwurzelt ist. (Loch, »Babuschkas Tod«)

Der Krieg ist für Petrowskaja ein weit zurückliegendes Ereignis, das der Stoff von Mythen ist. Sie ist eine ›Barbarin‹ in dem Sinne, dass sie sich emotional nicht mehr mit der Opferrolle identifizieren kann, auch wenn, wie die ›Geschichten‹ gezeigt haben, ihr die Leiden der vorherigen Generation nahegehen. Petrowskaja hat während ihres Studiums der Literaturwissenschaft in Tartu von einem ihrer Professoren gelernt und für sich übernommen, »dass es in Bezug auf Räume und Nationen keine Schwarz-Weiß-Gerechtigkeit gebe«.[286] Von daher ist die Opfer-Täter Dichotomie der »negative[n] Symbiose« (Diner, »Negative Symbiose« 185) für sie passé, bzw. einfach nicht ausreichend, um die Komplexität der Geschichte und die heutige deutsche Gesellschaft zu beschreiben. Zu ihrem Verhältnis zu Deutschland sagt sie daher:

> Ich möchte in Deutschland nicht als jüdisch eingestuft werden und dadurch mehr Erfolg haben. Genauso wenig möchte ich, dass sich jemand schlecht fühlen muss, weil ich jüdisch bin. Ich finde das absolut verboten, die eigene Geschichte zur Instrumentalisierung anderer zu benutzen. Ich wurde zufällig in diese Familie hineingeboren, genauso wie andere zufällig in deutsche Familien mit einer Nazi-Vergangenheit hineingeboren wurden. Ich weiß nicht, auf wem das Gewissen mehr lastet. Früher war es fast unmöglich, so etwas zu sagen. Aber jetzt geht das. Ich darf das sagen. (Goldmann, »Wenn keine Arbeiter in der Literatur vorkommen, ist das kein Weltuntergang«)

›Erfolg‹ haben, nur aufgrund des philosemitischen Interesses einiger Deutscher, möchte die Ich-Erzählerin nicht. Anders als Ignaz Bubis hat Petrowskaja kein Problem damit zu sagen, dass der Opfer-Täter Diskurs für sie passé ist.[287] Nur sie als Jüdin der dritten Generation, die viele Familienangehörige durch den Holo-

weight an image or phrase needs to get across to the reader can only come from things remembered – not from yesterday but from a long time ago« (W.G. Sebald). Erinnerung, sei sie nun verlässlich oder nicht, ist Grundlage des Schreibens für Sebald und Petrowskaja.

286 Vgl. Loch, »Babuschkas Tod«.

287 Der jüdische Kabarettist Oliver Polak scherzt zu diesem Thema bspw. in dem 2008 erschienenen Buch *Ich darf das, ich bin Jude:* »Lassen Sie uns ganz unverkrampft miteinander umgehen […]. Ich vergesse die Sache mit dem Holocaust – und Sie verzeihen uns Michel Friedman« (Polak und Haas 11).

caust verloren hat, darf sagen, dass die Klischees von Tätern und Opfern überholt sind. Man wird ›zufällig‹ in eine Familie hineingeboren und die Vorfahren und deren Leid oder Schuld machen einen selbst weder zum ewigen Opfer – Juden auch nicht zur »personifizierte[n] Unschuld« (Arendt 90f.) – noch zum Täter oder degradiert zum ewigen Mörder-Nachfahren. Diese Botschaft wird noch dadurch unterstrichen, dass der deutsche Ehemann der Autorin »Adressat und Auslöser« ihres Romans ist (Petrowskaja 284). Ihm als Deutschem – und mit ihm der deutschen Gesellschaft – erzählt sie ihre Familiengeschichte, offenbart ihr Selbstverständnis und verkündet ihre Botschaft. Dies ist eine Botschaft der Versöhnung und ein Angebot hinsichtlich der Normalisierung im deutsch-jüdischen Verhältnis, aber auch ein Hinweis, dass sich, zumindest auf der Literaturebene bei Schriftstellern der Wille zu einem ›normalen‹ deutsch-jüdischen Verhältnis Bahn bricht. Ihren Ehemann verbindet Petrowskaja oft mit der deutschen Sprache, denn er hilft ihr als Muttersprachler bei der Wortfindung, Formulierung, »dem Entwickeln von Gedanken und der Bewältigung des Alltags« (Petrowskaja 284). Deutsch ist für Petrowskaja die »Sprache der Stummen«, wie sie ihre Ich-Erzählerin sagen lässt, der es vorkommt, als müsse sie »das stumme Deutsch lernen, um sprechen zu können« (79). Die Autorin braucht das Deutsche, um ihre Botschaft aussprechen und sichergehen zu können, dass ihre Motive richtig verstanden werden:

> Ich habe auf Deutsch geschrieben, um zu sagen: Ich möchte nicht als Ukrainerin oder Jüdin eingestuft werden, die jetzt kommt und euch allen auf die Köpfe schlägt. Ich wollte so schreiben, als wäre ich nicht jüdisch. Mein Buch ist eine friedlich-militärische Eroberung der deutschen Sprache. (Goldmann, »Wenn keine Arbeiter in der Literatur vorkommen, ist das kein Weltuntergang«)

Sie schreibt in der Sprache des ehemaligen Feindes, »um gegen meinen Bonus anzuarbeiten« und nicht um den Deutschen mit ihrem Schuldkomplex »auf die Köpfe« zu schlagen (Goldmann, »Wenn keine Arbeiter in der Literatur vorkommen, ist das kein Weltuntergang«). Bei ihren Eltern bedankt sie sich für deren Verständnis, dass sie das Buch, »das ich für sie und zugleich über sie geschrieben habe, in einer Sprache, die sie nicht kennen« verfasst hat (Petrowskaja 284).

Katja Petrowskaja kreiert für ihre Protagonistin eine transnationale Identität im deutschen Kontext, nämlich »ein dynamisches, netzartiges Gebilde, das sich aus unterschiedlichen Bezugsgrößen – wie eben auch Vergangenheit und Zukunft – generiert« (Lübcke 79). Infolge ihrer bildhaften Erzählweise zeigt die Autorin ihrer Leserschaft mit Hilfe ihrer Ich-Erzählerin die versunkene Welt eines jüdischen Warschaus vor dem Krieg. Diese wird mitgenommen in die Geschichte ihrer Familie als Taubstummenlehrer und liest authentische Gerichtsprotokolle über die versuchte Ermordung eines deutschen Diplomaten im

Russland vor dem Zweiten Weltkrieg durch ihren Verwandten Judas Stern. Ihre Zeitreise zurück in die Vergangenheit entspringt dem »Drang [der Erzählerin], nach Verschwundenem zu suchen« (Petrowskaja 12). Die Ich-Erzählerin möchte die Orte, Ereignisse und Menschen der Vergangenheit, die sie zu dem gemacht haben, was sie heute ist – nämlich eine in Berlin lebende jüdische Autorin deutscher Sprache, verheiratet mit einem Deutschen und Mutter einer Tochter –, der Vergessenheit entreißen, sie auferstehen lassen. Die Suche der Protagonistin nach den verlorenen Puzzlestücken ihrer Familienidentität führt sie von der Gegenwart in die Vergangenheit und wieder zurück. Die Auseinandersetzung mit der Vergangenheit hilft ihr, sich im transnationalen deutschen Kontext neu zu orientieren und ihr eigenes Selbstverständnis zu reflektieren. Die Identitätsmerkmale, mit denen die Autorin dieses Selbstverständnis für ihre Ich-Erzählerin autofiktional konstruiert, überschneiden sich. Wie in der Einleitung erwähnt, besteht nach Crenshaw jede Identität aus der Überschneidung mehrerer (sozialer) Dimensionen (1299), wie Hautfarbe, Geschlecht, sexuelle Orientierung und soziale Schicht (1242). Diese Merkmale können Ein- und Ausschlussfaktoren für bestimmte Gruppen in der Gesellschaft sein. Der Begriff der Intersektionalität dient mir in Petrowskajas Fall weniger zur Aufdeckung von literarisch beschriebenen Diskriminierungsmustern und -erfahrungen in einer Gesellschaft, als vielmehr zur Erfassung von Einzel- und Gruppenidentitäten, wie der des zeitgenössischen deutschen Judentums. Anders als noch ihre Vorfahren, die bspw. als Juden, Bolschewisten und/oder zurückkehrende Kriegsgefangene in der ehemaligen Sowjetunion in Gefahr liefen, verfolgt bzw. den Tod zu finden, wird Petrowskajas Ich-Erzählerin im zeitgenössischen Deutschland nicht intersektional diskriminiert, wehrt sich auch explizit gegen bspw. philosemitische Hervorhebung. Die drei sozialen Hauptfaktoren der intersektionalen Analyse – ethnische Herkunft, Geschlecht und Zugehörigkeitsgefühl zu einer Gesellschaftsschicht – spielen jedoch eine bedeutende Rolle in der Identitätskonstruktion von Petrowskajas Ich-Erzählerin, bestimmen ihre Erfahrungen und Erlebnisse – für sie vorteilhaft oder nachteilig – mit. Auch Religion, Nationalität bzw. Staatsangehörigkeit, Alter und Bildungsgrad der Ich-Erzählerin fließen in ihr Selbstverständnis mit ein. Das Nicht-Wissen um die jüdischen religiösen Bräuche kreiert ein Gefühl des Verlusts und bisweilen der Unzulänglichkeit in ihr. Ihre transnationale Lebens- und Familiengeschichte lässt in ihr keine eindeutige Festlegung auf eine Nationalität zu, wie etwa der Pass sie vermerkt. Das Alter hat mehrere Funktionen in der Identität der Protagonistin: Sie ist zu jung, um, glücklicherweise für sie, die Zeiten des Holocaust erlebt zu haben. Dies bedeutet aber auch, dass sie die meisten Verwandten, ihre Geschichten und die Orte an denen sie gelebt und gewirkt haben, nicht kennengelernt hat. Sie ist aber alt genug, um den Zerfall der Sowjetunion miterlebt und, um selbst eine Familie gegründet zu. Als Mutter steht sie also mitten im Leben und muss entscheiden, welche Werte und Sprachen sie an die nächste Generation ihrer Familie weitergeben möchte. Die russische Sprache hat jedenfalls ein »dead end« (Petrowskaja 9). Nicht zuletzt erlaubt ihr ihr Bildungsgrad und ihre Belesenheit die Familiengeschichte zu recherchieren,[288] in einen europäischen kulturellen und historischen Kontext[289] einzuordnen und mit literarischen Referenzen zu versehen, die auf Literatur, Film, usw.[290] verweisen.

Das transnationale deutsche Selbstverständnis, das Petrowskaja für ihre Ich-Erzählerin konstruiert und als ein literarisches Angebot zeitgenössischer deutsch-jüdischer Identität in den kulturellen Raum stellt, basiert größtenteils auf dem Zusammenhang zwischen Sprache und Identität. Unter Zuhilfenahme des autofiktionalen Genres, das eine Mischung aus Fakt und Fiktion erlaubt, kann Petrowskaja zeigen, dass es viele Zugehörigkeiten und Loyalitäten in multikulturellen Gesellschaften wie der Deutschen gibt, doch der Identitätsfindungsprozess, den Einwanderer*innen – in ihrem Fall jüdische Migrant*innen aus dem post-sowjetischen Osteuropa – durchlaufen, ist ein ganz persönlicher. Durch die Aneignung einer neuen Sprache folgt in *Vielleicht Esther* die Übernahme einer neuen Identität. Diesen Prozess der Neuverortung in einer fremden Sprache und Gesellschaft beschreibt Petrowskaja nicht als einen reibungslosen, sondern einen für die Ich-Erzählerin verlustreichen Prozess, der mit Unsicherheit und dem Gefühl der Hochstapelei verbunden ist. Die Ich-Erzählerin lebt in Berlin, stammt aus Kiew, einer Stadt, die während ihres Aufwachsens sowjetisch, zu Zeiten ihrer Promotion in Moskau ukrainisch war, reist nach Osteuropa, um Verwandte zu suchen und verfasst ihre Geschichte auf Deutsch. Die transnationale Identität die Petrowskaja für sie konstruiert, birgt viele Zugehörigkeiten, aber ebenso viele Unsicherheiten, mit denen es umzugehen gilt:

288 Natürlich spielten auch finanzielle Mittel und Erfolg der Autorin eine wichtige Rolle bei der Ermöglichung der Reisen und Recherchen für ihr Werk – bspw. die Robert Bosch Stiftung, das Künstlerhaus Lukas und ein Arbeitsstipendium halfen bei der Finanzierung (Petrowskaja 285).

289 Historische Referenzen besonders zum Kommunismus und seiner Ideologie (vgl. u.a. Petrowskaja 35ff.), zum Ersten und Zweiten Weltkrieg (8, 183ff., 208ff.) und zum Holocaust (45, 117, 183ff.) ziehen sich durch den gesamten Roman, ebenso wie Anspielungen auf die europäische, insbesondere die russische (78, 134) und deutsche (44, 155) Geistesgeschichte, aber auch die Antike (111f., 145, 176, 266).

290 So bspw. in Referenzen zu europäischen literarischen Größen wie u.a. Heinrich Heine (Petrowskaja 17), James Joyce (91), Johann Wolfgang von Goethe (155, 157 Erlkönig), Franz Kafka (141), Georg Trakl (233), Dante (241) und Erich Fried (251). Petrowskaja verwendet im Text auch Filmreferenzen, z.B. *Der nackte Mann auf dem Sportplatz* von Konrad Wolf aus dem Jahr 1974 (183) oder den von Yael Hersonski aufgearbeiteten Nazi Propagandafilm *A Film Unfinished* über das Warschauer Ghetto (115), und Holocaustliteratur, wie bspw. *Life Beyond the Holocaust* von Mira Kimmelman (125) oder Berichte/Briefe aus dem KZ, u.a. Mauthausen, die die Ich-Erzählerin über verschiedene Emailverteiler in elektronischer Form und in deutscher Übersetzung aus dem russischen erhält (239f.).

> nirgendwo habe ich mich so perfekt verloren gefühlt wie hier in Warschau. Ich dachte auf Russisch, suchte meine jüdischen Verwandten und schrieb auf Deutsch. Ich hatte das Glück, mich in der Kluft der Sprachen, im Tausch, in der Verwechslung von Rollen und Blickwinkeln zu bewegen. Wer hat wen erobert, wer gehört zu den Meinen, wer zu den anderen, welches Ufer ist meins? (Petrowskaja 115)

Das Gefühl überall und nirgends hinzugehören, nicht zu wissen, welche Rolle die eigene ist – die der Täter, wie ein Großvater, der Opfer, wie bspw. (vielleicht) Esther oder die einer ganz ›normalen‹ Bürgerin –, welche Verwandten zur eigenen Familie gehören und letztlich welche Sprache man wählen soll, um die eigene Geschichte zu erzählen, dies sind Identitätskonflikte, die Petrowskaja ihrer Leserschaft offenlegt. Als der Ich-Erzählerin die Schwierigkeiten bewusst werden, die ihr der Versuch bereitet, als sowjet-russisch geprägte Jüdin eine deutsche Identität über die Sprache anzunehmen, lässt die Autorin sie sagen: »Du wolltest doch spielen, nicht Krieg und Frieden, sondern ein Spiel, in dem du jemand anders spielen würdest« (Petrowskaja 116). Als Jüdin eine deutsche Identität für sich in Anspruch zu nehmen, ist für die Ich-Erzählerin damit verbunden, Frieden zu machen mit der Vergangenheit, ist so drastisch wie eine Geschlechtsumwandlung, weil »ich mich immer wie in einer Männersauna fühle, getarnt mit meiner deutschen Sprache, alle denken, ich gehöre dazu, dabei bin ich nicht von hier« (Petrowskaja 116). In dieser Passage zeigt sich auch, das Erkämpfen der deutschen Sprache fühlt sich für die Ich-Erzählerin wie eine ›männliche‹ Handlung an, wie eine gewaltsame Eroberung, die ihrer auf Frieden ausgerichteten Natur widerspricht. Ihre linguistische und ihre Gender-Identität sind für sie performativ, also »a kind of doing« (Butler 1). Die Übernahme der deutschen Identität wird von Petrowskaja als eine »Rolle« (116) und ein »Diebstahl« (117), den die Protagonistin begehen will, aber für den ihr der Mut fehlt, beschrieben. Aufgrund der mit dem Holocaust belasteten Vergangenheit Deutschlands wird das Verlangen der Ich-Erzählerin, Jüdin und Deutsche zugleich zu sein, zu einem »double vie« (Petrowskaja 117), einem doppelten Rollenspiel:

> ich muss gar nicht spielen, ich könnte jede sein, aber doch besser nicht, nie würde ich es tun, nein, lieber nichts tun, ich habe mich auch unter anderen versteckt, oder nein, eher zur schau gestellt, schau, ich habe nicht shoa gesagt, du hast shoa gesagt, du oder ich, entweder oder, ich weiß nicht, ob ich jemals unter den meinigen war und wer sind die, die meinigen, diese ruinen um uns herum und in uns, und die sprachwechsel, die ich unternehme, um beide seiten zu bewohnen, ich und nicht ich zugleich zu erleben, was für ein anspruch, […]. (Petrowskaja 117f.)

In dieser Passage wird auch die Problematik um das Thema Shoah angesprochen: Wer erwähnt es zuerst, Deutsche oder Juden? Wer hat die Handlungsmacht? Das Thema scheint zwischen der deutschen und der jüdischen Identität der Ich-Erzählerin zu stehen. Die beiden scheinbar durch den Holocaust unvereinbar gewordenen Rollen, die der Jüdin und die der Deutschen, versucht Petrowskaja für ihre Ich-Erzählerin in einem Selbstfindungs- und Selbstbestimmungsprozess über die Sprache und den Sprachwechsel zu vereinen. Die Ich-Erzählerin hat es sich selbstbestimmt zum Ziel gemacht, eine deutsche Identität anzunehmen, die deutsche Sprache so perfekt zu beherrschen, dass sie nicht als ›anders‹ auffällt und doch kann sie ihre Sprach- und Wohnortwahl nicht mit sich selbst vereinbaren, ohne sich mit dem Holocaust und der daraus für die Juden erwachsenden Opferrolle auseinanderzusetzen:

> ich bin anders, aber ich verstecke mich nicht, warm, und sonst bin ich scheu, schau, shoa, kalt, wieder ganz kalt, aber ich kann so tun, und ich und ich und ich, was für ein seltsames wort, wie ort, was für ein ort, als ob ich zu jemandem gehörte, zu einer familie, zu einer sprache, und manchmal sieht es sogar so aus, als wäre es so, ich kann mich nicht verstecken, und das alles auf deutsch, diese sprache, mein angeklebtes geschlecht, auf deutsch ist die sprache weiblich und auf russisch ist sie männlich, was habe ich mit diesem wechsel getan? (Petrowskaja 118)

Die Ich-Erzählerin empfindet eine gewisse Scheu davor, die Shoah zu erwähnen, sie will sie nicht zur Schau stellen und auf ihre potentielle Opferrolle hinweisen. Sie fühlt, dass sie in Deutschland anders ist, aber ihr fällt auch nicht ein, wo sie sonst hingehören könnte. Der Identitätskonflikt, der für die Ich-Erzählerin aus dem freiwilligen Sprachwechsel von Russisch zu Deutsch erwächst, ist der Prozess der Auseinandersetzung mit sich selbst, ihrer Familie und der Geschichte. Der Sprach- bzw. Identitätswechsel, den sie zugleich anstrebt und ablehnt, ist schmerzhaft, aber trotz des Holocausts ein Befreiungsschlag. Der Holocaust bleibt Bezugspunkt in der Konstruktion jüdischer Identität, wird aber abgelöst als zentrales Moment, durch den Selbsterhaltungstrieb, bzw. den Überlebenswillen, die Lebenszugewandtheit, und die Selbstbestimmtheit des Individuums, sich durch Sprache neu zu erfinden. Neuerfinden heißt für Petrowskaja jedoch nicht vergessen, es heißt, sich die schmerzhaften Erfahrungen der Vergangenheit bewusst zu machen, sich mit ihnen auseinanderzusetzen, sich aber nicht von ihnen definieren zu lassen. Die Annahme einer deutschen Identität für die Ich-Erzählerin ist über eine Neudefinition ihres Selbst auf Deutsch möglich, nicht als Opfer der Shoa, nicht als russische, sowjetische Jüdin, sondern als deutschsprachige Jüdin in Deutschland.

Vergessen oder Verdrängen der Vergangenheit und der anderen Identitäten und Zugehörigkeiten sind nicht möglich oder gewollt, sondern die Annahme einer neuen Identitätskomponente, die der deutschen, ist deren bewusste, kämpferische Ergänzung. Die Ich-Erzählerin will sich »auf den tisch stellen und es demonstrieren, schaut alle, ich habe es! hier unten, o mein deutsch! ich schwitze, mit meiner auf die zunge geklebten deutschen sprache« (Petrowskaja 118). Durch die Eroberung der deutschen Sprache, durch die bewusste Annahme einer deutschen Identität, versucht die Ich-Erzählerin die Opferrolle abzulegen. Der jüdischen und nicht-jüdischen Leserschaft wird eine kämpferische jüdische Identität präsentiert, die das Deutsche für sich beansprucht, es einfordert, sich erkämpft. Der Prozess der Identitätsfindung in Deutschland für eingewanderte Jüd*innen aus der ehemaligen Sowjetunion ist, laut *Vielleicht Esther*, schwierig und voller Rückschläge und Zweifel, aber er ist möglich über die Sprache. Die Sprache kann eingenommen werden, beherrscht werden und für sich selbst nach eigenen Regeln neu definiert werden, wie u. a. die Groß- und Kleinschreibung in dem Abschnitt über Identität und deutsche Sprache zeigt.[291] Es wird bewusst auf regelrechte Groß- und Kleinschreibung verzichtet, die Grammatikregeln werden außer Kraft gesetzt, die Autorin spielt nach ihren eigenen Regeln, nach denen das Deutsch ihr gehört und sie es für sich einnehmen und interpretieren kann.

Die jüdische Identität, die Petrowskaja für ihre Ich-Erzählerin in ihrem autofiktionalen Text aus ihrer eigenen Herkunft und der damit verbundenen Lebenserfahrung konstruiert, ist eine zersplitterte. Sie basiert eher auf dem Gefühl des Verlusts von Tradition, als auf dem Wissen um diese. Dies wird bspw. in Kapitel 4 »In der Welt der unorganisierten Materie« (Petrowskaja 139) deutlich, in dem es um den Großonkel der Ich-Erzählerin, Judas Stern, geht, der 1932 ein Attentat auf den deutschen Botschaftsrat in Moskau verübt hatte. Durch den Namen Judas wird das Judentum dem Christentum gegenübergestellt und abgeglichen mit der europäischen und deutschen Kultur:

> Es ist verrückt, dass er so heißt, sagte ich zu meinem Vater, das ist der jüdischste Name überhaupt. Es war ein ganz normaler Name, ein ganz gewöhnlicher, erwiderte er. Papa, er hieß Jeguda, Jehude, und sogar wenn er Judas hieß, es bedeutet Jude, nichts anderes, und dazu noch Stern. Iuda ist die russische Version, und Judas ist die deutsche Übersetzung, ein fataler Fehler, denn so hieß der Verräter von Jesus, niemand sonst, […]. (Petrowskaja 156)

Den Namen Judas als Verräter Christi versteht die Ich-Erzählerin als ein Stigma für den Großonkel, vermutet sogar Propaganda des russischen Geheimdienstes dahinter (Petrowskaja 156), aber Petrowskaja lässt den Vater die Ich-Erzählerin daran erinnern, dass Jesus für sie als Juden »nicht relevant« sei (157):

> aber halt, sagte mein Vater, sei ruhig, bleib ruhig, mein Kind, für gläubige Juden war diese Jesusgeschichte nicht relevant, und der Name Judas war bei ihnen nie verdächtig, […]. (Petrowskaja 157)

Für die zeitgenössische jüdische Identität, die Petrowskaja in *Vielleicht Esther* erschafft, ist der Einfluss der sowjetischen und/oder christlichen Mehrheitsge-

291 Petrowskaja vermischt in diesen Passagen auch die Grenze zwischen Prosa und Poesie, denn sie muten durch die Kleinschreibung von Nomen, etc. fast wie Gedichte an.

sellschaft jedoch wichtig, denn er trägt zur Zersplitterung der jüdischen Identität bei. Sie entgegnet:

> aber Papa, die Juden waren nicht mehr zusammen und nicht mehr unter sich, und es gab keinen Glauben mehr und kein Wissen und kein Wir, unser Judas war mit dem ganzen sowjetischen Volk auf dem Weg nach nirgendwo, [...]. (Petrowskaja 157)

Nicht nur der Vorname Judas, auch der Nachname Stern, den auch die Ich-Erzählerin hätte tragen können, beinhaltet eine doppelte Anspielung auf die jüdische Identität, zum einen auf den »Davidstern« und zum anderen auf den »gelben Stern«, den Juden während der Nazizeit tragen mussten (Petrowskaja 157). Nicht nur wegen seinem für die jüdische Identität der Familie wichtigen Namen hat Judas Stern bei der Konstruktion der jüdischen Identität der Ich-Erzählerin eine besondere Bedeutung. Auch über ihren Großonkel wird in deutscher Sprache geschrieben: Im Berliner Archiv findet sie drei Bücher über Judas Stern, die das Attentat und den Prozess gegen ihn beschreiben. Die Ich-Erzählerin sagt: »Ich dachte, ich sei die erste in der Familie, die auf Deutsch vorkommt, nun fand ich auf jeder Seite den Namen Judas Stern« (Petrowskaja 150). Bei der Suche nach ihren Verwandten lässt Petrowskaja ihre Ich-Erzählerin mehr und mehr erkennen, wie wenig sie über ihr Judentum weiß und wie ironisch die ethnische Zugehörigkeit zum Judentum sich bisweilen auf die Individuen in ihrer Familie und sie selbst auswirkt. Über den Geburtstag von Ljolja, der Schwester ihrer Großmutter Rosa, die während des Zweiten Weltkrieges in Kiew geblieben war und in der Schlucht Babij Jar ermordet wurde, sagt sie:

> und was bedeutet es, dass Marina, die vom Judentum nichts mehr weiß, meiner Mutter ausgerechnet an jenem Tag zu den drei Geburtstagen gratulierte [Ljolja, Bruder der Ich-Erzählerin und dessen Sohn], als Shlomo, der Sohn meines Bruders, der dritte in der Geburtstagskette, vor seiner Bar-Mitzwa stand und damit, so sagt es die Tradition, als Erwachsener Verantwortung für sich selbst und seine Sippe übernehmen sollte? Als ob der Geburtstag einer Frau, die als Jüdin umgebracht worden war, obwohl sie nichts Jüdisches mehr an sich hatte, und die ohne Kinder starb, im Geburtstag eines Jungen, dessen Familie zum Judentum zurückgekehrt ist, einen Nachhall gefunden hätte. (Petrowskaja 203)

Die einen Verwandten wurden wegen ihrer ethnischen Abstammung, nicht wegen ihrer Religion oder Tradition, dem Judentum zugeordnet und ermordet, und die anderen, ihr Bruder und dessen Sohn, hatten die Wahl und bekannten sich bewusst zur jüdischen Religion. Diese Gegensätzlichkeit zwischen innerem Zugehörigkeitsgefühl und äußerer, gesellschaftlicher Zuschreibung zum Judentum verfolgt die Ich-Erzählerin. Petrowskaja fasst den inneren Identitätskonflikt folgendermaßen für ihre Ich-Erzählerin und ihre Generation zusammen: Sie will herausfinden, »ob es möglich wäre, als abstrakter Mensch, als Mensch an sich und nicht nur als Nachfahrin des jüdischen Volkes, mit dem mich nur noch die

Suche nach fehlenden Grabsteinen verbindet« (Petrowskaja 184) zu existieren. Diese Frage für sich zu beantworten, das ist die Suche nach sich selbst und der eigenen Identität.

Kann die Ich-Erzählerin ›als Mensch an sich‹ überall, auch in Deutschland leben? Das gilt es auch für die nächste Generation in der Familie, die in Deutschland lebt und aufwächst, herauszufinden. Obwohl die Ich-Erzählerin ihrer Tochter die jüdische Opferrolle nicht vermitteln will – schon gar nicht, da die Tochter erst elf Jahre alt ist –, ist diese dennoch bereits Bestandteil von deren Wissen, wenn nicht von deren Identität, denn die Tochter fragt:

> Wo sind wir hier in dieser Tabelle [der Opfer des Holocaust], Mama? Eigentlich müsste man die Frage nicht im Präsens, sondern im Imperfekt stellen und im Konjunktiv, wo wären wir gewesen, wenn wir damals gelebt hätten, wenn wir in diesem Land gelebt hätten – wenn wir jüdisch gewesen wären und damals hier gelebt hätten. (Petrowskaja 45)

Wie die Tochter stellt sich auch die Mutter die Frage, was gewesen wäre, wenn sie zu einer anderen Zeit, nicht in der Gegenwart, als jüdische Familie in Deutschland gelebt hätten:

> auch ich stelle mir solche Fragen, wo bin ich auf dem Bild, die mich aus der Welt der Vorstellung in die Realität versetzen, denn die Vermeidung des Konjunktivs macht aus einer Vorstellung eine Erkenntnis oder sogar einen Bericht, man nimmt die Stelle eines anderen ein, katapultiert sich dorthin, auf diese Tabelle zum Beispiel, und so erprobe ich jede Rolle an mir selbst, als gäbe es keine Vergangenheit ohne irgendein Als-ob, Wenn oder Falls. (Petrowskaja 45)

In dieser Passage reflektiert die Ich-Erzählerin wieder über die deutsche Sprache und das Schreiben an sich. Indem sie den Konjunktiv in ihren Ausführungen einfach vermeidet, kann sie alles und jeder sein – Opfer und Nicht-Opfer zugleich. Die Potentialität des ›als-ob‹ oder ›wenn‹ ermöglicht ihr diese Rollenwechsel und -experimente. Auch wenn die Ich-Erzählerin sich in ihrer zeitgenössischen jüdischen Identität nicht als Opfer der Judenverfolgung versteht, muss sie sich dennoch mit der Opferrolle auseinandersetzen, sowohl mit der antisemitischen Diskriminierung, die auch ihre Familie während des Stalinismus erfahren hat (Petrowskaja 188, 100), als auch mit der Rolle des Opfers der nationalsozialistischen Judenverfolgung.[292] Sie »erprobt« sich in der Opferrolle,

292 »Nach dem Krieg führte man hier Untersuchungen [zu Babij Jar] durch, obwohl es kaum mehr etwas zu untersuchen gab, und Stalins antisemitische Politik machte rasch ein Ende damit. Autoren von Büchern wie dem *Schwarzbuch über die Massenvernichtung der Juden*, die Fakten sammelten und Berichte niederschrieben, wurden verfolgt, dann auch jüdische Ärzte, die man als Giftmischer beschuldigte. Die Erschießung des Jüdischen Antifaschistischen Komitees war eine der letzten Aktionen Stalins. Unter den Mitgliedern des Komitees befanden sich auch Schriftsteller, die letzten, die noch auf Jiddisch schrieben. Hitler hat die

versteht sich in der Realität allerdings nicht als solche. Dennoch ist der Holocaust unweigerlich und unauslöschlich Teil ihrer Familiengeschichte und so ein Teil ihrer Identität auch gerade im zeitgenössischen Deutschland. Als sie bei einer Museumsführung zum Holocaust mit ihrer Tochter zu einer bezahlten Führung hinzustößt, wird sie von einem nichtjüdischen Deutschen darauf hingewiesen, dass die Führung nicht umsonst sei und sie nicht den Teilnahmepreis bezahlt habe. Dieser Kommentar ruft ihr die altbekannte Opfer-Täter-Rollenverteilung ins Gedächtnis:

> noch bevor oder schon als ich das alles dachte, kamen mir die Tränen, obwohl ich gar nicht weinte, etwas weinte in mir, ich wurde geweint, auch den Mann beweinte es in mir, obwohl er es nicht nötig hatte, denn er hatte recht, wir haben nicht bezahlt, oder doch, haben wir übrigens, aber es gibt immer jemanden, der nicht bezahlt hat. (Petrowskaja 46)

Nicht sie selbst oder ihre Tochter, sondern ihre Familie, ihr Volk waren Opfer des Holocaust. Mit ihnen identifiziert sich die Ich-Erzählerin einerseits, anderseits hat sie ihr Leid nicht direkt erlebt und versucht, sich von den überlieferten Traumata zu lösen und eine neue Identität in Deutschland über die Sprache aufzubauen. Die deutsche Sprache als zentrales Identitätsmerkmal lässt alle anderen Merkmale in den Hintergrund treten und gibt ihr eine Basis, um solche Gegensätzlichkeiten ihrer Identität, wie die Opferrolle aus dem Holocaust und die Zuneigung zu ihrer Wahlheimat Deutschland, miteinander zu vereinen. Petrowskaja lässt ihre Ich-Erzählerin nicht wie Lena Gorelik im ersten Kapitel sagen, »Ich liebe Deutschland« (Gorelik 18), sondern sie lässt sie »eine Liebe« zum Deutschen verspüren, zu *ihrer* deutschen Sprache:

> Mein Deutsch, Wahrheit und Täuschung, die Sprache des Feindes, war ein Ausweg, ein zweites Leben, eine Liebe, die nicht vergeht, weil man sie nie erreicht, Gabe und Gift, als hätte ich ein Vöglein freigelassen. (Petrowskaja 80)

Die deutsche Sprache als ›Gabe und Gift‹ ist sowohl Befreiung als auch Kampf. Sie ergibt sich ihr nicht einfach, muss erobert werden, bleibt aber doch – nimmt man Perfektionierung als Maßstab – immer unerreichbar. Für die Autorin ist die deutsche Sprache eine »Befreiung« und über ihre Faszination mit ihrer Wahlheimat Berlin sagt sie:

> Was mich am meisten angezogen hat, war diese Unbestimmtheit, der rohe Zustand, dieser leere Raum. Die Begegnung mit einem Teenager mag so ähnlich sein: Man sieht diesen Menschen und weiß nicht, was aus ihm wird. Das ist unheimlich spannend. Gerade die Zerstörung hat Berlin so faszinierend gemacht, so frei für Neues und so

Leser getötet und Stalin die Schriftsteller, so fasste mein Vater das Verschwinden der Sprache zusammen« (Petrowskaja 188).

> friedlich. Es ist ein faszinierender Raum, der aus der bewussten Bewältigung des Krieges entstanden ist. (Heimann, »Die deutsche Sprache kam einer Befreiung gleich«)

»Deutsch sein« oder eine deutsche Identität zu ihrer transnationalen Identität hinzuzufügen, gelingt der Ich-Erzählerin in *Vielleicht Esther* bedingt. Sie identifiziert sich mit einigen stereotypisch als deutsch betrachteten Verhaltensweisen, z. B. dem Pflichtbewusstsein und der Regeltreue. Die Ich-Erzählerin sagt bspw. über die Arbeitsmoral der Gedenkstätte Mauthausen: »Die Arbeitszeiten stehen im Internet. Mittagspause von 12 bis 13 Uhr. Also müsste noch 9 Minuten gearbeitet werden. Bin ich so deutsch geworden?« (Petrowskaja 232). Doch trotz ihrer Internalisierung von einigen Werten, die sie als deutsch betrachtet, fühlt sie sich auch als eine Außenseiterin in der Mehrheitsgesellschaft. Das Gefühl der Nichtzugehörigkeit versucht sie abzulegen, versucht »durchzugehen« als eine Deutsche, indem sie sich die Sprache erkämpft und erschreibt. Sie will nicht nur als ›Deutsche‹ anerkannt werden, sondern auch allgemein die »Gelegenheit« nicht vorübergehen lassen, »dabei zu sein, endlich dazuzugehören, zu allen zu gehören« (Petrowskaja 58). Über äußerliche Merkmale und das Beherrschen der deutschen Sprache will sie sich einen Platz in der Gesellschaft erobern, will anerkannt werden als Deutsche.

Schon für ihre Urgroßmutter, für (vielleicht) Esther, nach der das gesamte Buch heißt, war die Sprache, in deren Fall Jiddisch, die Eintrittskarte zur Zugehörigkeit zu einer Gruppe:

> Für die älteren Kiewer Juden war Jiddisch noch immer ihre Muttersprache, egal ob sie religiös waren und die Traditionen achteten oder ob sie ihren Kindern hinterherstürzten, geradewegs vorwärts in die helle sowjetische Zukunft. Viele jüdische Alte waren stolz auf ihr Deutsch, und als die Deutschen kamen, dachten sie möglicherweise, trotz all dem, was da schon erzählt wurde, was durch die Luft flog und nicht mehr als Lüge bezeichnet werden konnte, dass sie, gerade sie, die nächsten Verwandten der Okkupationstruppen seien, ausgestattet mit dem besonderen Recht derer, für die das Wort alles ist. (Petrowskaja 213)

Das ›Wort‹ – also die Sprache – bestimmt Zugehörigkeit für die Ich-Erzählerin. In Esthers Fall war der Glaube an die Zugehörigkeit durch die deutsche Sprache fatal. Die Geschichte erzählt, dass sie von einem Soldaten der Wehrmacht als Jüdin erschossen wurde, weil sie ihn auf Jiddisch ansprach, in einer Sprache von der sie dachte, dass es Deutsch sei, und sie irgendwie durch ihre Sprache eher ›dazugehören‹ könnte, als die anderen bspw. russischsprachigen Einwohner*innen der Stadt.

Petrowskaja lässt ihre Ich-Erzählerin – zwei Generationen später, diesmal in Deutschland – durch Sprache die Vergangenheit überwinden und einen Platz in der deutschen Gesellschaft erlangen. Für die Autorin selbst, die ihre literarische Identität autofiktional beschreibt, ist es ein freiwilliger Kampf, denn die Deutschen kommen nicht als Besatzer zu ihr, sondern sie wandert freiwillig nach Deutschland ein mit einer unbestimmbaren »Sehnsucht« nach der deutschen Sprache und dem Land (Heimann, »Die deutsche Sprache kam einer Befreiung gleich«). Doch die Sprache ist tückisch und die Mehrheitsgesellschaft skeptisch,[293] so dass es ein ständiger Kampf um das Dazugehören ist. Den Kampf, als Deutsche durchgehen zu können, wie sie wünscht, gewinnt die Ich-Erzählerin jeden Tag ein Stück mehr und wahrscheinlich langfristig in der Generationenfolge endgültig. Ihre transnationale Identität bleibt davon unberührt, denn das Russische und die sich nun erarbeitete Familiengeschichte werden vom Erlernen der deutschen Sprache nicht ausgelöscht, sondern nur überdeckt. Petrowskaja lässt die Ich-Erzählerin ihre Zweifel und Ängste in Hinblick auf eine Außenseiterrolle in der deutschen Gesellschaft und ihr Verlangen nach Zugehörigkeit mit der Metapher der deutschen Sprache als angeklebtem Geschlecht beschreiben, mit dem sie sich tarnt, um zu verstecken, dass sie »nicht von hier« ist (Petrowskaja 116).

Auf eine Interviewfrage hin, ob sich Petrowskaja als Autorin, wie Maxim Biller, wegen ihres Judentums von den Literaturkritikern diskriminiert fühle, sagt sie »Nein, umgekehrt.« Und meint, dass sie aufgrund des Phänomens Philosemitismus eher einen »Bonus« hat. Sie sagt: »Erstens fühle ich mich nicht so wahnsinnig jüdisch« und fragt »Was meint man, wenn man ›jüdischer Schriftsteller‹ sagt?« Ironisch fügt sie hinzu: »Natürlich bin ich schon allein deshalb jüdisch, weil ich schreibe, um das nun ganz grotesk zu machen« (Goldmann, »Wenn keine Arbeiter in der Literatur vorkommen, ist das kein Weltuntergang«). Sie spielt in dieser Aussage auf das Stereotyp der intellektuellen jüdischen Schriftsteller*innen als mahnende Stimme der Kritik und Moral in der deutschen Gesellschaft an.[294] Was ihr Verhältnis zu Deutschland und das Schreiben auf Deutsch betrifft, sagt Petrowskaja in einem Interview:

293 Juden werden – wie bereits erwähnt – von der deutschen Mehrheitsgesellschaft häufig nicht als Teil ihres Kollektivs wahrgenommen und so werden Personen, die als »Juden« bezeichnet werden, zu »Anderen«. Diese, wie die Kulturwissenschaftlerin Nike Thurn sie nennt, »diffuse ›Gemachtheit‹ ›des Juden‹ und seiner vermeintlichen Identifizierbarkeit durch die Gesellschaft hat vielfach den Weg über die Literatur als Ort der Ver- und Aushandlung von gesellschaftlichen Ein- und Ausschlüssen, Identitäten und Grenzen genommen« (38). Aber auch nichtjüdische Zuwanderer in ein Land, dessen Sprache sie nicht bzw. nicht akzentfrei beherrschen, werden ebenfalls erst in der Generationenfolge als Dazugehörige betrachtet werden.

294 Maxim Biller bspw. hatte von 1987 bis 1996 beim Magazin TEMPO und dann beim ZEIT-Magazin eine Kolumne namens *Hundert Zeilen Hass*, in der er Hass als »Wahrheit« bzw. »Ehrlichkeit« über Deutschland interpretiert. Er kritisiert u.a. Personen des öffentlichen Lebens wie die damalige (1980er Jahre) Herausgeberin der *Zeit*, Marion Dönhoff (Biller, »Hundert Zeilen Hass« 9ff.), die Sängerin Ute Lemper, TV Moderator Thomas Gottschalk (12), etc.

> Es ist unheimlich interessant, dass viele Autoren, deren Muttersprache eine andere ist, auf Deutsch schreiben. Womöglich hat das auch mit Moden zu tun. Aber fest steht auch, dass es etwas unglaublich Attraktives an diesem Land gibt. Nur vermittels der großen Deutschland-Sehnsucht der Ausländer können Deutsche das vielleicht verstehen. (Heimann, »Die deutsche Sprache kam einer Befreiung gleich«)

Faszinierend an dieser Aussage ist, dass ausgerechnet eine jüdische Schriftstellerin nicht nur freiwillig von einer »Sehnsucht« gezogen nach Deutschland kommt, sondern auch meint, dass ›Ausländer wie sie‹ den Deutschen ihr Land wieder näherbringen können. Die durch den Holocaust mitdefinierte, belastete deutsche kulturelle Identität legt den Deutschen nahe, keinen Stolz auf ihr Land zu empfinden. Aber Petrowskaja versucht, die Attraktivität dieses Landes (in ihren Worten die Friedlichkeit und den Raum für Neues) auch oder gerade für deutsche Leser*innen hervorzuheben. Eine Jüdin versucht, die Deutschen mit ihrer »Deutschland-Sehnsucht« anzustecken.

Kapitel drei: Olga Grjasnowas *Der Russe ist einer, der Birken liebt*

Der Deutsche Taschenbuch Verlag stellt 2013 das Buch *Der Russe ist einer, der Birken liebt*[295] im Klappentext u. a. mit den Worten vor, Mascha – die Heldin des Romans – »könnte überall leben. Doch eine Heimat hat sie nicht.« Olga Grjasnowa beschreibt in ihrem Roman Trauma, Flucht, Neuanfang und das Überschreiten von geografischen und kulturellen Grenzen. Die Protagonistin des Werkes, Maria oder Mascha Kogan (Grjasnowa 15f.), immigriert – wie die Autorin selbst – als Kind mit ihrer Familie aus Aserbaidschan nach Deutschland, wächst dort auf, studiert dort und zieht schließlich nach Israel weiter. Aber auch Israel ist kein Zufluchtsort für die Ich-Erzählerin, die unter einem in Baku erlebten Kindheitstrauma leidet. Am Ende des Romans irrt sie in Palästina umher und muss ihren guten Freund Sami bitten, sie zu retten. Ob Sami tatsächlich kommt, ob er sie zu ihrer Rettung zurück nach Deutschland bringen, Deutschland der Rettungsanker werden oder ob sie von Israel aus in ein anderes Land reisen wird, bleibt offen. Schaut man sich diesen inhaltlichen Kurzabriss an, sieht es eher so aus, als könne Mascha nicht überall leben. Die Frage stellt sich, warum dies so ist und welche Ursachen Maschas Rastlosigkeit hat. Auch der zweiten Aussage auf dem dtv-Bucheinband, dass sie keine Heimat habe, soll nachgegangen werden. Ich habe mich gefragt, ob Olga Grjasnowa über ihre Protagonistin den Begriff Heimat thematisiert und wenn ja, welche Vorstellung sie davon hat, was Heimat bedeuten könnte. In diesem Kapitel geht es folglich um das Verhältnis von Protagonistin und Autorin zueinander und zum Begriff der Heimat in Hinblick auf Deutschland und Israel vor dem Hintergrund von Migration und weiblicher, jüdischer, bisexueller Identität.

Im Klappentext zur eingangs erwähnten dtv-Ausgabe wird der Leserschaft die Protagonistin folgendermaßen vorgestellt: »Macha ist Aserbaidschanerin, Jüdin, und wenn nötig auch Türkin und Französin.« Wie der Literaturwissenschaftler

295 *Der Russe ist einer, der Birken liebt* wurde 2012 in der Erstauflage vom Hanser Verlag publiziert. Das Maxim-Gorki Theater Berlin hat den Roman 2013 erstmals in einer Bühnenfassung von Yael Ronen aufgeführt.

Stephan Braese anmerkt, versäumen weder die Rezensenten noch der Verlag, die Tatsache hervorzuheben, »dass die Autorin Jüdin sei« (275). Braese hält fest:

> Im Ergebnis transportiert jede der zahlreichen Besprechungen dieses Romans die Information, dass die Autorin dieses aufsehenerregenden Buches, dass diese ›neue Stimme der deutschsprachigen Gegenwartsliteratur‹ Jüdin ist. (Braese 276)

Die neue Stimme der deutschen Gegenwartsliteratur ist nach diesen Aussagen also jüdisch und schafft es, den Zeitgeist ihrer Generation literarisch auszudrücken. Meine übergeordnete Fragestellung in dieser Arbeit gilt der zeitgenössischen jüdischen Identität in Deutschland. Deren schlaglichtartige Erhellung verspreche ich mir von dem Verhältnis zu Deutschland, das die Neueste jüdische Schriftsteller*innengeneration in Deutschland ihren Ich-Erzählerinnen zu Deutschland konstruiert. Ich frage daher, welches Selbstverständnis Grjasnowa ihrer von Migration und Mobilität geprägten Protagonistin zugesteht, mit deren Geschichte sie angeblich »den Nerv ihrer Generation« trifft.[296] Steht im Zentrum des Selbstverständnisses dieser Generation noch der Holocaust? Welche Rolle spielt Deutschland als Immigrations- und Emigrationsland bei der Konstruktion der literarischen Identität der Protagonistin? Legt die Autorin ihre Geschichte so an, dass für die jüdische Mascha trotz der deutschen Geschichte ein ›normales‹ Leben in Deutschland möglich ist? Kann es für die Romanfigur Normalität im deutsch-jüdischen Verhältnis und im jüdischen Leben in Deutschland geben?

Um diese Fragen zu beantworten, nehme ich zuerst eine Genrebestimmung des Werkes vor. Ich werde zeigen, dass Grjasnowas gesellschaftskritischer Roman dem Genre der Autofiktion angehört, obwohl keine namentliche Einheit zwischen Autorin und Ich-Erzählerin besteht. Anschließend untersuche ich die Merkmale, mit denen Identität in *Der Russe ist einer, der Birken liebt* konstruiert wird. Im Fazit dieses Kapitels werden die Merkmale in ein intersektionales Rahmenwerk eingeordnet, um den Bezug herzustellen zwischen der literarischen Identitätskonstruktion und deren Aussage(fähigkeit) in Bezug auf die oben genannte übergeordnete Fragestellung dieser Studie nach dem Verhältnis der Neuesten Generation jüdischer Schriftstellerinnen zu Deutschland. Grjasnowa entwirft in ihrem Debütroman eine transnationale Identität, die idealerweise von jeglicher Bindung an eine geografische Heimat frei sein soll. An die Stelle möglicher Geborgenheits- und Sicherheitsgefühle, die mit einem Heimatland verbunden sein können, tritt bei Grjasnowas Protagonistin die vermeintliche Fähigkeit, sich z. B. durch Spracherwerb und das metaphorische Übersetzen nicht nur von Sprachen, sondern von Kulturen, jeden Ort und jede Kultur erschließen

296 Auf dem Buchdeckel der dtv-Ausgabe wird Literaturkritikerin Ursula März aus *Der Zeit* zitiert: »Olga Grjasnowa trifft aus dem Stand den Nerv ihrer Generation« (März, »Sie ist auf Alarm«). Dabei sagt März nicht, wen sie der Generation Grjasnowas zurechnet.

zu können. Wo jedoch die Grenzen einer solchen kosmopoliten, transnationalen Identitätskonstruktion liegen, zeigt der Roman selbst auf. So lassen sich traumatische Erfahrungen von Krieg und Flucht, verstörenden Ereignissen nicht einfach durch Ortswechsel auslöschen, denn jedes Land, in das die Protagonistin flieht – nicht nur Deutschland –, hat eine historisch belastete Vergangenheit und/ oder ist von gesellschaftlichen und kulturellen, häufig gewalttätigen Konflikten geprägt. Die jüdische Ich-Erzählerin, die ein ambivalentes Verhältnis zu Deutschland hat, weil es neben der Holocaustvergangenheit gegenwärtig dort Rassismus gibt, verlässt Deutschland nach dem Tod ihres deutschen Freundes, muss jedoch erkennen, dass auch ihr Zufluchtsort, der Staat Israel, aber auch Palästina, nicht frei von Rassismus, Vorurteilen und Gewalt sind. Die Autorin, die selbst in Deutschland lebt, lässt ihre Protagonistin am Ende des Romans sagen:

> Ich wollte nach Hause. Zurück zu meiner Mutter, ich wollte, dass sie mich beschützt. Ich wollte zurück zu Elischa, mich an sein Hemd klammern und seinen Geruch einatmen, sein Gesicht wieder klar vor mir sehen. (Grjasnowa 280)

Zu Hause assoziiert sie mit Orten, »die mich an Baku erinnerten« (Grjasnowa 253) aber auch Deutschland, weil ihre Mutter dort lebt und sie mit ihrem verstorbenen deutschen Freund, Elias, dort gelebt hat. Sein Tod in Kombination mit der Erinnerung an das traumatische Erlebnis ihrer Kindheit wächst sich zum zentralen Trauma des Buches aus, das Mascha erst auf ihre Reise schickt. Nicht das geografische Land Deutschland, sondern die Menschen, die sie liebt, geben ihr ein Heimatgefühl. Ich stelle daher die These auf, dass trotz aller Kritik und Zweifel, die sie in diesem Buch äußert, eine Bindung an Deutschland – ein Gebundenheitsgefühl (belonging) im Sinne eines positiven transkulturellen Bezugsrahmens, der ihr erlaubt an mehreren Orten gleichzeitig fremd und heimisch zugleich zu sein – besteht. Ein transkulturelles Leben für eine junge Jüdin mit Deutschland als Standort wird mit dem Wunsch der Ich-Erzählerin ›nach Hause‹ zu kommen und dem offenen Ende des Romans als Möglichkeit zumindest nicht ausgeschlossen.

I. Die Funktion des Genres der Autofiktion in *Der Russe ist einer, der Birken liebt*

In der Vorankündigung zu einem Interview mit Olga Grjasnowa über ihren Debütroman auf der Leipziger Buchmesse 2012 heißt es auf der Website von *Literaturcafe.de:*

> Olga Grjasnowa stammt wie ihre Romanfigur ebenfalls aus Aserbaidschan, ein Umstand, der rasch dazu führen könnte, die Autorin mit ihrer Protagonistin zu verwech-

seln. Wie geht man mit diesem medialen Schubladendenken um? (»Olga Grjasnowa im Interview«)

Bei der generischen Einordnung des Romans *Der Russe ist einer, der Birken liebt*, welche die Aufgabe dieses Kapitelteils ist, spielt die Frage nach den ›medialen Schubladen‹ jedoch eine wichtige Rolle. Wie das Zitat zeigt, besteht ein Interesse daran, herauszufinden, wie viel Olga Grjasnowa in ihrer Protagonistin Mascha Kogan steckt. Indem die Autorin ihre Ich-Erzählerin um Kernereignisse in ihrem eigenen Leben konzipiert hat und bei der Vermarktung des Buches – zwar unter Vorbehalt, aber eben doch – Hinweise auf diese Gemeinsamkeiten und Übereinstimmungen erfolgen,[297] wird bewusst die ›Schublade‹ aufgemacht. Sei es nun »ausgefeilte PR-Strategie im Vorfeld einer Veröffentlichung« (Breitenstein 162) – die zur Vermarktung eines Romans dazugehört – oder nicht, der Leserschaft wird die Möglichkeit einer autobiografischen Interpretation des Romans angeboten. Der Journalist und Kulturkritiker Andreas Breitenstein weist darauf hin, dass es häufig »die Künstler selber« sind, »die dem Voyeurismus als primäre Kunsterfahrung Vorschub leisten«, indem sie »permanent Interviews und Statements von sich« geben und »die Medien ununterbrochen mit Texthäppchen und Fernsehbildern« füttern (162). Breitenstein merkt diesbezüglich kritisch an: »In dem Maße, wie sie sich zu Leitfiguren der Öffentlichkeit stilisieren, unterlaufen sie das komplexe Anliegen ihres Werkes« (162). Da Kunst im Allgemeinen und der Literaturbetrieb im Besonderen »den Gesetzen von Angebot und Nachfrage unterliegt,« muss man sich von der Idealvorstellung verabschieden, dass »Kunst als authentische, womöglich sogar rein moralisch motivierte Grundäußerung außerhalb der bestehenden Gesellschaftsverhältnisse angesiedelt sei« (Breitenstein 163f.). Dies gilt auch für die Funktion von Autofiktion bei Grjasnowa: Durch ihre Genrewahl kann die Autorin sowohl Distanz zwischen sich und ihrer Protagonistin schaffen, in Interviews jede Verbindung zu ihrer eigenen Biografie zurückweisen und gleichzeitig unübersehbare Parallelen zu ihrem eigenen Leben literarisch konstruieren. Autofiktion ermöglicht ihr, ihre eigenen Erfahrungen, die Erfahrungen anderer[298] und ihre Fantasie zu nutzen,

297 Vgl. u.a. Klappentext zur dtv-Ausgabe des Buches, Zeitungs- bzw. Radiorezensionen und Interviews mit der Autorin (u.a. mit AVIVA, literaturcafé.de). Bei der *Deutschen Welle* heißt es z.B., »Olga Grjasnowa kennt die Orte und Geschichten über die sie schreibt. Sie selbst kam als 12-jährige nach Deutschland und hat einige Zeit in Israel gelebt« (Kieselbach, »DW-Literatur-Expertin Sabine Kieselbach über ›Der Russe ist einer, der Birken liebt‹ von Olga Grjasnowa«). März schreibt für *Die Zeit* »Man darf Mascha Kogan, obwohl einige biografische Elemente, Alter, Judentum, die Herkunft aus Aserbaidschan, mit denen Olga Grjasnowas übereinstimmen nicht mit dieser verwechseln« (»Sie ist auf Alarm«).

298 Auf biografische Übereinstimmungen zwischen sich selbst und der Ich-Erzählerin in einem Interview hingewiesen, antwortet die Grjasnowa: »›Mir ist diese Geschichte erzählt worden.‹ Sie könne nicht über etwas schreiben, das ihr nahe sei. Sie brauche Distanz« (Lenz, »Es ist keine schöne Geschichte«).

um aus dieser Mixtur die Identität ihrer Protagonistin und das Selbstverständnis der sie umgebenden Personen zu konstruieren. Diese Mischung wird von den Medien als Interpretation des Zeitgeistes ihrer Generation beschrieben. Sieht man in Olga Grjasnowas Ich-Erzählerin in *Der Russe ist einer, der Birken liebt* eine Stimme ihrer Generation, so ist dieses Werk durchaus aussagekräftig in Bezug auf Tendenzen im zeitgenössischen deutsch-jüdischen Verhältnis und in Hinblick auf das Selbstverständnis der neuen Generation jüdischer Schriftsteller*innen in Deutschland.

In diesem Unterkapitel zeige ich, dass *Der Russe ist einer, der Birken liebt* wegen der Mischung aus Fakten aus dem Leben der Autorin und Fiktion bei der Erschaffung der literarischen Hauptfigur, Maria Kogan, und deren Identität dem Genre der Autofiktion angehört und seine Wirkung – gleichzeitig zur Person der Autorin Nähe zuzulassen und Distanz zu schaffen – darüber entfaltet.

I.1 Die Autorin und die Ich-Erzählerin

Die Wirkung des Genres der Autofiktion basiert auf der teilweisen Vermischung von Autor*innen- und Protagonist*innenpersönlichkeit. Diese Verquickung der echten und der literarischen Person wird von Seiten der Autorin Olga Grjasnowa zumindest in Kauf genommen, um nicht zu sagen gewollt, um z. B. ihre gesellschaftlichen Einschätzungen oder Kritik öffentlich zu machen – wie später gezeigt wird –, aber auch um ein besseres Kaufergebnis ihres Buches zu erzielen, da Bücher mit ›authentischem‹ Inhalt geschrieben von Autor*innen mit einem gewissen ›Exotikstatus‹ durch deren Minderheitenidentität besonderes Interesse hervorrufen (vgl. u. a. Wanner, »Out of Russia« 6 oder Warner 3).

Anders als die anderen beiden in dieser Studie besprochenen Autorinnen schafft Grjasnowa eine bewusste Distanz zwischen sich und ihrer Hauptfigur, indem sie diese nicht nach sich selbst benennt, sondern ihr einen erfundenen Namen gibt.[299] Gleich zu Beginn des Buches erfährt die Leserschaft von der Nichtübereinstimmung der Namen von Protagonistin und Ich-Erzählerin. Dies hebt die Nicht-Identität zwischen Beiden hervor. Bei einem Krankenhausbesuch von einem Arzt nach ihrem Namen gefragt, antwortet die Ich-Erzählerin »Maria Kogan« (Grjasnowa 15). Kurz darauf, bei einem Telefonat mit den Eltern ihres Freundes, nennt die Protagonistin sich selbst »Mascha« (Grjasnowa 16). Dies ist der russische Kosename für Maria (Grjasnowa 162). Diesen Namen benutzen

299 Auch andere zeitgenössische autofiktionale Texte, wie bspw. Charlotte Roches *Schoßgebete* (2011), haben eine Ich-Erzählerin, die einen anderen Namen tragen als die Autor*innen (Elizabeth Kiel), beruhen jedoch auf realen Ereignissen (dem Unfalltod des Bruders der Autorin).

auch Freunde und enge Vertraute für sie im Buch. Bereits diese Tatsache, dass die Hauptfigur Mascha Kogan und nicht Olga Grjasnowa heißt – neben der klaren Kennzeichnung des Textes als (auto-)fiktional durch den Untertitel »Roman« (Darrieussecq 369) –, schließt die Autobiografie, nach Lejeunes Definition,[300] als Genre für *Der Russe ist einer, der Birken liebt* aus (15f.). Da zwischen Autorin und Erzählerin keine namentliche Identität besteht, fällt das Werk für Lejeune in die Kategorie des Romans und kann als »Fingiertes autobiographisches Erzählen« gelten (Zipfel 133),[301] als fiktionaler, nicht autobiografischer Pakt zwischen Autor*in und Leser*in. Nicht nur Lejeune, auch Serge Doubrovsky, der Urheber des Begriffs Autofiktion, fordert die personale Einheit von Autor*in und Protagonist*in, denn für ihn steht fest: »Die hier in Frage stehende Persönlichkeit und Existenz ist die meine« (Doubrovsky, »Nah am Text« 128). Allerdings schlägt Doubrovsky eine weitere Art von Pakt zwischen Autor*in und Leser*in vor, die für die Genreeinordnung von Grjasnowas Debütroman wichtig ist, nämlich die Möglichkeit, »den autobiografischen und den romanesken Pakt« zu vermischen (Doubrovsky, »Nah am Text« 126). Gemeint ist eine fiktive Figur mit dem Autorennamen. Grjasnowa vermischt die beiden Elemente des autobiografischen und fiktionalen Paktes jedoch andersherum: Sie benutzt einen fiktiven Namen, gibt ihrer Figur aber erkennbare autobiografische Züge, denn es bestehen durchaus Übereinstimmungen zentraler biografischer Daten und persönlich-politscher Ansichten der Autorin mit ihrer Ich-Erzählerin. Eher als Doubrovsky entspricht ein derartiger, sich von der Autobiografie noch weiter durch Fiktion entfernender Begriff der Autofiktion dem Genette-Schüler Vincent Colonna, der in *Autofiction & Autres Mythomanies Littéraires* zwischen vier Typen der Autofiktion – »L'autofiction intrusive« (135ff.), »L'autofiction spéculaire« (119ff.), »L'autofiction biographique« (93ff.), »L'autofiction fantastique« (75) – unterscheidet. In seiner Dissertation »L'Autofiction. Essai sur la Fictionalisation de Soi en Littérature« definiert Colonna Doubrovskys Neologismus folgendermaßen:

> Une autofiction est une œuvre littéraire par laquelle un écrivain s'invente une personnalité et une existence, tout en conservant son identité réelle (son véritable nom). (Colonna 30)

300 Lejeune fordert die nachweisbare personale Einheit zwischen der realen Person der Autor*in und der literarischen Figur der Ich-Erzähler*in als Grundbedingung des ›autobiografischen Pakts‹ (14).

301 »Das fingierte autobiographische Erzählen ist insofern realistisch bzw. illusionistisch, als es den Regeln von faktualen Schrift-Erzähl-Texten folgt und damit unter Umständen den Eindruck erwecken kann, daß es sich bei dem fiktionalen Erzähl-Text um einen faktualen handelt: eine fingierte Autobiographie unterscheidet sich erzähltechnisch in keiner Weise von einer realen Autobiographie« (Zipfel 133).

> Eine Autofiktion ist ein literarisches Werk, in dem sich ein Schriftsteller eine Persönlichkeit und eine Existenz erfindet und dabei seine eigentliche Identität (seinen wirklichen Namen) bewahrt.[302]

Während für Doubrovsky verifizierbare Daten aus dem Leben des Autors eine größere Rolle spielen, legt Colonna selbst bei der autobiografischen Autofiktion mehr Wert auf Fiktion (»Autofiction & Autres Mythomanies Littéraires« 93). Für Colonna darf die literarisch beschriebene Identität der infrage stehenden Person mit viel Erfundenem angereichert werden, solange nur der Name mit dem der Autor*in übereinstimmt. Doubrovsky sieht dies etwas enger. Er beschreibt den Unterschied zwischen seiner und Colonnas Definition wie folgt:

> Mein Konzept der Autofiktion ist nicht jenes von Vincent Colonna, ein ›literarisches Werk, in dem sich ein Schriftsteller eine Persönlichkeit und eine Existenz erfindet, während er seine tatsächliche Identität bewahrt (seinen richtigen Namen)‹. (»Nah am Text« 128)

Doubrovsky geht es nicht darum, den autobiografischen Pakt zu brechen, sondern ihn mit der Autofiktion zu erweitern. Grjasnowa hingegen hat den autobiografischen Pakt gebrochen, indem sie ihre Ich-Erzählerin anders benannt hat. Ihre Textkonstruktion folgt einem weiter gefassten Begriff der Autofiktion nach dem französischen Literaturwissenschaftler Thierry Laurent, der anders als z. B. Doubrovsky und Colonna, keine namentliche Übereinstimmung von Autor*innen- und Protagonist*innenpersönlichkeit voraussetzt. Für Laurent ist Folgendes wichtiger:

> Ce qui nous semble important est que l'auteur se mette en scène dans des aventures largement inventées et non qu'il se présente ou pas sous sa véritable identité. (11f.)

> Was uns wichtig erscheint, ist, dass der Autor sich in weithin erfundenen Abenteuern inszeniert und nicht, ob er sich unter seiner wahren Identität [Namen] präsentiert oder nicht.

Laurents Definition verlangt nicht zwangsläufig, dass die Hauptfigur den Autor*innennamen tragen muss. Es geht ihm vielmehr darum, dass Autor*innen sich in ihren (stark) fiktionalisierten Texten selbst mit Fantasie und Fiktion in Szene setzen. Laurent und Colonna stimmen insofern überein, als dass sie den autofiktionalen Text als eine Fiktionalisierung des Selbst annehmen, bei der Fantasie eine größere Rolle spielt als Fakten. Laurent schreibt diesbezüglich:

> Certes nous admettons facilement qu'il faille différencier la simple fiction d'inspiration autobiographique de ce qu'on peut appeler ›la fictionnalisation de soi‹. Mais nous pensons que celle-ci peut se faire par une grande diversité de procédés et que dès

302 Soweit nicht anders vermerkt, sind alle Übersetzungen meine eigenen.

qu'apparaissent des analogies fortes entre tel personnage de roman et l'auteur, il y a ›autofiction‹. (12)

Natürlich muss man die einfache Fiktion mit biografischen Einflüssen von dem unterscheiden, was wir ›Fiktionalisierung des Selbst‹ nennen. Letztere kann durch eine Vielzahl von Prozessen entstehen und sobald es starke Analogien zwischen einer Romanfigur und dem Autor gibt, gibt es ›Autofiktion‹.

Laurent hebt die Bedeutung der starken Analogien zwischen der Person des Autors und der Hauptfigur hervor. In Colonnas Definition darf die Fiktion der Erzählung soweit gehen, dass die erzählte Geschichte absolut abstrakt, z.B. in einer Parallelwelt angesiedelt sein kann, solange nur Autor*innen- und Protagonist*innenname übereinstimmen. In Bezug auf *Der Russe ist einer, der Biken liebt* ist diese weitgefasste Definition wichtig, da Olga Grjasnowa ihre Protagonistin ein Trauma erfahren lässt, das sie nicht selbst erlebt hat, sondern das ihr ›erzählt‹ wurde. Bei der Analyse von Grjasnowas Text folge ich hauptsächlich Laurents Definition von Autofiktion, da er die namentliche Übereinstimmung von Autor*in und Protagonist*in nicht zwangsläufig für Autofiktion voraussetzt wie Doubrovsky und Colonna, dafür aber Colonnas weitgefasste Fiktionskomponente teilt. Grjasnowa beschreibt Ausschnitte aus ihrem Leben und ihrer Identität unter einem erfundenen Namen in Kombination mit einer Erzählung, die zwar fiktional ist, aber auf wichtigen Eckdaten der Autorenvita beruht und auf dem Umweg über die Protagonistin ausschnitthaft persönliche Erfahrungen der Autorin übermittelt. Was den Inhalt der Geschichte betrifft, kann *Der Russe ist einer, der Birken liebt* zwischen Colonnas »L'autofiction fantastique«[303] und »L'autofiction autobiographique«[304] angesiedelt werden, denn die Handlung

303 Vgl. Colonnas Definition von »L'autofiction fantastique« in *Autofiction & Autres Mythomanies Littéraires* – »L'écrivain est au centre du texte comme dans une autobiographie (c'est le héros), mais il transfigure son existence et son identité, dans une histoire irréelle, indifférente à la vraisemblance« (»Der Autor steht im Zentrum des Textes wie in einer Autobiografie (er ist der Held), aber er verschleiert seine Existenz und seine Identität in einer unwirklichen Geschichte, unabhängig von deren Wahrscheinlichkeit« 75) – einem seiner vier Typen der Autofiktion neben »L'autofiction intrusive« (135ff.), »L'autofiction spéculaire« (119ff.), »L'autofiction biographique« (93ff.), in der in Kombination mit einer Hauptfigur, die den Namen der Autor*in trägt, eine offensichtlich komplett fiktionale Welt geschaffen wird, wie etwa ein anderes Universum.

304 Diese Form der Autofiktion definiert Colonna wie folgt: »L'écrivain est toujours le héros de son histoire, le pivot autour duquel la matière narrative s'ordonne, mais il affabule son existence à partir de données réelles, reste au plus près de la vraisemblance et crédite son texte d'une vérité au moins subjective – quand ce n'est pas davantage.« (»Der Schriftsteller ist immer der Held seiner Geschichte, der Drehpunkt, um den das Erzählmaterial angeordnet ist, aber er erfindet seine Existenz auf Grundlage realer Daten, bleibt nahe an der Wahrscheinlichkeit und schreibt seinem Text zumindest eine subjektive Wahrheit zu – wenn nicht sogar mehr« 93).

setzt sich aus tatsächlichen Ereignissen und Erfahrungen der Autorin und komplett Erfundenem zusammen.

Trotz unterschiedlichem Namen bestehen durchaus erkennbare Parallelen zwischen Olga Grjasnowa und Mascha Kogan. Sowohl Autorin als auch Ich-Erzählerin wurden in Aserbaidschan geboren, erlebten während der Kindheit die ethnischen Spannungen zwischen Aserbaidschanern und Armeniern dort mit[305] und emigrierten mit der Familie nach Deutschland (vgl. Grjasnowa 44ff.). Grjasnowa lässt ihre Protagonistin Mascha Ereignisse berichten, die aus ihrem eigenen Leben stammen:

> Offiziell gehören wir zum Kontingent jüdischer Flüchtlinge, die jüdische Gemeinden in Deutschland stärken sollten. Aber unsere Auswanderung hatte nichts mit dem Judentum, sondern mit Bergkarabach zu tun. (Grjasnowa 44)[306]

Die Autorin selbst, 1984 in Baku geboren, wanderte mit ihren Eltern – »der Vater Rechtsanwalt, die Mutter Musikwissenschaftlerin« in den 1990er Jahren nach Deutschland aus (Lenz, »Es ist keine schöne Geschichte«). Die Mutter der Protagonistin »unterrichtet Klavier – zuerst an einer Musikschule, später an der Hochschule« und ist »Ausgebildet an einem sowjetischen Konservatorium« (Grjasnowa 26). Ihre Großmutter, die 1941 vor den Nationalsozialisten aus Weißrussland nach Aserbaidschan geflohen war (Unsleber, »Autorin über unnütze Identitäten: ›Heimat ist eine Behauptung‹«), geht 1989 nach Israel (Lenz, »Es ist keine schöne Geschichte«). Auch die Verwandten der Ich-Erzählerin – zwar nicht die Großmutter, sondern die Tante – wandern nach Israel aus (Grjasnowa 50). Sowohl die Großmutter der Autorin (vgl. Lenz, »Es ist keine schöne Geschichte«) als auch die der Protagonistin sind Überlebende des Holocaust:

> Die Vorstellung, ausgerechnet nach Deutschland zu gehen, fanden meine Eltern zuerst ebenso absurd. Noch 1994 sagte meine Mutter, sie würde niemals dieses Land betreten, dort sei die Asche noch warm. Meine Großmutter war eine Überlebende. (Grjasnowa 51)

Die Mutter der Protagonistin hat wegen der Holocaust belasteten Familienvergangenheit derartige Vorbehalte gegenüber Deutschland, dass sie sich zuerst nicht vorstellen kann, überhaupt einen Fuß in das Land derer, die ihre Mutter

305 Anders als ihre Protagonistin erlebte Grjasnowa selbst kein Trauma durch die Kriegswirren in Aserbaidschan (vgl. März, »Sie ist auf Alarm«), sie sagt aber in einem Interview: »Egal ob Kaukasus oder Palästina. Dieses Wissen, dass von heute auf morgen jemand umgebracht werden kann oder als ›der Andere‹ manifestiert wird. […] Das beschäftigt mich persönlich auch sehr« (Baude, »Interview mit Olga Grjasnowa«).

306 Auf den bewaffneten Konflikt zwischen Armenien und Aserbaidschan um die Region Bergkarabach, der Ende der 1980er Jahre neu ausbrach und noch andauert, wird genauer im zweiten Teil des dritten Kapitels eingegangen, wenn die Identitätskonstruktion und das Trauma der Protagonistin behandelt wird.

– Maschas Großmutter – verfolgt haben, zu setzen, geschweige denn dort zu leben. Dennoch findet die Migration statt.

Autorin und Protagonistin erlernten mehrere Sprachen: Die Autorin spricht Russisch, Deutsch und Englisch (vgl. u. a. Mund, »Olga Grjasnowa: ›Der Russe ist einer, der Birken liebt‹«). Die Protagonistin studiert Übersetzen, wird als Sprachwunder dargestellt, die neben Deutsch Arabisch lernt (Grjasnowa 31), »Russisch, Französisch und Englisch« als »B-Sprachen« spricht (37), Italienisch in der Schule (30) und »Spanisch und ein bisschen Polnisch« »in meiner Freizeit« (31) gelernt hat. Wie Grjasnowa[307] selbst verbringt auch ihre Protagonistin Kogan längere Zeit in Israel. Mascha sagt: »Ich will irgendwas in Israel« machen (Grjasnowa 139) und erklärt später »Ich habe einen befristeten Arbeitsvertrag im Auslandsbüro einer deutschen Stiftung in Tel Aviv« (143). Der gesamte dritte Teil des Buches handelt von Maschas Erfahrungen in Israel. Die Parallelen zwischen Autorin und Protagonistin gehen mitunter soweit, dass sie beinahe O-Ton dieselben Ansichten zu Themen, wie bspw. dem Verhältnis von Sprache und Macht, vertreten. Die Autorin lässt ihre Ich-Erzählerin Mascha ihren Eingewöhnungsprozess in Deutschland folgendermaßen beschreiben:

> Ich begleitete meine Eltern auf das Ausländeramt und lernte dort, dass Sprachen Macht bedeuteten. Wer kein Deutsch sprach, hatte keine Stimme, und wer bruchstückhaft sprach, wurde überhört. (Grjasnowa 37 f.)

In einem Interview gefragt, ob sie auch persönlich dieser Ansicht sei, sagt Grjasnowa:

> Ja vollkommen. Sprache ist Macht. […] dann sagt es sehr viel über den sozialen Status aus, auch hier in Deutschland, dann wird man von den anderen anders wahrgenommen. (Baude, »Interview mit Olga Grjasnowa«)

Wer die Landessprache akzentfrei spricht, wird nicht als ›anders‹ wahrgenommen, fällt nicht auf. Aber auch einige Fremdsprachen, wie Englisch, muss man gut beherrschen, um »sozialen Status« zu zeigen. Wiederum andere Sprachen, wie »Türkisch oder Arabisch«, werden nicht mit demselben Status ausgezeichnet und wirken sich nicht vorteilhaft für den Sprecher aus (vgl. Baude, »Interview mit Olga Grjasnowa«).

Wie die obigen Aussagen von Protagonistin und Autorin zeigen, hat *Der Russe ist einer, der Birken liebt* autobiografische Elemente. Ereignisse, wie z. B. die Immigration nach Deutschland, der Sprachlern- und Eingewöhnungsprozess in dem neuen Land und längere Aufenthalte in Israel spielen eine zentrale Rolle im

307 Vgl. u. a. biografische Informationen zur Autorin im Klappentext zur dtv-Ausgabe von *Der Russe ist einer, der Birken liebt* (Grjasnowa 2) und in Interviews wie bspw. für das Frauenmagazin AVIVA (Baude, »Interview mit Olga Grjasnowa«) oder Literaturwebseiten wie literaturcafe.de (»Olga Grjasnowa im Interview«).

Leben von Autorin und Ich-Erzählerin. Da Olga Grjasnowa mit Preisen ausgezeichnet wurde und »derzeit [Leipziger Buchmesse 2012] sehr gefragt« ist (»Olga Grjasnowa im Interview«), ist sie eine im Literaturbetrieb bekannte Persönlichkeit, mit deren Vita die Medien vertraut gemacht haben. Von den Medien als »Literarische Stimme ihrer Generation« und als »Shootingstar« bezeichnet, hat Grjasnowa durchaus auch einen gewissen Bekanntheitsgrad bei der Leserschaft. Das Wissen um die Biografie der Autorin kompliziert eine rein fiktionale Lektüre von *Der Russe ist einer, der Birken liebt.* Auch die Nicht-Identität von Autor*innen- und Protagonist*innennamen ändert dies nicht grundsätzlich,[308] hebt aber gleichzeitig die fiktionale Komponente des Romans hervor. Die dem Genre der Autofiktion eigene, bewusste Vermischung von Autorenpersönlichkeit und literarischer Hauptfigur wird in der Rezeption von *Der Russe ist einer, der Birken liebt* immer wieder angesprochen: So heißt es bei der *Deutschen Welle:* »Nicht alles ist autobiografisch in ihrem ersten Roman, aber vieles weist – leicht verfremdet – Parallelen zu Olga Grjasnowas Biografie auf« (Mund, »Olga Grjasnowa: ›Der Russe ist einer, der Birken liebt‹«). Derartige Beschreibungen des Buches in den Medien sind vergleichbar mit einer »prätextuellen Beglaubigung von fiktionalen Texten« (Zipfel 135) entweder durch die Autorin selbst, die zwar jegliche Ähnlichkeit zu ihrer Ich-Erzählerin zurückweist,[309] aber andererseits – wie gezeigt – z. B. in Interviews wichtige Informationen zu den Eckdaten ihres Lebens, die mit der Romanhandlung übereinstimmen, berichtet und/oder persönlich Meinungen vertritt, die mit denen der Protagonistin übereinstimmen.

Das Genre der Autofiktion erfüllt bei Grjasnowa folgende Funktion: Es gibt ihr die Freiheit, ihre Hauptfigur literarisch-künstlerisch so zu konzipieren, dass deren Identitätskonstruktion auch Einblicke in das eigene Selbstverständnis der Autorin – ihre Wünsche, Einschätzungen, Botschaften an die Gesellschaft – als junge ethnisch jüdische Frau mit sog. ›Migrationshintergrund‹ in Deutschland erlaubt. Durch diese Mischung aus Fakt und Fiktion trifft sie »den Nerv ihrer Generation« (März, »Sie ist auf Alarm«) und beschreibt ein Verhältnis zu Deutschland, das zwar ›unbelasteter‹ vom Holocaust, deshalb aber noch lange nicht unkritisch der Gesellschaft gegenüber ist.

308 In Bezug auf den Namen der Protagonistin Elizabeth in Charlotte Roches bereits erwähntem autofiktionalen Roman *Schoßgebete* heißt es: »many readers might be tempted to take her [Elizabeth's] name as standing in for Roche herself« (Schmidt 42). Ähnlich mag es Leser*innen gehen, die versucht sind, Mascha Kogan mit Olga Grjasnowa gleichzusetzen.

309 Vgl. bspw. den Beitrag aus der *Frankfurter Rundschau* von Juli 2017 der, typisch für die Besprechung des Romans in der deutschen Presse, im Zuge einer Verkaufsstrategie gleichzeitig auf die autobiografischen Übereinstimmungen hinweist und sie wieder zurücknimmt: »Es hieß, der Roman habe autobiografische Züge. Schließlich handelt er von einer Aserbaidschanerin, die in Deutschland durchschlägt, aber nirgends zu Hause ist. [...] Olga Grjasnowa weist das Autobiografische weit von sich« (Lenz, »Es ist keine schöne Geschichte«).

I.2 Selbstreflexivität

Grjasnowa hat für die literarische (Selbst-)Reflexion »ihrer Generation« (März, »Sie ist auf Alarm«), ihrer Migrationsgeschichte und ihrer Gesellschaftskritik eine fiktive Erzählfigur gewählt. Schon durch den Klappentext wird klar: Olga Grjasnowa heißt nicht Mascha Kogan und umgekehrt. Bei allem autobiografischen Einfluss macht sie auch von vornherein die Fiktionalität in *Der Russe ist einer, der Birken liebt* deutlich. Sie hat eine Person erfunden, die wie sie jung, weiblich, jüdisch ist, deren Lebensgeschichte gekennzeichnet ist von Migration, Eingewöhnung, Rastlosigkeit und Unbehagen. Allerdings »referiert« die Autorin vordergründig das Leben einer anderen, einer ausgedachten »Person, deren Geschichte er [der/die Autor*in] homodiegetisch erzählt« (Zipfel 134). Einerseits kennzeichnet die namentliche Nicht-Identität zwischen Autorin und Protagonistin die Erzählung als fiktional, andererseits gelten die Verwendung von biografischen Angaben aus dem Leben der Autorin und der Einsatz der Ich-Erzählperspektive mit den Pronomen der ersten Person jedoch als »Faktualitätssignal« (Zipfel 136). Ich werde zeigen, dass der selbstreflexive Stil in dem Grjasnowa die Geschichte von Trauma und Migration erzählt, dazu beiträgt, dass der Text als authentisch empfunden wird. Das Gefühl eine intime Selbstanalyse und Traumaaufarbeitung zu lesen, entsteht durch das Genre der Autofiktion, bzw. ist dessen Wirkung.[310]

Die Autorin lässt ihre Ich-Erzählerin über anfängliche Schwierigkeiten nachsinnen, die ihr Selbstverständnis als in Deutschland lebende Jüdin beeinflusst haben. Die unterschiedliche Darstellung des Einwanderungsprozesses der Autorin für ihre Ich-Erzählerin und sich selbst ist ein Beispiel für Grjasnowas autofiktionale Erzählweise. Grjasnowa stellt Maschas Aufnahmeverfahren in Deutschland negativer dar, als sie dieses selbst bei ihrer Migration nach Deutschland erlebt hat. Ihre Protagonistin sagt: »1996 waren wir in Deutschland. 1997 dachte ich zum ersten Mal über Selbstmord nach« (Grjasnowa 51). Sie empfindet die Vorgänge auf dem Ausländeramt als schwerfällig, ungewiss und diskriminierend gegenüber allen ohne ausreichende Deutschkenntnisse:

> Anträge wurden entsprechend der Schwere der Akzente bewilligt. Wir warteten, bis die Nummer meiner Eltern über der schweren Eisentür aufleuchtete. Die Wartezeiten waren lang, denn die Ausländerbehörde wurde an einem Tag selten mit mehr als fünf Migranten fertig, und wir mussten schon Stunden vor der Öffnung anstehen, um überhaupt dranzukommen. (Grjasnowa 38)

310 Doubrovsky hebt die Bedeutung der Freud'schen Psychoanalyse für die Autofiktion (»Nah am Text« 126) oder das »foregrounding of psychoanalytic processes« (Jordan 79) bei der Erzählung hervor.

Die Autorin dagegen beschreibt ihre eigenen Erfahrungen bei der Einwanderung in einem Interview wie folgt:

> Offiziell hießen wir jüdische Kontingentflüchtlinge, aber im Vergleich zu einer richtigen Fluchtgeschichte, wie zum Beispiel jetzt mit den Flüchtlingen aus Syrien, war das eine unglaublich privilegierte Art der Auswanderung. Am ehesten sind wir das, was man in den Medien als Wirtschaftsmigranten bezeichnet. Es hat natürlich recht lange gedauert, bis wir ein Visum bekommen haben, und es war recht aufwendig, aber im Prinzip konnten wir ins Flugzeug steigen, sind in Deutschland ausgestiegen und alles war geregelt. Wir hatten von Anfang an eine Aufenthaltsgenehmigung, wir mussten nie um unseren Aufenthalt in Deutschland bangen. (Weise, »Olga Grjasnowa unterwegs in fremde Welten«)

Grjasnowa beschreibt Jahre nach Erscheinen von *Der Russe ist einer, der Birken liebt*, dass sie eine ›privilegierte‹ Art der Flucht und Migration erlebt hat und alles für sie ›geregelt‹ wurde. Für ihre Protagonistin stellt sie die Unsicherheiten auf der Ausländerbehörde – zumindest was grundsätzliche Fragen wie Gehenmüssen oder Bleibendürfen und die finanzielle Grundsicherung –, mit denen diese bzw. ihre Familie kämpfen musste, fiktionalisiert drastischer dar. Viele Einstellungen und Erfahrungen zu Migration und Integration teilt die Ich-Erzählerin jedoch mit ihrer Autorin. Die Anfangszeit in der neuen Schule, einem Gymnasium in Hessen, beurteilen Autorin wie Ich-Erzählerin ähnlich negativ. Mascha sagt:

> Das Gymnasium, das ich besuchte, kannte Migranten ausschließlich aus der Springerpresse und dem Nachmittagsfernsehen. [...] Araber, Schwarze und Türken gab es keine. (Grjasnowa 38)

Olga Grjasnowa beschreibt ihre Schulzeit wie folgt:

> Von den Kindern im Asylbewerberheim war ich das einzige, das aufs Gymnasium gehen durfte. Aber nicht, weil ich so gut war, ich war eher mittelmäßig. Sondern, weil ich weiß war. (Unsleber, »Autorin über unnütze Identitäten: ›Heimat ist eine Behauptung‹«)

Sowohl Autorin als auch Ich-Erzählerin schreiben ihre privilegierte Behandlung ihrer Hautfarbe zu. Aber das Gefühl nicht dazuzugehören, anders zu sein als die deutsche Mehrheitsgesellschaft, begleitet Mascha während ihrer Schulzeit. Der Versuch, sich zu kleiden wie die Mitschüler und auch deren Hobbys zu übernehmen, scheitert weitgehend wegen Geldmangel und so bleibt sie Außenseiterin. »Ich trottete hinter meinen Mitschülern her« (Grjasnowa 38). Das größte Problem aber sind die mangelnden Deutschkenntnisse. Gleich zu Beginn des Schulbesuchs in Deutschland wird sie »um zwei Klassen zurückgestuft« (Grjasnowa 37). Die Elternsprechtage empfindet die Ich-Erzählerin als »eine(r) durch und durch schikanöse Angelegenheit«, denn: »Die Deutsch-, Mathe- und Erdkundelehrerinnen erklärten einstimmig, meine Sprachkenntnisse seien mangelhaft und ich sei auf diesem Gymnasium fehl am Platz« (Grjasnowa 38). Wegen dieser Beurteilung, ihres Aussehens und ihrer Mutter wegen schämt sich die Protagonistin[311] und fühlt sich diskriminiert.

Mascha, »Die drei Jahre lang« in der Schule »kaum ein Wort« redet (Grjasnowa 38) und auf dem »Ausländeramt« erkannte, »dass Sprachen Macht bedeuteten« (37), wächst jedoch zu einer selbstbewussten Frau heran, die wegen dieser frühen Erfahrungen Dolmetscherin wird, alles um sich herum scharf unter die Lupe nimmt und nach ihren eigenen moralischen Maßstäben beurteilt. Olga Grjasnowa selbst ergreift den Beruf der deutschsprachigen Schriftstellerin und emanzipiert sich damit von dem Stigma der fehlenden Sprachkenntnisse und »der Schwere der Akzente« (Grjasnowa 38), wegen der sie von der deutschen (Schul-)Gesellschaft diskriminiert wurde. Möglicherweise signalisiert die Autorin auch über ihre Ich-Erzählerin, mit welchen Schlagwörtern sie, vermutlich allein durch die Kategorisierung als ›Autorin mit Migrationshintergrund‹, in Verbindung gebracht wird und was diese für ihre Identität bedeuten könnten. Grjasnowas Mascha »hasst(e)« bspw. die Begriffe »Migrationshintergrund« und »*postmigrantisch*« (12). Diese Konzepte sind für Mascha überholt, Diskussionen darüber bringen »nie etwas Neues«, sind nur vom Ton her »belehrend und vehement« (Grjasnowa 12).

Auch in Bezug auf ihr Judentum nutzt Grjasnowa das Genre der Autofiktion, um ihr komplexes Selbstbild darzustellen. So z. B., als sich Mascha mit Cem, dessen Eltern aus der Türkei stammen, über die ihrer Meinung nach parteiische Berichterstattung CNNs über den Nahostkonflikt streitet. Sie lässt ihre Ich-Erzählerin sagen:

> ›Sie zeigen doch immer dasselbe: Sieh es dir nur mal an. Opfer- und Aggressorbilder schnell hintereinander geschnitten. Zuerst der Text, die israelischen Aktionen sind aggressiv, unverhältnismäßig und das Eindringen in die palästinensischen Gebiete tief. Dann kommen die Opferbilder: geschundene Mütter, die um ihre Märtyrer auf der ausgedörrten Erde weinen, lodernde Feuer und israelische Panzer und Checkpoints in der Ferne.‹ ›Und du? Meinst du, das stimmt alles nicht? Sei doch nicht so naiv‹, sagte er. CNN zeigte gerade eine blonde Amerikanerin, die besorgt in die Kamera gestikulierte. ›Die Journalisten dürfen gar nicht in das Gebiet rein, sie stehen auf dem Hügel davor.‹ ›Und schreiben, was ihnen das israelische Militär diktiert‹, erwiderte Cem bissig. (Grjasnowa 58 f.)

In dieser Passage werden politische Meinungen einander gegenübergestellt. Die Autorin benutzt die selbstreflexive Komponente der Autofiktion und lässt ihre Ich-Erzählerin die Situation und ihr Verhalten darin gleich darauf in Gedanken

311 »Auch bei den Elternsprechtagen, einer durch und durch schikanösen Angelegenheit, saß ich neben meiner Mutter auf dem Gang, mit Topfschnitt, dicken Brillengläsern und einer Zahnspange. Ich starrte auf meine Schuhe und schämte mich abwechselnd für mich und meine Mutter« (Grjasnowa 38).

kritisch analysieren. Sie bemüht sich, ihre »Wut zu lokalisieren. Ich hatte das Gefühl, etwas verteidigen zu müssen, was ich unter anderen Umständen kritisieren würde« (Grjasnowa 59). Die Autorin markiert in derartigen Passagen nur implizit das Judentum ihrer Protagonistin über das vage, ihr selbst unerklärliche Zugehörigkeitsgefühl zu Israel. Ihr eigenes Judentum reflektiert sie häufig in Interviews – eine Tatsache, die von der deutschen Presse willkommen geheißen wird, da sie den Interviewer*innen erspart, selbst dieses Thema anzureißen.[312] Damit macht sie ihren Debütroman nicht nur zu einem Teil der sog. ›Migrationsliteratur‹,[313] sondern schreibt sich auch in die deutsch-jüdische Literatur ein. Beide Kategorien – Migrationsliteratur und jüdische Autorenschaft – lassen sich auf dem deutschen Buchmarkt u. a. wegen einer interessierten Leserschaft und der Auslegung in der Presse gut vermarkten und verkaufen.

Die Autorin offenbart daher gleich am Anfang der Geschichte mit Hilfe ihrer Ich-Erzählerin unter welchem Blickwinkel sie von der deutschen Allgemeinheit gesehen wird. Wörter wie ›Migrationshintergrund‹,[314] ›postmigrantisch‹[315] oder ›jüdisch‹[316] haben eine lange Assoziationskette und werden in der deutschen

312 Der Germanist Stephan Braese hält diesbezüglich fest: »Die bevorzugte Weise, die Leserschaft über Grjasnowas Jüdisch-Sein zu informieren, besteht jedoch darin, die Autorin dies selbst aussprechen zu lassen: ›Ich bin ein jüdischer Kontingentflüchtling, ich liebe den Ausdruck‹; ›ich bin jüdisch‹. Das Zitieren dieser Selbstaussagen suggeriert, die Autorin selbst sei darauf zu sprechen gekommen, wichtiger noch, und genauer: dass nicht etwa die Rezensenten danach gefragt hätten« (275).

313 Der umstrittene Begriff *Migrationsliteratur*, der auch als »Stigmatisierung« (122) empfunden wird, wird u. a. von den Literaturwissenschaftlerinnen Christa Gürtler und Eva Hausbacher definiert als »Migrationstexte«, die »geprägt sind von den Erfahrungen der Grenze und der Grenzüberschreitungen, die deren VerfasserInnen kulturell und räumlich vollzogen haben« (128).

314 U. a. wegen Kritik an der Kategorisierung und Undurchsichtigkeit darüber, wer in Statistiken unter diesem Schlagwort genannt wird, fordern Stimmen in der Presse die Abschaffung des Begriffs (vgl. bspw. Ataman, »Bizarre Statistik«). Für Begriffsdefinition ›Migrationshintergrund‹ siehe Anmerkung 4 in der Einleitung unter Punkt *I. Themenwahl*.

315 Der Begriff »Postmigrantisch«, d. h. »nach der Migration« soll die durch Migration entstandene Pluralität in der heutigen deutschen Gesellschaft beschreiben und stammt aus der »amerikanischen Literatur- und Kunstkritik« (Widmann, »Naika Foroutan: Was heißt postmigrantisch?«). Kritische Stimmen merken an, dass von »postmigrantisch(e)« im Sinne des US-amerikanischen »postracial« »gar keine Rede« sein kann und Deutschland »bestenfalls den ersten Schritt zur Auseinandersetzung mit dem Migrantischen getan hat« (El-Tayeb, »Deutschland postmigrantisch?«).

316 ›Jüdischsein‹ ist aufgrund der Holocaustvergangenheit und der anhaltenden Debatte um die daraus resultierende Schuld auch aktuell noch nicht ›normal‹ in Deutschland. Juden müssen sich bspw. von Nicht-Juden erklären lassen, »warum wir nicht Holocaust sagen dürfen, sondern nur Shoah, weil Holocaust impliziere, dass es sich um eine Opferverbrennung handle«, deshalb sei es unbelasteter, »einfacher«, »Jude in Amerika zu sein als in Deutschland« (Funk, »Weil es einfacher ist, Jude in Amerika zu sein als in Deutschland«). Funk fügt hinzu: »Vielleicht, weil es sich hier [USA] irgendwie natürlicher anfühlt und nicht so aufgeladen.«

Gesellschaft viel diskutiert. Indem Grjasnowa Mascha gleich zu Beginn des Romans diese Schlagwörter in Bezug auf sich selbst zurückweisen lässt,[317] wendet die Autorin diese aber geschickt selbst auf ihre Ich-Erzählerin an. Auch in Interviews erzählt Grjasnowa immer wieder selbst über ihr Leben, ihre Migration und ihr Judentum und trägt damit nicht nur selbst zu einer autobiografischen Assoziation bei, sondern nutzt auch das verkaufstechnische Momentum des Genres der Migrationsliteratur für sich.[318]

I.3 Sprache, Erzählstil und Textkonstruktion

Der »romaneske(n) Text« (Doubrovsky, »Nah am Text« 124)[319] *Der Russe ist einer, der Birken liebt* funktioniert über Alltagssprache, kurze einfache Sätze, direkte Rede, reflexive Passagen, Zeitsprünge und Ortswechsel. Die Sprache, die Grjasnowa benutzt, um in ihrem Roman von Trauma, Migration, Verlust und Trotz zu erzählen, ist realistisch, kurz, präzise und bisweilen im Stakkatostil abgefasst. Ein Beispiel: Als Maschas Freund Elias eine Sportverletzung am Bein erleidet, an der er schließlich stirbt, lässt sie die Protagonistin deskriptive, verkürzte Aufzählungen wählen, um seine Krankheit zu beschreiben:

> Seine Glieder zitterten, die Arme, die Beine, die Hände. Auch die Zähne schlugen aufeinander. Schweißperlen sammelten sich auf seiner Oberlippe. Ich öffnete den Verband. Das Bein sah nicht auffällig geschwollen aus, aber die Ränder waren gerötet und die Wunde schwamm im Eiter. (Grjasnowa 96)

Schonungslos wird Elias' kranker Körper vor den Leser*innen bloßgestellt, die Wunde ohne Emotionen beschrieben. Durch die Augen der Ich-Erzählerin sieht die Leserschaft Elias liegen, nimmt zuerst nur wahr und versteht noch nicht den Ernst der Lage. Als Elias seinen Wunden im Krankenhaus erliegt, ist die Ich-Erzählerin wie vom Blitz getroffen, ihre Sinne sind vernebelt, sie hört nur noch Stichwörter:

---

317 Auch die jüdische Religion weist Mascha in Bezug auf sich selbst gleich zu Beginn des Romans zurück. Sie ist nicht religiös, kennt »nur zwei Gebete: das *Vaterunser* und *Höre Israel*« (Grjasnowa 23).

318 Bspw. zählt »Deutschlands bekannteste Literaturkritikerin«, Sigrid Löffler, Olga Grjasnowa zu den »zugewanderte[n] Autoren«, die die deutsche »Literatur bereichern« (Peschel, »Sigrid Löffler: ›Literatur als Modell für eine multikulturelle Gesellschaft‹«). Die *Frankfurter Rundschau* schreibt: »Als Beitrag zur deutschen Migrationsliteratur ist ihr viel beachtetes literarisches Debüt ›Der Russe ist einer, der Birken liebt‹ gefeiert worden« (Lenz, »Es ist keine schöne Geschichte«).

319 So bezeichnet Doubrovsky autofiktionale Texte, die durch Inhalt und Stil klare Parallelen zum Roman haben.

> Als ich den Arzt auf mich zukommen sah, wusste ich es. Er war müde und blass, nahm mich am Ellbogen, bat mich in ein abgetrenntes Zimmer und ließ mich auf einer Pritsche Platz nehmen. Ich verstand nur Brocken: Notoperation, Komplikationen, Ausschwemmung von Knochenmarkbestandteilen, Komplikationen, Fettembolie, nicht selten, Komplikationen, Blutdruckabfall, Herzrhythmusstörungen, Herzstillstand. (Grjasnowa 101)

Im Zeitraffer beschreibt sie die Situation, in der die Sätze zu »Brocken« werden und ihren Schockzustand ausdrücken – ein Aufnehmen, aber Nichtverstehen des schrecklichen Geschehens. Ihre Wahrnehmung wird immer enger. Je mehr ihr die Selbstbeherrschung entgleitet, desto unzusammenhängender wird die Sprache, in der sie die Ereignisse beschreibt, bis nur noch aneinandergereihte Schlagwörter in ihr Bewusstsein vordringen. Die Leser*innen werden auf diese Weise mit in den Schockzustand der Ich-Erzählerin hineingesogen und erleben die Situation hautnah mit ihr wie in einem »stream of consciousness« mit,[320] ohne die künstliche Distanz einer beobachtenden, beschreibenden Erzählperspektive. Als Mascha nach Elias' Tod vom Krankenhaus wieder in ihre Wohnung kommt, aus der der von Krämpfen geschüttelte Elias in der Nacht zuvor vom Notarzt abgeholt wurde, beschreibt Mascha ihr Nachhausekommen nüchtern und unbeschönigt:

> Im Badezimmer schlug mir warme Luft entgegen. Das Wasser war so heiß, dass es mich fast verbrühte, das Haarsieb war voller blonder Haare. Seine Haare. Auf dem Küchentisch lagen ungeöffnete Briefumschläge, die an Elischa adressiert waren, unter dem Kissen war sein T-Shirt. Es roch nach seinem Schweiß und nach Milch, wobei Elischa selten nach Schweiß und niemals nach Milch gerochen hatte. Mit der Zeit sollte einzig der Geruch von saurer Milch bleiben. (Grjasnowa 103)

Obwohl die Autorin kein einziges Adjektiv benutzt, um die Emotionen der Ich-Erzählerin zu schildern, entsteht gerade durch die nüchterne Aufzählung der alltäglichen Handlungen und Dinge, wie Duschen bzw. Händewaschen, Haare im Sieb und Briefe auf dem Tisch, eine Atmosphäre, die der Leserschaft die beklemmende Leere sowohl in der Wohnung als auch in Mascha selbst vermittelt und die endgültige Abwesenheit des von der Protagonistin geliebten Partners anzeigt. Die nicht alltäglichen, außergewöhnlichen Dinge, wie der Schweiß- und Milchgeruch seines T-Shirts, sind die einzigen Hinweise auf die schrecklichen Ereignisse der letzten Nacht. Sie scheinen der Ich-Erzählerin überraschend, fehl am Platz und untypisch für Elias. Sie kann nicht im Bett liegen und saure Milch riechen, den Geruch seiner Krankheit. Sie muss aufstehen und sich übergeben

320 Der aus dem Englischen stammende Begriff beschreibt eine »narrative technique in nondramatic fiction intended to render the flow of myriad impressions – visual, auditory, physical, associative, and subliminal – that impinge on the consciousness of an individual and form part of his awareness along with the trend of his rational thoughts« (Augustyn et al., »Stream of consciousness«).

und kann dann erst den traumatischen Ereignissen für kurze Zeit durch Schlaf entkommen.

Ähnlich wie in Katja Petrowskajas *Vielleicht Esther*, das in Kapitel II besprochen wurde, gehört es auch zu Grjasnowas literarischem Stil, Fremdwörter in ihren deutschen Text einfließen zu lassen:

> Ich hatte versucht, eine Quiche zu machen, weil ich das Wort *Quiche* für meinen Sprachgebrauch anprobieren wollte. Als wäre ich eine französische Schauspielerin, die eine französische Hausfrau spielte, die ihren französischen Liebhaber erwartet, der als Invalide aus dem Krieg zurückkehrt, und die für ihn eine Quiche bäckt und nicht weiß, welches seiner Gliedmaßen er verloren hat. *Quiche* lag gut auf meiner Zunge, und ich mochte ihr grammatikalisches Geschlecht. (Grjasnowa 11)

Das französische Wort ›*Quiche*‹ löst bei der Ich-Erzählerin eine Assoziationskette aus, die das wiedergibt, was sie sich unter französischem Lebensstil vorstellt. Die Autorin konstruiert die Gedanken ihrer multilingualen Ich-Erzählerin sowohl, indem sie grammatikalische Beschreibungen, ähnlich Fremdsprachenlernern verwendet, die ein neues Wort im Alltag ausprobieren, um sich seinen Artikel, das grammatikalische Geschlecht, zu merken, als auch mit Hilfe kultureller Assoziationen. Auch religiöse, politische Überzeugungen, Konflikte, Spannungen und ethnische Zugehörigkeit koppelt Grjasnowa an Sprache und drückt sie für ihre Leserschaft durch einzelne Fremdwörter aus, die die Protagonistin benutzt. Die Verzweiflung ihrer Ich-Erzählerin über die kritische gesundheitliche Lage von Elias, an der sie nichts ändern kann, zeigt sich in Folgendem: Die Ich-Erzählerin will Gott einen Hasen opfern, den sie vor dem Krankenhaus liegen sieht, damit er Elias, der gerade operiert wird, vor dem Tod retten möge. Bevor sie das Tier, nicht nur voller Verzweiflung, sondern auch voller Aberglauben mit einem Stein erschlägt – »sein Schädel zerplatzte« (Grjasnowa 25) –, beschwört sie Gott in einem Gebet: »Ich legte den Hasen nun wieder hin und sagte noch einmal das *Schma Yisrael* auf« (Grjasnowa 24). Das *Schma Yisrael* oder »Höre, Israel« ist das einzige jüdische Gebet, welches sie kennt. Ihre ganze Sekularität drückt sich in der Art aus, in der sie das Gebet, diese zentralen Toraverse aufsagt, die wie das christliche *Vaterunser* auch vielen Nicht-Gläubigen als kulturelles Gut oder Ritual bekannt sind. Grjasnowa benutzt zwar den hebräischen Titel des Gebets, lässt die Ich-Erzählerin dann das Gebet aber auf Deutsch sprechen. Weil ihr der Glaube fehlt, sind es leere Worte in beiden Sprachen, hinter denen keine jüdisch-religiöse Überzeugung steht, die die Protagonistin in ihrer Verzweiflung herunterrattert.

Ähnlich wie die hebräischen Worte *Schma Yisrael*, die für die erste Zeile des jüdischen Morgen- und Abendgebetes stehen und von Grjasnowa verwendet werden, um die Irreligiosität ihrer Ich-Erzählerin aufzuzeigen, benutzt diese auch das aserbaidschanische Wort *fundukh* (45), Haselnuss, um den Konflikt zwischen muslimischen Aserbaidschanern und nicht-muslimischen Armeniern und Russen in Aserbaidschan zu erklären. Anders als das religiöse *Schma Yisrael* ist das Wort *fundukh* an sich nicht weiter bemerkenswert, kam aber, damals in Baku falsch ausgesprochen, einem Todesurteil gleich: »›Sag *fundukh!*‹, hätte der Angreifer geschrien. ›Wenn du *fundukh* sagen kannst, bist du ein Muslim. Dann ist alles gut.‹« (Grjasnowa 45). Dieses eine Wort ist ein Shibboleth, ein Erkennungs- bzw. Unterscheidungsmittel, um Freund von Feind zu trennen, denn:

> Die Mörder konnten oft nicht zwischen Aserbaidschanern und Armeniern unterscheiden, es gab keine vermeintlich ethnischen Merkmale, und die meisten Armenier sprachen ausgezeichnetes Aserbaidschanisch. (Grjasnowa 45)

Grjasnowa lässt ihre Ich-Erzählerin durch das Berichten dieser Episode und den Einsatz eines Fremdwortes, die ganze Tragweite des Bergkarabach-Konflikts – und ethnischer Konflikte im Allgemeinen –, wie er sich in der Aufgehetztheit der Bevölkerung zeigt, zum Ausdruck bringen.[321] Da Armenier ethnisch und sprachlich im Allgemeinen nicht von muslimischen Aserbaidschanern zu unterscheiden waren, sollte die Aussprache eines einzigen Wortes als ›Beweis‹ für die armenische Volkszugehörigkeit und damit die Verurteilung ausreichen. Die Protagonistin erkennt, dass (Aus-)Sprache direkte Konsequenzen für Leib und Leben haben kann und somit essentiell für die eigene Existenz ist. Um das Gefühl der Kontrolle über mehrsprachige Situationen zu haben, ergreift sie den Beruf einer Dolmetscherin, denn sie hat verstanden, »dass Sprachen Macht bedeuteten« (Grjasnowa 37).

Neben Französisch, Hebräisch und Aserbaidschanisch benutzt Grjasnowa auch sprachliche Beispiele aus dem Arabischen und Russischen, um weitere Facetten der Protagonistin und der transnationalen Gesellschaft in Deutschland aufzuzeigen. Bspw. zu Besuch bei der Familie ihres Ex-Freundes Sami beantwortet die Ich-Erzählerin den arabischen Gruß »Salam alaikum«, Friede sei mit dir, der libanesischen Mutter mit »Alaikum salam« (Grjasnowa 70). Als die Ich-Erzählerin Elias mit Sami betrügt – dieser ist gerade wieder aus den USA zurückgekehrt und hält sich eine Zeit lang in Deutschland auf – und in der Wohnung seiner Eltern aufwacht,[322] sagt dessen Mutter »Kullo men Allah« also »Alles kommt von Gott« (Grjasnowa 71) und freut sich Mascha nach Jahren wiederzusehen, obwohl sie sie und Sami, als sie noch ein Paar waren, »niemals alleine ließ« (Grjasnowa 69). Samis Mutter wird als warm und liebevoll beschrieben:

321 Die Ich-Erzählerin weiß aber auch, dass hinter der aufgeheizten Stimmung in der Bevölkerung massive ökonomisch-politische Interessen stehen. Sie sagt: »Der Kampf um die Macht und das Erdöl war längst im Gange« (Grjasnowa 46).

322 Genauer: Mascha wacht im Bett der jüngeren Schwester Samis auf, die sich z. Zt. auf Klassenfahrt befindet. Dieser Umstand findet offenbar Erwähnung, um dem später beschriebenen Stereotyp der gewalttätigen und traditionell-muslimischen Familie Sibels (Grjasnowa 80ff.) – einer Ex-Freundin Maschas aus Schulzeiten – das Stereotyp einer frei denkenden muslimischen Familie gegenüberzustellen.

> Ich hatte sie früher bewundert, so wie man fremde Mütter anstelle der eigenen bewundert. Als ich sie das erste Mal traf, schwor ich mir, genauso zu werden wie sie: fröhlich und voller Wärme. (Grjasnowa 70)

Arabisch wird von Grjasnowa benutzt, um der Figur Minna, Samis Mutter, ein Profil zu geben, sie hervorzuheben und zu zeigen, dass sich die Ich-Erzählerin in vielen Kulturen und Sprachen auskennt.[323]

Auch Russisch, die Sprache der meisten Kontingentflüchtlinge,[324] gebraucht Grjasnowa in ihrem polyglotten Roman, in dem die Autorin oft verschiedene Fremdsprachen selbst für die Leserschaft übersetzt – eine weitere autofiktionale Parallele zwischen Ich-Erzählerin und Autorin. Nachdem sie die Nacht bei Sami verbracht hat, fährt sie ins Krankenhaus zu ihrem Freund Elias. Dieser hat einen ukrainischen Zimmernachbarn bekommen, der ständig auf Russisch um Hilfe ruft: »POMOGITE, boze moi, da POMOGITE mne«, also »HILFE, um Gottes willen, HELFT mir doch« (Grjasnowa 75). Der alte Mann ist ein ukrainischer Jude und genau wie Grjasnowa und ihre Ich-Erzählerin Mascha als Kontingentflüchtling nach Deutschland gekommen. Der hilfsbereite Elias ist völlig übermüdet und schwach, weil er unter Schmerzen mehrere Tage und Nächte jedes Mal, wenn der Mann um Hilfe rief, aufgestanden war, um ihm das Kissen zu richten. In der Absicht, Elias vor Überforderung zu beschützen, will Mascha herausfinden, was dem Mann fehlt und spricht ihn auf Russisch an. Dabei bemerkt sie, dass der alte Mann Spaß an der Sache hat:

> Ich richtete sein Kissen, doch dann wollte er, dass ich sein linkes Bein richtig hinlege, und als ich es tat, sah ich, dass er grinste. Der Opa grinste. Es war an der Zeit, etwas gegen den Opa zu unternehmen. (Grjasnowa 76)

Die Ich-Erzählerin weist die Angehörigen des ›Opas‹, seine in eine »Chanel-Duftwolke gehüllt[e]«, rauchende Tochter und seine »auffallend teure(m)[n] Schmuck« tragende Frau (Grjasnowa 76), auf sein unangebrachtes Verhalten hin:

> Als ich die beiden grüßte, beachteten sie mich nicht. Ich stellte mich trotzdem zu ihnen. Die alte Dame jammerte herzzerreißend auf Jiddisch. Über ihr Schicksal, das ihres Mannes, ihre Katze, das Krankenhaus, die Krankenhausbettwäsche. Ich holte tief Luft

323 Die Ich-Erzählerin versteht auch die türkischen Einwürfe ihres besten Freundes, dessen Beschreibung teils stereotyp anmutet: »Die obersten Knöpfe seines Hemdes waren offen, auf seiner Brust glitzerte ein goldener Halbmond« (Grjasnowa 56). Grjasnowa lässt ihn bspw. »Çüs.« im Sinne von ›Ach was‹ auf Maschas Frage antworten, ob »es nicht noch zu früh« wäre, »Whisky« zu trinken (57). Durch die Wahl des Alkohols entsteht das Bild eines säkularen Muslims, der sowohl westliche Genussmittel (Whiskey) genießt, als den Halbmond, Symbol des Islams, trägt.

324 Mit diesem Begriff sind »sowjetische Juden«, »jüdische(n) Bürger(n), denen Verfolgung oder Diskriminierung droht«, gemeint, die während der 1990er Jahre vermehrt nach Deutschland einwandern durften (Belkin, »Jüdische Kontingentflüchtlinge und Russlanddeutsche«).

> und stellte mich vor. Dann sagte ich, dass es mit ihrem Vater bzw. Ehemann so nicht weitergehe. (Grjasnowa 77)

Ob die Ich-Erzählerin bei ihrer Vorstellung erwähnt hat, dass sie auch Jüdin ist, lässt Grjasnowa offen. Nachdem die beiden Frauen Mascha abschätzig gemustert haben, beschimpft die Tochter des alten Mannes sie und versucht ihr mit der deutschen Schuld gegenüber den Juden zu drohen:

> Ihr Vater sei ein Partisan gewesen und hätte gegen die Deutschen in den ukrainischen Wäldern gekämpft. Sich um einen Veteran zu kümmern, das sei wirklich nicht zu viel verlangt, oder sei mein Mann etwa ein Nazi? Oder sei er vielleicht gar nicht mein Mann? Hätte er mich deshalb noch nicht geheiratet? Wenn ich unbedingt den Drang verspüren sollte, mich über einen ehrenwerten Mann zu echauffieren, sollte ich mit Bella, seiner Pflegerin, reden. (Grjasnowa 77)

Elias habe dem jüdischen Kriegshelden als Deutscher unter jeden Umständen zu helfen, sonst wäre er ein Nazi. Auch die Frau des alten Mannes ist nicht auf das Verhalten ihres Mannes ansprechbar:

> Die gelben Augen der alten Dame leuchteten bösartig. Die Diamanten funkelten in den alten Ohren. Auch sie beschimpfte mich. Wir sollten uns schämen, unverheiratet, einfach so im Zimmer ihres Mannes zu ficken. Sie sagte tatsächlich ficken. (Grjasnowa 77)

Grjasnowa lässt die Figur der Ehefrau des ›Opas‹ etwas sagen, was man von ihr – der älteren Dame, dem Mitglied der scheinbar gehobenen Gesellschaft, die sich teuren Schmuck leisten kann – nicht erwartet. Da die Figur spezifisch als jüdisch markiert wird, stellt dieser Ausbruch auch alle vorherigen Verhaltensweisen, speziell die sprachlichen, infrage. Bspw. dass sie »herzzerreißend auf Jiddisch« »jammerte« (Grjasnowa 77), wird dadurch dem Verdacht einer Performance unterzogen, mit dem sie bewusst das deutsche Schuldbewusstsein anspricht. Indem Grjasnowa die alte Dame mit Hilfe des Stilmittels der drastischen, vulgären Sprache als jüdische Stereotype konstruiert und ihr (und ihrem Mann) Berechnung nahelegt, stellt sie die jüdischen Figuren zwar kritisch dar, dekonstruiert die Ernstgemeintheit aber gleichzeitig durch Überzeichnung bis hin zur Parodie. Sie lässt die lesbische Pflegerin des alten Mannes, die sie als »Eine Butch durch und durch« – als eine maskuline Lesbe – beschreibt, über die alte Frau sagen:

> Keine Sorge, die Frau ist selbst eine Nutte. Wie oft ich sie schon zum Gynäkologen bringen musste. Was der schon alles aus ihr rausgeholt hat. Lappen, Flaschen, bei ihr kommt es nur auf die Größe an. (Grjasnowa 77)

Nach dieser wenig vorteilhaften Charakterisierung, lässt die Autorin die alte Dame Mascha sogar anschreien: »wie könne ich es überhaupt wagen, sie, die Frau eines Partisanen, anzusprechen?« (Grjasnowa 78). Sie sei wohl eine Frau, die Elias sich »aus einem ukrainischen Katalog bestellt« hätte (Grjasnowa 78). Grjasnowa benutzt an dieser Stelle Stereotype über osteuropäische Katalogbräute, die Männer aus Westeuropa um des finanziellen Vorteils willen heiraten. Die Ich-Erzählerin der Autorin betrachtet und reflektiert auch Juden kritisch. Sie zeigt, dass die Figuren des alten Mannes und seiner Familie nicht nur in Klischees denken (Deutsche als Nazis, Osteuropäerinnen als Katalogbräute), sondern auch die deutsche Vergangenheit und das den Juden zugefügte Leid auszunutzen versuchen, um sich Vorteile zu verschaffen, bzw. andere (Elias, Mascha) emotional zu erpressen.

Olga Grjasnowa benutzt den Dialog und die direkte Rede als Stilmittel zur Formulierung umstrittener Meinungen, sozialpolitischer Äußerungen oder Außenseiterpositionen in ihrem Roman. Rein fiktive Nebenfiguren werden als Repräsentanten politischer Strömungen in Deutschland eingesetzt. Sie dienen der Autorin als Konstruktionshilfen, um anzuzeigen, dass Distanz zwischen diesen Randfiguren, der Ich-Erzählerin und auch der Autorin selbst besteht. Die deutsche Integrationspolitik wird bspw. von Mascha für die Leser*innen aus den Erzählungen ihres türkischstämmigen Freundes Cem rekonstruiert und gedeutet: Cems Vater, der sich nicht als Muslim versteht, ist zu einer Rede des CDU-Generalsekretärs auf einer Wahlkampfveranstaltung gegangen und kam danach als »gebrochener Mann« zurück (Grjasnowa 137). Cem berichtet Auszüge aus der Rede:

> Ausländerhass und Deutschenfeindlichkeit, die sich gegenseitig hochschaukeln. Und wer sich um den Lernfortschritt der eigenen Kinder sorgt, da in den Schulen kaum deutsche Kinder sind und in den Kindergärten auch nicht, wen die Angst vor gewalttätigen Übergriffen auf dem Schulweg und in den U-Bahnhöfen umtreibt, dem ist mit der Warnung vor falschen Verallgemeinerungen oder dem Hinweis auf anderswo gelingende Integration nicht geholfen. (Grjasnowa 136)

Grjasnowa lässt den CDU-Generalsekretär die Ängste der Wähler schüren und Studien ›zitieren‹, aus denen hervorginge, dass »gerade religiös geprägte junge Muslime häufiger gewalttätig werden« (Grjasnowa 137) und lässt den Generalsekretär schließlich sagen:

> Und für das Miteinander von Menschen unterschiedlicher kultureller und religiöser Prägung in unserem Land ist ein starkes Selbstbewusstsein im besten Sinne, also auch die bewusste Bejahung unserer christlich geprägten Tradition eine gute Grundlage. (Grjasnowa 137)

Cems Vater, der bereits über vier Jahrzehnte in Deutschland lebt, hat – so sagt Cem – »erst jetzt erfahren, dass er ein Muslim ist« und sucht »nach Immobilien in der Türkei« (Grjasnowa 137). Die Zuschreibung erfolgt von außen durch die Gesellschaft und zeigt dem Vater, dass er nicht nur als ›anders‹, sondern sogar als potentiell gefährlich wahrgenommen wird. Mascha solidarisiert sich mit Cem, indem sie seine Gefühle und Einstellungen teilt und die Rede als ausländerfeindlich und islamophobisch zurückweist (Grjasnowa 137). Grjasnowa gibt so mit Hilfe der Nebenfigur ›Vater von Cem‹ indirekt zu verstehen, dass sie derartige politische Überzeugungen ablehnt, weil sie gegen den demokratischen Grundsatz der Trennung von Religion und Politik verstoßen und dazu führen, dass auch Menschen, die schon seit vielen Jahren in Deutschland lebten, sich nicht zugehörig fühlten.

Auch die beiden Gegenpole Anti- und Philosemitismus reflektiert Grjasnowa in ihrem Roman. Wieder benutzt sie Nebenfiguren, um diese beiden Seiten der Diskriminierung von Juden darzustellen und ihre Ich-Erzählerin beobachtend beschreiben zu lassen, als ob gerade sie als Jüdin dies alles nichts anginge. Die philosemitische Figur Daniel kennt die Ich-Erzählerin aus der Universität und trifft ihn auf einer Party. Sie beschreibt ihn folgendermaßen:

> In der Schlange vor der Toilette stand Daniel und sah aus wie ein ausgehungertes, beleidigtes Kaninchen. Daniel bezeichnete sich als antideutsch, womit er judophil, proamerikanisch und irgendwie linksradikal meinte. Er gehörte zu der Sorte von Leuten, die die Welt immerzu durch irgendein Projekt retten wollen [...]. (Grjasnowa 62)

Der Gegenpol zu Daniel ist Sami, der arabische Ex-Freund der Ich-Erzählerin, den sie sehr schätzt – im Gegensatz zu Daniel – und der am Ende des Romans sogar der potentielle Retter der sich im Gazastreifen verloren fühlenden Mascha ist:

> Daniel hielt Sami für einen Antisemiten, Sami hielt Daniel für einen Philosemiten, und beide hatten recht. Mir wäre es lieber gewesen, sie hätten mich damit in Ruhe gelassen, doch während einer Gruppenarbeit an der Uni hatte Daniel gesagt, mein arabischer Liebhaber würde mich unterdrücken und aussaugen. Eine ägyptische Plage, so nannte er ihn. Daraufhin hatte ich Daniel einen Zahn ausgeschlagen und wäre beinahe exmatrikuliert worden, wenn Daniel nicht die ganze Schuld auf sich genommen hätte. Die er selbstverständlich auch trug, und das nicht erst in der dritten Generation. Seit ihm ein Zahn fehlte, behandelte er mich als seinen persönlichen Teddyjuden. Mein einziger Makel war, dass ich nicht geradewegs aus einem deutschen Konzentrationslager kam. (Grjasnowa 64)

In dieser Szene reißt der Ich-Erzählerin doch der Geduldsfaden mit Daniel und sie wird sogar gewalttätig. Bewusst überzogen und mit beißendem Humor beschreibt die Ich-Erzählerin ihre Einstellung zu Menschen wie Daniel, die als Reaktion auf den sog. deutschen Schuldkomplex gegenüber den Juden alles ›Deutsche‹ ablehnen und alles ›Jüdische‹ lieben. Sie sagt ›selbstverständlich‹ trüge Daniel die Schuld daran, dass sie ihn geschlagen hätte und spielt aber im gleichen Satz auf die deutsche Schuld am Holocaust an, die er ›selbstverständlich‹ auch ›in der dritten Generation‹ trüge. Damit gibt sie vordergründig den Nachfahren die Schuld an den Taten der Vorfahren (bis in die Unendlichkeit), zieht aber gleichzeitig den deutschen Diskurs zur ›Vergangenheitsbewältigung‹ und Schuld ins Lächerliche. Die Ich-Erzählerin bezieht aber auch klar Position gegen die Zuweisung des Opferstatus und die philosemitische Version von ›tokenism‹,[325] der sie zu einem ›Teddyjuden‹ degradiert. Unabhängig davon, ob die Autorin die Ansichten ihrer Ich-Erzählerin zum Philosemitismus teilt oder nicht, spricht Grjasnowas Roman mit Hilfe der Karikatur Daniel eine klare Kritik an philosemitischem Verhalten in Deutschland aus und trägt damit zur Bewusstmachung des Phänomens bei.

Auf sprachlicher Ebene gebraucht auch Olga Grjasnowa – ähnlich wie die in Kapitel II besprochene Katja Petrowskaja, die bspw. den Begriff *Les Misérables* benutzt, um die Kriegsvergangenheit Berlins (und Europas) zusammenzufassen – Fremdwörter, um komplexe historische, religiöse oder politische Phänomene zu erklären und sie den Leser*innen bspw. durch die historische, kulturelle aber auch klangliche (und visuelle) Andersartigkeit der Sprache bewusst zu machen. Die ›romaneske‹, literarische Sprache – d. h. die Bildung kurzer knapper Sätze, die Aufzählung rasch aufeinanderfolgender Ereignisse, sogar in einzelnen Schlagwörtern, anstelle von Neben- oder Hauptsätzen, den Einsatz direkter Rede, insbesondere um kritische politische Positionen darzustellen und die Verwendung von Fremdwörtern, um Assoziationen auszulösen – benutzt Grjasnowa gezielt, um in ihrem autofiktionalen Roman Unmittelbarkeit und Authentizität zu erzeugen. Die Leserschaft kann so mitempfinden, was die Ich-Erzählerin fühlt, jedoch nicht durch den Gebrauch von emotionalen, deskriptiven Adjektiven, wie etwa Lena Gorelik sie benutzt, um schwierige Konzepte, wie ihre eigene Glaubenswelt zu beschreiben, sondern durch die klare, teilweise verkürzte und auf scheinbare ›Kleinigkeiten‹ fixierte Sprache des Schocks oder Traumas und die emotionslose, aber bisweilen nüchtern-sarkastische Berichterstattung der Ich-Erzählerin.

Auf der Ebene der Textkonstruktion reflektiert die Autorin strittige, komplexe Themen entweder über ihre Ich-Erzählerin direkt[326] oder über Nebenfiguren, denen sie teilweise gegensätzliche Meinungen zu denen ihrer Hauptfigur in den Mund legt. Alle diese Themen betreffen jedoch das Selbstverständnis der Ich-

325 Wie bereits erwähnt wird Tokenism definiert als »practice or policy of admitting an extremely small number of members of racial (e. g., African American), ethnic (e. g., Latino) or gender (i. e., women) groups to work, educational, or social activities to give the impression of being inclusive« (Riccucci 197).

326 Ein Beispiel dafür ist der Sexismus des Bibliothekars, der Mascha zu ihren Brüsten gratuliert. Sie reflektiert diese Szene, das Denkmuster des Mannes, wie folgt: »Er fühlte sich in seiner Haut offensichtlich wohl, wirkte weder verlegen noch ertappt, und hielt mir lächelnd die Bücher hin. Wahrscheinlich hatte er den eigenen Sexismus dekonstruiert und dachte, er könnte sich nun alles erlauben« (Grjasnowa 31 f.).

Erzählerin, die infolge des Bergkarabach-Konfliktes nach dem gesellschaftlich-wirtschaftlichen Zusammenbruch Aserbaidschans als jüdischer Kontingentflüchtling aus der ehemaligen UdSSR in Deutschland einwanderte: die deutsche Integrationspolitik, Philosemitismus, Antisemitismus, das Zusammenleben von Menschen mit unterschiedlichen kulturellen Hintergründen in Deutschland, etc. und tangieren ihre Identitätsbildung. Die Autofiktion als Genre erfüllt für die Autorin somit die Funktion, ihr eine literarisch-künstlerische Bühne zu geben, auf der sie unterschiedliche Sprachen, Existenzen, politische Meinungen oder sexuelle Orientierungen – wie im Folgenden im Identitätsteil gezeigt wird – ausprobieren, mit Identitäten experimentieren und Meinungskonflikten und unterschiedlichen Ansichten Raum geben kann, ohne sich weder auf ihre persönlichen Erfahrungen festlegen, noch die prägenden Ecksteine ihres Lebensweges weglassen zu müssen. Die Geschichte, die der Roman erzählt, lässt sich nicht von der Person der Autorin loslösen, geht aber auch nicht völlig in ihr auf.

II. Zur Identität der Ich-Erzählerin

In diesem Teil des Kapitels frage ich danach, welches Selbstverständnis die jüdische Schriftstellerin Olga Grjasnowa, die in Deutschland lebt und auf Deutsch schreibt, der jüdischen Hauptfigur ihres Werkes verleiht und welches Verhältnis zu Deutschland sich aus deren Identität ergibt. Welchen Stellenwert nimmt der Holocaust in der literarischen Identitätskonstruktion von Mascha ein? Kann es für die Protagonistin ›Normalität‹ im deutsch-jüdischen Verhältnis geben? Bzw. wie würde diese aussehen?

Grjasnowa legt bei der Konstruktion von Maschas Identität den Schwerpunkt auf eine Reihe von Merkmalen, wie bspw. Sprache, Religion, Geschlechterrolle und ethnische Abstammung, die auch bei Lena Gorelik und Katja Petrowskaja in unterschiedlicher Ausprägung vorkommen. Sie benutzt jedoch auch Merkmale, wie (Bi-)Sexualität und das Zugehörigkeitsgefühl zu einer kulturell und sprachlich türkisch und arabisch geprägten Gemeinschaft islamischen Glaubens in Deutschland, die bei den anderen beiden Autorinnen nicht vorkommen oder nur am Rande anklingen.[327]

327 Zum Zeitpunkt des Erscheinens ihres ersten Romans 2012 war die Autorin noch nicht Mutter. Auch ihre Ich-Erzählerin ist kinderlos. Die Frage der Weitergabe religiös- oder kulturell-jüdischer Inhalte an die nächste Generation wird nicht thematisiert.

II.1 Geschlechteridentität und Bisexualität

Geschlechteridentität und sexuelle Orientierung sind in Grjasnowas literarischer Identitätskonstruktion wichtige, eng miteinander verknüpfte Identitätsmerkmale. Sie werden im Folgenden zuerst diskutiert, denn durch diese beiden Identitätsfacetten hebt sich Olga Grjasnowas Protagonistin von der Identität der anderen beiden in dieser Studie besprochenen Ich-Erzählerinnen ab. Anders als die Autorinnen in den vorigen Kapiteln baut Grjasnowa die weibliche Geschlechteridentität in *Der Russe ist einer, der Birken liebt* nicht über Mütterlichkeit, Weitergabe des Judentums an folgende Generationen oder Familiengenealogie auf. Gender konstruiert sie über Sexualität, Sinnlichkeit, Verlangen, Attraktivität, aber auch Verletzlichkeit, Aggressivität statt Argumentation und Hilfsbedürftigkeit. Den gesamten Roman durchziehen Beziehungen, sexuelle Abenteuer, Begehren und Begehrtwerden. In einer der ersten Szenen des Romans gibt es ein kurzes Streitgespräch zwischen der Ich-Erzählerin und ihrem Freund Elias. Um den Streit beizulegen, versucht Mascha, ihre Sexualität einzusetzen:

> Elias sah beleidigt aus, also ging ich auf ihn zu, er legte seine Hände an meine Hüften. An seinem Kinn hing ein einzelnes, dunkelblondes Haar. Ich nahm es weg. Er legte seinen Kopf auf meine Schulter, ich küsste seinen Hals, schob mein rechtes Knie zwischen seine Beine und knöpfte mein Sommerkleid ein wenig auf, aber Elias schüttelte den Kopf und flüsterte in mein Ohr: ›Ich bin spät dran.‹ Ich schlug mit der flachen Hand auf die Arbeitsfläche, Elias sah mich vorwurfsvoll an und sagte: ›War nicht so gemeint.‹ ›Meine Oma sagte, man muss immer einen frischen Schlüpfer dabeihaben.‹ ›Wieso?‹ ›Falls was passiert.‹ ›Du spinnst. Ich muss jetzt los.‹ (Grjasnowa 13)

Als Elias darauf nicht eingeht, ist Mascha beleidigt, äußert dies aber nicht in Worten, sondern indem sie auf die Tischplatte schlägt. Die Bemerkung, ihre Großmutter hätte ihr empfohlen, immer eine frische Unterhose dabeizuhaben, ist zweideutig, denn in diesem Kontext könnte sie heißen, dass eine Frau dies bräuchte, weil sie nicht wüsste, wo sie aufwacht oder für den Fall, dass einem etwas zustößt. Elias verletzt sich tatsächlich in der nächsten Szene beim Sport und muss ins Krankenhaus. Im Krankenhaus schämt sich Mascha vor Elias' Eltern für ihr auf Äußerlichkeiten bedachtes, zurechtgemachtes Erscheinungsbild:

> Als mich beide gleichzeitig ansahen, fing ich an, mich für meine Kleidung zu schämen, dafür, dass ich geschminkt war und Absätze trug, obwohl ich diese Nacht im Krankenhaus verbracht hatte und es gar nicht dieser Morgen gewesen war, an dem ich mich geschminkt hatte, sondern der Morgen davor. (Grjasnowa 23)

Unter dem von ihr als kritisch empfundenen Blick der Eltern hat sie das Gefühl, der Situation unangemessen auszusehen und so wahrgenommen zu werden, als wäre sie mehr auf ihr Aussehen als auf Elias' Wohlergehen bedacht. Als Frau fühlt sie sich in dieser Situation einer geschlechterspezifischen Wertung ausgesetzt.

Mascha ist ihre Attraktivität wichtig, aber sie möchte deshalb nicht als oberflächlich gelten. Sie möchte nicht so wirken, als wäre ihr ihr Aussehen wichtiger als Elias' Wohlbefinden. Die Ich-Erzählerin reflektiert auch (selbst-)bewusst ihr eigenes Verlangen. Bspw. als sie einen *Tatort* Krimi allein zu Hause sieht, regt dies ihre Fantasie an:

> In Hannover wies alles darauf hin, dass eine Kommissarin bald eine Liebesnacht mit einem Südländer verbringen würde. Ich drehte die Lautstärke aufs Maximum und stellte mich unter die Dusche. Zusammen mit abgestorbenen Hautzellen schrubbte ich den Krankenhausgeruch so gründlich wie möglich von mir ab. Ich versuchte, mich an Elias' Körper ohne Schrauben und der langen Narbe am Oberschenkel zu erinnern. Danach stellte ich mir vor, wie ich eine Frau im Treppenhaus zwischen Türenknallen, Kochgerüchen und Kindergeschrei küssen und wie ich meine Hand zwischen ihre Schenkel schieben würde. (Grjasnowa 28)

Der *Tatort* mit seiner Detektivgeschichte, den zu schauen man als ›typisch‹ deutsche Abendbeschäftigung ansehen könnte, erinnert Mascha an Elias und danach träumt sie von einer Frau. Weiblichkeit assoziiert sie hier mit der häuslichen Kulisse: dem Geräusch von Türenschlagen in der Wohnung, der Zubereitung von Essen und Kinderstimmen.

Für andere begehrenswert zu sein und selbst zu begehren, gehören zu Maschas Selbstbild. Grjasnowa konstruiert Maschas Gender-Identität und Sexualität nicht nur über die Beschreibung von deren sexuellen Fantasien, sondern auch über die wiederholte Betonung ihrer weiblichen Reize und deren Wirkung auf Männer. So starrt ein Bibliothekar mit Hornbrille in der Kunsthochschule etwas klischeehaft und relativ kontextlos auf ihr T-Shirt und sagt: »Es tut mir leid, es geht einfach nicht anders. Sie sind sehr schön, deine Brüste, meine ich« (Grjasnowa 31). Mascha wehrt sich nicht argumentativ gegen die sexuelle Unverschämtheit des Bibliothekars, sondern erwägt gewalttätig zu werden, d.h. schwere Bücher auf seine Hände zu werfen oder ihn anzuspucken, tut aber keines von beidem. Ihr deutscher Professor stellt sich unter »Multikulturalismus« und »Integration« u.a. etwas Sexuelles vor, nämlich »weniger Kopftücher(n) und mehr Haut« (Grjasnowa 33). Die mit den ›typisch‹ deutschen Namen Rainer und Heinz ausgestatteten Zimmernachbarn ihres Freundes im Krankenhaus schlagen ihr augenzwinkernd und anzüglich in Elias' Abwesenheit vor: »Es könnte länger dauern. Aber bleib ruhig hier. Wir kümmern uns schon um dich« (Grjasnowa 33). Deutsche Männer, mit Ausnahme von Elias, werden lüstern dargestellt, denn sie begehren, wie immer wieder direkt oder indirekt angedeutet wird, die als ›exotisch‹ empfundene Schönheit – die Stereotype der ›schönen Jüdin‹ oder der ›osteuropäischen Katalogbraut‹ – der Ich-Erzählerin.

Über die Darstellung Maschas als begehrenswerte und sexuell aktive Frau,[328] die sich die Freiheit nimmt, ihre Sexualität auszuleben, konstruiert Grjasnowa ein modernes gleichberechtigtes Frauenbild,[329] das jedoch auch mit Sexismus zu kämpfen hat. Diesem Frauenbild stellt die Autorin, in Gestalt von Maschas Mutter, den konservativen Stereotyp der ›jiddischen Mamme‹, der besorgten, familiären, musischen – d.h. auf die schönen Künste, insbesondere auf Musik bezogene – und etwas eitlen Frau gegenüber:

> Meine Mutter rief immer wieder an und fragte, ob sie kommen soll, was ich immer wieder verneinte. Sie kam am Sonntag und brachte die Reste vom Geburtstagsessen meines Vaters mit. [...] Mutter schaute mich besorgt an, ich starrte mürrisch zurück. (Grjasnowa 26)

Maschas Mutter ist fürsorglich und um ihre Familie besorgt, ruft ihre erwachsene Tochter häufig an, kocht für sie, kauft für sie ein und leistet ihr seelischen Beistand. Dennoch kann sie Maschas Trauer über den plötzlichen Tod ihres Freundes Elias nach einer Sportverletzung nicht ›heilen‹ (Grjasnowa 119ff.). Maschas Mutter wird von Maschas bestem Freund Cem wegen dieser Eigenschaften als »Gute Frau« bezeichnet (Grjasnowa 123). Daraufhin fragt ihn Mascha: »Bin ich keine gute Frau?« und er sagt »Nein.« und erklärt ihr scherzhaft, im türkischen Kulturkreis müsse eine Frau ihrem potentiellen Mann eine Kostprobe ihrer Kochkünste geben, damit er feststellen könne, ob sie »eine gute Frau« sei (Grjasnowa 123f.). Die Mutter der Protagonistin ist zwar nach konservativen Standards eine ›gute Frau‹, ist aber auch nicht frei von negativen Eigenschaften, wie Schadenfreude und Eitelkeit. Sie freut sich z.B. ausgerechnet bei Elias' Be-

328 Weitere Beispiele sind: Mascha denkt neben Elias liegend im Krankenhausbett an Sex (Grjasnowa 74); sie begehrt auch ihren Ex-Freund Sami, »wenn ich die Nähe seines Körpers spürte oder ihn zu lange anschaute, war alles wieder da: Liebe und Lust und Hunger und Gier.« (62) und betrügt Elias, der im Krankenhaus liegt, mit Sami (69); in Israel beginnt sie erst eine Affäre mit Ori (vgl. u.a. 180f.) und dann mit dessen Schwester Tal (vgl. 211f., 233 238, 242, 262). Auf die Darstellung von Maschas Bisexualität wird später separat eingegangen.

329 Ein modernes literarisches Frauenbild, in dem Frauen u.a. frei über ihre Sexualität berichten, wird im deutschen Kontext bspw. von Charlotte Roche in *Feuchtgebiete* (2008) und dem bereits erwähnten Roman *Schoßgebete* dargestellt. Im US-amerikanischen Kontext veröffentlichte die Autorin Chris Kraus bereits 1997 ihr Buch *I love Dick*, das aufgrund der Mischung der beiden Genre Fiktion und Memoire als autofiktional gelten kann, in dem sie ihre psychische und sexuelle Obsession mit einem nicht näher identifizierten Mitarbeiter ihres Mannes beschreibt, dessen Name Dick ist. Das Buch wurde erst 20 Jahre später als Übersetzung ein Erfolg auf dem deutschen Buchmarkt (Eins, »Frauen spielten in der Literatur nur eine Nebenrolle«). Ein Beispiel einer jüdisch-amerikanischen Komödiantin und Schriftstellerin ist Lena Dunham mit ihrem Buch *Not that kind of girl* (2014), in dem sie über ihr Erwachsenwerden, ihre Sexualität und eine moderne Frauenrolle schreibt. Auch die jüdisch-amerikanische Komödiantin und Schriftstellerin Amy Schumer veröffentlichte 2016 *The girl with the lower back tattoo*, ein kritisch-komisches Buch über ihre Erfahrungen als sexuell-aktive Frau in der zeitgenössischen amerikanischen Gesellschaft.

erdigung, dass sie im Vergleich zur pummeligen Elke, Elias' Mutter, wesentlich attraktiver ist. Während Elke sich ihrer zu engen Hose schämt, reagiert Maschas Mutter wie folgt:

> Mutter grinste überlegen und drückte Vater ihre Handtasche in die Hand. Sie trug ein schwarzes Kleid, das ihr Untergewicht betonte, High Heels und eine Perlenkette aus Urgroßmutters vorrevolutionärem Besitz. (Grjasnowa 111)

Grjasnowa setzt stereotype weibliche Kontrastbilder mit den beiden Mutterfiguren gegeneinander: auf der einen Seite die osteuropäische Kleid-tragende, extrem feminine Mutter der Protagonistin, die wie die jüdische Ehefrau des ›Opas‹ im Krankenhaus viel Schmuck trägt und auf der anderen Seite die deutsche dickliche, Hose-tragende Elke, die eher maskulin anmutet, wie Bella, die butch-lesbische Pflegerin der Familie des ›Opas‹ (vgl. Grjasnowa 76f.). Auch der klassischen Frauen- und Mutterrolle der aufopfernden, immer um die Familie besorgten Frau[330] wird die junge energische Mascha entgegengesetzt, die in erster Linie mit sich selbst beschäftigt ist: mit dem Trauma ihres Verlustes, aber auch mit ihren Liebesbeziehungen zu Männern und Frauen, ihren Ortswechseln und ihren Weltanschauungen. Die österreichische Kulturjournalistin und Literaturkritikerin Sigrid Löffler hegt jedoch auch feministische Kritik an der Interpretation Maschas als einer modernen emanzipierten Frau:[331] Bspw. am Ende des Romans, als sie, für Tal nichts mehr empfindend, in Ramallah vor dieser davon läuft, obwohl sie »wusste, dass das, was ich gerade tat, ohnehin Wahnsinn war« (Grjasnowa 264), taucht plötzlich als *Deus Ex Machina* der freundliche und vertrauenswürdige Palästinenser Ismael auf, von Profession zwar nicht Kunstfotograf wie Elias, aber doch Hochzeitsfotograf. Er holt sie von der Straße und nimmt sie mit in das Haus seiner Familie, das sich im Flüchtlingslager Jenin befindet. Wenig später läuft Mascha, die an ihr Trauma erinnert wird, wieder weg, diesmal von Ismaels Familienfest, und möchte sich von Sami retten lassen,[332]

330 Maschas Mutter lebt lange allein mit dem Kind in Baku. Der Vater, dem man als Russe misstraute, wurde von seinem Ministerium »als unabhängige[r] Beobachter in den Karabach geschickt«, sprich »ruhiggestellt« (Grjasnowa 120f.). Während des Bergkarabach-Konflikts sorgt sie so allein für Mascha und verkauft für deren Bildung, damit diese Englisch und Französisch lernen kann, ein Erbstück ihrer Mutter (Grjasnowa 33).

331 Löffler meint, Grjasnowa lasse ihre Protagonistin im Verlaufe der Handlung von einer emanzipierten Frau am Anfang des Romans zu einem auf die Hilfe von Männern angewiesenen Opfer werden (Löffler, »Olga Grjasnowa. ›Der Russe ist einer, der Birken liebt‹«).

332 Am Ende des Romans befindet sich die Ich-Erzählerin im palästinensischen Flüchtlingslager Jenin, durchlebt ihr Kindheitstrauma – auf das später eingegangen wird – noch einmal (Grjasnowa 281ff.) und läuft orientierungslos dort herum. In ihrer Not ruft sie ihren Ex-Freund Sami an: »Sami hob sofort ab, und ich hörte ein entferntes Frauenlachen und Sami, der das Lachen ermahnte, still zu sein. ›Bitte hol mich ab‹, sagte ich. ›Wo bist du?‹ […] ›Palästina. Ich stehe mitten in einem Feld. Die Sonne geht unter.‹ ›Ich nehme den nächsten Flug. Ich bin morgen früh da.‹« (Grjasnowa 283f.).

während sie sich Elias herbeiwünscht (Grjasnowa 284). Trotz aller Emanzipation ist die Protagonistin weder in der Lage sich aus eigener Kraft zu retten, noch sich nicht in potentiell gefährliche Situationen zu bringen. Sie scheint Hilfe von starken Männern zu brauchen, die sie vor sich selbst und vor anderen beschützen. Mascha, die infolge des erlittenen Traumas nicht belastbar ist, erfüllt bisweilen den Stereotyp der schwachen, hilflosen, auf Männer angewiesenen Frau: Sie kann das Trauma nicht bewältigen, erliegt ihm am Ende und bringt sich immer wieder durch ihr unüberlegtes Davonlaufen in Gefahr.[333] Die Autorin Olga Grjasnowa äußert sich auf die Kritik an der literarischen Darstellung ihrer Protagonistin wie folgt:

> Was mich ärgert, ist die Heteronormativität, von der eine solche Interpretation ausgeht: dass eine Frau sich unbedingt wehren muss. Die Heteronormativität macht mir mehr zu schaffen als der Erlösungsgedanke. Und auch Postfeminismus ist nicht mein Konzept. Ich bin immer noch für den Feminismus. Bis zum Postfeminismus ist es noch ein weiter Weg. (Baude, »Interview mit Olga Grjasnowa«)

Grjasnowa gibt an, für den ›Feminismus‹ zu sein. Sie legt ›Feminismus‹ in *Der Russe ist einer, der Birken liebt* folgendermaßen aus: Auch eine ›emanzipierte‹ Frau darf ihrer Meinung nach ›unemanzipiert‹ sein, menschliche Schwäche zeigen, d. h. sich nicht nur auf sich selbst verlassen, sondern männliche oder eher menschliche Hilfe in Anspruch nehmen, wenn sie diese benötigt. Der Text stellt Emanzipation als eine Reihe von Versuchen dar, Muster für die Art und Weise vorzuschlagen, in der sich eine emanzipierte Frau zu verhalten hat. Postfeminismus[334] ist dagegen nicht Grjasnowas ›Konzept‹. Die Emanzipiertheit Maschas schließt Männer nicht aus. Sie zeigt sich meiner Auffassung nach gerade darin, dass sie, wenn sie allein nicht weiter weiß, nicht danach fragt, ob Hilfe von Mann oder Frau eintreffen wird, sondern sich mit ihrem Hilfeersuchen dorthin wendet, wo sie vermutet, dass Hilfe mit großer Wahrscheinlichkeit kommen wird. Selbst in größter Not ist es damit sie, die alles selbst tut und auch ›das Richtige‹ macht,

---

333 Dieses Ende wird von der Historikerin und Redakteurin des online-Magazins AVIVA-Berlin, Sonja Baude, in einem Interview mit der Autorin als »eine Art Scheitern« beschrieben. Baude erwähnt außerdem: »Von einer Kritikerin wurde diese Situation als ›Rückfall in vor-emanzipatorische Stereotypen‹ interpretiert« (Baude, »Interview mit Olga Grjasnowa«).

334 Das Konzept des Postfeminismus ist schwer zu definieren. Es beschreibt u. a. »an epistemological break with (second wave) feminism, an historical shift (to a third wave), or a regressive political stance (backlash)« (Gill 147). Die britische Gender-Forscherin Rosalind Gill definiert Postfeminismus als »distinctive sensibility, made up of a number of interrelated themes«, nämlich »the notion that femininity is a bodily property; the shift from objectification to subjectification; an emphasis upon self surveillance, monitoring and self-discipline; a focus on individualism, choice and empowerment; the dominance of a makeover paradigm; and a resurgence of ideas about natural sexual difference« (147).

um sich aus der Notlage herauszuhelfen und ein Scheitern an ihrem Trauma, das in Jenin existenzbedrohende Ausmaße angenommen hat, zu verhindern.

Was die *queer identity*[335] ihrer Protagonistin anbelangt, so geht es der Autorin, wie sie in dem Zitat sagt, »vor allem darum, dass nicht nur das Eine festgeschrieben ist« (Baude, »Interview mit Olga Grjasnowa«):

> In der Figur geht es aber um etwas anderes. Weder ich noch die Hauptfigur haben ein Problem mit Männern. Nur gibt es beispielsweise manche Erfahrungen, die Mascha mit Cem, der schwul ist, deutlich eher teilen kann als mit einer heterosexuellen Frau, die das eigene Begehren noch nie in Frage gestellt hat. Es geht in dem Buch vor allem darum, dass nicht nur das Eine festgeschrieben ist. (Baude, »Interview mit Olga Grjasnowa«)

Diese Aussage Grjasnowas ist sowohl interessant in Bezug auf die Gender-Identität, als auch die *queer identity* ihrer Protagonistin – Grjasnowa ist gegen eine Festschreibung von Normen bei der Gender-Identität. Mascha hat nicht nur einen homosexuellen, türkischstämmigen besten Freund namens Cem (vgl. u. a. Grjasnowa 56f., 62f., 66f., 123ff.), dem sie sich anvertrauen kann, sondern sie fühlt sich auch selbst zu Frauen hingezogen. Maschas Bisexualität[336] bestimmt ihre Identität maßgeblich mit. Sie hat sexuelle Fantasien von Frauen (Grjasnowa 28) und lebt diese aus. Während der Schulzeit in Frankfurt (Grjasnowa 40) hat sie eine lesbische Beziehung mit der türkischstämmigen Sibel,[337] die vor ihrer streng islamischen Familie, dem Vorhaben des Vaters, sie gewinnbringend zu verheiraten und der Gewalt ihrer drei Brüder geflohen ist.[338] In Israel verliebt Mascha sich in die Schwester ihres dortigen Freundes Ori, die Jüdin Tal.[339] Beide Frauen, von denen Mascha sich angezogen fühlt, werden von Grjasnowa als sehr feminin

335 Wie Bisexualität und Pansexualität ist »queer identity« eine sexuelle Orientierung, die definiert wird als »attraction to more than one sex or gender« (Sprott und Hadcock 214).

336 Als bisexuell gelten Individuen, die sich sexuell sowohl zu Männern als auch zu Frauen hingezogen fühlen (Taylor 103), wobei der Grad der Anziehungskraft zu dem einen oder dem anderen Geschlecht stärker ausfallen kann (Sprott und Hadcock 214).

337 Grjasnowa beschreibt Sibel folgendermaßen: »Sie trug nur Kleider, Röcke, seidene Blusen und Schuhe mit schimmernden Schnallen, lief auf kleinen, klappernden Absätzen, und in alldem sah sie aus wie Zucker, unschuldig, unwiderstehlich und absolut« (Grjasnowa 82). »Ich betrachtete lange ihren mageren Körper, die angewinkelten Knie und die dunklen glatten Haare, die das Kopfkissen vollständig bedeckten« (Grjasnowa 82).

338 »Ihre Familie war traditionell, drei ältere Brüder, alle in Deutschland geboren und auf Ehre aus. Sibel durfte keine Freunde haben, weder mit Deutschen, mit Jugoslawen noch mit Russen sprechen, durfte nicht im Dunkeln auf die Straße. Zur Schule wurde sie von einem ihrer Brüder begleitet. Als dieser beschloss, dass Sibel ihren Lehrer zu lange angesehen habe, brandmarkte er ihren Rücken mit einem Bügeleisen« (Grjasnowa 80f.).

339 »Ich schaute immer wieder zu Tal. Sie hatte lange dunkelblonde Locken und grünbraune Augen, die mich an Schleifpapier erinnerten. In ihrem Gesicht sah ich außerdem etwas, das auch in meinem war, und es war nichts Gutes« (Grjasnowa 187). Vgl. dazu auch die Seiten 194ff. Grjasnowa beschreibt sie weiter: Tal hat »dünne Hände« und trägt ein »züchtiges Kleid, das ihre Schultern bedeckte und ihr knapp über die Knie reichte« (Grjasnowa 259).

beschrieben, d.h. zart, mit langen Haaren und betont weiblicher Kleidung.[340] Konträr dazu fällt die Beschreibung einer lesbischen Pflegerin aus, der sie im Krankenhaus in Deutschland begegnet war, in dem Elias starb: »Bella grinste. Sie trug braune Lederschuhe und einen beigefarbenen Anzug. Eine Butch durch und durch« (Grjasnowa 77). Von dieser stereotyp eher maskulin gezeichneten Lesbe,[341] der die Autorin den Namen Bella – die Schöne – gegeben hat, fühlt sich Mascha nicht angezogen. Grjasnowa stört sich an der »Heteronormativität« der feministischen Kritik (Baude, »Interview mit Olga Grjasnowa«). Ihre Figuren sollen nicht festlegbar sein auf Stereotype, die Geschlechteridentität, aber auch Religionszugehörigkeit oder ethnische Herkunft betreffen. Sie versucht zwar mit Heteronormativität[342] und vereinfachten binären Strukturen, wie etwa dem klassischen ›typisch männlich‹, ›typisch-weiblich‹ Gegensatz und den traditionellen Geschlechterrollen zu brechen, setzt diesen Bruch aber nicht konsequent um. Ihre Protagonistin fühlt sich bspw. bei Männern und Frauen von den stereotyp als cisgender[343] präsentierten Figuren angezogen, die als mainstream ›schön‹ gelten: Elias ist »bübchenhübsch« (Grjasnowa 10), Sibel ist zerbrechlich und unwiderstehlich wie »Zucker« (82), Tal ist äußerlich zart (259), aber innerlich verwundet (197f.), Sami ist männlich, hat einen »breiten Rücken« (61), ist selbstbewusst und hat in seiner sexuellen Anziehungskraft »etwas Gefährliches« (62); wohingegen zum in den mainstream Medien propagierten Schönheitsideal

340 Beide ihrer lesbischen Beziehungen – Sibel und Tal – werden im Text vom Aussehen her als sehr weibliche Frauen dargestellt, die auf diese Beschreibung passen.

341 Die Darstellung von Frauen in den Medien wurde bspw. in einer Studie untersucht, die die beiden Magazine *Marie Claire* – ein mainstream heteronormatives Frauenmagazin – und *Curve* – eine Zeitschrift von und für lesbische Frauen – diesbezüglich gegeneinander abgeglichen hat. Das Spektrum der Darstellung von Frauen in beiden Magazinen erstreckt sich über drei Abstufungen der Weiblichkeit: das Feminine oder *femme* zeigt sich daran, dass das Model »makeup, jewelry, styled hair, and frilly, flowery, or revealing clothing« trägt; der androgyne Typ trägt »little makeup, sporty or unisex clothing that fits closer to the body, and has shorter or semi-styled hair«; der letzte Typ, die Butch ist erkennbar am »lack of makeup, very short hair, and loose fitting clothing likely to be found in the men's department of a store« (Gonsoulin 1163). Das Spektrum lesbischer (Selbst-)Darstellung (butch, androgyn, femme) ist wesentlich weiter gefasst als das des mainstream Frauenmagazins, in dem 93 % der Models dem Typ femme entsprachen. In *Curve* hatten ›nur‹ 55,2 % der Models eine »feminine physical appearance« (Gonsoulin 1163).

342 Heteronormativität wird definiert als »normative heterosexuality«: »the term heteronormativity shifts our focus, following Michel Foucault (1976), from repressive to productive forms of power, from coercion to complicity with normative power and to the violence of ›normality‹« (Castro Varela et al. 28). Kritisiert wird folglich, dass nur Heterosexualität und eine binäre Unterscheidung der Geschlechter zwischen Mann und Frau als die gesellschaftliche Norm angesehen werden. Die aus dieser Bestimmung von ›Normalität‹ erwachsenen Macht- und Unterdrückungsmechanismen werden angeprangert.

343 Der Terminus »cisgender« ist ein »identity term that refers to a person whose gender identity matches the sex that was assigned to that person at birth« (Gandy, »Cisgender«).

nonkonforme Figuren, wie Bella, von Grjasnowa für Mascha nicht als anziehend dargestellt werden.

Grjasnowa zeichnet ihre Heldin Mascha als eine widersprüchliche junge Frau, die sich einerseits ihrer körperlichen Reize bewusst ist, körperliche Attraktivität an sich und anderen schätzt, sie einsetzt und ihre sexuellen Bedürfnisse ohne Scham auslebt. Ihr Körper gehört ihr allein und sie trifft die Entscheidungen über ihn. Sie lässt sich von Männern benutzen und benutzt Männer, hintergeht selbst ihren Freund, fühlt sich schuldig, weil sie ihrem sexuellen Verlangen nicht widerstehen kann[344] und ist am Ende des Romans so schwach und hilflos, dass sie nicht ohne männliche Hilfe auskommt und sie bei ihrem (Ex-)Freund Sami Zuflucht sucht. Bei ihrer literarischen Darstellung einer modernen Frau vermeidet Olga Grjasnowa einseitige Beschreibungen: es sind gerade die Widersprüche, die Stärken und Schwächen des Individuums und die realistische und nicht glorifizierende Charakterisierung Maschas, die sie als Figur glaubhaft machen. Die Protagonistin darf als emanzipierte Frau für Gleichberechtigung und selbstständiges Handeln einer Frau sein und sich dennoch von Männern helfen lassen. Sie darf gegen Gender-Stereotype sein und sich von stereotyp starken Männern und zarten Frauen angezogen fühlen.

II.2 Jüdische Identität

Mascha, Grjasnowas Ich-Erzählerin, ist der Abstammung nach Jüdin, denn ihre Mutter und Großmutter sind Jüdinnen. Die Großmutter ist »eine Überlebende« (Grjasnowa 51) des Holocaust. Der Vater, Parteimitlied in der ehemaligen Sowjetunion, Absolvent »der Militärakademie für Ingenieure der Luftstreitkräfte in Moskau« und eines »Kosmonautentraining[s]« und in Baku im Ministerium tätig (Grjasnowa 52f.), ist offenbar nicht jüdisch. Auf die Frage Ismaels: »Was macht dein Vater denn mit einer Jüdin?«, antwortet Mascha: »Er hat sich nun mal verliebt« (Grjasnowa 275f.). Zur jüdischen Religion hat die Protagonistin kein Verhältnis. Sie zeigt sich nicht am Erwerb einer in der ehemaligen Sowjetunion nicht opportun gewesenen religiösen oder kulturellen jüdischen Identität in-

---

344 Sie treibt ab, ohne ihrem Partner Sami, der sich im Ausland befindet, davon zu erzählen (Grjasnowa 121f.). Sie schläft mit ihrem Professor nach ihrer Abschlussprüfung und einem gemeinsamen Abendessen, obwohl sie selbst nicht weiß, warum und sich danach benutzt fühlt (Grjasnowa 132ff.). Einerseits hat er nach dem Examen das gemeinsame Essen initiiert, offenbar in dem Wunsch, mit ihr zu schlafen. Andererseits küsst sie ihn als erste im Restaurant und geht mit ihm freiwillig in seine Wohnung. Am darauf folgenden Tag sucht sie den Professor in seinem Büro auf und verlangt von ihm einen Job in Israel. Nun benutzt sie ihn, auch wenn sie sagt: »Ich wusste keinen Grund, weshalb er mir eine Stelle besorgen sollte, aber ich wollte es ausprobieren« (Grjasnowa 138f.).

teressiert und es geht ihr nicht darum, wie etwa Goreliks Ich-Erzählerin im ersten Kapitel, die verloren gegangene jüdische Tradition wieder aufleben zu lassen oder weiterzugeben. Mascha bereut das Fehlen einer jüdischen religiösen Erziehung nur aus Verzweiflung in einer ausweglos erscheinenden Situation, als Elias im Sterben liegt. Nicht aus religiöser Überzeugung verlegt sie sich auf das Beten, sondern erinnert sich an Gott, dem sie einen sehr abergläubisch anmutenden Handel anbietet, so, wie ein Ertrinkender auch nach einem Strohhalm greifen würde. In ihrer Hilflosigkeit ist Beten alles, was sie noch für ihren Liebsten tun kann:

> Ich kannte nur zwei Gebete: das *Vaterunser* und *Höre Israel.* Das *Vaterunser* war nutzlos und *Schma Yisrael* allein würde nicht ausreichen. Ich würde mit Gott handeln. Elias gegen Hase, ER sollte das Tier sterben lassen und nicht Elias. Ich bereute zutiefst, nicht religiös zu sein und mit nichts Beeindruckenderem aufwarten zu können als ›Höre Israel, der Herr ist unser Gott, der Herr ist einzig. Und du sollst den Herrn, deinen Gott, lieben, mit deinem ganzen Herzen und mit deiner ganzen Seele und mit deiner ganzen Kraft. Und diese Worte, die ich dir heute befehle, sollen in deinem Herzen sein.‹ Ich wiegte mich im Gebet, wie ich es bei den orthodoxen Juden auf *Arte* gesehen hatte. (Grjasnowa 23f.)

Grjasnowa lässt Mascha das Gebet *Höre Israel* aufsagen, das einzige Gebet, das sie außer dem christlichen *Vaterunser* kennt. Das *Vaterunser* kommt für sie als Jüdin qua Geburt nicht infrage. Sie betet dafür das *Schma Yisrael* – von dem sie ausgeht, dass es ihrer ethnischen Herkunft mehr entspricht – ohne an dessen religiösen Inhalt zu glauben. Um ihrem Gebet mehr Nachdruck zu verleihen, es echt erscheinen zu lassen, wiegt sie sich hin und her, wie sie es bei tatsächlich gläubigen Juden im deutschen Fernsehen, nicht etwa bei einem Besuch in der Synagoge, gesehen hat. Sie hat also ein ähnliches Bild vom Judentum wie nichtjüdische Deutsche auch, nämlich das des deutsch-französischen Bildungskanals ARTE. Sie ahmt in ihrer Hilflosigkeit für sie inhaltsleere Worte und Gesten nach und »bereut zutiefst« keinen Zugang zur jüdischen Religion zu haben. Sie hat aber offenbar irgendwo gehört oder gelesen, dass Gott Opfer annimmt, um Wünsche zu erfüllen. Von daher versucht sie, um Elias zu retten, Gott einen vor dem Krankenhaus liegenden Hasen zu opfern. Als der Hase trotz ihres Gebetes und trotz ihrer Bitte an Gott, ihn statt Elias sterben zu lassen, immer noch lebt, erschlägt sie ihn brutal.

Erst Elias' Krankheit und die existenziellen Ängste und Fragen, die während dieser Zeit aufkommen, lassen Mascha an Religion denken. Als Elias schließlich an den Folgen seiner Sportverletzung stirbt, schließt sich Mascha mit Elias, dessen Tod sie trotz besseren Wissens nicht wahrhaben will, im Krankenhauszimmer ein. Nach Vorstellung des Krankenhauspersonals soll sie am nächsten Tag das Zimmer verlassen. Sie denkt an die Seele des Toten und ihr fällt ein:

> Der jüdische Glaube sagt, dass die Seele den Körper zum Zeitpunkt des Todes verlässt, dann aber in der Nähe bleibt, bis der Körper begraben ist, deshalb darf der Körper nicht alleine gelassen werden. (Grjasnowa 102)

Dann tröstet sie sich jedoch mit dem Gedanken: »Aber Elischa war nicht jüdisch, und ich war nicht religiös« (Grjasnowa 102) und verlässt Zimmer und Krankenhaus. Das Judentum als Religion kann Mascha in dieser tragischen Situation im doppelten Sinne nicht helfen: Ihr toter Lebensgefährte, um dessen Seele sie besorgt ist, ist kein Jude gewesen und sie selbst hat keinen jüdischen Glauben. Das bloß rudimentäre Sicherinnern an religiöse Bräuche begründet für Grjasnowas Protagonistin keine religiöse Identität. Maschas Mutter kennt die Bräuche noch und übernimmt nach Elias' Tod die religiösen Riten: »Sie zündete neben Elischas Foto eine Kerze an und verhängte die Spiegel« (Grjasnowa 104). Mascha findet in der Religion mit ihren Ritualen jedoch keinen Trost. Sie sagt im Gegenteil:

> Der Talmud gebietet, der Toten zu gedenken. Hätte ich ihn zur Hand gehabt, hätte ich ihn in einen Ofen geschmissen. Aber er lag in irgendeiner Kiste neben der Videokassette mit *Schindlers Liste*. (Grjasnowa 104)

Auch in dieser Passage hat Mascha ihr Jüdischsein scheinbar genauso aus ›zweiter Hand‹, wie z. B. Nichtjuden – ein ähnliches Beispiel wie die ARTE-Dokumentation, die sie als Vorbild für das Beten nimmt –, die den Holocaust mit Schindlers Liste verbinden. Dies ist erstaunlich, da ihre Großmutter eine Überlebende war. Jüdisch ist Mascha zwar der ethnischen Abstammung nach, nicht jedoch aus religiöser Überzeugung. In Israel an der Klagemauer, »an der heiligsten Stätte des Judentums« (Grjasnowa 169) schreibt sie zwar den Namen von Elias auf einen Zettel, als Symbol für ihren Wunsch, er möge zu ihr zurückkehren und spricht das Kaddisch, sie kann aber nicht wirklich mit »Gott Rücksprache halten« (169), da sie nicht an ihn glaubt.

Die Ich-Erzählerin definiert sich in ihrer Identität nicht über die jüdische Religion, ›glaubt‹ weder an »Kultur« noch »Nation« (Grjasnowa 276), definiert sich auch nicht über die Zugehörigkeit zu Aserbaidschan, ihrem Geburtsland, oder Deutschland, dem Land dessen Staatsangehörigkeit sie trägt. Sie erklärt dem Jordanier Ismail diesen Fakt: »Weißt du, in meiner Kindheit gab es einen gepackten Koffer zu Hause, für den Fall der Fälle« (Grjasnowa 276),[345] nämlich, um schnell fliehen zu können, wenn die Gewalt sich gegen die russische Minderheit in Aserbaidschan richten würde – ein Umstand, der nicht gerade dazu beitrug, die Zugehörigkeitsgefühle zu diesem Land in dem Kind Mascha zu fördern. Mascha begründet die Migration ihrer Familie nach Deutschland fol-

345 Der »gepackte Koffer« ist das Synonym für die jüdische Diaspora und insbesondere das deutsche Nachkriegsjudentum, das in Erwartung der Wiederholung des Holocausts auf gepackten Koffern saß (vgl. auch Lena Gorelik 179).

gendermaßen: »unsere Auswanderung hatte nichts mit dem Judentum, sondern mit Bergkarabach zu tun« (Grjasnowa 44).

Der Konflikt zwischen Aserbaidschan und Armenien um Bergkarabach veranlassen die Familie der Protagonistin, wie auch die Familie der Autorin, von Baku nach Deutschland auszuwandern. Die jüdische Volkszugehörigkeit in ihrem Pass ist die Eintrittskarte nach Deutschland:

> Nach Deutschland und Israel konnte man noch einreisen, aber nur als Jude, weshalb die Register in den Synagogen sich mit Namen füllten, ebenso wie die Einreiseeinträge in der deutschen und der israelischen Botschaft. Dabei wurden dieselben Leute bestochen, die früher das Wort *Jude* aus dem Pass und der Geburtsurkunde streichen sollten, denn nur mit *sauberen* Dokumenten war eine Karriere möglich gewesen. (Grjasnowa 50)

Hatte das Wort ›Jude‹ im Pass in der ehemaligen Sowjetunion Diskriminierung, z. B. Verhinderung einer Karriere bedeutet, wurde der vormalige ›Nachteil‹ ironischerweise mit dem Zerfall der Sowjetunion zum ›Vorteil‹ und damit zu einem begehrten Gut. Da die USA und Kanada zuerst den Einwanderungswilligen ihre Grenzen verschlossen, blieben nur Deutschland und Israel als Migrationsländer übrig.[346] Deutschland als Einwanderungsland war aber aufgrund des Holocausts für Maschas Familie vorbelastet und zunächst nicht akzeptabel:

> Die Vorstellung, ausgerechnet nach Deutschland zu gehen, fanden meine Eltern zuerst ebenso absurd. Noch 1994 sagte meine Mutter, sie würde niemals dieses Land betreten, dort sei die Asche noch warm. Meine Großmutter war eine Überlebende. Neun Monate später stellten meine Eltern einen Einreiseantrag bei der deutschen Botschaft. 1995 wurde unser Antrag genehmigt, und wir fingen an, unsere Sachen zu verkaufen [...]. (Grjasnowa 51)

Der Überlebenswille der Familie siegt jedoch über alle Zweifel und Maschas Familie zieht, die israelische Alternative verwerfend, trotz der nationalsozialistischen Vergangenheit Deutschlands in dieses Land.

Die Großmütter von Autorin und Protagonistin sind Holocaustüberlebende, dennoch will sich Mascha von dieser Vergangenheit nicht definieren lassen oder sich die deutsche Schuld zu Nutzen machen. In einem Gespräch mit einem israelischen Grenzbeamten, der bei ihrer Einreise ihren Computer wegen Bombenverdacht zerstört hatte, erwähnt Mascha absichtlich ihre Familienvergangenheit und ihr Judentum nicht, obwohl es ihr zum Vorteil gereichen würde und ist wütend, als ihr Begleiter es für sie tut:

> ›Was ist eigentlich mit Ihrem Computer? Haben Sie eine Wiedergutmachung bekommen?‹ ›Letzten Monat.‹ ›Gut.‹ Das Managerlachen wurde immer breiter. ›Ich habe vier Monate gewartet und habe nur achtzig Prozent des Preises erstattet bekommen. Was ist

346 Der Holocaust hat keinen Unterschied gekannt zwischen religiösen Juden und Juden per Abstammung.

> daran bitte gut?‹ ›Wissen Sie denn, wie lange mein Großvater auf seine Wiedergutmachung aus Deutschland warten musste?‹ Der Manager konnte offenbar nur in einer Tonlage lachen. ›Funktioniert nicht, sie ist jüdisch‹, sagte Ori. ›Ach, Sie sind gar keine Schickse?‹, fragte mich der Manager. ›Ihre Großeltern sind Holocaust-Überlebende‹, sagte Ori. ›ORI‹, schrie ich ihn an. ›Was Ori? Wenn wir schon Judenmonopoly spielen, dann wenigstens richtig.‹ (Grjasnowa 241)

Was Ori sarkastisch als »Judenmonopoly« bezeichnet, bedeutet, dass bei einer deutschen »Schickse«[347], das »Einschüchterungsmittel oder Moralkeule« Auschwitz (Walser 13) gewirkt hätte, bei der jüdischen Mascha jedoch nicht, obwohl (oder gerade weil) sie einen deutschen Pass hat. Sie lehnt es aber ab, in diesem ›Spiel‹ mit dem israelischen Grenzbeamten den ›Trumpf‹ ihrer jüdischen Abstammung auszuspielen. Für ihre Identität spielt die Opfer-Täter-Dichotomie in Bezug auf den Holocaust keine Rolle mehr. Sie fühlt sich zwar als Opfer, aber nicht als Opfer des Holocausts, sondern ihres Traumas. Das traumatische Ereignis hat sie nicht erlitten, weil sie Jüdin ist, sondern als der aserbaidschanische Mob Jagd auf Armenier während des Bergkarabach-Konflikts machte.[348] Der Holocaust als historisches Ereignis ist insofern für Mascha präsent und hat seine Bedeutung für sie nicht verloren, als er sie an ihre Familienvergangenheit erinnert. Ihre Großmutter mütterlicherseits und deren kleiner Bruder »waren die einzigen Überlebenden in ihrer Familie« (Grjasnowa 174). In einer Unterhaltung mit ihrem palästinensischen Bekannten Ismael sagt sie:

> ›[…] Die Armenier waren schon lange aus der Stadt fortgejagt worden, und nicht wenige von ihnen wurden exekutiert. Meine Oma, die die Shoah …‹ ›Oh, Anspielungen!‹ (Grjasnowa 276)

Auch in der Gegenwart tragen die Deutschen noch die Schuld der Taten ihrer Vorfahren für Mascha, wie sich in ihrer Beurteilung Daniels (und auch dessen Selbsteinschätzung als ›antideutsch‹) zeigt (Grjasnowa 62).

Aber es sind die Ereignisse in Aserbaidschan, die für ihre Identität prägend waren und sie anders geformt und traumatisiert haben als der Holocaust ihre Großmutter: Seit ihrer Kleinkinderzeit hat Mascha als Schmuckstück einen Davidstern an einer Halskette getragen, den ihr die Mutter, als sie zum Schutz vor marodierenden Banden zu ihrer Großmutter gebracht werden soll, aus Sicherheitsgründen unter Protest des Kindes abnimmt (Grjasnowa 281 f.). Gegen ihren Willen diesen Davidstern, das äußere Zeichen ihres Jüdischseins – wie weit auch immer die kleine Mascha dies damals bereits verstanden hat – abgenommen zu bekommen, wenn auch zu ihrem Besten, gehört im Vorfeld mit zu dem trau-

347 ›Schickse‹ ist eine jiddische Bezeichnung für »nichtjüdische Frauen« und »gilt als beleidigend« (Gutknecht, »Schick, die Schickse«).

348 Auf das Trauma der Ich-Erzählerin und dessen Einfluss auf ihre Identität wird im nächsten Unterpunkt eingegangen.

matischen Ereignis – als Kind den Tod einer Armenierin miterlebt zu haben –, das sie nicht mehr loslässt.

Zu Zeiten ihrer Großmutter war es ratsam für Juden, sofern möglich, ihr Judentum zu verbergen und wurde es bekannt, mussten sie in einer ersten Maßnahme ihr Judentum öffentlich mit dem gelben Stern anzeigen.[349] Bei dem traumatischen Ereignis, dass Mascha zustieß, sind jedoch nicht die Deutschen, sondern die Aserbaidschaner die Täter. Die Ich-Erzählerin hat erkannt, dass alle Nationen zu Tätern werden können. Auch Israel ist bspw. aufgrund des Israel-Palästina-Konflikts, der fallenden Bomben und der unsicheren Lage keine Alternative als Einwanderungsland für Maschas Eltern:

> Ihren ersten Winter in Israel verbrachten meine Verwandten in Schutzbunkern und mit Gasmasken. Meine Mutter nahm sich vor, ihnen unter keinen Umständen dorthin zu folgen. (Grjasnowa 51)

Es sind jedoch nicht nur die unsichere Lage und die kriegsähnlichen Zustände in Israel, die Maschas Eltern von der Immigration nach Israel abhalten. Auch die Politik des jüdischen Staates entspricht nicht ihren Vorstellungen von einem demokratischen Einwanderungsland.[350] Israels Siedlungspolitik, seine Militärmacht und die innenpolitische Lage, bzw. die dort auftretenden Vorurteile gegen arabische Mitbürger[351] missfallen Maschas Eltern, und als die Protagonistin alt genug ist, auch ihr selbst. Obwohl die ganze Familie aufgrund ihrer ethnischen Zugehörigkeit zum Judentum ein Anrecht auf israelische Pässe hätte, zieht sie es vor, im ›Land der Täter‹, Deutschland zu wohnen und die deutsche Staatsangehörigkeit zu erwerben. Die sprachbegabte Mascha lernt Arabisch und nicht Hebräisch,[352] geht nach dem Tod von Elias für einige Zeit nach Israel und arbeitet dort als Dolmetscherin für eine deutsche Organisation. Mascha weiß um ihr ethnisches Jüdischsein und lehnt es auch nicht ab, bekennt sich aber auch nicht

---

349 Vgl. u.a. *Der gelbe Stern. Die Judenverfolgung in Europa 1933–1945* von Gerhard Schoenberner (1998).

350 »Wir konnten nicht in Aserbaidschan bleiben. Mein Vater weigerte sich, nach Israel zu gehen. Meine Mutter sprach jeden Morgen über den Antisemitismus in Russland und konnte sich meinen Vater aber insgeheim doch nicht in einem jüdischen Staat vorstellen. Auch die Wörter *besetzte Gebiete, Armee* und *jüdischer Staat* passten nicht in ihre Zukunftsutopie. 1990 emigrierte meine Tante nach Israel. Meine Eltern gingen nicht mit« (Grjasnowa 50).

351 Der in Deutschland geborene Jude Samuel, der »Alija gemacht hatte«, erzählt Mascha stereotypisch z.B., in Israel »würden nur die Russinnen was mit Arabern anfangen« und dass er »keinen Araber in seine Wohnung lassen« würde, »denn dort lägen Waffen rum, richtig viele« (vgl. Grjasnowa 178).

352 Auf die verwunderte Feststellung der Israelin Tal, sie könne zwar arabisch, aber nicht hebräisch sprechen, fragt die Protagonistin zurück: »Was macht es für einen Sinn, eine so kleine Sprache wie Hebräisch zu lernen? Wenn ich eine UN-Sprache haben kann?« (Grjasnowa 189). Damit zeigt sie ihre Distanz zu Israel an und auch ihren Fokus auf die westliche Welt, Karriere, Erfolg, etc.

euphorisch dazu. Die Annahme Samis, nur weil sie Jüdin sei, müsse sie auch Hebräisch können, weist sie zurück:

›Ich habe einen befristeten Arbeitsvertrag im Auslandsbüro einer deutschen Stiftung in Tel Aviv. Über Hebräisch soll ich mir keine Sorgen machen.‹ ›Aber du kannst doch Hebräisch.‹ ›Nein.‹ ›Wieso denn nicht? Du bist jüdisch. Deine Familie lebt in Israel.‹ ›Entfernte Verwandte. Bis auf eine meiner Cousinen. Hebräisch habe ich nie gelernt.‹ ›Es ist das erste Mal, dass du zugibst, etwas nicht zu können.‹ (Grjasnowa 143f.)

Ihre Ablehnung finden auch Vorstellungen wie die, als Jüdin müsse sie permanent in Israel wohnen, die israelische Staatsbürgerschaft, einen besonderen Bezug zu diesem Land haben oder gar dessen Politik kritiklos gutheißen. Von dem deutschen Philosemiten Daniel auf die israelische Politik, die dieser unterstützt, angesprochen, reagiert Mascha ungehalten:

Daniel, lass mich mit dem Scheiß in Ruhe. Was willst du überhaupt von mir? Ich lebe in Deutschland. Ich habe einen deutschen Pass. Ich bin nicht Israel. Ich lebe nicht dort. Ich wähle nicht dort, und ich habe auch keinen besonderen Draht zur israelischen Regierung. (Grjasnowa 63)

Mascha distanziert sich sowohl von der Annahme Daniels, Judentum und Israel wären gleichzusetzen,[353] als auch von Israels Politik. Andererseits fühlt sie sich Israel dennoch in besonderer Weise verbunden. Nach dem Verlust Elias' geht sie aus Deutschland weg und zwar nicht in irgendein Land, sondern nach Israel. Kritik Anderer an der israelischen Politik hört sie nicht gern, selbst wenn sie dieser eigentlich kritisch gegenübersteht,[354] denn sie meint, »etwas verteidigen zu müssen, was ich unter anderen Umständen kritisieren würde« (Grjasnowa 59). Auch als Cem sie in Israel besucht und über orthodoxe Juden »in dunklen Mänteln und mit breitkrempigen Hüten, die Frauen mit Perücken oder Kopftüchern« und alle »von einer Kinderschar umgeben« den Kopf schüttelt, war Mascha »schon wieder nah dran, eine Lebensform zu verteidigen, die ich ablehnte« (Grjasnowa 226). Mascha erkennt, dass sie, wenn es um Israel geht, mit doppeltem Maß misst. Obwohl sie bewusst Israel und Judentum trennt, fühlt sich die Ich-Erzählerin intuitiv zu Israel zugehörig und ist aufgrund ihrer sonstigen kritischen politischen Haltung von ihrer eigenen emotionalen Vehemenz überrascht. Grjasnowa deutet damit einen internen Konflikt Maschas an zwischen

353 »›Du, ich steh voll hinter euch‹, sagte Daniel. [...] ›Welches euch?‹ Ich schrie beinahe [...]. ›Hinter Israel, natürlich.‹ [...]. ›Du bist gemein. Was hältst du von der Situation? Ich meine, du als Jüdin.‹« (Grjasnowa 63). Als Daniel – plötzlich zwischen Israelis und Juden unterscheidend, nachdem er in Palästina Kindern eines Flüchtlingslagers Unterricht erteilt hatte, die »die Juden hassen« – zu Mascha sagt: »Ich meinte zu ihnen, dass nicht die Juden schuld sind. Die Israelis, die könnten sie ruhig hassen«, muss die Protagonistin Daniel allein lassen, nach Hause gehen und erst einmal einen Wodka trinken (Grjasnowa 217ff.).

354 Vgl. u.a. Maschas Unterhaltung mit Cem über die ihrer Meinung nach einseitigen Berichterstattung CNNs zu Ungunsten Israels (Grjasnowa 58f.).

kritischer Sichtweise israelischer Politik und eigenem diffus-emotionalem Zugehörigkeitsgefühl – einem emotionalen Zugehörigkeitsgefühl, das dem Wissen um den Holocaust geschuldet ist, der auch ihre Familie nicht verschont hat und dem Fakt, dass Israel das jüdische Zufluchtsland ist.

II.3 Trauma, Mobilität und Sprache

Das Leben von Grjasnowas Protagonistin Mascha ist bestimmt von Entwurzelung durch Krieg und Verfolgung, migrationsbedingter Mobilität und dem Eingewöhnungsprozess an neuen Orten. Wie die Germanistin Nina Schmidt in *The Wounded Self: Writing Illness in Twenty-First-Century German Literature* darlegt, wird das Genre der Autofiktion in der deutschen Gegenwartsliteratur häufig benutzt, um Traumata zu beschreiben (vgl. u. a. 50 f.). Auch Olga Grjasnowa wählt dieses Genre, um ein Trauma als Identitätsmerkmal ihrer Protagonistin zu konstruieren. Die Autorin hat die Episode nicht selbst erlebt, aber sie hat sich mutmaßlich wirklich ereignet. In einem Interview danach gefragt, sagt Grjasnowa: »Mir ist diese Geschichte erzählt worden« (Lenz, »Es ist keine schöne Geschichte«). Mascha ist traumatisiert durch ein ethnisch motiviertes Verbrechen von Aserbaidschanern an Armeniern, das sie als Kind Anfang der 1990er Jahre in Baku während des Berg-Karabach Konflikts[355] erlebt hat. Ihr deutscher Freund Elias versucht wiederholt herauszufinden, was das traumatische Ereignis war. Er empfindet ihre Verschlossenheit als Mangel an Vertrauen. Aber Mascha lässt ihn erst nach und nach an sich heran:[356] »Wieso sagst du mir nicht endlich, was mit dir passiert ist? Ihr seid doch 1996 ausgewandert, als es nicht mehr sein

355 Als Folge des Zerfalls der ehemaligen Sowjetunion brachen im Kaukasus eine Reihe von »Abspaltungsbewegungen in Tschetschenien (Russland), in Abchasien und Südossetien (Georgien) sowie in Berg-Karabach (Aserbaidschan)« aus, die bis in die Gegenwart enormes »Explosionspotential« bergen (Krüger 1). Der Konflikt in Berg-Karabach begann 1988 mit Protesten der mehrheitlich armenischen Bevölkerung der Region, die auf der rechtlichen Grundlage des »Selbstbestimmungsrecht der Völker« einen Anschluss an Armenien forderte (Krüger 1). Aserbaidschan war jedoch wegen der wirtschaftlichen und strategischen Bedeutung der Region nicht gewillt, seinen Herrschaftsanspruch aufzugeben. Der »Bürger- und Rebellenkrieg« um und in Berg-Karabach wuchs sich 1992 zu einem Krieg zwischen Armenien und Aserbaidschan aus. 1994 kam es zu einem Waffenstillstand, aber keiner Lösung des Konflikts. Zwar besteht mittlerweile realpolitisch und ökonomisch eine »lose(n) Föderation zwischen der Gebirgsregion und Armenien« aber die »internationale Staatengemeinschaft hat Berg-Karabach bis heute weder als eigenständigen Staat noch als Bestandteil Armeniens anerkannt« (Krüger 2).

356 Elias wirft Mascha »Verschlossenheit« vor (Grjasnowa 12) und fragt immer wieder nach ihrem Trauma: »›Was ist damals in Baku passiert?‹ Er stellte die Frage schnell und unvermittelt. Ich hielt die Luft an, überlegte, und nach einer ganzen Weile sagte ich: ›Das habe ich dir doch schon erzählt.‹« (89).

musste« (Grjasnowa 41). Mascha erzählt schließlich, was dem Kind Mascha geschehen ist: Eine junge Frau wird aus einem Fenster im Obergeschoß ihres Wohnhauses gestoßen und schlägt vor dem noch nicht siebenjährigen Kind auf dem Asphalt auf. Sie erzählt ihrem Freund dieses traumatische Ereignis in der dritten Person, spricht von sich als ›das Kind‹, so als ginge sie das als erwachsene Frau nicht so viel an: »die Schuhspitzen des Kindes färbten sich rot. [...] Das Kind wischte sich eine Haarsträhne aus dem Gesicht, und Blut blieb an seiner Wange« (Grjasnowa 42f.). Elias ist da, er liegt zwar verletzt im Krankenhaus, aber seine Berührungen, seine Liebe lassen das Trauma weniger fürchterlich, weit weg erscheinen. Dann stirbt Elias und von nun an wird sein Tod ein Teil ihres Traumas. Der Tod der Frau und Elias' Tod vermischen sich.[357] Kriegsähnliche Zustände, Chaos, Gewalt, Tod sind die Komponenten ihres Traumas. Erst am Ende des Romans schildert sie, die Erwachsene, für die das Trauma in Palästina existenzbedrohend wird, das traumatische Ereignis, »Die Tage des Schlachtens« detailliert:

> Vor einigen Häusern lagen zertrümmerte Möbel, aufgeschlitzte Matratzen und vereinzelte Kleidungsstücke, viele Fensterscheiben waren zerbrochen, die Glassplitter verteilten sich über die Pflastersteine und mischten sich mit Fetzen fremder Familienfotos. Beeile dich, sagte mein Vater. Über uns waren Schreie, polyphones Geschrei und eine langgezogene weibliche Stimme. Das Geräusch eines aufprallenden Körpers. Das Blau ihres Kleides. Die Blutlache. Mein Vater versuchte, mir die Augen zu verschließen. Ich riss mich los. Lief zu ihr. Ihr Blut färbte meine Schuhe karminrot. (Grjasnowa 281f.)

Dieses Kindheitstrauma verfolgt die Ich-Erzählerin durch den ganzen Roman. Das blaue Kleid, das das Opfer trug, wird zum Symbol des traumatischen Ereignisses.[358] Am Ende der Geschichte wird Mascha selbst zu der Frau aus ihrem Trauma. Sie befindet sich im Flüchtlingslager Jenin, das die israelische Armee – wie Grjasnowa den Palästinenser Ismail erzählen lässt – nach Attentaten der palästinensischen Hamas völlig zerstörte:

> Tagelang wurde auf den Straßen gekämpft, bis sie schließlich mit Bulldozern kamen. Sie machten alles platt, selbst Häuser, in denen noch Menschen waren. Am Ende konnten

357 Nach Elias' Tod verschwimmt die Erinnerung an ihn mit der Leiche der Frau im blauen Kleid (Grjasnowa 104, 196) und wenn Mascha einschläft, träumt sie von der Frau (107).

358 Das blaue Kleid ist das Symbol für die Erinnerung an das Trauma und kommt mehrmals vor. Bspw. trägt Tal mehrmals ein blaues Kleid: Als sie sich kennenlernen, war ihr Kleid »von einem schillernden Blauschwarz« (Grjasnowa 190) und auch als sie mit Mascha nach Ramallah fährt und diese bemerkt, dass sie keine Gefühle mehr für Tal hat: »Tals Kleid war hellblau, nicht dunkelblau, nicht ultramarinblau, nicht azurblau, nicht graublau. Hellblau« (262). Auch die Ich-Erzählerin selbst trägt bei ihrem Zusammenbruch in Ramallah am Ende des Romans ein blaues Kleid (Grjasnowa 279).

> wir nicht mehr zwischen Menschenleichen und Tierkadavern unterscheiden. Als sie endlich weg waren, stand alles still, sogar die Luft. [...]. (Grjasnowa 277f.)

Weglaufend von der Hochzeitsgesellschaft, nachdem sie ihr Spiegelbild im geliehenen blauen Kleid gesehen hat (Grjasnowa 280), mit dem Wissen um die entsetzlichen Ereignisse in Jenin, wähnt sie sich wieder in Baku, wo sie enge Straßen entlang geht, an einem Lagerfeuer mit Azeri sprechenden Männern vorbeikommt und dort wieder von den Ereignissen eingeholt wird:

> Ein Panzer kam auf uns zu, walzte ein parkendes Auto nieder. Der Panzer ließ das Auto hinter sich, aus einem der Fenster über ihm wurde ein Molotowcocktail geworfen. Er fiel wie eine Sternschuppe und hinterließ einen Schweif. Damals hatte mich dieses Bild fasziniert. (Grjasnowa 283)

Der Panzer, so halluziniert sie in Jenin, dreht sich, feuert auf die Angreifer und »Im Nachbarhaus klaffte ein Loch« (Grjasnowa 283). Und sie blutet, blutet wie die Frau im blauen Kleid aus ihrer Kindheit:[359] »Ich wischte mir eine Haarsträhne aus dem Gesicht, das Blut blieb an meiner Wange kleben« (Grjasnowa 283).

Mascha hat »traumatische(n) Störungen«[360] und befürchtet, die Menschen um sich herum zu »vernichten« (Grjasnowa 150): Sie fühlt sich mitverantwortlich für Elias' Tod und reflektiert ihre Abtreibung. »Alles um mich herum stirbt« (Grjasnowa 121). Aber auch die Personen, mit denen sie sich umgibt, haben schreckliche Dinge erlebt: Cems Bruder ist an Krebs gestorben (Grjasnowa 66f.) – ein Ereignis, das er nicht verwinden kann. Elias' Vater kämpft mit dem Alkoholismus: »Horst, der Alkoholiker« (Grjasnowa 112), hat Elias vermutlich geschlagen (90f.). Auch die diversen Liebhaber und Liebhaberinnen Maschas sind traumatisiert: Sibel von den Misshandlungen durch ihre männlichen Familienangehörigen[361] und Tal und Ori durch den Terroranschlag anlässlich der zweiten Intifada in Israel, bei dem ihre Tante und ihr Onkel ums Leben kamen (Grjasnowa 236). Tal ist zusätzlich traumatisiert durch die Erlebnisse während ihres Militärdienstes in der israelischen Armee (197f.). Jede der Figuren geht anders

---

359 Als sie von der Hochzeitsgesellschaft wegläuft, wird ihr übel und sie bekommt Nasenbluten (Grjasnowa 280).

360 Grjasnowa benutzt den Begriff ›traumatische Störung‹, gemeint ist wahrscheinlich PTSD (post traumatic stress disorder), dessen Krankheitsbild folgendermaßen definiert wird: »PTSD is primarily a disorder of reactivity [...]. Its psychopathology is characteristically expressed during interactions with the interpersonal or physical environment. [...] The primacy of traumatic over other memories (e.g. the reexperiencing symptoms) can also be understood as a pathological exaggeration of an adaptive human response to remember as much as possible about dangerous encounters in order to avoid similar threats in the future« (Stein et al. 1).

361 Sie soll von ihrem Vater zwangsverheiratet werden, ihr jüngster Bruder belästigt sie sexuell und ihr ältester Bruder schlägt sie (Grjasnowa 81). Als Folge dieser Misshandlungen läuft sie von zu Hause weg: »Ihr ganzer Körper war vernarbt« (Grjasnowa 83).

mit den traumatischen Erfahrungen um. Cems Reaktion auf den Tod seines Bruders ist Schweigen:

> Oft, wenn Cem betrunken war, versprach er uns fluchend und drohend, vom Tod seines Bruders zu erzählen. Aber er tat es nicht, und wir fragten nicht nach, denn wir verschwiegen ebenfalls etwas. (Grjasnowa 67)

Keine der Figuren kann sich dem eigenen Trauma stellen. Auch Elias erzählt erst kurz vor seinem Tod und nur auf Nachfrage vom Alkoholismus seines Vaters.[362] Sibel läuft um der Misshandlung zu entkommen vor ihrer traditionell-islamischen Familie davon (Grjasnowa 81). Ori reagiert mit Melancholie und Resignation. Er möchte Israel nicht verlassen, spielt aber mit dem Gedanken, nach Berlin zu gehen, denn er glaubt, sein Israel werde in absehbarer Zeit nicht mehr existieren (Grjasnowa 179f.): Er befürchtet, Israel könne ein »religiöser Staat« werden, in dem »nur noch die Thora gelehrt« wird, Frauen nicht mehr am Strand baden dürfen und den Sabbat einzuhalten, wie auch Kippa zu tragen »Pflicht« sein wird (180). Seine Schwester Tal greift als Reaktion auf ihr Trauma zur Tat:

> Tal war Aktivistin. Kommunistin. Feministin. Vor allem war sie eines: kompliziert. Ihr Aktivismus und ihre Ideologie dienten ihr als Fassade, die niemand durchbrechen sollte. (Grjasnowa 197)

Während Tal versucht, durch Abgrenzung und politischen Aktivismus ihr Trauma zu bewältigen,[363] reagiert Mascha auf Situationen und Dinge, die sie an ihr Trauma erinnern, so wie Tod, Verlust und Gewalt, mit einem Fluchtimpuls. Als Elias sie drängt, ihm als Zeichen ihres Vertrauens – sie kann seine Beinwunde nicht anschauen – von ihrem Trauma zu berichten, ist ihr erster Impuls, wegzulaufen: »Ich könnte in den meisten Ländern überleben. Eigentlich brauchte ich gar keine Sachen. Ich könnte sofort los« (Grjasnowa 42). Nachdem Elias gestorben ist, flieht Mascha von Deutschland nach Israel und befindet sich am Ende des Romans in Palästina.

362 Als Mascha Elias fragt, ob sein Vater ihn je geschlagen hätte, antwortet er nicht direkt, sondern »löschte das Licht und vergrub sein Gesicht im Kopfkissen« (Grjasnowa 90f.). Erst nach und nach bricht »ein Deich« und er erzählt »noch viel mehr« (91).

363 Nach der Entlassung aus dem Militärdienst »wegen ideologischer Probleme« geht Tal nach »Thailand und Vietnam« und wird drogenabhängig: »grundsätzlich wollte sie nie wieder nach Israel zurück« (Grjasnowa 198). »Von der israelischen Seelenfürsorge aufgelesen«, wird sie, nachdem sie wieder clean ist, zurück nach Israel gebracht und tritt dort in die Vereinigung »*Breaking the Silence*« ein, »die Soldaten dazu ermunterte, über die Situation in den besetzten Gebieten zu sprechen« (Grjasnowa 198). In Ramallah hat Tal Kontakt zu einer Palästinenserin – zu einem Treffen mit dieser Frau bewegt sie Mascha als Übersetzerin mitzukommen (Grjasnowa 253f.) –, die gegen eine »Normalisierung« des Verhältnisses zwischen Israel und Palästina ist (263). Die kleine Schwester Ismaels erklärt, was mit ›gegen eine Normalisierung sein‹, gemeint ist. Sie sagt: »Na ja. Wir haben langsam genug vom Frieden. Wir wollen Rechte und einen Staat. Der Friedensprozess hat versagt, und wir wollen keine Normalisierung« (Grjasnowa 279). Gemeint ist die Normalisierung des Konflikts.

Zu Maschas Umgang mit ihrem persönlichen Trauma gehört der Spracherwerb. Sie ist anpassungsfähig, kann in vielen Ländern leben und viele Sprachen sprechen und übersetzen. Das Erlernen von Sprachen und das Übersetzen zwischen Kulturen spielen für Mascha eine wichtige Rolle bei der Überbrückung kultureller Unterschiede und anfänglicher Fremdheit in einem anderen Land. Die den politischen Umständen in ihrem Herkunftsland Aserbaidschan geschuldete Migration nach Deutschland mit ihren Eltern und ihre freiwillige Mobilität als Erwachsene[364] bedeuten aber auch, dass sie sich häufig zurechtfinden und neu anfangen muss und sich deswegen oft fremd fühlt. Als Reaktion und Bewältigungsstrategie, als Instrument der Vermittlung zwischen Kulturen und Sprachen dient Mascha der Beruf der Übersetzerin. Als Übersetzerin meint sie, alles unter Kontrolle zu haben.[365] Ihr Leben ist vom Spracherwerb geprägt: »Sprachen fallen mir relativ leicht, ich begreife schnell die Strukturen und habe ein gutes Gedächtnis« (Grjasnowa 30). In ihrer Wohnung liegen überall Sprachlernmaterialien herum (Grjasnowa 12) und sie übersetzt fast schon automatisch von einer Sprache in mehrere andere.[366] Die mit ihrer Familie nach Deutschland eingewanderte Ich-Erzählerin bemerkt schnell, dass das Beherrschen der Landessprache Macht bedeutet und der Spracherwerb ein Behauptungsmittel ist:

> Ich begleitete meine Eltern auf das Ausländeramt und lernte dort, dass Sprachen Macht bedeuteten. Wer kein Deutsch sprach, hatte keine Stimme, und wer bruchstückhaft sprach, wurde überhört. (Grjasnowa 37f.)

Aus dieser Erfahrung zieht Mascha ihre Konsequenzen. Sie möchte »eine Stimme« haben und nicht »überhört« werden. Daher stört es sie auch, wenn Deutsche sie aus Rassismus für ihre guten Deutschkenntnisse loben. Sie fühlt sich von solchen Komplimenten eher an ihren Akzent – also ihre Andersartigkeit in den Augen des Kommentators – erinnert, wie bspw. bei einem Besuch in Elias Krankenzimmer:

> Der linke Bettnachbar räusperte sich und sagte, er müsse mir ein Kompliment machen, ich könne besser Deutsch als alle Russlanddeutschen, die er bisher auf dem Amt getroffen habe, dabei hatte ich noch fast gar nichts gesagt. (Grjasnowa 18)

Der Grad der Beherrschung der deutschen Sprache wird, so argwöhnt Mascha, als Ausschlusssystem benutzt. Es ist ihr sehr wichtig, gutes oder ›perfektes‹ Deutsch zu sprechen und wenn sie ihr Sprachvermögen verlässt, ist sie zutiefst verunsi-

364 Vgl. auch die Mobilität der Ich-Erzählerin nach der Schulzeit, während ihres Studiums und mit ihrem Freund Elias (Grjasnowa 30f.).

365 Daher auch die Wahl ihres Studiums: »ich schrieb mich für zwei Masterprogramme ein, Dolmetscherwissenschaften und Arabistik« (Grjasnowa 31).

366 Bspw. beim Warten im Krankenhaus übersetzt die Protagonistin die Radionachrichten automatisch vom Deutschen ins Englische und »die Werbung ins Französische« (Grjasnowa 14).

Migrationsbedingte Mobilität, d.h. das Umsiedeln von Aserbaidschan nach Deutschland, ist dem Überlebenswillen der Familie geschuldet, die der russischsprachigen Minderheit angehört und führt dazu, dass die Protagonistin neue Sprachen lernen muss. Trauma als Auslöser, Mobilität als Reaktion auf das Trauma und Sprache als Instrument zum Ein- bzw. Überleben in neuen Umfeldern spielen daher als Identitätsmerkmale eine wichtige Rolle im Selbstverständnis der Protagonistin und tragen zu ihrer transnationalen Identität bei, die im nächsten Teil besprochen wird.

II.4 Transnationalität und (Nicht-)Zugehörigkeitsgefühl

Als Folge von Migration hat die Ich-Erzählerin eine transnationale Identität entwickelt. Sie vermeint, aufgrund ihrer Dolmetscherausbildung, ihrer Vielsprachigkeit »in den meisten Ländern überleben« zu können (Grjasnowa 42). Ein Zugehörigkeitsgefühl, ein Heimatgefühl oder gar eine Liebe zu einem der Länder, in dem sie gelebt bzw. sich aufgehalten hat, empfindet sie jedoch kaum. In einem Interview gefragt, wie sie »diese Art der Globalisierung«, »ein Leben überall zu führen«, »bewerten« würde, meint die Autorin, ein solches Leben sei »nur ein Gewinn«, »tatsächlich Freiheit« (Baude, »Interview mit Olga Grjasnowa«).[370] Wie sich im Verlaufe des Romans jedoch zeigt, hat für Grjasnowas Ich-Erzählerin das transnationale Selbstverständnis auch Schattenseiten. Wohin sich Mascha auch wendet, den postnationalen Staat oder die vorurteilsfreien Menschen, die sie sucht, gibt es nicht. Selbst die bloße Überlebensmöglichkeit, von der die Protagonistin aufgrund ihrer Vielsprachigkeit für sich ausgeht, stellt sich gegen Ende des Romans in den Ländern, in denen sie agiert, als sehr fraglich heraus. In ihrem Geburtsland Aserbaidschan, in dem sie während des Bergkarabach-Konflikts ihr Trauma erlitten hat, hat Mascha, obwohl noch ein Kind, mitbekommen, wie schnell aus Nachbarn, nur aufgrund der Nationalitätszugehörigkeit, Feinde werden können. In Deutschland, dem Land der Immigration, fühlt sie sich diskriminiert und will nach dem Tod ihres Geliebten dort nicht mehr leben. In Israel und Palästina erlebt sie den Nahostkonflikt.[371] In jedem dieser Länder über-

370 Weiter sagt die Autorin in diesem Interview, sie wisse nicht, ob es wirklich ein »Verlust« sei, keine Heimat und keine Sprache – gemeint ist offenbar Heimatsprache – zu haben. Eine solche transnationale Identität, wenn es denn gelänge, sie zu leben, wird von Grjasnowa als Gegenkonzept zu Heimat verstanden: »wenn also praktisch ein postnationaler Staat daraus entstehen könnte. Das finde ich viel interessanter als folkloristische Heimatbetulichkeit«. Dieser Staat sollte »festgeschriebene gesellschaftliche Normen« haben, »z.B. das Konzept des Rechtsstaates oder Demokratie«, ansonsten keine eigene (nationale) Identifikationsfläche bieten (Baude, »Interview mit Olga Grjasnowa«).

371 Unter dem Terminus ›Nahostkonflikt‹ werden gemeinhin die »arabisch-israelische[n]« »kriegerischen Auseinandersetzungen« nach der Staatsgründung Israels und »Terroran-

kommt sie ein Fluchtimpuls. Sie flieht vor Tod, Gewalt, Ausgrenzung. Aber wohin kann sie sich wenden? Wo könnte sie die Ruhe finden, die sie sucht?[372] Zunächst wird ihr Verhältnis zu den Deutschen und zu Deutschland, als dem Land, in dem sie die längste Zeit gelebt hat, betrachtet. Danach gehe ich auf die anderen Nationen und Kulturen ein, die Maschas Identität beeinflussen.

In Olga Grjasnowas *Der Russe ist einer, der Birken liebt* wird keine Nation bzw. Ethnie besonders vorteilhaft beschrieben, weder Aserbaidschaner, Armenier, Russen, Israelis, Araber noch Deutsche. Transnationalität, wie Mascha sie zu leben versucht, wird von der Autorin auch nicht als Zustand der Glückseligkeit oder Lösung aller Probleme des Nationalstaates dargestellt. Mascha fühlt sich in vielen Staaten irgendwie zugehörig, aber in keinem wirklich zu Hause. Ihre Identität ist geprägt von vielen Kulturen.

Eins steht fest: Mascha hat zu Deutschland ein ambivalentes Verhältnis. Es ist aber nicht der Holocaust, der sie davon abhält, sich in Deutschland völlig heimisch zu fühlen.[373] Es sind in ihren Augen häufig Deutsche und deren Verhalten, von denen sie sich abgestoßen fühlt. Sie beschreibt explizit, wie viele Deutsche – wie Daniel, Horst und Elke, ihr Professor, die Bettnachbarn von Elias im Krankenhaus, der Bibliothekar, etc. – es ihr schwer machen, dazuzugehören. Aber sie gehört implizit dennoch ›dazu‹ – sie schaut Tatort, ist perfektionistisch und genau, übersetzt für eine deutsche Stiftung in Israel, liebt einen Deutschen, etc. Sie kritisiert Deutschland, weil ihr etwas an dem Land liegt und sie es sich anders – transnationaler – wünscht. Bei aller Kritik an Land und Leuten ist ihr aber die deutsche Staatsangehörigkeit besonders wichtig. Sie ist nicht gewillt, ihren deutschen Pass aufzugeben: Auf den Vorschlag ihrer israelischen Cousine Hannah »Mach doch Alija«, antwortet Mascha, »Auf gar keinen Fall [...] Ich gebe doch nicht die deutsche Staatsbürgerschaft auf« (Grjasnowa 166).

Mascha ist inkonsequent: Sie arbeitet »im Auslandsbüro einer deutschen Stiftung in Tel Aviv« (Grjasnowa 143), »die sich über Israels Lage auf dem Laufenden hielt und einige friedliebende NGOs unterstützte« (Grjasnowa 183). Indem sie die Stellung angenommen hat, ist sie ein Teil von ihr geworden – repräsentiert sie nun, ob sie will oder nicht – und muss deren Intentionen vertreten. Dennoch kritisiert sie die deutsche Organisation, zu der sie genauso gehört wie

schläge und Raketenbeschüsse [Israels] durch radikale Gruppen wie Hamas und Hisbollah« verstanden, für die sich »trotz der Friedensabkommen zwischen Israel und den arabischen Nachbarn Ägypten und Jordanien« noch keine »friedliche Gesamtlösung im Nahen Osten« ergab (»Geschichte des Nahostkonflikts«).

372 Von Tal gefragt: »Mascha, wie würdest du gerne dein Leben führen?«, antwortet die Ich-Erzählerin: »In Ruhe« (Grjasnowa 234).

373 Obwohl der Holocaust durchaus eine Rolle in ihrem Verhältnis zu Deutschland spielt. Die Autorin lässt Tal ironisch anmerken: »Meine Großmutter hat auch noch Erinnerungen an das friedliebende Deutschland« und Mascha bemerkt dazu: »Denkst du, meine nicht?« (Grjasnowa 235).

zu Deutschland und in der sie sich gut auskennt, mit der kritischen Distanz einer ›Zugewanderten‹, bezieht sich aber in diese Kritik mit ein:

> Diese Organisation hatte sich wie Dutzende andere perfekt in den Konflikt integriert, würde es keinen Krieg mehr geben, wären wir alle von heute auf morgen arbeitslos und wir könnten nicht mehr [...] damit prahlen, dass wir in einem Kriegsgebiet leben. (Grjasnowa 183)

Auf die deutschen Diplomaten, die sie betreuen soll, schaut sie ihrer »grässlichen Aussprache« des Englischen wegen herab, von der sie meint »Aber so wirkt(e) es immerhin authentisch« (Grjasnowa 185). Sie ist hypersensibel und perfektionistisch was Sprachen betrifft und überträgt dies auf andere: Es ist ihre Profession, eine Sprache akzentfrei zu sprechen, aber nicht die der Diplomaten, die andere Aufgaben erfüllen müssen – eine Tatsache, die sie nicht berücksichtigt. Sie grenzt sich bewusst von ihren Arbeitskolleg*innen ab: »Die anderen Mitarbeiter der Firma aßen gemeinsam zu Mittag, aber ich mied meine Kollegen, und irgendwann akzeptierten sie, dass mir nicht nach ihrer Gesellschaft war« (Grjasnowa 183). Warum will sie nicht mit ihren Kolleg*innen zu Mittag essen? Weil diese, bei den wenigen Malen, bei denen sie mit ihnen zu Tisch saß, »sich leise und wohlüberlegt über Demonstrationen und die neuesten politischen Entwicklungen ausgetauscht und dabei Hähnchenschnitzel mit Kartoffelpüree verspeist« haben (Grjasnowa 183f.). In einem Kriegsgebiet gedämpft miteinander reden und dabei essen und dann noch klischeehafte gutbürgerliche Küche wie Hähnchenschnitzel und Kartoffelpüree, sind in Maschas Augen offenbar höchst kritikwürdige Dinge. Sie kritisiert, dass die Stiftungsmitarbeiter*innen beim Mittagessen unter sich bleiben und sich nicht in die Kultur vor Ort zu integrieren scheinen. Sie fühlt sich doppelt fremd – fremd unter den Kolleg*innen und fremd in Israel.

Deutsche Soldaten, die sie auf einer Autobahnraststätte in Deutschland sieht, beschreibt sie wie folgt:

> Obwohl es eine deutsche Uniform war, die sie trugen, ähnelten die Soldaten großen, faulen Tieren. Ich konnte mir nicht vorstellen, dass diese Menschen die Erlaubnis hatten, irgendwo zu töten und zu sterben, und dass sie es auch noch freiwillig taten. Ich fragte mich, ob sie hierfür ernsthaft Respekt verlangten, und ich fragte mich auch, ob sie in ihren Schießständen an Afroamerikaner dachten und Motherfucker riefen. (Grjasnowa 142)

Beim Anblick deutscher Soldaten kommen Mascha automatisch klischeehafte Assoziationen: Sie sieht nur Rassisten in Uniformen – von denen sie annimmt, dass sie sich bei Schießübungen ›Afroamerikaner‹ als Ziel vorstellen. Den Soldaten gebührt Maschas Ansicht nach kein ›Respekt‹, sie sind keine Menschen, sondern ›Tiere‹, ›faule Tiere‹, haben über den »Gürteln« hängende »Bäuche« und »sie aßen Burger, ganze Menüs mit Pommes, Hähnchenflügeln und Eis«

(Grjasnowa 142). Dass deutsche Uniformen von Faulen getragen werden könnten und aussehen wie »übergroße Schlafanzüge in Tarnfarben« (Grjasnowa 142), entspricht dabei offenbar nicht ihrer Vorstellung von der deutschen Armee, ob dies wegen dem deutschen Pazifismusgedanken,[374] der als ›Faulheit‹ ausgelegt wird oder dem Kontrast zur Vorstellung der strikt auf Disziplin getrimmten deutschen Armee noch aus Zeiten ihrer Großmutter[375] so ist, bleibt offen.

Mascha liebt nur einen Deutschen, Elias, findet aber dessen Eltern, die ihn erzogen haben, unerträglich:

> Der Vater mit großporiger Nase, ein ganz und gar viehisches Gesicht, das er da hatte. Die Mutter war pausbäckig und hatte kräftige Oberarme; beide saßen schweigend vor vollen Tassen und selbstgemachten Broten. (Grjasnowa 22)

Grjasnowas Ich-Erzählerin bemüht Klischees der grobschlächtigen, kleinbürgerlichen Deutschen bei der Beschreibung von Elias' Eltern und dem Dorf,[376] aus dem sie kommen. Der Text stellt die »ostdeutsche(n) Provinz« (Grjasnowa 111) als hinterwäldlerisch und rassistisch dar: Die Kassiererin an der Tankstelle ist fasziniert von Sami und »lechzte nach Exotik« (Grjasnowa 142), sie und Sami vermuten »betrunkene Dorfjugend«, obwohl keine Betrunkenen sichtbar sind (141), das Dorf ist »gepflegt und sauber«, »die NPD-Plakate hingen niedrig« (113f.) und Cem und Sami, die Mascha begleiten, wollen sie nicht »ohne Aufsicht« durch das Dorf laufen lassen (113). Das »pfirsichfarbene(n) Haus« von Elias' Eltern ist »im mediterranen Fertighausstil« gebaut und passt nicht in die Landschaft, neben der Haustür wächst eine deutsche Eiche und der Rasen ist »akkurat« gepflegt (Grjasnowa 111), woraus sich ein stereotypes Bild der deutschen Spießigkeit ergibt, das den Exotikdiskurs eines Goetheschen Möchtegernitaliens aus der Retorte aufruft. Das Wohnzimmer der Eltern empfindet Mascha als geschmacklos – »ein einziges Ost-Biedermeier« (Grjasnowa 112). Die »Gastwirtschaft« von Elias' Eltern »war finster« (Grjasnowa 115). Elke, die

374 Seit dem Ende des Zweiten Weltkrieges, der Rückführung der deutschen Kriegsgefangenen und den Protesten der 1968er Bewegung gegen den Vietnamkrieg herrscht in Deutschland ein breiter Konsens in der Bevölkerung, dass Deutschland sich nicht an Kriegen beteiligen sollte. *Die Zeit* schreibt bspw.: »Kaum ein Thema verbindet links und rechts, alt und jung so stark wie das Nein zu Kriegen mit deutscher Beteiligung« (Fromm, »Kein Krieg. Nie und nirgends?«).

375 Eher in ihr Bild eines strammen Deutschen könnte der israelische »diensthabende Manager« der Sicherheitskräfte am Flughafen passen, der zweimal ein Verhör mit ihr führte, sie für eine Terroristin hielt, weil sie einen arabischen Tastaturaufkleber und ein arabisches Wörterbuch dabei hatte und sich wunderte, dass sie »Ausgerechnet Maria« heißt (Grjasnowa 162). Die Beschreibung seines Äußeren erinnert an das Klischee eines Rechten: »Er trug einen gräulich glänzenden Anzug und eine große Sonnenbrille, die er über seinen blank rasierten Kopf geschoben hatte« (Grjasnowa 240).

376 Bei dem ›Dorf‹ aus dem die Eltern kommen, handelt es sich um die thüringische Stadt Apolda (Grjasnowa 148).

Mutter, ist zu dick für ihre Hose, stellt Fragen »mit der Geschwindigkeit einer Maschinenpistole, doch niemand antwortete« (Grjasnowa 111) und hat sogar eine »pedantische(n) Schrift« (228). Im Wohnzimmer hängen Uhren, die Elkes Vater gesammelt hat und deren Ticken »sich zu Lärm« verdichtet (Grjasnowa 112). Die Kuckucke kommen aus ihrem Gehäuse heraus, um eine »unheimliche Hymne an die Nacht zu brüllen« (Grjasnowa116). Auf Elias' Beerdigung wird Mascha von einer »pummelige[n] Frau« kondoliert, »die aussah wie jemand, der eine solide konservative Partei wählt, weil er sich nicht mit Politik auseinandersetzen möchte« und die »Zwischen ihrem Vorder- und Schneidezahn [...] ein zartbraunes Stückchen Hühnerbrust« stecken hat (Grjasnowa 114f.). Nach der Beerdigung treffen sich die Trauergäste im Gasthaus von Elias' Mutter: »Alles gesunde, rosige Gesichter, die Haut speckig glänzend« (Grjasnowa 115). Derartig klischee- und karikaturhafte Beschreibungen der deutschen Provinz stehen in Kontrast zu der einzigen verhalten positiven Beschreibung einer Person auf Elias' Beerdigung, nämlich der seiner Großmutter, die vermutlich der Kriegsgeneration angehört oder kurz nach dem Krieg geboren wurde. Mascha sucht ihre Nähe, obwohl auch Cem und Sami dort sind:

> Ich stellte mich zu Elias' Großmutter. Für die Beerdigung ihres einzigen Enkels hatte sie Urlaub vom Heim bekommen. Sie war eine zierliche Frau mit dünnem, weißem Haar, das im Nacken zu einem winzigen Knoten zusammengebunden war. Sie streckte ihre knochige Hand nach mir aus und zog mich an sich. Ich roch ihren süßlichen Atem und den schwachen Lavendelduft ihrer Kleider. (Grjasnowa 115)

Die Großmutter schweigt und tröstet sie mit einer Umarmung. Eine Geste, mit der sie Mascha von sich einnimmt. Mascha liebt auch Elias, weil er einfühlsam, rücksichtsvoll und schön ist. Sie beschreibt ihn wie folgt:

> Er hatte hohe Wangenknochen, blaugraue Augen und dunkle Wimpern, die ein Stückchen zu kurz geraten waren. Elias war bübchenhübsch. Seine Schönheit ärgerte ihn, er würde den Leuten nicht als Person im Gedächtnis bleiben, sondern als jemand, der einem Schauspieler ähnelte, dessen Name einem gerade entfallen war. Doch es war nicht seine Schönheit, sondern seine intuitive Höflichkeit, die so wirkungsvoll war [...]. (Grjasnowa 10)

Diese Beschreibung seines Äußeren erinnert an Lena Gorelik, die ihre stereotypischen Deutschen auch nach dem arischen Ideal des blonden, blauäugigen Menschen entwirft. Die Nase, die Elias' Gesicht beherrscht und die Mascha an ihm so gefällt, weist ebenfalls auf eine nationalsozialistische Stereotype hin, mit der Juden belegt wurden (Grjasnowa 105ff.).[377] Anders als bei der Protagonistin

377 »Ich mochte große, schlanke Männer und Gesichter, die von Nasen dominiert wurden, und beobachtete ihn schon viel zu lange« (Grjasnowa 105). Der Nasen-Stereotyp für Juden wird u.a. von Lena Gorelik in *Lieber Mischa* und Edgar Hilsenrath in *Der Nazi und der Friseur* bemüht.

Goreliks, für die eine deutsche nichtjüdische Schwiegertochter unerwünscht ist, da sie das Judentum nicht weiter vererben kann, verliebt sich Grjasnowas Protagonistin in Elias und stellt ihn neben Cem als einzige Figur – unabhängig von Herkunft oder Religion – im Roman beinahe ausnahmslos positiv dar. Mehr noch als seine Schönheit sind es Elias' Verhalten, seine Höflichkeit, seine absolute Liebe für Mascha[378], sein Altruismus[379] und seine Zurückhaltung, die sie anziehen. Auch und besonders bei politischen Auseinandersetzungen, wie bspw. bei einer Diskussion zwischen Sami und Cem über »Israels Siedlungspolitik« hält er sich raus und versucht zu demonstrieren, »dass es sich nicht lohnte, einen Streit anzufangen« (Grjasnowa 172). Manchmal stört Mascha sein Einfühlungsvermögen sogar, z. B. als ihr eine Quiche misslingt:

> Elias hat meine Quiche trotzdem gegessen, obwohl ich nicht auf dieser Höflichkeit bestanden hatte, aber er litt noch immer unter seiner Erziehung. [...] ›Dass du auch immer den mitfühlenden Deutschen geben musst‹, sagte ich, [...]. (Grjasnowa 11)

Mit dem ›mitfühlenden Deutschen‹ wird ein weiterer Stereotyp bemüht, nämlich der des deutschen ›Gutmenschen‹,[380] der als Kompensation für die deutsche Holocaust-Schuld ostentativ friedlich, hilfsbereit und empathisch wirken möchte. Obwohl Elias' Eltern in Maschas Augen inakzeptabel sind, haben sie es erstaunlicherweise dennoch fertiggebracht, ihren Sohn zu einem höflichen und einfühlsamen Menschen zu erziehen. Ein Verhalten, das Mascha besonders an ihm schätzt, obwohl es sie auch ärgert, denn sie selbst ›leidet‹ nicht unter dieser Art der Erziehung. Sie zeigt meistens direkter, entweder durch Worte oder Taten, was sie von anderen und deren Fehlern hält.

Die Ich-Erzählerin ist sehr an Bildung interessiert. Dieses Bildungsinteresse kann eine stereotype Beschreibung gleich dreier Zugehörigkeiten sein, denn es wird sowohl Juden, Russen als auch Deutschen nachgesagt. Das Bildungsbewusstsein hat ihr die Mutter mit auf den Weg gegeben, die ihr Privatunterricht in englischer und französischer Sprache ermöglichte und damit einen ersten Grundstein für ihre Bestrebungen legte, Fremdsprachen zu erlernen. Aber auch der deutsche universitäre Bereich gibt Mascha Anlass, ihr ambivalentes Verhältnis zu Deutschland zu zeigen. Im deutschen Bildungssystem ist die Prot-

378 »Es waren seine Liebe und seine Faszination für mich, die den Unterschied ausmachten« (Grjasnowa 151). »Ich war süchtig nach seiner Liebe, denn er war jemand, der mit seinem ganzen Körper und seiner ganzen Seele liebte« (Grjasnowa 149).

379 »Elischa hatte einen altruistischen Zug. Alle um ihn herum sollten glücklich sein« (Grjasnowa 149).

380 Der umstrittene Begriff ›Gutmensch‹ meint eigentlich »Dem Mitmenschen Gutes zu tun, jenen unter die Arme zu greifen, mit denen es das Schicksal nicht gut gemeint hat«, wird aber in der Presse und Bevölkerung auch als »Kampfbegriff« verwendet, um Menschen zu beschreiben, »die ihre Moral zur einzigen rein gültigen erklären« (Mansfeld, »Gutmensch – Nazi-Begriff oder Moralkritik?«).

agonistin extrem erfolgreich, studiert Übersetzung und schließt mit Bestnote ab. Dennoch steht sie den Vertretern des Bildungssystems kritisch gegenüber: Ihren Förderer, einen renommierten Professor der Übersetzungswissenschaften, den sie nur »Windmühle« nennt, beschreibt sie folgendermaßen:

> Windmühle gab Konsultationen und materialisierte die Arroganz eines erfolgreichen Dolmetschers, der die gestärkten Kragen seiner Hemden aufgestellt trug, mehrere Sprachen in Perfektion beherrschte und Aufträge von allen großen Institutionen bekam. [...] In seinen Vorlesungen erreichte er meistens den Zustand absoluter Selbstreferenz. (Grjasnowa 36)

Der Erfolg macht den Wissenschaftler arrogant bis hin zur ›Selbstreferenz‹, dennoch geht Mascha nach ihrem Abschluss mit ihm essen und schläft mit ihm. Auch das akademische Interesse ihres anderen Professors an ihrer aserbaidschanischen Herkunft hält sie für unangebracht, da es ihrer Meinung nach seiner Genusssucht (Wein, Reisen, sexuelles Interesse) entstammt (Grjasnowa 33). Ironischerweise vermutet Tal ähnliche Beweggründe hinter Maschas Aufenthalt in Israel, wie diese hinter dem ›Multikulturalismus‹ ihres deutschen Professors: »Du willst also einfach deine Zeit hier absitzen, die Sonne, das gute Essen und das bisschen Sex genießen? Alles andere interessiert dich wohl nicht?« (Grjasnowa 234). Tal unterstellt Mascha, die die Privilegien Deutschlands und ihres Jobs bei einer deutschen Stiftung wahrnimmt, ein eher abenteuerlustiges, touristisches Interesse an Israel zu haben und keine Verantwortung übernehmen zu wollen.

Zu der transnationalen Identität die Grjasnowa für ihre Protagonistin entwirft, gehört, dass Mascha sich nirgends wirklich zugehörig fühlt. Trotz aller Kritik entspricht Maschas transnationaler Identität das Leben im transkulturellen Deutschland, in ihrer postmigrantischen[381] Ersatzfamilie, die aus Elias, Cem und Sami besteht, noch am ehesten. Die transkulturelle Ersatzfamilie ist ein Ausdruck der sich abzeichnenden neuen deutschen Identität, die sich nicht mehr auf ein eindimensionales national-kulturelles Verständnis stützt, sondern auf Pluralität. Dort kommt sie ihrem Glück am nächsten – bis Elias stirbt. Als Mascha, das Kind, in Deutschland ankommt, hat sie das Gefühl nicht dazuzugehören. Sie fühlt sich diskriminiert, jedoch nicht als Jüdin, sondern als Nicht-

381 Als postmigrantisch werden Gesellschaften verstanden, die stark von Migration verändert und geprägt sind. Die Berliner Theater-Intendantin Shermin Langhoff definiert postmigrantisch in einem Interview wie folgt: »Wir haben uns das Label ›postmigrantisch‹ gegeben, weil wir mit dem oben beschriebenen Zustand [Fremde als Feindbild und Migration und Integration als Kampfbegriffe] brechen wollten. Gleichzeitig geht es um Geschichten und Perspektiven derer, die selbst nicht mehr migriert sind, diesen Migrationshintergrund aber als persönliches Wissen und kollektive Erinnerung mitbringen. Darüber hinaus steht ›postmigrantisch‹ in unserem globalisierten, vor allem urbanen Leben für den gesamten gemeinsamen Raum der Diversität jenseits von Herkunft« (Langhoff, »Die Herkunft spielt keine Rolle«).

Muttersprachlerin, als ›Zugewanderte‹. Später, als Erwachsene, will sie sich nicht festlegen müssen und lehnt jede exklusive Bindung an einen Staat als Ganzes ab. Die Bindungen, die sie aufbaut, sind lokal verankert,[382] an Orte wie bspw. Frankfurt geknüpft und dort an die Szenenkneipe Gallus (Grjasnowa 223) und gehen mit den Menschen einher, die dort leben. Mascha zelebriert ihr Nichtzugehörigkeitsgefühl und ihre Bindungslosigkeit förmlich: Sie ist hin- und hergerissen zwischen Unfreiwillig-Dazugehören, Nicht-Dazugehören-Können und Nicht-Dazugehören-Wollen – weder zu Deutschland noch zu Israel, nicht zu ihren deutschen Kommiliton*innen oder israelischen Kolleg*innen. Sogar die Menschen, die sie gern hat, erträgt sie wegen ihres Traumas und nach Elias' Tod tragischerweise nicht mehr.[383] Ein unkompliziertes Leben gibt es für sie mit ihrer posttraumatischen Störung nicht. Bewusst oder unbewusst sucht sie nach Menschen, die auch ›anders‹ sind als die Mehrheit oder als ›anders‹ wahrgenommen werden, z. B. unterschiedliche kulturelle und religiöse Hintergründe haben – weil diese ihre inneren Kämpfe verstehen und/oder Ähnliches selbst erlebt haben. Die drei wichtigsten Menschen in ihrem Leben in Deutschland sind Cem, Sami und Elias. Cem, dessen Eltern aus der Türkei stammen, ist ihre wichtigste konstante Bezugsperson. Cem wird von ihr charakterisiert als »Der Gute.« und »Mein Trostspender.« (Grjasnowa 220). Er ist homosexuell (vgl. u. a Grjasnowa 63) und hebt sich von seiner Familie und von der deutschen Gesellschaft aus unterschiedlichen Gründen ab (Grjasnowa 56): Wie sie selbst, studiert Cem das Fach Übersetzen und spricht mehrere Sprachen. Aufgrund seiner türkischen Wurzeln wird er von der Mehrheitsgesellschaft als anders wahrgenommen. Grjasnowa lässt ihre Ich-Erzählerin aufzeigen, dass Menschen mit türkischer oder arabischer Abstammung in Deutschland häufig mit der islamischen Religion gleichgesetzt werden. Die Diskriminierung, die Mascha um sich herum wahrnimmt, gilt meist ihren türkisch- oder arabischstämmigen Freunden und weniger ihr selbst. Diese steht einem ›normalen‹ Miteinander von Menschen verschiedener religiös-kultureller oder ethnischer Herkunft im Weg. Cem bspw. fühlt sich diskriminiert, als sein Vater durch die Zuschreibung von außen »erst jetzt erfahren [hat], dass er ein Muslim ist« (Grjasnowa 137). Bereits »anders gefühlt« (Grjasnowa 220) hat er sich seit seiner Schulzeit, als der Übergang in der vierten Klasse von der Grundschule zu einer anderen Schulform anstand. Er meint, die Lehrer hätten keinen seiner Mitschüler mit ausländischen Wurzeln für den Besuch des Gymnasiums empfohlen: »Unsere Eltern würden uns nicht unterstützen, meinten sie« (Grjasnowa 221). Dass es auch Eltern mit sog. ›Migra-

382 Wie der Stereotyp des ›deutschen Lokalpatriotismus‹.

383 Die Ich-Erzählerin sagt: »Wonach ich mich sehnte, waren vertraute Menschen, nur war der eine tot, und die anderen ertrug ich nicht mehr. Weil sie lebten« (Grjasnowa 203, vgl. auch 223).

tionshintergrund‹ in Deutschland gibt, die anders als die der Mittelschicht angehörenden Eltern von Mascha und Sami (Grjasnowa 26, 52, 127) dem Schulbesuch und der Bildung ihrer Kinder, insbesondere der Töchter, keinen Wert beimessen, zeigt die Autorin am Beispiel der Familie Sibels. Diese misshandelt Sibel nicht nur auf den Verdacht hin, sie habe ihren Deutschlehrer zu lange angesehen, sondern nimmt sie auch von der Schule und will sie meistbietend zwangsverheiraten (Grjasnowa 80f.). Cem selbst dagegen entscheidet sich dafür, »[...] es ihnen [den Lehrern oder den Deutschen] zu zeigen, samt ihrer kulturellen Hegemonie« (Grjasnowa 221). Er, der nicht besonders religiös zu sein scheint, nicht vorhat, eine Türkin zu heiraten (Grjasnowa 124), stattdessen Männer liebt (62f.) und mit seinem Bruder Pornos schaute, obwohl »der Mullah [...] uns gewarnt« hatte (66), studiert mit Mascha das Fach Übersetzen und promoviert jetzt in Germanistik (221). Wie die Autorin Mascha selbst sagen lässt, entsteht das Bild von Cem (und ihr selbst), als »perfekt integrierte Vorzeigeausländer« (Grjasnowa 57).[384] Sami, Maschas Ex-Freund, erfährt Diskriminierung seitens der US-Behörden aufgrund seiner arabischen Wurzeln. Er wurde in Beirut als Kind einer libanesischen Mutter und eines Schweizer Vaters geboren. Nach seiner Geburt zogen die Eltern mit ihm zunächst aus beruflichen Gründen nach Paris und mit dem Dreizehnjährigen dann nach Deutschland (Grjasnowa 127). Sein Halbbruder aus erster Ehe des Vaters heißt Paul und seine kleine Schwester Leyla ist in Deutschland geboren. Paul studiert nach dem Abitur in den USA und Sami folgt ihm dorthin. Nach seinem Highschool-Abschluss kehrt er für zwei Jahre nach Deutschland zurück. In dieser Zeit lernten Mascha und Sami sich kennen (Grjasnowa 128f.). Als Sami sein Studentenvisum für die USA verlängern muss, er promoviert dort »über den deutschen Idealismus« (Grjasnowa 143) wird seinem Antrag ein ganzes Jahr lang wegen des Geburtsortes Beirut nicht stattgegeben. Sami leidet in der Zwischenzeit unter der Ungewissheit und der Vorstellung, sein Studium eventuell nicht beenden zu dürfen:

> Meine Wohnung in den Staaten steht leer. In meinem alten Kinderzimmer schläft meine Schwester. Ich bin weder hier noch dort. Wenn ich wenigstens wüsste, wie lange ich bleiben muss. Ich würde mir ein Zimmer nehmen. Irgendetwas tun. Nicht im Transit vor mich hin vegetieren. (Grjasnowa 86)

384 In ihrem Buch *»Sie können aber gut Deutsch!«* sagt Lena Gorelik zu dem Klischee des/der Vorzeige-Ausländer*in: »Ein Vorzeigeausländer wird meist nicht in seinem Zuhause gezeigt, weil das langweilig wäre, weil sein Zuhause ähnlich aussieht wie Ihres, sondern in einem Studio sitzend und mit anderen – Deutschen – über Integration diskutierend, denn sein Deutsch ist ja gut genug dafür, wow! Er diskutiert immer über Integration, so, als hätten Menschen, die sich erfolgreich integriert haben und entsprechend auch sehr erfolgreich in ihrem Beruf sind, zu anderen Themen nichts zu sagen« (54). In den Diskurs zu diesem Thema schreibt sich auch Grjasnowa ein.

Den Zustand, zwischen zwei Welten zu leben und weder hier noch dort wirklich zu Hause zu sein, den Sami beschreibt, kennen Mascha und ihre Freunde alle. Sie bilden eine Gemeinschaft[385] und unterstützen und verstehen sich gegenseitig. Auch, dass sowohl Mascha, Cem und Sami eine andere Religion als die Mehrheitsgesellschaft haben, ist ein Faktor, der sie zusammenschweißt. Ihre gemeinsame Sprache ist Deutsch und sie leben in Deutschland,[386] aber mit den christlich-religiösen Bräuchen der Mehrheitsgesellschaft können Mascha, ihre Freunde und Maschas Familie nichts anfangen: Als Mascha ihrer Mutter bspw. sagt, es sei Weihnachten, antwortet sie nur: »Was geht uns das an?« (Grjasnowa 119). Der Mechanismus funktioniert auch umgekehrt: Elias fragt Mascha einmal entrüstet, als er zum Fußball will »Brauche ich einen Migrationshintergrund, um Fußball zu spielen?« (Grjasnowa 12).[387] Außer mit Elias fühlt sich Mascha bei keinem Deutschen ohne sog. ›Migrationshintergrund‹, der nicht ihre Erfahrungen der Entwurzelung teilt, wohl.[388] Teil der transkulturellen Ersatzfamilie[389] zu sein, gibt Mascha einerseits Halt, andererseits reichen zunächst weder Cems noch Samis Freundschaft aus, um die verheerenden emotionalen Folgen von Elias' Tod abzufedern. Ohne ihn scheint die Bindung an Frankfurt, an Deutschland – den Ort des Verlusts – ins Negative umzuschlagen.

Die Autorin beschreibt in ihrem Roman den Alltagsrassismus in Deutschland: Probleme in Deutschland, die Grjasnowa nennt, sind bspw. Rassismus (Grjas-

385 Bspw. sind an Heiligabend auf der Straße in Frankfurt »nur Moslems, Juden und ein paar einsame Christen« (Grjasnowa 118).

386 Obwohl sich Aserbaidschanisch und Türkisch ähneln und sie sich beide auch in diesen Sprachen untereinander verständigen können, sprechen bspw. Mascha und Cem »deutsch miteinander, wie zwei perfekt integrierte Vorzeigeausländer« (Grjasnowa 57).

387 Die Frage, wer Fußball für sich beanspruchen ›darf‹, wird aufgeworfen: Der Text zeigt, dass Menschen mit ›Migrationshintergrund‹ diese Sportart als die ihre ansehen, Fußball aber auch als ›typisch deutscher Sport‹ gilt. Die deutsche Nationalmannschaft ist ein Phänomen an der sich dies zeigt, da in ihr ›perfekt integrierte Vorzeigeausländer‹ spielen, dieses Image aber schnell bröckelt, beachtet man den Skandal um Mesut Özils und Ilkay Gündogans Treffen mit dem türkischen Präsidenten Recep Erdogan in London (vgl. u. a. »Özil and Gündogan's Erdogan picture causes anger in Germany«).

388 Aus ganz unterschiedlichen Gründen mag Mascha die folgenden Figuren nicht: Bspw. den linken philosemitischen Daniel mag sie nicht, da er gerade den Kontakt mit ihr sucht, weil sie Jüdin ist (Grjasnowa 64). Oder auch Samis weibliche Begleitung, die »sehr blond« ist, ein dünnes, eng anliegendes Kleid trägt und »ihre kleinen Brüste« zur Schau stellt (Grjasnowa 60), gefällt Mascha nicht. Zu Sami hat sie noch immer eine enge, nicht nur platonische Beziehung, ist auf die Blondine eifersüchtig: »Ich schaute sie abschätzend an und versuchte, meinen ganzen Hass in diesen Blick hineinzulegen, doch sie ignorierte mich« (Grjasnowa 61).

389 Die Beziehung Maschas zu ihren Eltern ist nicht so, dass sie mit ihnen über sich reden könnte. »Bei alldem wusste ich nicht, weshalb ich nicht mit ihnen reden konnte. Schon nach wenigen Minuten hatte ich genug, kein Satz kam mehr über meine Lippen und ich hörte auch nicht mehr hin, […] ich vernachlässigte sie und log sie an, was meinen Zustand betraf« (Grjasnowa 202).

nowa 154f.), Islamophobie (135ff.), Antisemitismus (64), strukturelle Schikane wie auf dem Ausländeramt oder in der Schule (37ff.), aber auch positive Hervorhebung, bzw. Diskriminierung durch rein akademisches Interesse (33), die Behandlung als Exoten (142) und Philosemitismus (64). Realität – wie Grjasnowa sie Mascha beschreiben lässt – ist, dass das Zusammenleben der die Einwanderer aufnehmenden Bevölkerung mit Menschen aus unterschiedlichen Ländern und deren unterschiedlichen Religionen und Kulturen durchaus nicht problemfrei ist. Keine Nation, keine Religion ist ausschließlich Opfer einer anderen, bzw. wird von Grjasnowa als solche beschrieben. Die Länder, zu denen Mascha einen Bezug in ihrer transnationalen Identität hat, werden mit mehr oder weniger positiven und negativen Beispielen belegt: Russland und die ehemalige Sowjetunion sind über die russische Sprache an Maschas Identitätsbildung beteiligt. Grjasnowa lässt Mascha einerseits die musikalische Erziehung dort loben:

> Die Musik wurde in der UdSSR mit größtem Ernst behandelt, genau wie Ballett und bildende Kunst. Im Gegensatz zu Deutschland konnte jedes Kind neben der schulischen eine hochprofessionelle und vor allem kostenlose künstlerische Ausbildung bekommen […]. (Grjasnowa 27)

Mascha beschreibt das positive Klischee der musischen Ausrichtung russischer Bildung. Andererseits bedient sie auch das Stereotyp eines gewalttätigen russischen Mannes in der Erzählung einer alten Frau, die Mascha in Elias' Krankenhaus trifft. Die alte Dame klärt Mascha auf Russisch über ihre Familienverhältnisse auf:

> Alle schlagen. Mich hat mein Mann geschlagen. Meine Schwiegermutter. Die, die hat am festesten. Die konnte vielleicht zuschlagen. Aber die Schwiegertochter, die war auch übel. In einem Krankenhaus habe ich gelegen, zwei Jahre lang. (Grjasnowa 34)

Grjasnowa lässt die alte Frau weiter erzählen, sie habe sechs Kinder gehabt und um die Schwangerschaft mit dem siebenten zu beenden, sei sie von einem Schrank gesprungen und dabei »sind die Bauchorgane rausgefallen« (Grjasnowa 35). Mascha hält sie für verrückt. Eine derart überzeichnete Darstellung unterstreicht, dass das Klischee nicht ganz ernstzunehmen ist.

Auch der Islam, der zur transnationalen Gesellschaft in Deutschland dazugehört, wird facettenreich dargestellt. Grjasnowa lässt in ihrem Roman sowohl Episoden deutscher Islamophobie neben religiös-kulturell motivierter Unterdrückung und Misshandlung der Frau im Islam existieren. So unterwandert sie beide Stereotype, die der gewalttätigen, islamischen Männer und die der unterdrückten Opfer. Sie beschreibt sowohl Rassismus, Islamophobie als auch religiösen Fanatismus. Sami und Cem sind weitgehend säkulare Moslems, die einen eher kulturellen, als religiösen Bezug zum Islam haben. Sie fühlen sich über familiäre Bindungen der jeweiligen Kultur – Cem der türkischen und Sami der libanesischen – verbunden, sind aber mit den westlichen Werten der deutschen Gesellschaft aufgewachsen und von ihnen geprägt. Grjasnowa beschreibt aber auch den konservativ-religiösen Islam als am Körper der Frau sichtbares Phänomen,[390] als sie in Frankfurt eine Frau in einer Burka sieht:

> Die Frau gegenüber trug eine Burka, ihre Gestalt konnte ich bloß erahnen, der Schleier ließ einen schmalen Ritz für die Augen frei. Sie lief hinter einem kleinen Mann her, der sich immer wieder nach ihr und dem Kind umschaute. (Grjasnowa 74)

Die Verschleierung der Frau und das nicht neben dem Mann, sondern hinter ihm hergehen, sind Symbole, die Grjasnowas Ich-Erzählerin für erwähnenswert hält, vermutlich da in westlichen Diskursen über die weibliche Emanzipation, in ihnen ein Verlust der Gleichberechtigung der Frau gesehen wird. Implizit weist Grjasnowa mit ihrer Beschreibung auch darauf hin, dass es problematisch ist, dass westliche Frauen für andere entscheiden wollen, was Emanzipation bedeuten soll.[391] Auch als Mascha bspw. beim Joggen stürzt, hilft ihr eine Frau auf, von der nur »Zwei Augen und ein Schleier« sichtbar sind (Grjasnowa 118). Männer dieses Kulturkreises lässt Grjasnowa anders in Erscheinung treten als Frauen. Mascha beobachtet bspw. eine Schülergruppe in den öffentlichen Verkehrsmitteln in Frankfurt:

> Die Jungs waren alle nach der Sozialbau-Mode gekleidet. Die Mädchen nutzten die Displays ihrer Mobiltelefone als Spiegel und versuchten, ihre Frisuren zu retten. Die Gangsta-Peergroup gab mit türkisch-arabischen Pseudosatzkonstruktionen an, die Minderjährigen verabschiedeten sich von ihren Mitschülern mit ›Also dann … bunun üzerine tschüs‹. (Grjasnowa 44)

Die türkisch- und arabischsprachigen Schüler, die durch ihre Kleidung, ihr Verhalten und Code-Switching, ihre Vielsprachigkeit, auffallen, nennt Grjasnowa ›Gangsta-Peergroup‹. Obwohl dies keine Selbstbezeichnung, sondern eine Beobachtung der Erzählerin ist, weist Grjasnowa in dieser Passage wieder auf den Minderheitendiskurs hin: Sie schneidet das Phänomen an, dass Jugendliche sich selbst als Gangster bezeichnen und dies positiv besetzen, weil die Gesellschaft sie ohnehin in diese Kategorie steckt.[392] Von einer anderen Gruppe junger Männer, wird Mascha als »Fotze« beleidigt:

---

390 Auch der religiöse Fanatismus wird als am Körper der Frau sichtbar beschrieben, so z. B. an den vielen Narben auf Sibels Rücken.

391 Grjasnowa wählt die Darstellung von Frauen in Burkas nicht zufällig: Sie spielt auf einen größeren Diskurs um die »unterstellte Differenz zwischen Islam und Westen« an, die den »Schleier« – oder »für den deutschen Kontext« das Kopftuch – als Symbol dieser Unterschiede nimmt (Nachtigall 374). Durch den Schleier wird der Islam als »fremd, unzivilisiert und vormodern« dargestellt (Nachtigall 374).

392 Bspw. der österreichische Film *Die Migrantigen* erzählt die Geschichte von zwei Wienern »mit sogenanntem ›Migrationshintergrund‹«, die »vollständig integriert« sind und nur durch ihr Aussehen von einer TV-Journalistin als ›Migranten‹ angesprochen werden. Sie

> Vor dem Empfangsgebäude des Bahnhofs stank es nach Urin, und ein Zwölfjähriger rief ›Fotze‹ in meine Richtung. Als ich mich nach ihm umdrehte, lachte er laut und sagte etwas auf Türkisch zu seinen Freunden, die gebratene Nudeln vom chinesischen Schnellimbiss verschlangen. Die ganze Gruppe brach in schallendes Gelächter aus, und ich wünschte laut, das Essen möge ihnen im Rachen stecken bleiben. (Grjasnowa 51)

Mascha ist selbstbewusst, lässt sich nicht einschüchtern oder beleidigen. Grjasnowa zeigt auf, dass alle Gruppen in einer Gesellschaft, unabhängig von ihrer Religion oder Herkunft, sowohl positive als auch negative Verhaltensweisen zugleich aufweisen können. Menschen mit türkischem oder arabischem Hintergrund treten sowohl in Opferrollen auf, weil sie in der deutschen Gesellschaft aufgrund von Vorurteilen diskriminiert werden, andererseits werden sie auch in Täterrollen dargestellt, wie bspw. Sibels muslimische männliche Familienmitglieder, die sie unter dem Vorwand religiöser Tradition schlagen und bevormunden. Weil einer ihrer Brüder meint, Sibel hätte ihren Lehrer zu lange angesehen, wird diese »mit einem Bügeleisen« (Grjasnowa 81) verbrannt und der Vater gerät außer sich:

> Sibels Vater war entsetzt, lief Kreise auf dem Wohnzimmerteppich und verprügelte schließlich Sibels Bruder. Danach trank er Tee und ohrfeigte Sibels Mutter, da der Tee zu schnell abgekühlt war und weil sie seine Tochter wie eine Deutsche rumlaufen ließ. Sibel wurde von der Schule genommen, ihr Vater fing an, in einem Internetcafé nach einem Bräutigam für sie zu suchen. Sibels Vater hatte vor, ein gutes Geschäft zu machen. Auch wenn Sibel keine große Mitgift bekommen würde, sie hatte die deutsche Staatsbürgerschaft, und das machte sie für viele begehrenswert. (Grjasnowa 81)

Aber auch Sibel ist nicht nur ein Opfer. Während sie mit Mascha zusammenwohnt und eine Liebesbeziehung mit ihr hat, hintergeht sie sie: »Zweimal fickte sie meine Liebhaber. Ich hatte sie dafür gehasst, gründlich und deutsch, nur konnte ich nicht aufhören, sie zu begehren« (Grjasnowa 82). Den Hass, den Mascha als Reaktion auf diesen Betrug verspürt, empfindet sie als etwas Deutsches an sich selbst. Aber Hass gibt es überall, z. B. auch oder gerade in Israel zwischen Israelis und Palästinensern. Genau wie Christen und Moslems werden auch Juden im Kontext der israelischen Politik nicht nur als Opfer des Holocausts, des Antisemitismus oder der Terroranschläge der Hamas in Israel dargestellt, sondern auch als Täter, die Flüchtlingslager angreifen und mit Bulldozern Menschen niederfahren.[393]

---

geben sich daraufhin für die TV-Dokumentation über ein soziales Brennpunktviertel »als kleinkriminelle und abgebrühte Migranten aus« und schaffen sich eine »zweite Identität« aus »Klischees und Vorurteilen« (»Die Migrantigen«).

393 Grjasnowa lässt Maschas palästinensischer Bekanntschaft, Ismael, erklären: Jenin, »›Das ist das Gebiet, in dem es während der zweiten Intifada die meiste Gewalt gegeben hat. Zweitausendzwei marschierte die israelische Armee ins Flüchtlingslager ein‹, sagte Ismael. ›Nach einem Attentat der Hamas.‹ ›Ja, nach einem Attentat der Hamas, sogar nach mehreren

Im Rahmen der Transnationalität, wie sie Grjasnowa konstruiert, besteht in Bezug auf die beschriebenen Länder und Kulturen Positives neben Negativem. In *Der Russe ist einer, der Birken liebt* kommen Menschen mit vielen verschiedenen kulturellen Hintergründen vor, die alle in Deutschland leben und ihre eigenen Erfahrungen, Einstellungen und Verhaltensweisen – sowohl positive als auch negative – mitbringen. Dass das Zusammenleben von Menschen aus unterschiedlichen Kulturkreisen neben aller Bereicherung auch Konfliktpotential in der deutschen Gesellschaft birgt, ist ein wichtiges Thema Grjasnowas. Sie beschreibt den Übergang von einem nationalen deutschen Staat zu einer postmigrantischen Gesellschaft als einen Prozess mit Fortschritten und Rückschlägen und als einen Teil von Transnationalität.

III. Fazit

Der deutsche Literaturwissenschaftler Stephan Braese nennt Olga Grjasnowas *Der Russe ist einer, der Birken liebt* das »Ende der deutsch-jüdischen Literatur« (277). Weder seien die beiden Pole, das ›Deutsche‹ und das ›Jüdische‹ in dem Roman klar definierbar, noch könnten sie exklusiv aufeinander bezogen werden.[394] Nach meiner Auffassung stellt Olga Grjasnowas Debütroman aber gerade nicht den Ausklang der deutsch-jüdischen Literatur dar, sondern einen Neuanfang. Grjasnowa liefert eine Neudefinition dessen, was jüdische Identität in Deutschland bedeuten kann, wenn der Holocaust nicht mehr ihr zentraler Bezugspunkt ist – nämlich das Aufgehen der jüdischen Einwanderer in der facettenreichen, transnationalen deutschen Gesellschaft. Dem stehen jedoch die realen Probleme in der zeitgenössischen deutschen Gesellschaft gegenüber, die auch Maschas transnationale Ersatzfamilie nicht gänzlich auffangen kann: nämlich, dass im *Status Quo* Rassismus zum Alltag gehört und Jüd*innen im besten Fall als ›Vorzeigeausländer‹ gelten, jedoch noch nicht als ›Deutsche‹ angesehen werden.

Grjasnowa nimmt – ähnlich wie Maxim Biller für die Zweite Generation jüdischer Schriftsteller*innen nach 1945 – die Rolle der Provokateurin ein, jedoch mit gegensätzlicher Aussage: Meinte Biller bspw. noch 2009 in *Der gebrauchte*

Attentaten der Hamas. Hör zu, ich will hier nichts beschönigen oder entschuldigen, ich will dir nur erzählen, was war.‹ […] ›Tagelang wurde auf den Straßen gekämpft, bis sie schließlich mit Bulldozern kamen. Sie machten alles platt, selbst Häuser, in denen noch Menschen waren. Am Ende konnten wir nicht mehr zwischen Menschenleichen und Tierkadavern unterscheiden. Als sie endlich weg waren, stand alles still, sogar die Luft. […].‹« (Grjasnowa 277).

394 Bei Olga Grjasnowa ist »die wechselseitige Exklusivität der Zuwendung in der deutsch-jüdischen Relation« nicht mehr gegeben (Braese 281).

Jude, »die Deutschen bräuchten die Erinnerung an den Holocaust wie wir Juden«, eine Äußerung für die er »fast als Kolumnist bei der Zeit rausgeflogen wäre« (Biller 173f.)[395], lässt Grjasnowa den Holocaust als zentrales jüdisches Identitätsmerkmal in *Der Russe ist einer, der Birken liebt* zugunsten akuter Missstände in der zeitgenössischen deutschen Gesellschaft – bspw. Alltagsrassismus, Islamophobie und/oder Philo- und Antisemitismus – in den Hintergrund treten. Wie bereits die Germanisten Oliver Lubrich[396] und Adrian Wanner[397] in Bezug auf Wladimir Kaminer feststellten, ist der Ausgangspunkt der deutsch-jüdischen Identität und Literatur auch für Olga Grjasnowa nicht mehr der Holocaust. Kaminer lehnt es ab, sich in seinem Schreiben durch seine jüdischen Wurzeln definieren zu lassen. Anders als bei Grjasnowa, deren Protagonistin Mascha ihr ethnisches Judentum, die Betroffenheit ihrer Familie durch die Judenverfolgung immer wieder im Verlaufe des Romans erwähnt und als sie Deutschland verlässt, wie selbstverständlich nach Israel geht, spielt das Jüdischsein in Kaminers literarischen Werken nur sehr selten eine Rolle, denn er fühlt sich nicht primär als Jude, sondern »als ein Teil der großen Ausländergemeinschaft in Deutschland« (Kaminer 74). Auch Grjasnowas Protagonistin Mascha ist Teil dieser Gemeinschaft, die sich aus Individuen mit ähnlichen Erfahrungen, bspw. der Entwurzelung durch Migration, zusammensetzt, die einander verstehen und unterstützen.

Die Autorin selbst hat mit ihrer Ich-Erzählerin einiges gemeinsam. Einerseits lässt sich Olga Grjasnowa nicht gern festlegen: nicht auf eine Gender-Identität, nicht auf eine Nationalität oder Heimat, nicht auf Parallelen zu ihrer literarischen Hauptfigur. Andererseits gibt sie relativ eindeutige, präzise und knappe Antworten auf bisweilen komplexe Interviewfragen nach ihrer Identität. In einem Artikel über *Der Russe ist einer, der Birken liebt* in der *Zeit* heißt es über Grjasnowa:

> In solch kompakten, kompromisslosen Sätzen antwortet sie oft. ›In meiner Familie spielte Religion keine Rolle, absolut keine.‹ – ›In meinem Freundeskreis gibt es keinen Unterschied zwischen Juden und Nichtjuden, Muslimen und Christen, überhaupt keinen.‹ – ›Von meiner Geburt her bin ich so jüdisch, wie man nur jüdisch sein kann.‹ – ›Das Regime in Aserbaidschan war und ist korrupt, total korrupt.‹ Es ist nicht ganz klar, wo in diesen Sätzen das Entschiedene aufhört und die pure Ungeduld anfängt. (März, »Sie ist auf Alarm«)

395 Vgl. u. a. Marcel Reich-Ranickis *Über Ruhestörer – Juden in der deutschen Literatur* (1989).
396 Kaminer weist die jüdischen Schriftsteller*innen seitens der deutschen Gesellschaft zugeschriebene Rolle als »Repräsentanten der Erinnerung an Auschwitz« zurück (Lubrich 231).
397 Auch Wanner hält fest, dass Kaminer sich als jüdischer Schriftsteller nicht vom Holocaust definieren lässt (vgl. u. a. »Wladimir Kaminer« 592).

In den Antworten auf Fragen der deutschen Presse und Öffentlichkeit nach ihrer Identität und ihrem Jüdischsein schwingt ein gewisser Überdruss mit, März nennt es »Ungeduld« – ähnlich wie auch Lena Gorelik in *Lieber Mischa* die Frage »WIE IST ES, ALS JUDE IN DEUTSCHLAND ZU LEBEN?« nicht mehr hören kann (178).[398] Welchen Stellenwert nimmt also die mit dem Holocaust belastete Vergangenheit Deutschlands in der literarischen Identitätskonstruktion bei Olga Grjasnowa ein? Kann es für Grjasnowa ›Normalität‹ im deutsch-jüdischen Verhältnis geben? Bzw. wie würde diese aussehen?

In Olga Grjasnowas Roman steht fest: Der Holocaust wird nicht und soll nicht vergessen werden, er gehört zum jüdischen wie deutschen kulturellen Erbe. Wie Kampel es formuliert, wird der »Exklusivitätsanspruch« der »›jüdische[n] Erfahrung‹ von Vertreibung, Exil und Vernichtung im Roman« von ihr »effektiv aufgelöst« und daraus »eine universelle, gleichsam globale Erfahrung« gemacht (272). Der Holocaust ist für die Ich-Erzählerin ein schreckliches, unvergessen bleibendes historisches Ereignis, dennoch eines von vielen, wie bspw. die ethnisch motivierte Verfolgung von Armeniern in Aserbaidschan während des Bergkarabach-Konflikts.[399] Obwohl die Ich-Erzählerin über ihre Großmutter auch einen persönlichen Bezug zum Holocaust hat, spielt er dennoch keine zentrale Rolle in ihrer Identität. Mascha ist von Gewalt und Verfolgung traumatisiert – und dieses Trauma hat einen verheerenden Einfluss auf ihr Selbstverständnis und ihre Lebenstüchtigkeit –, aber der Holocaust wird nicht als Grund dafür genannt. In ihrer Kindheit hat sie in Aserbaidschan miterlebt, wie schnell eine Gruppe von Menschen aufgrund ethnischer Merkmale zu Verfolgten werden kann. Im Verlaufe des Bergkarabach-Konfliktes wurden sowohl Armenier als auch Aserbaidschaner Opfer von Gewalt und Pogromen (Grjasnowa 44 ff.). Der Holocaust hat für Mascha deshalb scheinbar keine singuläre Bedeutung. Auch Olga Grjasnowa sagt in einem Interview:

> Egal ob Kaukasus oder Palästina. Dieses Wissen, dass von heute auf morgen jemand umgebracht werden kann oder als ›der Andere‹ manifestiert wird. Egal, ob es sich um Palästinenser oder Juden, um Moslems oder um Christen handelt. Das beschäftigt mich persönlich auch sehr, diese Strukturen, die dazu führen, dass man jemanden als anders und fremd wahrnimmt und sich daraus dann sehr schnell gesellschaftliche Konse-

398 Vergleichbar auch mit der Frage »Woher kommst du?«, die impliziert, dass der/die Gefragte ›anders‹ ist (Franzke et al., »Diese Frage tut weh?«).

399 1988 sagte sich die hauptsächlich von Armeniern bewohnte Region Berg-Karabach von Aserbaidschan los. Aserbaidschan drohte als Reaktion mit Krieg. Es bestand die Gefahr, dass sowohl Russland als Unterstützender Armeniens als auch die Türkei auf Seiten von Aserbaidschan in einen militärischen Konflikt hineingezogen werden könnten (Smolnik und Halbach, »Berg-Karabach. Von wegen eingefrorener Konflikt«). Seit mehr als 21 Jahren dauert nun der Konflikt ohne Friedensabkommen an und eskaliert immer wieder, zuletzt im August 2018 (Stöber, »Kämpfe um Berg-Karabach. Ein regionaler Konflikt mit Sprengkraft«).

quenzen entwickeln. Das ist etwas, was ich immer noch nicht ganz verstehe und was mich antreibt. (Baude, »Interview mit Olga Grjasnowa«)

Diese gesellschaftlichen Entwicklungen, die dazu führen, dass Menschen ausgegrenzt, benachteiligt, verfolgt und sogar umgebracht werden, hat die Autorin zwar nicht so dramatisch wie ihre Ich-Erzählerin erlebt, aber sie hat sie als Teil der russischsprachigen Minderheit in Aserbaidschan doch wahrgenommen. Sie hat unmittelbar von Umständen gehört, in denen Menschen gewaltsam getötet wurden. Diese Umstände thematisiert sie durch Mascha.[400] Dass die Verfolgung kein singuläres Ereignis ist, lässt Grjasnowa Maschas Großmutter, die Holocaust-Überlebende, ausdrücken. Als ein Aserbaidschaner ihre Wohnung auf Verdacht hin untersuchen will: »du versteckst Armenier. Man hat dich gemeldet« (Grjasnowa 282), reagiert die Großmutter nach überstandener Gefahr folgendermaßen: »Meine Großmutter schloss die Tür wieder ab. Sie sank auf den Fußboden. *Alles wiederholt sich*, murmelte sie. *Alles wiederholt sich. Alles wiederholt sich*« (283). Die ernüchternde Erkenntnis, dass alles sich wiederholt, die Menschen, egal welcher Herkunft oder Religion, nichts aus den schrecklichen Ereignissen der Geschichte gelernt haben, hat die Protagonistin von ihrer Großmutter übernommen. Mascha ist traumatisiert von Tod, Gewalt und Willkür, der systematischen Verfolgung von Armeniern in Baku (Grjasnowa 47). Ihr Trauma sitzt so tief, dass sie sagt, »der Begriff Heimat implizierte für mich stets den Pogrom« (Grjasnowa 203). Aber der Holocaust ist nicht der Fixpunkt ihrer Opfer-Identität, auch nicht der »Antisemitismus in Russland« (Grjasnowa 50). Die Auswanderung ihrer Familie aus Aserbaidschan »hatte nichts mit dem Judentum, sondern mit Bergkarabach zu tun« (Grjasnowa 44). Der Holocaust erschüttert Mascha emotional nicht mehr direkt, sondern eher so, wie einen ein entfernteres schreckliches Ereignis berührt. Obwohl es keine ›genormten‹ Arten und Weisen zu trauern oder mit Trauma umzugehen gibt, erweckt Grjasnowa den Anschein, dass Mascha bspw. die Gedenkstätte Yad Vashem eher wie eine Touristin besucht, als wie eine Angehörige von Überlebenden (Grjasnowa 192). Aus ähnlichen Gründen – bspw. der bewussten Weigerung Betroffenheit zu heucheln, weil es ›erwartet‹ wird oder opportun ist – nutzt Mascha auch nicht die »Opfer-Karte« im »Judenmonopoly« bei der Einreise nach Israel (Grjasnowa 241) und möchte die Geschichte der Flucht der Großmutter vor den Deutschen nicht zum x-ten Mal

400 Grjasnowa beschreibt über ihre Ich-Erzählerin die verheerenden ›gesellschaftlichen Konsequenzen‹ die ›othering‹ haben kann, bspw. wenn Menschen umgebracht werden aufgrund der ›falschen‹ Aussprache des Wortes *fundukh* (Grjasnowa 45). Oder sie lässt Mascha erzählen, wie gefährlich es sein kann, einen Koffer auf der Straße zu tragen, denn »jeder, der einen Koffer trug, war für den wütenden Mob ein Armenier und wurde auf der Stelle gelyncht« (Grjasnowa 94).

erzählt bekommen (192f.).[401] Ihre mentale und emotionale Distanz zum Holocaust verhindert, dass Mascha in der klassischen Opfer-Täter Dichotomie von Juden und Nichtjuden denkt, wie sie Hannah Arendt (90f.) und Dan Diner (»Negative Symbiose« 185f.) für den deutschen Holocaust-Diskurs in der »negativen Symbiose« festgeschrieben haben. Obwohl damals die Juden die Opfer waren, reicht »nichts vergessen« allein nicht aus (Grjasnowa 193). Ihrer Meinung nach sollten auch Juden, besonders israelische, aus dem Gedenken an die Gräueltaten moralische Konsequenzen ziehen und entsprechend handeln: »Selbst die fanatischsten Siedler gedenken des Holocaust« (Grjasnowa 193), dennoch hegen sie Vorurteile gegen Araber[402] oder wünschen sich die »biblischen Grenzen« für Israel wieder herbei (172). Grjasnowa prangert aber nicht nur die israelische Rechte an, sondern kritisiert auch die Linke, bspw. die »zur Schau getragene Political Correctness« ihrer »Kollegen, linke weiße Israelis« (Grjasnowa 184) oder linken Aktivismus[403] – wie in Tals Fall –, um eigene traumatische Erfahrungen zu überspielen. Mascha zieht aus ihren Erfahrungen in Aserbaidschan, Deutschland, Israel und Palästina[404] die Konsequenz, dass alle Menschen sowohl in die Opfer- als auch die Täterrolle zugleich passen können.

Es bleibt also festzuhalten: Der Holocaust ist nicht das zentrale Merkmal in Grjasnowas literarischer Identitätskonstruktion. Wie also ist dann das Verhältnis ihrer Protagonistin zu Deutschland? Mascha kommt als Kind nach Deutschland, hat zuerst Schwierigkeiten, sich in der Schule einzuleben, brilliert dann aber im deutschen Bildungssystem mit Bestnoten an der Universität. Der soziale Aufstieg ist jedoch nicht für jeden in Deutschland problemlos möglich. Maschas Vater bspw. ist arbeitslos, versteht nicht, warum er sozial isoliert ist und gibt auf (Grjasnowa 53, 157). Ihre Mutter andererseits nimmt ihre Profession, der sie in Baku nachging, wieder auf und unterrichtet Musik. Mascha hat einen deutschen Freund und einen transnationalen Freundeskreis, soweit also ein ganz ›normales‹ Leben. Doch die Ich-Erzählerin ist doppelt traumatisiert durch ihre Kindheit in Aserbaidschan und durch den Tod von Elias. Anders als auf dem Buchrücken der dtv-Ausgabe von *Der Russe ist einer, der Birken liebt* geschrieben steht, kann sie nicht »überall leben«. Ihr Trauma hält sie davon ab, sich an einem Ort zu Hause fühlen zu können, an dem Tod bzw. Gewalt herrschen. Auf der Flucht vor

401 Olga Grjasnowa sagt von sich: »Das war die wichtigste Geschichte in unserer Familie«, »Bei jeder Familienfeier wurde sie erzählt« (Lenz, »Es ist keine schöne Geschichte«).

402 Maschas »Tante #13« bspw. »bezichtigte« ihre arabischen Bauarbeiter »des Jihads«, weil sie ihren neuen Parkettboden nicht nach ihren Ansprüchen verlegt haben (Grjasnowa 192).

403 Tal ist ein Beispiel, die »Mitglied der *Hadash*, der Arabisch-israelischen Kommunistischen Partei« und »bei *Breaking the Silence* und *Anarchists Against The Wall*« ist (Grjasnowa 197).

404 Ismail, der Mascha mit in das Haus seiner Familie nimmt, das sich im Flüchtlingslager Jenin befindet, verschweigt nicht, dass die israelische Armee das Flüchtlingslager erst »nach mehreren Attentaten der Hamas« vernichtet hat (Grjasnowa 277).

ihrer Trauer nach Elias' Tod verlässt Mascha Deutschland, um nach Israel zu gehen, obwohl Deutschland ihr »Platz an der Sonne« hätte sein können:[405]

> ›Was ich will, ist fließendes Wasser, Strom und ein friedlicher Platz, an dem niemand getötet wird‹, sagte ich. ›Da warst du doch gut in Deutschland aufgehoben. Kein Grund, hierherzukommen.‹ Ich hatte ihr nichts von Elias oder seinem Tod erzählt. (Grjasnowa 235)

Wäre Elias nicht gestorben, wäre Deutschland für Grjasnowas Mascha ein Zuhause geblieben. Auch ihr bester Freund Cem kann nicht verstehen, warum Mascha nicht nach Frankfurt, ›nach Hause‹, zurückkehrt:

> ›Ich verstehe nicht, was du hier [Israel] machst‹, sagte Cem. ›Der Strand ist okay, das Essen auch. Aber was willst du hier?‹ ›Ich weiß es selber nicht.‹ Cem beherrschte sich, schwieg. Ich konnte deutlich sehen, wie er sich Mühe gab, abwog, wie direkt er sein konnte. Schließlich fragte er: ›Bist du religiös geworden? Hast du das Judentum als deine kulturelle Identität entdeckt?‹ ›Ich musste weg.‹ (Grjasnowa 222f.)

Nicht weil Mascha das Judentum als Bestandteil ihrer Identität entdeckt hat oder die deutsche Holocaust-Vergangenheit nicht mehr erträgt, muss sie weg aus Deutschland. Elias' Tod ist der Grund für ihre Flucht und bis sie diesen überwunden hat, kann sie nicht zurückkehren. »Willst du nicht wieder zurück?«, fragte Cem. »Noch nicht.« »Und wann?«:

> Ich kam mir so blöd vor, dass ich beinahe angefangen hätte zu heulen: Ich war alleine in einer fremden Stadt, wo ich mich nach meinen Freunden sehnte, von denen ich wollte, dass sie mich missverstehen, und weshalb ich das wollte, das konnte ich nicht nachvollziehen. ›Komm nach Hause!‹ ›Deutschland? Zu Hause?‹ ›Ich spreche nicht von Deutschland, was da los ist, das weißt du ja selbst. Ich meine Frankfurt, Gallus.‹ ›Dort ist Elias gestorben.‹ ›Nicht im Gallus.‹ (Grjasnowa 223)

Israel ist für Mascha ›fremd‹, sie hat dort keine Bezugspersonen. Ihre Verwurzelung, ihre lokale Identität und ihre ›Heimat‹ sind Frankfurt. Obwohl Mascha Deutschland als zu Hause – und den Begriff »Heimat« generell – ablehnt, wünscht sie sich dennoch manchmal einen sicheren Zufluchtsort. Auch sie braucht Zugehörigkeit, kommt nicht ohne das Gefühl aus, irgendwo hinzugehören:

> Auf der anderen Seite: Wenn ich mit meiner Mutter telefonierte, überkam mich manchmal die Sehnsucht nach einem Zuhause, ohne dass ich es hätte lokalisieren können. Wonach ich mich sehnte, war ein vertrauter Ort. Eigentlich hielt ich nichts von vertrauten Orten – der Begriff Heimat implizierte für mich stets den Pogrom. Wonach

405 »›Du willst also einfach deine Zeit hier absitzen, die Sonne, das gutes Essen und das bisschen Sex genießen? Alles andere interessiert dich wohl nicht?‹ Tal zog die Beine an und umschlang ihre Knie. ›Meinen Platz an der Sonne, genau.‹« (Grjasnowa 234f.).

ich mich sehnte, waren vertraute Menschen, nur war der eine tot, und die anderen ertrug ich nicht mehr. Weil sie lebten. (Grjasnowa 202f.)

Mascha vermisst ihr Zuhause in der Fremde. Das einzige Zuhause, das sie kennt, sind die Menschen, die sie liebt, zu ihnen fühlt sie sich zugehörig. Seit die Ich-Erzählerin in Baku erlebt hat, wie schnell aus Nachbarn Angehörige unterschiedlicher Nationalitäten werden können, die einander hassen und bekämpfen (Grjasnowa 46f.), lehnt sie eine nationale Identität ab.[406] Den Begriff Heimat verbindet sie nicht mehr mit bestimmten Orten, sondern Heimat können für sie nur noch »vertraute Menschen«, im Sinne von Menschen, denen sie traut, sein. Elias' Tod verändert Maschas Verhältnis zu Frankfurt. Aus dem Zuhause ohne Pogrome und Krieg wird die vertraute Stadt zu einem Ort des Todes: Ihre altbekannte Umgebung ist plötzlich nur noch der Ort, an dem Elias starb. Andererseits lässt sich Deutschland als das Land betrachten, zu dem die Protagonistin noch die meisten positiven Bindungen hat und das deshalb, nach der Überwindung von Elias' Tod, mit der Zeit noch am ehesten eine Art Zuhause für sie ist. Da sind die Menschen, die in Deutschland neben Elias zu ihren engsten Freunden wurden, die sie liebt und denen sie vertraut: Cem, ihr »Trostspender« (Grjasnowa 220) und Sami, ihr erster Freund (85), von dem sie sagt: »ich liebte Sami, wie ich noch nie jemanden geliebt hatte« (129) und der »sie auch geliebt« hat (201), zu dem sie noch immer eine ungeklärte, auch sexuelle Beziehung hat (222, 69) und der vermutlich nicht nur ihr Retter, sondern auch wieder ihr Geliebter werden wird.[407] Ihre Eltern leben in Deutschland. Sie wurde nicht nur in Aserbaidschan, sondern viel mehr noch in Deutschland sozial und kulturell geprägt, wie auch universitär ausgebildet. Alle diese Faktoren könnten ihr ein Leben in Deutschland, bei und mit ihren Freunden, wieder möglich, vielleicht sogar erstrebenswert machen.

Was die Autorin selbst von dem Ort, an dem sie leben will, erwartet, beschreibt sie in einem Interview aus dem Erscheinungsjahr ihres Romans. Überall leben zu können, meint Grjasnowa, ist »nur ein Gewinn« und »tatsächlich Freiheit«, aber für sie gibt es »natürlich Kulturen, in denen ich mich wohler fühle und ich merke, dass ich mir immer gewisse Strukturen suche, unabhängig vom Staat« (Baude,

---

406 Grjasnowa lässt Cem, der einen Anwalt sucht, ins Telefon schreien: »Komm mir nicht mit dem Scheiß. Nationale Identität« (Grjasnowa 158).

407 Sami ruft Mascha an, um ihr mitzuteilen, dass er und Cem sie zu einer UN-Übersetzerprüfung in Wien angemeldet haben – sie wollen, »dass du mal aus dem Nahen Osten herauskommst« (Grjasnowa 245). Bereits als Samis Name auf ihrem Handy erscheint, reagiert Mascha mit außerordentlich großer Freude: »und ich freute mich und freute mich und freute mich, und dann stockte ich und hoffte, dass er es nicht erraten würde.« Dass sie ihn »so gerne sehen« möchte, sagt sie ihm (Grjasnowa 244), aber eigentlich will sie ihm noch mehr sagen, unterlässt es dann doch: »›Was ich dir noch sagen wollte.‹ ›Ja?‹ Es entstand eine Pause. Ich hörte Samis Atem und hatte alle Möglichkeiten und sagte nur: ›Ich bin nicht vorbereitet.‹« (Grjasnowa 245).

»Interview mit Olga Grjasnowa«). Auf die Nachfrage hin welche Strukturen dies seien, sagt sie:

> Alles mögliche, Bars oder ich verlasse mich ganz gern darauf, dass der Nahverkehr funktioniert, dass man abends allein nach Hause laufen kann, als Frau nicht dumm angegafft wird – also gewisse Freiheiten. Oder nicht die Frage gestellt zu bekommen, wann heiratest du und bekommst Kinder. Im Kaukasus hätte ich das Verfallsdatum mit 27 längst erreicht, oder auch in Palästina. (Baude, »Interview mit Olga Grjasnowa«)

Die Antwort der Autorin ist in vielerlei Hinsicht relevant für ihr Verhältnis zu Deutschland, dem Land, in dem sie mit ihrer Familie lebt. Sie ist uneingeschränkt für Globalisierung,[408] möchte aber selbst nur in einem Land leben, das ihr Sicherheit vor Krieg und Übergriffen, Gleichberechtigung, Demokratie und eine funktionierende, vom Staat instand gehaltene Infrastruktur, wie etwa öffentliche Verkehrsmittel, bietet. Grjasnowa sagt:

> Was ich von einem Staat oder Heimat, oder wie auch immer, gerne hätte, wären klar definierte Zugangsberechtigungen zu der Staatsbürgerschaft. Gleichzeitig finde ich es sehr gut, dass es festgeschriebene gesellschaftliche Normen gibt, z.B. das Konzept des Rechtsstaates oder Demokratie. (Baude, »Interview mit Olga Grjasnowa«)

Diese Kriterien, oder »Strukturen« wie Grjasnowa sie nennt, schränken allerdings die Auswahl des Landes, das sie zu ihrem Lebensmittelpunkt machen kann, sehr ein. Die Beschreibung der Autorin ähnelt dem Wunsch ihrer Protagonistin Mascha nach einem »Platz an der Sonne« (Grjasnowa 235) und verweist auf Tals Hoffnung, was aus dem Staat Israel auch mit Hilfe des Beitrags ihrer politischen Aktivitäten werden könnte:

> […] Mir geht es um mein Land. Ich liebe mein Land, aber nicht den Zustand, in dem es sich befindet. Ich möchte in einem freien und demokratischen Staat leben. (Grjasnowa 190f.)

Grjasnowa gesteht Tal in ihrem Roman ein Gefühl für ihr Land zu, das man als ›Heimatgefühl‹ bezeichnen kann. Eine solche, keineswegs unkritische Liebe, die Tal für Israel eingesteht, drücken Mascha und andere deutsche Figuren, nicht aus.[409] Aber bei aller Kritik ist Deutschland ein freies und demokratisches Land,

408 Auf die Frage hin, wie sie Globalisierung bewertet, als »Gewinn« oder »Verlust«, sagt die Autorin: »Ich finde tatsächlich, dass es nur ein Gewinn ist. Was man gewinnt, ist tatsächlich Freiheit« (Baude, »Interview mit Olga Grjasnowa«).

409 Deutschland wird von Mascha selbst äußerst selten positiv gekennzeichnet. Andere Romanfiguren sind dagegen weniger kritisch: Tal hält das Gegenwartsdeutschland für ein friedliches Land (Grjasnowa 235). Cem, der Deutschland insgesamt kritisiert, lässt Frankfurt als Zuhause gelten (Grjasnowa 223). In einem Lokal in Israel sagt der arabische Kellner: »Mein Cousin lebt in Deutschland, schönes Land« (Grjasnowa 188) und der Palästinenser Ismael, der »mal in Deutschland« war, sagt von Deutschland »Gutes Land« (275).

in dem man, wie Tal Mascha zu bedenken gibt, in Frieden leben kann.[410] Der Roman *Der Russe ist einer, der Birken liebt* ist jedoch so angelegt, dass auch Mascha in ihrer transkulturellen Ersatzfamilie in Frankfurt friedlich leben könnte, wäre nicht der Tod von Elias eingetreten. Ein Ereignis, das sich mit dem für sie traumatischen Kindheitserlebnis von Gewalt und Tod in Baku verbindet und sie von dem Ort des Todes forttreibt. Das Genre der Autofiktion erfüllt für die Autorin die Funktion, ihr bei der Konstruktion von Maschas Identität und ihrem Verhältnis zu Deutschland die Möglichkeit zu eröffnen, eine Geschichte zu erfinden, die zwar auf ihren Erfahrungen basiert, aber weit über diese hinausgeht.[411]

Das Leben in Deutschland und die Beziehung ihrer Protagonistin zu diesem Land und den Menschen darin beschreibt Grjasnowa äußerst ambivalent. ›Normalität‹ in Maschas Leben gibt es, wenn überhaupt, nur während ihrer Studienzeit, in der sie ihre Leidenschaft fürs Erlernen und Übersetzen von Sprachen vertiefen, auf Partys gehen, Liebesbeziehungen ausleben und sich allgemein freier entfalten kann, als in der Schule. In ihrer Kindheit wird sie durch bürgerkriegsähnliche Zustände in Baku und Flucht aus der Normalität herausgerissen. Ebendies geschieht ihr in Deutschland wiederum durch Elias' Tod. Das Wort »Normalisierung« kommt dreimal am Ende des Romans vor, allerdings nicht in Bezug auf Deutschland, sondern im Kontext des Konflikts zwischen Israel und Palästina. Normalisierung des Nahostkonflikts, wie das Wort in *Der Russe ist einer, der Birken liebt* verwendet wird, ist keine erstrebenswerte Entwicklung. Zu Besuch bei einer den israelischen Aktivisten nahestehenden Palästinenserin namens Salam, sind Salam und Tal sich einig, dass Diplomatie bei der Konfliktlösung keine »gute Idee« sei, zumindest »Nicht solange sie zur Normalisierung beiträgt« (Grjasnowa 263). Normalisierung wird von palästinensischer Seite als Unterstützung der Besatzer verstanden, nicht als Prozess der Gleichberechtigung, wie Mascha von der Palästinenserin Haifa, Ismaels Schwester, erklärt bekommt:

> Es ist nur, die Normalisierung ist der falsche Weg, wir müssen den Widerstand gegen die Besatzung stärken und ihnen nicht auch noch in die Hände spielen. Ihr Deutschen, ihr seid naiv. (Grjasnowa 279f.)

Mascha, die sich Haifa als »internationale Friedensaktivistin« vorgestellt hatte, denn »die Sorte Frau war in Palästina bekannt« (Grjasnowa 278), wird von dieser, obwohl Mascha Arabisch spricht, als Deutsche erkannt. Das Wort Normalisie-

410 Auch die Autorin lebt mit ihrem syrischen Mann und ihren Kindern in Berlin (Unsleber, »Autorin über unnütze Identitäten: ›Heimat ist eine Behauptung‹«).

411 Wie bereits erwähnt, hat die Autorin das Trauma, das Mascha erlitten hat, nicht selbst erlebt. Ihr wurde die »Geschichte erzählt« (Lenz, »Es ist keine schöne Geschichte«). Die Autofiktion erlaubt Grjasnowa in dem Buch auch Ereignisse, die an sie ›nur‹ weitergegeben wurden, als eigene Erfahrungen ihrer Ich-Erzählerin darzustellen.

rung bezieht sich an dieser Stelle indirekt auch auf Deutsche, da die Palästinenserin impliziert, dass die Deutschen »naiv« seien, Normalisierung als Lösung zu sehen. Normalisierung bedeutet in unterschiedlichen Kontexten unterschiedliche Dinge: In Deutschland wünscht man sich eine Normalisierung im deutsch-jüdischen Verhältnis nach dem Holocaust.[412] In den palästinensischen Gebieten und auch in Israel gibt es Menschen, die sich eine Normalisierung wünschen, um das Leid auf beiden Seiten einzudämmen. Es gibt aber auch andere, die wie Grjasnowas Figuren unter Normalisierung eine Festschreibung des Besatzungszustandes und der Gewalt verstehen und diese deshalb ablehnen. Beide Wunschvorstellungen – sowohl die der Palästinenser und die der Deutschen – bleiben in *Der Russe ist einer, der Birken liebt* unerfüllbar: in den palästinensischen Gebieten, weil die Menschen den »Friedensprozess« als gescheitert betrachten und anstatt dessen »Rechte und einen Staat« (Grjasnowa 279) wollen. In Deutschland ist Normalisierung nicht wegen des Holocausts nicht eingetreten oder nicht wünschenswert, sondern weil sich die Gesellschaft migrationsbedingt in ihrer Zusammensetzung verändert und dieser Prozess mit strukturellen Problemen wie Rassismus, Ängsten, Phobien und Diskriminierung ›anderer‹ verbunden ist. In Deutschland gibt es keinen Krieg, es ist ein demokratisches Land, in dem Rechtsstaatlichkeit herrscht. Dies sind für die Autorin und ihre Protagonistin rein formell die Voraussetzungen für ein friedliches, normales Leben. Was aber bedeutet ›Normalität‹ in der transnationalen deutschen Gesellschaft für Olga Grjasnowa? Normalität tritt erst dann ein, wenn in der Gesellschaft alle die gleiche Teilhabe haben und niemand als ›anders‹ diskriminiert wird.

Die Autorin selbst scheint also mittlerweile ein ganz ›normales‹ Leben in Deutschland zu führen und lässt ihre Kinder dort aufwachsen. Wie aber steht es mit ihrer literarischen Figur Mascha? Wie aus ihren Aussagen in den oben zitierten Interviews hervorgeht, sieht Olga Grjasnowa, wie auch ihre Ich-Erzählerin, jede sentimentale Bindung an einen Staat, bzw. ein Heimatgefühl, als überholte Folklore an, wofür sie die deutsche Presse als »Literarische Stimme ihrer Generation« feiert (Mund, »Olga Grjasnowa. ›Der Russe ist einer, der Birken liebt‹«). Was sie jedoch gelten lässt, sind Bindungen an Menschen, die wiederum indirekt durch ihre Präsenz an Orte gekoppelt sind. Normalität würde also für die Autorin eine transnationale Gesellschaft bedeuten, in der sich jeder zugehörig fühlen kann und in der der Staat in den Hintergrund rückt und nur als Garant der Rechte und Sicherheit der Einwohner*innen in Erscheinung tritt. Normalität würde erst gegeben sein, wenn Diskriminierung und ›othering‹ eingedämmt

412 Lena Gorelik vergleicht in *Lieber Mischa* den deutschen Wunsch nach Normalisierung im deutsch-jüdischen Verhältnis mit dem Verlangen nach »Absolution« von der Schuld des Holocaust, von Jüd*innen »erteilt« (178).

wären und die Angehörigen unterschiedlicher Kulturen und Religionen nach dem Prinzip der Rechtsstaatlichkeit in Achtung voreinander leben würden. *Der Russe ist einer, der Birken liebt* zeigt, dass dies im zeitgenössischen Deutschland noch nicht der Fall ist. Das Judentum der Ich-Erzählerin spielt dabei keine besondere Rolle, denn ihre Identität ist die der Einwanderin nach Deutschland. Damit nimmt sie eine Außenseiteridentität an. Normalität für Juden in Deutschland gäbe es bspw. dann, wenn es keinen Philo- oder Antisemitismus mehr gäbe. Normalität bspw. für Muslime würde ein Wegfallen der Islamophobie bedeuten. Ausgrenzung durch Rassismus erfahren beide religiös-ethnischen Gruppen. Die Grenzen zwischen ihnen verschwimmen also, denn für Grjasnowa gibt es keine klar abgrenzbaren, oder gar ›exklusiven‹ Pole mehr. Dennoch bleibt festzuhalten, dass sie Deutschland zwar kritisiert, aber nicht ablehnt. Der Alltagsrassismus ist bei Weitem nicht so schlimm, wie der Zustand in Ländern, in denen ethnische Konflikte gewaltsam ausgetragen werden. Die Eltern der Protagonistin des Buches sind dafür ein Beispiel. Sie blenden zwar alles Negative aus, wenn sie wehmütig an Baku zurückdenken, führen aber in Deutschland insofern ein ›normales‹ Leben, als ihr Judentum kein Faktor ist, der sie im alltäglichen Leben von dem Leben anderer ›Zugewanderter‹ unterscheidet:

> Es waren fast nur schöne Erinnerungen, die sie aufgehoben hatten. Sie vergaßen absichtlich die Korruption, die Nationale Front und die kilometerlangen Schlangen vor leeren Lebensmittelgeschäften und westlichen Botschaften. Obwohl, die Schlangenerinnerungen erheiterten meine Mutter, genau wie die an das Asylbewerberheim oder an die Strömlinge. (Grjasnowa 54)

Die wehmütigen Erinnerungen bewirken aber nicht, dass die Eltern nach Baku zurückkehren wollen. Sie leben ohne Angst vor Pogromen oder Krieg und ihre Lebensgrundlage ist vom Staat gesichert. Die Mutter ist anpassungsfähiger und lebenstüchtiger als der Vater, gibt Klavierunterricht (Grjasnowa 53f.) und hat dafür gesorgt, dass ihr Kind in der deutschen Gesellschaft erfolgreich ist. Sie »war fest entschlossen, ihnen [der israelischen Verwandtschaft] zu beweisen, dass man in Deutschland als Jude leben konnte« (Grjasnowa 166). Die jüdische Verwandtschaft, die nach Israel gegangen ist, fühlt sich zwar moralisch überlegen, muss dafür aber – anders als Maschas Eltern – in Luftschutzbunkern Schutz suchen (Grjasnowa 51). Maschas Trauma und die Diskriminierung, die sie und ihre Freunde erfahren, halten sie jedoch davon ab, sich in Deutschland – oder in einem der Länder, in denen sie verweilt – rückhaltlos zugehörig zu fühlen, da sie aus ihrer traumatischen Erfahrung ableitet: In jeder beliebigen Gesellschaft können Strukturen entstehen, durch die eine Gruppe von Menschen aufgrund eines Merkmals geächtet und verfolgt wird.

Auch Tal, die als linke israelische Aktivistin für die Rechte der Palästinenser eintritt, sagt:

> Ich glorifiziere sie nicht. Ich denke, dass unsere und die palästinensische Kultur sich grundsätzlich unterscheiden. Es gibt keine Frauenrechte in der arabischen Kultur, und sonst läuft da auch so viel Scheiße ab. Mir geht es um mein Land, [...]. (Grjasnowa 190)

Tal möchte aus Liebe zu ihrem Land ein besseres, demokratischeres Israel – sie sagt, »Ich möchte in einem freien und demokratischen Staat leben« (Grjasnowa 191) –, das Menschen mit jüdischen und arabischen Wurzeln gleichbehandelt und eine humanitäre Politik macht. Im übertragenen Sinne ist diese Aussage auch in Hinblick auf Olga Grjasnowas literarische Repräsentation ihres Verhältnisses zu Deutschland zu sehen. Sie prangert Missstände in der deutschen Gesellschaft an, weil sie in dieser Gesellschaft (mittlerweile mit ihrer eigenen Familie) lebt und sie deshalb verbessern möchte. Normalität im deutsch-jüdischen Verhältnis gibt es insofern, als dass der Holocaust in Grjasnowas literarischer Identitätskonstruktion ein furchtbares historisches Ereignis von vielen anderen ist. Die Probleme, die Mascha besonders während ihrer Anfangszeit in Deutschland hat, haben genauso wenig etwas mit ihrem Judentum zu tun, wie die Flucht ihrer Familie aus Aserbaidschan (vgl. Grjasnowa 44). Mascha fühlt sich aufgrund ihrer mangelnden Sprachkenntnisse diskriminiert und teilt diese Erfahrungen mit anderen Immigranten ohne jüdische Wurzeln, wie bspw. Finnen, Holländern und anderen Osteuropäern. »Araber, Schwarze und Türken« (Grjasnowa 38) haben mit anderen Schwierigkeiten und Diskriminierungen zu kämpfen – z.B. dem erschwerten Zugang zum Gymnasium oder höheren Bildungseinrichtungen. Diese Verhältnisse und Ungleichheiten sind jedoch nicht spezifisch für Deutschland, sondern existieren auch in anderen westlichen Gesellschaften, z.B. den USA, wie an Samis Problem mit dem US-Visum gezeigt wird, oder Israel, wo Juden Vorurteile gegen Araber haben und umgekehrt. Eine Normalisierung im Verhältnis zwischen Deutschen und Menschen mit sog. ›Migrationshintergrund‹ wäre für Olga Grjasnowa ein »Transformationsprozess«, der letztlich zur Entstehung eines »postnationalen Staat[s]« führen soll (Kampel 271). Grjasnowa beschreibt in Mascha eine transnationale Identität, die sich nicht festlegen lässt, weder auf eine Religion noch einen Staat und auch nicht auf ein historisches Ereignis wie den Holocaust, das mit ihrer Situation und dem Leben im transkulturellen zeitgenössischen Deutschland nur bedingt zu tun hat.

Schlussbetrachtung

Die Absicht dieser Untersuchung war es, herauszufinden, welches Verhältnis zu Deutschland sich in den autofiktionalen, literarischen Identitätskonstruktionen von Vertreterinnen der neuen Generation jüdischer, in Deutschland lebender und auf Deutsch schreibender Schriftstellerinnen abzeichnet und welche Rolle der Holocaust in diesen Identitätskonstruktionen spielt. Den Anstoß zu dieser Arbeit gab die Liebeserklärung an Deutschland der Protagonistin des Buchs *Lieber Mischa* der jüdischen Schriftstellerin Lena Gorelik (Kapitel I). Die Texte *Vielleicht Esther* von Katja Petrowskaja (Kapitel II) und *Der Russe ist einer, der Birken liebt* von Olga Grjasnowa (Kapitel III) haben den Umfang der Untersuchung erweitert.

Ist Lena Goreliks autofiktionaler Roman *Lieber Mischa* als ein wegweisender Ratgeber zum Jüdischsein in Deutschland für den jungen Sohn der Protagonistin und die nachwachsende jüdische Generation, aber auch (oder gerade) für eine interessierte deutsche Leserschaft angelegt, so versucht in Katja Petrowskajas Buch *Vielleicht Esther* die Hauptfigur ihre mit dem Holocaust verwobene Familiengeschichte und ihren damit verbundenen Überlebenswillen zu erkunden. Olga Grjasnowa macht in *Der Russe ist einer, der Birken liebt* deutlich, wie stark traumatische Erfahrungen das Leben beeinflussen und zeigt das sich immer wiederholende Muster der Ausgrenzung auf – nämlich, wie schnell eine Gruppe von Menschen aufgrund unterschiedlicher Faktoren, wie bspw. Ethnizität oder Religion, in einer Gesellschaft geächtet und verfolgt werden kann.

Die Auswahl der Autorinnen und Texte erfolgte neben dem Basiskriterium, dass die Werke Identitätskonzepte konstruieren, nach den folgenden Kriterien: Alle drei Schriftstellerinnen sind aus der ehemaligen Sowjetunion nach Deutschland zugewandert, sie schreiben ihre Texte auf Deutsch, ihre Werke sind zwischen 2010 und der Gegenwart entstanden und es sind semi-autobiografische Texte. Die untersuchten Werke wurden von Frauen verfasst. Es hat mich fasziniert, dass ich zum Auswahlzeitpunkt keine männlichen Autoren gefunden habe, die diesen Kriterien entsprachen und ich wollte herausfinden, warum auf autofiktionale Weise über Identität zu schreiben, ›Frauensache‹ zu sein schien. D. h., zum Zeitpunkt ihrer Entstehung bieten die Texte eine weibliche Sicht auf das jüdische Leben der neuen Generation mit osteuropäischen Wurzeln in Deutschland. Die semibiografischen Werke gehören, wie ich nachgewiesen habe, dem autofiktionalen Genre an. Die Autorinnen haben die Freiheit genutzt, die ihnen dieses Genre gibt, mit Hilfe der Vermischung von Fakten und Fiktion für ihre Ich-Erzählerinnen je spezifische Identitäten und Haltungen zu Deutschland und dem Holocaust zu konstruieren. In den autofiktionalen Texten vermischen sich persönliche und kollektive Erfahrungen einer Generation mit Fantasie, Kritik, Hoffnung und Interpretation. Die Wünsche, Vorstellungen, Überzeugungen, Erwartungen und Kritik der jeweiligen Protagonistin in Bezug auf Deutschland sind diejenigen der je spezifischen Kunstfigur und gleichzeitig die der jeweiligen Autorin, die durch das literarische Medium gewisse Tendenzen des jüdischen Lebens in Deutschland widerspiegelt. Bei der Untersuchung bin ich phänomenologisch vorgegangen und habe in jedem der drei Texte nach den Konstruktionselementen für Identität gesucht. Die Frage danach, wie zeitgenössische jüdische Identität in Deutschland unter der besonderen historischen Vorbelastung der deutschen Kultur beschaffen ist, war die Leitfrage der Analyse. Die Merkmale, die von den Autorinnen benutzt werden, um die literarischen Identitäten ihrer Protagonistinnen zu konstruieren, geben ausschnitthaft einen Einblick in das Verhältnis der Autorinnengeneration zu Deutschland. Beabsichtigt war auch, aus den Äußerungen der Protagonistinnen zu Deutschland, verbunden mit den Merkmalen ihrer Identität, Antworten auf die Frage zu finden, welche Rolle der Holocaust im jüdischen Bewusstsein tendenziell in literarischen Werken jüdischer Autor*innen der Gegenwart spielt. Diese Fragestellung ging mit einem Fokus darauf einher, ob und wenn ja welche Wünsche und Kritiken an Deutschland für ein jüdisches Leben in diesem Land bestehen, die durch das Medium der Literatur ausgedrückt werden.

I. Gleichzeitige Nähe und Distanz zur Autor*innenpersönlichkeit durch Autofiktion

Alle drei autofiktionalen Werke *Lieber Mischa*, *Vielleicht Esther* und *Der Russe ist einer, der Birken liebt* wurden von Frauen geschrieben,[413] wodurch sich die Frage nach dem wenig erforschten Zusammenhang zwischen Gender und Genre, bzw.

413 Wie ich gezeigt habe, sind es in Deutschland gegenwärtig meist Schriftstellerinnen, also Frauen, die das Genre der Autofiktion für ihre Entwürfe literarischer Identität benutzen. Shirley Jordan zeigt in »État Présent. Autofiction in the Feminine«, dass eine ähnliche Situation auch in der französischen Literatur besteht, indem sie einen Überblick über Studien zu weiblichem autofiktionalem Schreiben auf Französisch gibt. Ihr Ergebnis: Obwohl nur wenige Studien über den Zusammenhang zwischen Gender und Autofiktion

der Funktion des Genres stellt. Serge Doubrovsky selbst, der erste Theoretiker der Autofiktion, bemerkt, dass überwiegend zeitgenössische Schriftstellerinnen das Genre der Autofiktion für ihre Werke wählen und vermutet als Grund für dieses Phänomen:

> Il y a effectivement plus de femmes ›autofictionneuses.‹ Pour la première fois, elles peuvent s'assumer dans leur désir. Ainsi, Catherine Millet n'y va pas par quatre chemins en racontant qu'elle aime les partouzes. Les femmes ont besoin de se déshabiller et que ce ne soit pas toujours un homme qui le fasse, comme Zola avec *Nana* ou Flaubert avec *Madame Bovary.* Je crois que c'est une libération historique, quitte à choquer certains. Il y a un besoin de vérité. (Doubrovsky, »Écrire sur soi, c'est écrire sur les autres«)

> Es gibt tatsächlich mehr weibliche ›Autofiktionistinnen.‹ Zum ersten Mal können sie ihr Verlangen frei ausdrücken. Deshalb kann Catherine Millet direkt sagen, dass sie Orgien mag. Frauen wollen sich frei machen und es sollte nicht immer ein Mann sein, der das für sie tut, so wie Zola in *Nana* oder Flaubert in *Madame Bovary.* Ich glaube, dass dies eine historische Befreiung ist, die Gefahr läuft, einige zu schocken. Es besteht ein Verlangen nach Wahrheit.

Doubrovsky spricht von autofiktionalem Schreiben als einer Befreiung für Frauen, einer Schreibart, die ihnen erlaubt, ihre innersten Wünsche literarisch unter dem Deckmantel der Halbfiktion zu erzählen. Das Genre schafft folglich eine gewisse Distanz zwischen Autorin und Protagonistin, um etwaige literarische Aussagen nicht direkt und ausschließlich an die Autorinnenpersönlichkeit zu binden. Autofiktion,[414] die als »slippery hybrid« bezeichnet wird und schwer auf eine Definition festzulegen ist (Jordan 76),[415] erfüllt bei allen drei Texten in dieser Untersuchung die Funktion, den Autorinnen ein Forum zu bieten, mit unterschiedlichen Distanzgraden zur eigenen Person über ihre Erfahrungen als jüdische Migrantinnen in der deutschen Gesellschaft zu schreiben. Besteht bei Lena Gorelik und Katja Petrowskaja durch die namentliche Identität zwischen Ich-Erzählerin und Autorin eine größere Nähe zur eigenen Person, so ist die Distanz zwischen Olga Grjasnowa und ihrer Protagonistin, Mascha Kogan, weiter gefasst. Dennoch findet sich in allen drei Werken eine vergleichbare Überein-

---

existieren, wählt eine beträchtliche Zahl von Frauen dieses Genre als »self-narrative experiment« (Jordan 76). Allerdings hätten gerade die autofiktionalen Werke von Frauen (frauenfeindliche) Kritik an der Legitimität und Ernsthaftigkeit des Genres auf sich gezogen (Jordan 77).

414 Weitere grundlegende Studien zu diesem aus dem Französischen stammenden Begriff sind u. a. *Autofictions et Cie* von Serge Doubrovsky et al.; der Artikel »L'Autofiction: Un Genre pas Sérieux« von Marie Darrieussecq und die Werke *Défense de Narcisse* und *L'Autofiction en Théorie* von Philippe Vilain.

415 Jordans Versuch einer Definition von Autofiktion lautet: »By definition unstable, prospective rather than retrospective, autofiction is appropriate to the unsettled post-Freudian subject whose confidence is placed in the ›act-value‹ rather than the ›truth-value‹ of narrative« (76).

stimmung zwischen Schlüsselereignissen aus dem Autorinnenleben und der fiktiven Welt der Ich-Erzählerinnen. Dies ist möglicherweise ein Phänomen des »Erfolg[s] der politischen und ökonomischen Nachkriegsordnung« und der daraus entstandenen »Überflussgesellschaft«, in der laut Breitenstein gilt, Exotik oder »Exzentrik ist mehrheitsfähig, der Hang zur Selbstdarstellung ubiquitär geworden« (156f.). Das Marktprinzip im Kultur- und Literaturbetrieb hat zur Folge, dass Künstler*innen sich »dem Zeitgeist« unterordnen, um erfolgreich und interessant zu sein »für ein anonymes Massenpublikum« (Breitenstein 159). Insbesondere für das Genre der Autofiktion gilt, was für den gesamten Literaturbetrieb angenommen wird: »Es ist paradox: Je subjektiver und authentischer ein Werk, desto zwangsläufiger haftet ihm der Charakter einer Ware an« (Breitenstein 159). Autofiktion erlaubt Selbstdarstellung unter dem Mantel oder Schutz der Fiktionalisierung. Aussagen in autofiktionalen Texten können nicht direkt an die Person der Autorin geknüpft und Einschätzungen zur gegenwärtigen jüdischen Identität können losgelöst von einer allzu persönlichen Betrachtungsweise für eine ganze Generation generalisierbar werden. Die Frage nach der Funktion des Genres der Autofiktion und die Bedeutung des Genres bei der Rezeption ist im kommerziellen Literaturbetrieb auch mit der Verlagsintention bei der Veröffentlichung (vgl. u.a. Richter 9) und Verkaufszahlen verknüpft, denn die Kunst ist »privatisiert« und »entpolitisiert«, entsteht nicht mehr für »Hof«, »Kirche« oder »Ideologie«, sondern für den Konsum und Absatz in der Massengesellschaft (Breitenstein 159). Wie in Mary Karrs Zitat aus dem Kapitel zu Lena Goreliks *Lieber Mischa* zur Geltung kommt,[416] ist das Interesse an authentischem Lesestoff ein »naives« Interesse an tatsächlich Erlebtem, Subjektivem, Authentischem (xvi f.). Dies deckt sich mit dem Hang der zeitgenössischen Gesellschaft, sich mit einem Kunstwerk oder einem Text zu identifizieren: »Nicht Auseinandersetzung, Identifikation ist gefragt, wie etwa der Trend vom kritischen Besprechungs- zum sanften Ankündigungsjournalismus belegt« (Breitenstein 161). In den Medien werden alle drei Texte der jüdischen Autorinnen durchweg positiv bewertet und in Interviews wird mehr Lob angebracht, als dass kritische Nachfragen gestellt werden.

Ohne eine bestimmte Autor*innenintention unterstellen zu wollen, ist die Genrewahl dennoch bedeutend für die Gesamtwirkung des Textes. In einem Forum für angehende Autor*innen heißt es bspw.:

---

416 »As I turn a novel's pages, a first-person narrator may seduce me, but the fact that it's all made up and not actually outlived oddly keeps me from drawing courage outside the book's dream. The deep, mysterious sense of identification with a memoirist who's confessed her past just doesn't translate to a novelist I love, however deliciously written the work. I am embarrassed to confess this, because it sounds so naive – ›identifying‹ with someone I've never met« (Karr, xvi f.).

> Was man sich vornimmt mit der Geschichte, die man erzählen will, könnte einen zu bestimmten literarischen Verfahrensweisen führen. Man muss sich überlegen, welche Form von literarischen Mitteln zu dem Text passen oder wohin der Text selbst reift, wenn man ihn möglichst gut nach seinen Potenzialen befragt. (»Gespräche«)

Die Devise, »Etwas ist umso mehr Genre, je mehr es sich auf gewisse Muster verlässt« (»Gespräche«), erklärt den besonderen Reiz der Autofiktion: Gerade die Mischung der beiden Genres Autobiografie und Fiktion geben den hier behandelten Texten ihre besondere Anziehungskraft, die darin besteht, dass mit beiden Gattungen gebrochen wird, die Erwartungen der Leser*innen immer wieder erneut auf die Probe gestellt werden, sie an der Konstruktion der Geschichte, der Unterscheidung zwischen ›Dichtung und Wahrheit‹, der persönlichen Erfahrung und den ausgedachten Episoden und letztlich der individuellen und kollektiven Erfahrung und damit Identität teilhaben dürfen. Die Bedeutung und Wirkung der Gattungswahl der Autofiktion liegt darin, dass sich die Autorinnen nicht nur ihrer persönlichen Erfahrungen, sondern auch der Macht der Fantasie bedienen, um ihre Perspektive auf jüdisches Leben in Deutschland literarisch auszudrücken. Sie ziehen sich nicht auf Fakten zurück, sondern beziehen ihre Vorstellungskraft mit ein. Infolge dieser Mischung gehen ihre jeweiligen Konstruktionen von Identität über die spezifische Person der Autorin hinaus und werden verallgemeinerbarer in Hinblick auf neue Strömungen im deutschen Judentum. Das von den Autorinnen in ihren Werken verwendete Genre der Autofiktion erlaubt mir durch das je spezifische Schlaglicht, das sie mit ihm in ihren Texten auf das komplexe Konzept der zeitgenössischen deutsch-jüdischen Identität werfen, vorsichtige Rückschlüsse auf ein verändertes Bewusstsein des deutschen Judentums der sog. ›Dritten Generation‹ zu ziehen.

Autofiktion bietet sich für die weibliche Selbstdarstellung und -fiktionalisierung an.[417] Dennoch fehlen selbst im Bereich der französischen Autofiktion, die bisher mehr untersucht wurde als die deutsche (Schmidt 50), größtenteils:

> Important debates about gender-specific production and consumption of autofiction or about how the rise of autofiction inflects the broader narrative of women's relationship to autobiography […]. (Jordan 77)

Das Genre der Autofiktion entfaltet insbesondere in Kombination mit der Beschreibung von Traumata seine ›therapeutische‹ Wirkung (Jordan 83), da es vielen Traumatisierten schwerfällt, über die schrecklichen Ereignisse zu spre

417 Die Einschätzung der Romanistin Shirley Jordan hinsichtlich der französischen Literatur zum Thema Trauma ist sicherlich zu einem gewissen Grad auch auf die deutsche Literatur über Migrations- und Entwurzelungserfahrungen übertragbar: »Where traditional autobiography was seen by feminist critics as uncongenial to women, autofiction has proved singularly propitious« (84).

chen.[418] Eine besondere, aber bisher wenig untersuchte Verbindung besteht zwischen weiblicher Identität, autofiktionalem Schreiben und Trauma.[419] Autofiktion erleichtert es den drei Autorinnen in dieser Untersuchung, schreckliche, schwierige oder lebensverändernde Ereignisse zu beschreiben – wie ein durch den Holocaust bedingtes Familientrauma, Erfahrungen mit Antisemitismus in der Sowjetunion, gewalttätige politische und ethnische Konflikte, das Gefühl der Entwurzelung durch kriegsbedingte Migration sowie die Neuorientierung in einem fremden Land –, denn die Fiktionalisierung der Ereignisse schafft Distanz zu den persönlichen Erfahrungen. Autofiktion hat sich im französischen Raum als Genre für weibliche Migrationsliteratur etabliert und thematisiert ebensolche Erfahrungen:

> uprooting, disinheritance, language, the body, indigenous literary traditions, and, importantly, of the stakes of coming to writing, self-situating, and finding voice as a woman within a specific sociocultural heritage. (Jordan 81)

Auch die Schriftstellerinnen in dieser Studie haben »culturally hybrid identities« (Jordan 81): Alle drei besprochenen Autorinnen haben entweder als Kind oder als Erwachsene ihre Heimat verlassen und sind nach Deutschland immigriert. Diese Erfahrungen der Entwurzelung und des Neuanfangs beeinflussen ihr Schreiben, denn sie erkämpfen sich damit eine Stimme in der neuen Sprache und einen Platz in der neuen Gesellschaft.

II. Jüdische Identität

In der Darstellung und Beschreibung jüdischer Identität und jüdischen Lebens in Deutschland bestehen Gemeinsamkeiten und Unterschiede zwischen den einzelnen Werken. Die gemeinsame Schnittmenge, d. h. die Identitätskomponenten, die alle drei Autorinnen benutzen, um zeitgenössische jüdische Identität in Deutschland zu konstruieren, sind ethnische Identität, Entwurzelung durch Migration, Sprache und Transnationalität. Die Gemeinsamkeiten in Sujet und Kernkomponenten von (jüdischer) Identität, nämlich den eigenen Platz zu finden im Spannungsfeld zwischen ethnischem und religiösem Verständnis des Judentums, diasporischen Migrationserfahrungen und Neubeginn durch Sprache und Transnationalität, lassen sich auf die im Grundsätzlichen ähnlichen

418 Der Prozess des Schreibens, nämlich »Looking for a language to talk about the unspeakable« (Schmidt 48), wirkt therapeutisch.

419 Für die französischsprachige zeitgenössische Literatur gilt: »The privileged connection between women's autofiction and trauma requires further analysis« (Jordan 79). Dies gilt auch für die deutsche autofiktionale Literatur, in der dieser Sachverhalt noch weniger untersucht wurde (Schmidt 50).

Lebenswege der Autorinnen der neuen Generation jüdischer Schriftsteller*innen in Deutschland zurückführen. Weder Olga Grjasnowa, noch Lena Gorelik oder Katja Petrowskaja wurden in Deutschland geboren, Deutsch ist nicht ihre Muttersprache. Sie wanderten in den 1990er Jahren als Kontingentflüchtlinge aus Ländern der ehemaligen Sowjetunion – Russland, der Ukraine und Aserbaidschan – nach Deutschland ein. Alle drei Autorinnen geben ihren Protagonistinnen eine ethnisch-jüdische anstelle einer religiösen Identität. Dieses Phänomen zeigt, dass die kommunistische Prägung durch die ehemalige Sowjetunion in der Generation der Autorinnen Religion als Identitätskomponente nahezu ausgelöscht hat. Das gilt besonders für die Elterngeneration aber auch für die Schriftstellerinnen selbst, die ihre Herkunftsländer als Kinder oder junge Erwachsene (Petrowskaja studierte im Ausland) verließen.[420] Was vielen Angehörigen des ehemals orthodoxen Ostjudentums[421] noch bleibt, ist die Volkszugehörigkeit zum Judentum – die vom sowjetischen Staat durch den Vermerk im Pass als Nationalität zugeschrieben wurde:

> most of them are (secular) Jews. In the Soviet Union, Jewishness was constructed as a ›nationality‹ that was officially noted in a person's identity documents and was considered mutually exclusive from the category ›Russian.‹ (Wanner, »Out of Russia« 6)

Aufgrund der Kennzeichnung als ›jüdisch‹ im sowjetischen Pass wurden die Autorinnen mit ihren Familien in Deutschland als Geflüchtete aufgenommen, aber für die jüdischen Gemeinden in Deutschland waren sie entweder »not Jewish ›enough,‹« oder »not Jewish at all« aufgrund ihrer »secularity and ignorance of the Jewish faith and Jewish tradition« (Wanner, »Out of Russia« 6). Aus diesem Gegensatz ergibt sich der Identitätskonflikt zwischen ethnischer und religiöser Identität, der eine – wenn nicht sogar die – Hauptkomponente von Lena Goreliks *Lieber Mischa* ist, sich in stark abgestufter Version mitunter auch bei Petrowskajas Ich-Erzählerin zeigt und bei Grjasnowas Mascha Kogan nicht mehr existent ist, denn sie hat keinen religiösen Bezug zum Judentum. Dennoch: Obwohl die Religion in der Erziehung keiner der drei Autorinnen eine nennenswerte Rolle

420 Anzumerken bleibt, dass auch viele jüdische Autor*innen anderer Generationen und in anderen Ländern, unabhängig von kommunistischer Prägung und Politik, eine säkular-ethnische Identität anstelle einer religiösen für sich beanspruchten. In der ehemaligen Sowjetunion wurde jedoch seitens des Staates massiv gegen Religion vorgegangen, denn seit »1917 die Kommunisten an die Macht kamen, galt es, die Religion auszurotten« (Hartwich, »Die Rolle der Religion in Russland«).

421 Während der letzten großen Welle der Immigration von Juden aus Osteuropa nach Deutschland und/oder weiter nach Amerika vor dem Ausbruch des Ersten Weltkrieges beschrieben prominente Vertreter des deutschsprachigen Judentums, wie u. a. etwa Walter Rathenau in *Höre Israel* (1897) oder Theodor Herzl in seinem Roman *Altneuland* (1902), den Unterschied zwischen dem assimilierten Westjudentum und dem traditionelleren Ostjudentum.

gespielt hat, definieren sie ihre Protagonistinnen primär als jüdisch über die Abstammung von einer jüdischen Mutter, also – bewusst oder unbewusst – nach dem Matrilinearitätsprinzip, das sozio-religiösen Ursprungs ist.[422] Die Zugehörigkeit zum Judentum durch Abstammung wird von den Autorinnen als eine Tatsache hingenommen und dient damit als Basis der Identitätskonstruktion aller drei Protagonistinnen. Jedoch konstatieren alle drei Protagonistinnen, ›keine Religion‹ zu haben.[423] Die Inhalte des Judentums – religiös-kulturelle Traditionen und Werte – benötigen nicht alle drei Ich-Erzählerinnen der Autorinnen gleichermaßen, um ihr Jüdischsein für sich selbst und die Leserschaft zu definieren. Hauptsächlich Lena Goreliks Erzählerin beschreibt nach der Geburt ihres Kindes ihren Identitätskonflikt, ihr Hin-und-her-gerissen-sein zwischen der Erwartung der jüdischen Gemeinden in Deutschland hinsichtlich der Religiosität und dem säkularen Judentum ihrer Familie (Gorelik 24f.). Katja Petrowskaja lässt ihre Protagonistin ein vages, dumpfes Grundgefühl des Verlusts empfinden. Dieser Verlust gilt hauptsächlich den in Vergessenheit geratenen Familienmitgliedern und -zweigen, die nun nicht mehr mit ihr in ihrer Fantasie um einen großen Tisch sitzen können. Sekundär gilt das Gefühl, etwas verloren zu haben auch den Traditionen und Bräuchen, den Inhalten des Judentums, das nun für sie nur noch aus undefinierbaren ›Paketen‹[424] besteht, »in die man nicht mehr hineinschauen kann« (Petrowskaja 103). Sie verwendet ihre Energie aber nicht darauf, sich das Judentum zurückzuerobern, wie ihr Bruder, der hebräisch lernt und Rabbi wird, sondern darauf, sich die deutsche Sprache zu erkämpfen und zu eigen zu machen. Nicht das religiöse Judentum ist für sie der Weg, sich neu zu definieren, sondern die deutsche Sprache. Ähnlich ist es bei Olga Grjasnowas Protagonistin Mascha, die sich ebenfalls über Sprachen und Spracherwerb definiert. Für Mascha besteht, was Religion betrifft, jedoch nicht einmal das Gefühl oder das Bewusstsein eines Verlustes. Allein bei Elias' schwerem Unfall wünscht sie sich irgendein Mittel herbei, um den drohenden Tod des Geliebten abwenden zu können. Sie verfällt dabei auf religiöse Riten, um die sie nur teilweise weiß, aber ihr fehlt jede spirituelle Bindung an das Judentum.

Für die neue Generation jüdischer Schriftstellerinnen ist die ethnische Identität eine solide Basis jüdischer Identität, auf die andere Komponenten aufbauen

422 Jude ist nach diesem Prinzip, das zu Zeiten Esras entstanden ist, wie von Braun ausführt (52), nur wer eine jüdische Mutter hat. Absicht war, auch mit Hilfe des Verbots der Mischehe, das bedrängte Judentum in der Diaspora zu erhalten. Nach der Halacha ist die Ehe zwischen jüdischen und nicht-jüdischen Partnern nicht erlaubt. Kinder eines jüdischen Vaters und einer nicht-jüdischen Mutter erlangen somit nur durch langjährige Vorbereitung und Konversion jüdischen Status.

423 Vgl. u.a. Gorelik 67, Petrowskaja 51, Grjasnowa 23f.

424 Diese ›Pakete‹ können bspw. von Generation zu Generation überlieferte Reste von Traditionen und Bräuchen sein, deren Sinn sich der Ich-Erzählerin nicht mehr erschließt. Sie bemerkt: »Man sagt jüdisch, weiß aber nicht, womit das Wort gefüllt ist« (Petrowskaja 103).

und anschließen. Für die in der deutschen jüdischen Gemeinde sozialisierte Ich-Erzählerin Lena Goreliks[425] gehört, trotz ihrer weiter bestehenden Irreligiosität und der Nichtausübung religiöser Bräuche, die ›nachgelernte‹ Religion als kulturelle Komponente mit zu ihrer Identität und soll ebenfalls die jüdische Identität ihres Sohnes bereichern. Petrowskajas Hauptfigur kam als Erwachsene nach Deutschland und trifft weder Aussagen zur Religionsausübung noch zu deutschen jüdischen Gemeinden. Die Schriftstellerin Grjasnowa, die zwar als Kind nach Deutschland kam, erklärt, Religion spiele in ihrer Familie »absolut keine« Rolle (März, »Sie ist auf Alarm«). Der Kontakt, den ihre Protagonistin Mascha mit der deutschen jüdischen Gemeinde hat, beschränkt sich auf den koscheren Wein, den ihre Mutter über diese mehr aus schlechtem Gewissen als aus wahrer Solidarität, geschweige denn des Geschmacks wegen, bestellt.[426]

Die zweite Identitätskomponente, die alle drei Protagonistinnen der in dieser Arbeit besprochenen Werke der neuen Generation jüdischer Schriftstellerinnen in Deutschland teilen, ist das Gefühl der Entwurzelung durch Migration. Am stärksten lässt Grjasnowa ihre Protagonistin diese Entwurzelung verspüren, denn Mascha leidet an einem Kindheitstrauma, das sie als Erwachsene daran hindert, in jeglichem Land Wurzeln zu fassen, das Konflikte gewalttätig und todbringend austrägt. Sie sucht einen friedlichen »Platz an der Sonne« (Grjasnowa 234f.). Dieser Platz, den sie mit Einschränkungen durch diskriminierende Erfahrungen in Deutschland gefunden hatte, wird mit Elias' Tod für sie entwertet und verworfen. Ihr Trauma lässt Tod infolge gewalttätiger Übergriffe und den Tod durch Unfall verschmelzen. Das Erleben des Todes eines geliebten Menschen vertieft das in Aserbaidschan erlittene Trauma einer getöteten Nachbarin. Katja Petrowskajas Ich-Erzählerin hat den »Drang, nach Verschwundenem zu suchen« (12) und sie versucht, soweit ihr möglich, durch die Betrachtung ihrer Vorfahren zu ergründen, warum sie so geworden ist, wie sie ist, nämlich, warum es ihr möglich wurde, mit ihrem deutschen Mann nach Deutschland zu ziehen und dort ein neues Leben zu beginnen. Ihr Selbsterhaltungstrieb, der, wie ihre Nachforschungen ergaben, auch in einigen ihrer Ahnen lebte, lässt sie den Prozess der Entwicklung einer neuen deutschen Identität durch die Aneignung der Sprachkompetenz außerordentlich zielbewusst angehen – auch für ihre Tochter,

425 »Erst in Deutschland lernte ich, dass Judentum eine Religion ist: im Religionsunterricht der Jüdischen Gemeinde, den ich einmal wöchentlich nachmittags besuchte. Ich lernte die Traditionen, an die sich meine Großmutter nur noch dunkel erinnerte, und die Gebete« (Gorelik 19).

426 »Als ich am übernächsten Tag nach Frankfurt zurückfuhr, steckten in meiner Tasche drei Flaschen koscherer Wein. Meine Mutter trank diesen Wein niemals, sie bestellte ihn über die Synagoge, um dem Rabbi und Gott einen Gefallen zu tun und um dann die doppelte Menge georgischen Wein von ihrem Bekannten zu ordern. Der marktwirtschaftliche Zusammenhang zwischen dem Verkauf von koscherem Wein über die Synagoge und dem des georgischen im Gemeindehaus war indessen eklatant« (Grjasnowa 54f.).

der sie die russische Sprache nicht weitervermittelt. Die Autorin nennt Russland in ihrem Buch die »Heimat« (Petrowskaja 78), die aber – wie sie in einem Interview ergänzt – doch nur »eine Gegend« ist, »durch die man reisen kann, wo man aber keine Wurzeln schlägt« (Heimann, »Die deutsche Sprache kam einer Befreiung gleich«). Auch Lena Goreliks Protagonistin wurde durch Migration als Kind aus ihrem vertrauten Umfeld gerissen und musste sich in Deutschland neu orientieren. Sie muss sich daran gewöhnen, als Jüdin »exotisch« in Deutschland zu sein, lässt sich von deutschen Juden auch in der Gemeinde »anstarr(t)en« und sieht das »Naserümpfen« der anderen Gemeindemitglieder (Gorelik 19), lernt aber »schnell Deutsch« und trägt »bald die richtigen Klamotten« (20) in den Augen ihrer Peergroup. Die »Schwierigkeiten« der Eltern bei der Integration »nervte[n]« sie und kamen ihr »überzogen vor« (Gorelik 20). Goreliks Ich-Erzählerin kommt folglich am besten mit der Migration zurecht und findet in Deutschland bald ein neues Zuhause.

Alle drei Autorinnen verleihen ihren Protagonistinnen eine transnationale Identität im Sinne einer Bindung, bzw. eines Zugehörigkeitsgefühls zu mehr als einem Land und einer Kultur. Der Begriff transnationale Migrantinnen, definiert als »those who maintain strong, regular ties to their homelands and organize their lives across national borders« (Roof und Juergensmeyer 1303) trifft auf die Protagonistinnen nur bedingt zu: Alle drei haben weiterhin einige Bindungen an ihre Geburtsländer: Petrowskajas Protagonistin sagt z. B.: »Ich bekannte mich zum sowjetischen Imperium, im Bewusstsein seiner Errungenschaften, doch im Gleichschritt mit dem Leid, das wir anderen zugefügt hatten« (Petrowskaja 92). Grjasnowas Protagonistin bemerkt: »Als ich im Taxi durch Tel Aviv fuhr und im Radio laute orientalische Musik kam und der Fahrer mit einer Hand den Wagen lenkte und mit der anderen den Takt schlug, fühlte ich mich zu Hause. Es war ein längst vergessenes Zuhause, ein Mosaik aus der Landschaft, der Temperatur, der Musik, den Gerüchen und dem Meer. Ich bat den Fahrer, entlang des Strandes und durch das ärmere südlichere Tel Aviv zu fahren, bis ich merkte, dass ich zu Hause mit Orten assoziierte, die mich an Baku erinnerten« (Grjasnowa 252 f.). Goreliks Ich-Erzählerin macht Familienbesuche in St. Petersburg: »Es war der zweite Abend unserer zweiwöchigen Petersburgreise, ein Ausflug in meine Kindheit sozusagen« (Gorelik 60). Für sie als Jüdinnen kommt jedoch neben ihrem Geburtsland noch der Staat Israel als potentielle Heimat hinzu. Als Jüdinnen der Diaspora steht es ihnen (und ihren Kindern) offen, Alija zu machen,[427] d. h. nach Israel ›heimzukommen‹ und einen israelischen Pass zu erhalten. Obwohl sie nicht Alija machen wollen, haben Goreliks und Grjasnowas Protagonistinnen einige Zeit in Israel verbracht. Goreliks Ich-Erzählerin fühlt sich in Israel z. B. zugehörig, da sie dort Menschen zu finden meint, die ihr in

427 Vgl. z. B. die Website der *Jewish Agency* »Making Aliyah«.

Gestik, Art des Schnell-Und-Laut-Sprechens und im Äußeren ähneln. Aber das Land, in dem »Krieg und Hitze herrschen« und »Milch und Honig fließen« (Gorelik 15), ist nicht ihr Zuhause. Das ist Deutschland (Gorelik 155). Bei Grjasnowas Ich-Erzählerin, die von Deutschland nach Israel zieht – und die sich zu diesem Land unbewusst zugehörig fühlt, bspw. da sie es nicht erträgt, wenn jemand Israel kritisiert –, sind es auch die kriegsähnlichen Zustände und das Gefühl nicht sicher zu sein, die Trauma bedingt nicht Israel zu ihrem ›Platz an der Sonne‹ werden lassen. Deutschland, wegen seiner Sicherheit und Rechtsstaatlichkeit, könnte ihr ›Platz an der Sonne‹ sein, wäre nicht ihre Liebe, Elias, dort an seinem Sportunfall gestorben. Bei Petrowskajas Ich-Erzählerin findet Israel im Rahmen transnationaler Zugehörigkeit keine Erwähnung, Mobilität spielt jedoch eine bedeutende Rolle und gehört auch zu ihrer Identität. Auf der Suche nach ihrer Familiengeschichte und sich selbst bereist sie bspw. Osteuropa und erkennt bei einigen ihrer Vorfahren und an einigen Orten, an denen diese sich aufhielten, auch die sie prägenden Wesenszüge, den Selbsterhaltungs- und Durchhaltewillen. Zur transnationalen Identitätskomponente der drei Ich-Erzählerinnen gehört ein durch Mobilität bestimmtes Leben. Je nach Konstruktion durch ihre Autorinnen haben die Protagonistinnen Interaktionen mit den Ländern ihrer Herkunft, ihrer Familiengeschichte, ihres Judentums – bspw. Israel, Russland, Polen, Österreich, Aserbaidschan oder die Ukraine – und fühlen sich diesen in Teilen zugehörig.

Ein weiteres Identitätsmerkmal, das alle Protagonistinnen teilen, ist die Sprache. Petrowskajas Protagonistin ist erst als Erwachsene nach Deutschland gegangen, hat sich und ihren Mann in Sicherheit gebracht, eine Familie gegründet und den ›Kampf‹ (79f.) mit der deutschen Sprache aufgenommen. Die beiden anderen Ich-Erzählerinnen sind als Kinder mit ihren Eltern nach Deutschland zugewandert. Ihre Grundlage für das Erlernen der deutschen Sprache wurde in der Schule gelegt. Durch den Spracherwerb sichern sich in allen drei Werken die Erzählerinnen ihren Platz in der deutschen Gesellschaft. Das Beherrschen der Sprache des Zuwanderungslandes wird von ihnen als wesentliches Kriterium verstanden, um sich einen Zugang zu diesem zu erarbeiten. Über die deutsche Sprache definieren sie sich neu und erwerben auch eine deutsche Identität als Facette ihres transnationalen Selbstverständnisses.

Bei allen Gemeinsamkeiten gibt es jedoch auch wichtige Unterschiede in den literarischen Identitätskonstruktionen der drei Autorinnen. In Lena Goreliks Text setzt sich die Protagonistin als Einzige der drei intensiv mit ihrer Mutterrolle hinsichtlich der Weitergabe des Judentums auseinander.[428] Sie reflektiert ihre

428 Wie Grjasnowa selbst zum Zeitpunkt der Niederschrift ihres Textes, hat auch ihre Protagonistin des Werkes keine Kinder. Die Autorin Katja Petrowskaja hat selbst zwei Töchter und lässt ihre Ich-Erzählerin eine Tochter haben. Das Thema der Absicherung der Weiter-

eigene Identität und daraus entspringende Identitätskonflikte, um sich darüber klar zu werden, welche jüdischen Werte sie an ihren Sohn und dessen Generation weitergeben möchte. Katja Petrowskajas Ich-Erzählerin bedenkt bei der Erkundung ihrer Familiengeschichte explizit den Selbsterhaltungstrieb, der in einigen ihrer Familienmitglieder besonders stark vorhanden war und der sie Verfolgung, Antisemitismus, Holocaust und Krieg überleben ließ und der auch Leitmotiv ihres Lebens ist. Die Autorin hat ihren deutschen Mann überredet, mit ihr nach Deutschland zu ziehen, als sich abzeichnete, dass Putin an die Macht kommen würde. Ihre Ich-Erzählerin lässt sie in das Land der ehemaligen Täter gehen, in das friedliche, demokratische Gegenwartsdeutschland. Die Menschen, die heute dort leben, sind für sie nicht mehr die Täter von einst. Ihren Sprachwechsel von Russisch zu Deutsch vergleicht die Protagonistin wegen der Schwere des Eingriffs in ihre Identität mit einer Geschlechtsumwandlung – also metaphorisch mit einem Wechsel ihrer Geschlechteridentität.

Olga Grjasnowas Protagonistin Mascha ist die einzige der drei besprochenen Protagonistinnen, die Bisexualität als Komponente in ihrer Identität aufweist – also deren sexuelle Identität von der Heteronormativität abweicht. Ihre Hingezogenheit zum männlichen wie weiblichen Geschlecht wird neben der Mehrsprachigkeit auch zum Symbol ihrer Selbstständigkeit und ihrer Fähigkeit ein selbstbestimmtes Leben führen zu können, wäre da nicht ihr Trauma, das sie immer wieder einholt und auf Hilfe angewiesen sein lässt. Sie fühlt sich auch als Einzige einer transnationalen Ersatzfamilie zugehörig, die ihre Erfahrungen der Migration, Entwurzelung und des Alltagsrassismus in Deutschland teilt. Trauma als Identitätskomponente konstruieren sowohl Grjasnowa und bis zu einem gewissen Grad auch Petrowskaja für ihre Protagonistinnen. Grjasnowas Mascha hat ein Kindheitstrauma und eine daraus resultierende PTSD (post-traumatic stress disorder), die immer dann in Erscheinung tritt, wenn sich die Protagonistin bedroht fühlt. Petrowskaja lässt ihre Erzählerin vermittels der Recherchen zum Schicksal ihrer Ahnen das Familientrauma des Holocausts verarbeiten und zu ihrer eigenen Identität finden. Sie lässt sie erkennen, dass sie mit einigen ihrer Vorfahren den sie antreibenden Selbsterhaltungstrieb und den Durchhaltewillen gemeinsam hat und lässt sie sich in Deutschland eine neue deutsche Identität unabhängig vom Opfer-(Täter)-Diskurs schaffen.

Die spezifisch weibliche Sicht auf jüdisches Leben in Deutschland drückt sich aus in einem ›neuen‹, bzw. eigenen narrativen Stil der Selbstrepräsentation dieser Generation postmigrantischer jüdischer Autorinnen. Das hybride Genre der

gabe des Judentums in der Geschlechterabfolge wird im Text nicht angesprochen, vielleicht weil die Protagonistin sich hauptsächlich wegen der Ermordung ihrer Verwandten während des Nationalsozialismus zum Jüdischsein bekennt. Möglicherweise auch, weil anders als bei Goreliks Protagonistin, die einen Sohn hat, unter mutterrechtlichen Gesichtspunkten die Zugehörigkeit zum Judentum über die Töchter ohnehin zunächst gesichert wäre.

Autofiktion wird von diesen Frauen genutzt, um bei den Identitätsfragen auch spezifische Gender-Problematiken anzusprechen. So benutzt bspw. Gorelik ihre weibliche Erzählstimme, um ihren Sohn und damit die Söhne ihrer Generation, von ›Intermarriage‹ abzuhalten. Die Warnung gilt nicht zufällig den männlichen Nachkommen, denn eine Tochter würde nach dem Matrilinearitätsprinzip auch mit einem nicht-jüdischen Partner ethnisch-jüdische Kinder bekommen. Dieser besonderen Sorge, ›Intermarriage‹ zu vermeiden – im Sinne von: »Es wäre vielleicht doch nett, wenn Du eine Jüdin heiraten würdest« (Gorelik 63) –, liegt die geschlechterspezifische Annahme eines wichtigen Aspektes der vom konservativen Judentum der Frau zugeschriebenen Rolle zugrunde – nämlich die Akzeptanz der Aufgabe, als Mutter für eine ›emotionale Bindung‹ der Kinder an das Judentum zuständig zu sein, z.B. damit Söhne keine Heirat mit einer nicht-jüdischen Frau eingehen.

Olga Grjasnowa gebraucht im Gegensatz dazu ihre weibliche Erzählstimme, um eine sehr selbstständige und emanzipierte Ich-Erzählerin zu konstruieren, auch in sexueller Hinsicht. Diese lässt sich trotz ihrer emanzipierten Haltung, gewissermaßen aus Vernunft, um nicht an ihrem Trauma zugrunde zu gehen, von einem männlichen Freund retten. Grjasnowa zeigt mit Hilfe der Protagonistin, entgegen von Rollenerwartungen und -zuschreibungen, dass auch für eine emanzipierte Frau es akzeptabel sein sollte, einen Mann, aber noch wichtiger, einen vertrauten Menschen zu brauchen. Ein Sich-Zuhause-Fühlen ist für diese Protagonistin nur bei einem Menschen möglich, dem sie trauen kann – sei dieser nun männlich oder nicht.

Zwischen diesen beiden Frauenbildern steht Petrowskajas Ich-Erzählerin, die sich selbst in ihren Vorfahren der Familie sucht. Sie möchte bei ihren weiblichen und männlichen Verwandten für das eigene Verhalten Entsprechungen finden, um sich erklären zu können, wie sie geworden ist, wer sie ist, nämlich eine Frau, die mit ihrem deutschen Mann nach Berlin zieht, in eine Stadt, die »zu einer der friedlichsten Städte der Welt geworden ist« (Petrowskaja 7). Und dort, dies gebieten ihr ihr Selbsterhaltungstrieb und ihr Durchhaltewillen – Eigenschaften, die sie auch bei einigen Vorfahren erkannt hat –, den ›Kampf‹ mit der deutschen Sprache aufzunehmen, um einen Zugang zu dem ehemaligen Feindesland, zu einer auch deutschen Identität zu finden, »als wäre mein Deutsch die Voraussetzung für den Frieden« (Petrowskaja 80).

Alle drei Vertreterinnen der Neuesten Generation jüdischer Schriftsteller*innen mit osteuropäischen Wurzeln liefern Selbstrepräsentationen, weibliche Perspektiven auf das Sujet der zeitgenössischen jüdischen Identität und verwenden dabei, offenbar auch genderspezifisch bedingt, das Genre der Autofiktion. Die Bandbreite ihrer Präsentationen jüdischer Frauenbilder reicht von der angestrebten Rolle der Frau als Garantin des Weiterbestehens jüdischen Lebens in Deutschland, über das Bild einer emanzipierten, sich auch gegen die Festschreibung von Normen der Emanzipation wendenden Frau, zu dem Konstrukt einer Frau, die sich ihren Platz in einer unter historischen Gesichtspunkten ehemals feindlich gesinnten Gesellschaft erarbeitet.

III. Verhältnis zu Deutschland

Ein Vergleich der Aussagen und Haltungen jeder der drei Protagonistinnen zu Deutschland steht im folgenden Teil im Mittelpunkt. Das Medium der Literatur und spezifisch das Genre der Autofiktion gibt den Autorinnen die Möglichkeit, ihre Wünsche, Kritikpunkte und Verbesserungsvorschläge für ein Leben in Deutschland auszudrücken. Die Aussagen der Ich-Erzählerinnen werfen zu dem Zeitpunkt, in dem sie getroffen wurden, ein Schlaglicht auf die Einstellung einer neuen jüdischen Generation zu Deutschland.

Alle drei Schriftstellerinnen ziehen ihre Kinder in Deutschland auf. Diese Tatsache gibt mir Anlass, auf das Verhältnis der Autorinnen zu Deutschland zu schließen. Ihre Literatur erfüllt – so meine These – auch die Funktion, die Gesellschaft, in der sie mit ihren Familien leben, durch Bewusstmachung kritikwürdiger Probleme dahingehend zu verändern, dass zumindest die Nachwuchsgeneration zukünftig mit einigen Problemen, die der ›Normalität‹ entgegenstehen, nicht mehr konfrontiert wird. Entweder die Eltern der Schriftstellerinnen (Gorelik, Grjasnowa) oder sie selbst (Petrowskaja) haben Deutschland bewusst als Einwanderungsland gewählt, um ihren Familien ein besseres Leben als das in der ehemaligen Sowjetunion zu ermöglichen. Daher gehe ich davon aus, dass keine der drei migrationserprobten Frauen freiwillig mit der eigenen Familie in einem Land bleiben würde, das sie als grundsätzlich antisemitisch und gefährlich für Jüd*innen einschätzen würden. Die Autorinnen Gorelik und Petrowskaja – beide zum Zeitpunkt der Veröffentlichung ihrer Bücher schon Mütter – lassen die Protagonistinnen jedoch nicht die Möglichkeit erwägen, mit ihren Familien Deutschland zu verlassen. Auch Grjasnowas Ich-Erzählerin, die als Einzige, wie ihre Autorin, zum Erscheinungszeitpunkt von *Der Russe ist einer, der Birken liebt*, nicht Mutter war und für längere Zeit bei einer deutschen Stiftung in Israel arbeitet und auch in Palästina war, würde »auf gar keinen Fall« Alija machen und den deutschen Pass aufgeben (166). Olga Grjasnowa hat mittlerweile zwei Kinder mit ihrem syrischen Mann und lebt in Berlin (Unsleber, »Autorin über unnütze Identitäten: ›Heimat ist eine Behauptung‹«). Auch in Goreliks und Petrowskajas Fall haben Ich-Erzählerinnen und Autorinnen ihren eindeutigen Lebensmittelpunkt in Deutschland. Insbesondere unter Berücksichtigung der Tatsache, dass der Staat Israel allen Juden offensteht[429] und keine

429 Lena Gorelik erklärt dies ihrem Kind wie folgt: »Jederzeit wirst du ins Land, wo Milch und

der drei Autorinnen ihre Protagonistinnen von dieser Option dauerhaft Gebrauch machen lässt, zeigt eine Bindung an Deutschland.

Lena Goreliks Ich-Erzählerin hat von den drei Hauptfiguren das vergleichsweise stärkste Zugehörigkeitsgefühl zu Deutschland. Sie liebt das Land und lebt gern dort – trotz aller Kritik. Sie nennt Deutschland »mein Zuhause«, »mein Land« (Gorelik 155). Katja Petrowskajas Protagonistin versucht sich über das Erlernen der deutschen Sprache auch eine deutsche Identität, einen Platz in Deutschland, »ein zweites Leben« zu erkämpfen. Ihr »Deutsch« ist ihr »eine Liebe, die nicht vergeht« (Petrowskaja 80). Von Liebe zu Deutschland oder der deutschen Sprache kann man bei Olga Grjasnowas Erzählerin nicht sprechen. Ihr Verhältnis zu Deutschland ist ambivalent. Sie schätzt offenbar die deutsche Staatsangehörigkeit, lehnt aber gleichzeitig die Strukturen in Deutschland ab, die zu Diskriminierung von Eingewanderten führen. Zugehörig zu dem Land Deutschland fühlt sie sich nicht. Weil »vertraute Menschen« (Grjasnowa 203) dort leben, ist es am ehesten noch ein »vertrauter Ort« und sie hat ein gewisses lokales Zugehörigkeitsgefühl zu Deutschland, genauer zu Frankfurt und spezifischen Szenekneipen (Grjasnowa 223), die sie Deutschland als eine Art von »Zuhause« (203) akzeptieren lassen. Nach Deutschland kann die Protagonistin jedoch am Ende des Romans »Noch nicht.« (223) zurückkehren, erst nach der Überwindung von Elias' Tod wäre dies eine Option für sie, denn dann könnte Deutschland ihr »Platz an der Sonne«, »ein friedlicher Platz, an dem niemand getötet wird« werden (Grjasnowa 235).

Für Lena Goreliks Ich-Erzählerin ist es »kein Verrat« an den Opfern des Holocaust, wenn Jüd*innen in Deutschland leben, »sondern ein Triumph« (Gorelik 180). Sie, die eingewanderten Juden, die »hier gelandet sind« (Gorelik 180), haben überlebt, trotz ihrer geplanten Vernichtung, und sind nun selbstbewusste deutsche Staatsbürger.[430] Ihre Botschaft, die hauptsächlich an nichtjüdische Deutsche, aber auch Jüd*innen der älteren Generation gerichtet ist, lautet: »Wir sind eine neue Generation« (Gorelik 181), »wir leben gerne hier«

Honig fließen und Krieg und Hitze herrschen, auswandern können, einen israelischen Pass bekommen« (Gorelik 15).

430 Jüdisches Schreiben und Leben in Deutschland nach dem Holocaust als ›unmöglich‹, ›exotisch‹ oder ›besonders‹ zu betrachten – vgl. u. a. Andreas B. Kilchers Beschreibung der »Unmöglichkeit« (»Metzler Lexikon der deutsch-jüdischen Literatur« IX) einer »deutsch-jüdischen Literatur nach 1945« (»Exterritorialitäten« 131) –, hat sich nicht bewahrheitet. Abzulehnen ist nach dem Germanisten Thomas Kovach auch eine Sichtweise, die jüdisches Leben und Schreiben, also die bedeutenden Beiträge jüdischer Deutscher zum kulturell-intellektuellen Leben in Deutschland (vgl. Franz Kafka, Heinrich Heine, etc.) vor dem Holocaust als zwangsläufig zum Scheitern verurteilte ›Assimilation‹ in die ›falsche Kultur‹ betrachtet. Zusammenfassend meint er, »that the whole existence of these German Jews was a delusion, is not only too facile but is in effect to negate many of the greatest Jewish accomplishments of the modern era« (Kovach, »Assimilation – Is it always a Bad Thing?«).

(180). Normalität ist im Zusammenleben von Jüd*innen und Nichtjüd*innen, wie die Protagonistin sie sich wünscht, jedoch noch nicht vorhanden, denn Jüd*innen nehmen im deutschen Alltagsleben immer noch eine Sonderrolle ein, die ihnen durch Philo- bzw. Antisemiten zugewiesen wird. Der neuesten Generation, Mischa und seinen Altersgenossen, wünscht sie – und es gibt wenig, dessen Eintreten sie »mehr freuen würde« (Gorelik 181) –, dass jüdisches Leben in Deutschland wieder so normal wird, dass niemand mehr die spezifische Frage stellen wird: »WIE IST ES, ALS JUDE IN DEUTSCHLAND ZU LEBEN?« (181).

Noch stärker als Gorelik hebt Grjasnowa den Alltagsrassismus in Deutschland hervor. Sie beschreibt das Problem am Beispiel der Islamophobie und Xenophobie[431] jedoch weiter gefasst als Gorelik, nämlich nicht nur auf Jüd*innen bezogen (Philo- und Antisemitismus), sondern auf alle, die von der Mehrheitsgesellschaft als ›anders‹ empfunden werden.

Goreliks Ich-Erzählerin wünscht sich: Jüdische Identität soll in Deutschland weiterleben. Dies ist auch eine indirekte Anfrage an die jüdischen Gemeinden in Deutschland, mehr zu tun, denn die zugewanderten osteuropäischen Juden sind zumeist nicht religiös und der »jüdische(r) Geist« (Gorelik 141 ff.), den Gorelik ihre Protagonistin neben der Religiosität als eine Kernkomponente des Judentums annehmen lässt, reicht möglicherweise allein nicht aus, um bspw. ›Intermarriage‹ zu verhindern.[432] Im Text Goreliks sind die wesentlichen Charakte-

431 Nach der Wiedervereinigung gab es Studien zum Zusammenhang zwischen Antisemitismus, definiert als »an unfavorable and hostile attitude and evaluation of Jews« und Xenophobie, definiert als »an unduly fearful, hostile, or contemptuous attitude toward foreigners« in Ost- und Westdeutschland (Kurthen et al. 3). Die Studien ergaben keine, wie eigentlich erwartet, signifikanten Unterschiede zwischen Ost und West: »they revealed only slight differences in levels of antisemitism and xenophobia between East and West Germans. Though hostility toward foreigners was, indeed, somewhat stronger among East Germans, respondents in the East displayed far less willingness to vote for right-wing extremist parties, and they were much less antisemitic than westerners« (Kurthen et al. 3). Eine Studie der Universität Leipzig aus dem Jahr 2018 hat Folgendes für die gegenwärtige Situation ergeben: Bei steigender Ausländerfeindlichkeit werden besonders Muslime »deutlich negativer gesehen«. Die Studie hat weiter bei »Ausländerfeindlichkeit [...] ein deutliches Gefälle zwischen Ost- und Westdeutschland festgestellt«: »Während im Westen 22 Prozent der Befragten ausländerfeindlich eingestellt sind, sind es im Osten 31« (Lipkowski und Schulte von Drach, »Die Deutschen werden immer intoleranter«).

432 ›Intermarriage‹ wird in Büchern häufig als ›gefährlich‹ für die jüdische Minderheit in den Ländern, in denen sie leben, beschrieben, da u. a. die Möglichkeit besteht, die jüdische Identität in der Mainstream-Kultur zu verlieren (vgl. u. a. *The Vanishing American Jew. In Search of Jewish Identity for the Next Century* von Alan Dershowitz aus dem Jahr 1997). Jedoch sehen nicht alle jüdischen Intellektuellen ›Intermarriage‹ als zwangsläufig gefährlich oder hinderlich für eine ausgeprägte jüdische Identität an. Kovach wandte sich bspw. in seiner Rede an die lokale jüdische Gemeinde und erinnerte diese: »For some Jews, being married to a Gentile has made them reflect on and assert their Jewish identity in ways they might not have done had they married a fellow Jew« (»Assimilation – Is it always a Bad Thing?«).

ristiken der jüdischen Identität ihrer Protagonistin das Bekenntnis zum Jüdischsein, bzw. des Judentums trotz Irreligiosität und der erklärte Wille, das Judentum über die Weitergabe der jüdischen Werte an die nächste Generation in Deutschland, der Heimat von Jüd*innen und Nichtjüd*innen, weiterleben zu lassen.

Katja Petrowskajas Ich-Erzählerin will in Deutschland dazugehören, nicht durch ihren Akzent als ›anders‹ auffallen. Die Perfektionierung der deutschen Sprache ist das Mittel, über das sie diese Zugehörigkeit erreichen möchte. Ihr Zugehörigkeitsstreben zu Deutschland ist das eines Ziels, das manchmal nah, manchmal fern erscheint, »und manchmal sieht es sogar so aus, als wäre es so«, »als ob ich zu jemandem gehörte, zu einer familie, zu einer sprache« (Petrowskaja 118). Letztlich entzieht sich dieses Ziel für sie noch dem Erreichbaren. Sie fühlt sich in der deutschen Gesellschaft wie in einer »Männersauna« (Petrowskaja 116), in der sie sich mit dem Spracherwerb ein ›Glied anklebt‹ (118), um nicht als Frau, bzw. ›anders‹ erkannt zu werden. Andererseits ist Deutschland ihre Wahlheimat, in der sie gerne lebt und durch die sie herausgefordert und motiviert wird, sich neu zu erfinden, neu zu definieren – nämlich als selbstbewusst und zugehörig zu einem transnationalen Deutschland. Sie erwartet von der deutschen Gesellschaft, ihr keine Rolle von außen zuzuschreiben, weder die des Opfers noch die der Außenseiterin, so wie sie in den in der Jetztzeit lebenden Deutschen nicht die Täter von damals sieht.

Das Verhältnis Maschas, der Protagonistin Olga Grjasnowas, zu Deutschland, ist ambivalent – sie fühlt sich einerseits teils bewusst und teils unbewusst zugehörig, andererseits sieht sie deutlich die Missstände, die einer ›normalen‹ Existenz nicht nur für Jüd*innen, sondern Zugewanderten generell noch im Wege stehen. Mascha fühlt sich Deutschland zugehörig über die dort lebenden, ihr nahestehenden Menschen, denen sie vertraut. Dies sind Menschen, die – wie Cem und Sami – die Erfahrung des ›othering‹ und/oder auch das Gefühl der Entwurzelung durch Migration – sei es in erster oder zweiter Generation – kennengelernt haben und sie deshalb verstehen können. Grjasnowas Erzählerin äußert den Wunsch, in einer Gesellschaft zu leben, in der es kein ›Pogrom‹ gibt, wie in Aserbaidschan, bzw. keine Gewalt gegen ›Andere‹ ausgeübt wird, wie in Israel und Palästina. Ein solches Land könnte auch Deutschland später wieder für die traumatisierte Ich-Erzählerin werden, sobald sie Elias' Tod etwas verwunden hat. Ihr Liebster ist nicht Opfer einer Gewalttat geworden, sondern hatte einen Sportunfall. Für diese Sicht von Deutschland spricht, dass sie es auf sich nimmt, Kritik an Deutschland zu üben. Bestimmte Zustände anzusprechen, heißt auch, auf Abhilfe zu hoffen – die Gesellschaft, in der man leben möchte, verbessern zu wollen. Mascha ist selbstständig und emanzipiert, definiert sich selbst hauptsächlich über Sprache, d. h. ihr Sprachtalent – dies ist ein einendes Moment bei allen drei Protagonistinnen – und sie möchte in einem Land leben, in dem keine todbringende Gewalt gegen als ›anders‹ Empfundene angewandt wird. Daran scheitert jedoch ihr Überall-Leben-Können, auch in Ländern, in denen man die Sprachen spricht, die sie beherrscht. Mascha muss erkennen, dass es auf der Welt leider nur sehr wenige friedliche Orte – ›Plätze an der Sonne‹ – gibt.

Der Wunsch der Autorin Grjasnowa ist, wie es in einem Interview zum Ausdruck kommt, dass Deutschland ein »postnationaler Staat« werden möge (Baude, »Interview mit Olga Grjasnowa«), in dem allen Einwohner*innen unabhängig von der Herkunft die gleiche Teilhabe am Rechtsstaat und seinen Ressourcen, z. B. dem Bildungssystem, garantiert werden. Die gesellschaftlichen Mechanismen, die zu ›othering‹ führen, müssten aufgedeckt und behoben werden, damit ein ›normales‹ Leben für Jüd*innen und alle, die bspw. aufgrund ihrer Deutschkenntnisse, Religion oder Ethnie als ›anders‹ empfunden werden, möglich ist.

IV. Stellenwert des Holocausts in den Identitätskonstruktionen

Ein Ergebnis dieser Arbeit ist, dass die von außen zugewiesene Opferrolle infolge des Holocaust mit ihrer Implikation der Sonderstellung der jüdischen Erzählstimmen in den befragten Werken nicht mehr als den alltäglichen Bedürfnissen angemessen empfunden wird. Alle drei Autorinnen lassen ihre Protagonistinnen ausdrücken, dass sie ›normal‹ und vor allem nicht ›anders‹ als Nichtjuden behandelt werden wollen. Einen ›normalen‹ Alltag führen zu können, heißt, ohne gesteigertes positives oder negatives Interesse seitens der deutschen Gesellschaft zu leben. Das Gedenken an den Holocaust soll erhalten bleiben und wird als unverzichtbar für die jüdische Identität und das jüdische und deutsche kulturelle Gedächtnis empfunden. Aber alle drei Protagonistinnen wollen ihr ganz persönliches Leben im Hier und Jetzt in Frieden und Ruhe führen – unabhängig davon, ob sie sich mehr oder weniger als jüdisch empfinden. Dies gilt auch für Olga Grjasnowas Protagonistin, die, wenn überhaupt in Deutschland, in einer Zuwanderergemeinschaft dort leben will. Vom deutschen Staat und der deutschen Öffentlichkeit werden nicht ständiges Erinnern an den Holocaust oder ›Lippenbekenntnisse‹ zur deutschen Schuld, sondern die Ermöglichung eines friedlichen Lebens erwartet.

Aus dem Fakt, dass die Autoren in ihren Werken das Genre der Autofiktion verwenden, das ihnen erlaubt, nicht nur ihre eigenen Lebenserfahrungen, Wünsche, Vorstellungen und Erwartungen auszudrücken, sondern auch von ihnen wahrgenommene bzw. vermutete Tendenzen in der Gesellschaft über den Umweg ihrer Ich-Erzählerinnen per Fiktion abzubilden, schließe ich, dass sich in ihren Texten bestimmte Strömungen unter den in Deutschland lebenden Juden abzeichnen. Die drei Texte zeigen tendenziell zwei Richtungen auf: einerseits Jüd*innen, die sich ganz selbstverständlich als Deutsche verstehen (Gorelik) und

Jüd*innen, die eine deutsche Identität erwerben wollen (Petrowskaja) und andererseits Jüd*innen, denen die deutsche Zugehörigkeit nur insofern etwas bedeutet, als sie in Ruhe und Frieden in Deutschland in einer Zugewandertengemeinschaft leben möchten (Grjasnowa).

Festzuhalten bleibt für die Neueste Generation jüdischer Schriftstellerinnen in Deutschland, dass sie keine Sonderrolle – weder als Opfer noch als Exoten – wollen. Mit ihrem Normalisierungswunsch drücken sie aus, dass sie sich ein ganz alltägliches Leben in Deutschland erhoffen. Gerade dieser Wunsch, als nichts Besonderes behandelt werden zu wollen, drückt den ›Triumph‹ der in Deutschland lebenden Jüd*innen über diejenigen aus, die Jüd*innen vernichten wollten. Der Holocaust soll nicht vergessen werden, doch die Botschaft an die deutsche Gesellschaft – an Jüd*innen wie Nicht-Jüd*innen – ist: Wir, die Kontingentflüchtlinge und deren Kinder sind ›eine neue Generation‹, die nicht über den Holocaust definiert werden will, sondern auf Akzeptanz ihres Wunsches hofft, als ›Normalbürger‹ unbehelligt unter den anderen ›Normalbürgern‹ in Deutschland zu leben.

V. Zur literarischen Widerspiegelung jüdischen Selbstverständnisses in Deutschland

Die Analyse jüdischen Selbstverständnisses in Deutschland in den besprochenen Werken hat gezeigt, dass alle drei Autorinnen ihre Protagonistinnen Gleichbehandlung und keine Rollenzuschreibungen von außen wünschen, bzw. fordern lassen. Dieses Hauptergebnis kann als Hoffnung der Autorinnen verstanden werden, mit der Öffentlichmachung ihres oder des vermuteten Verlangens ihrer Generation eine Debatte um dieses Bedürfnis in Deutschland anzustoßen, die zu einer Neuorientierung bzw. wirklichen ›Normalisierung‹ im deutsch-jüdischen Verhältnis führen könnte. Eine solche Normalisierung erforderte ein gesellschaftliches Umdenken: Jüd*innen würden nicht mehr als Exoten oder Opfer hervorgehoben und diskriminiert, sondern jüdisches Leben in Deutschland würde so ›normal‹ wie anderswo, z.B. in Kanada (Gorelik 182) oder den USA, angesehen werden (Funk, »Weil es einfacher ist, Jude in Amerika zu sein als in Deutschland«). Die deutsche Gesellschaft wäre dann einen Schritt näher an dem ›Triumph‹ jüdischen Lebens über den Holocaust, den Gorelik meint. Petrowskajas Ich-Erzählerin sagt: »Warum lassen wir den Stein [des Holocausts] nicht liegen?« (Petrowskaja 270, 269, 261 f.) und ermuntert mit ihrem ›wir‹ Jüd*innen dazu, einen Neuanfang zu wagen und fordert die Mehrheitsgesellschaft indirekt auf, Jüd*innen ein ganz ›normales‹ Leben in Deutschland zu ermöglichen – sie ihre »Deutschland-Sehnsucht« leben zu lassen (Heimann, »Die deutsche Sprache kam einer Befreiung gleich«). Auch Grjasnowa wertet in ihrem Werk mit Hilfe ihrer Protagonistin den Holocaust, den deutschen Umgang damit und die daraus resultierende Andersbehandlung von Jüd*innen in Deutschland neu, denn sie kontextualisiert ihn als einen Genozid unter vielen. Sie hebt, um es mit Kampel zu sagen, den »Exklusivitätsanspruch« der »›jüdische[n] Erfahrung‹ von Vertreibung, Exil und Vernichtung im Roman« auf und macht daraus »eine universelle, gleichsam globale Erfahrung« (Kampel 272). Für Grjasnowas Ich-Erzählerin hat dies die Konsequenz, dass sie sich nicht anders fühlt als andere nach Deutschland Eingewanderte, z. B. Türken oder Araber – »Aber unsere Auswanderung hatte nichts mit dem Judentum, sondern mit Bergkarabach zu tun« (Grjasnowa 44). Sie solidarisiert sich mit diesen und prangert die in Deutschland existierende Diskriminierung von Zuwanderern an.

Wie ich zeigte, haben die besprochenen, auf Deutsch schreibenden Vertreterinnen der Neuesten Generation jüdischer Schriftsteller*innen in Deutschland, Gorelik, Petrowskaja und Grjasnowa, in ihren autofiktionalen Texten Versionen jüdischer Identität im zeitgenössischen Deutschland dargestellt. Das Konzept der Intersektionalität wurde von mir bei der Analyse der Identitätskonstruktionen als Vergleichsfolie für etwaige Unterdrückungsstrukturen benutzt. Obwohl die Protagonistinnen in Deutschland nicht offensichtlich intersektional diskriminiert werden, stehen laut der Protagonistinnen der Werke empfundene Ungleichbehandlungen – insbesondere derjenigen Grjasnowas, aber auch der Goreliks – der ›Normalisierung‹ des deutsch-jüdischen Verhältnisses heute eher im Wege, als die historische Schuld, die Deutschland auf sich geladen hat oder die Angst vor der Wiederholung des Holocausts. Bei allen drei Autorinnen wird die von außen auferlegte Opferrolle als unangebracht, bzw. nicht mehr zeitgemäß und in Hinblick auf den Philosemitismus auch als diskriminierend empfunden.

Um es noch einmal festzuhalten, die literarischen Stimmen der drei Autorinnen, die sich in ihren Texten des Genres der Autofiktion bedient haben, geben zum Zeitpunkt ihrer Konstruktion nicht nur Auskunft über die eigene jüdische Befindlichkeit, die eigenen Wünsche der Verfasserinnen, sondern zeigen auch, welche Tendenzen diese in ihrer Generation – der Kinder der jüdischen Einwanderer aus der ehemaligen Sowjetunion – zu erkennen vermeinen. Aus allen drei Identitätskonstruktionen lässt sich, als ein wesentliches Ergebnis, das Vorhandensein einer Strömung ablesen, in der das Denken in Täter- und Opferrollen als den Bedürfnissen dieser Generation nicht mehr angemessen betrachtet wird. Der Wunsch nach einem friedlichen, unbehelligten, ganz ›normalen‹ Zusammenleben zwischen Jüd*innen und Nicht-Jüd*innen in Deutschland, den das Medium der Literatur schlaglichtartig erhellt hat und der durch die autofiktionalen Werke öffentlich gemacht wird, wartet auf seine Erörterung in einer gesellschaftlichen Debatte, die als ein erster Schritt zu seiner Verwirklichung beitragen könnte.

Literaturverzeichnis

Abels, Heinz. *Identität. Über die Entstehung des Gedankens, dass der Mensch ein Individuum ist, den nicht leicht zu verwirklichenden Anspruch auf Individualität und die Tatsache, dass Identität in Zeiten der Individualisierung von der Hand in den Mund lebt.* VS Verlag für Sozialwissenschaften, 2010.

Adorno, Theodor. »Was bedeutet: Aufarbeitung der Vergangenheit.« *Erziehung zur Mündigkeit. Vorträge und Gespräche mit Hellmut Becker 1959–1969*, hrsg. von Gerd Kadelbach, Suhrkamp, 1979, S. 10–28.

Alcoff, Linda Martín. *Visible Identities: Race, Gender, and the Self.* Oxford Scholarship Online, 2006.

Altman, Abby, et al. »Exploration of Jewish Ethnic Identity.« *Journal of Counseling and Development* 88, 2, 2010, S. 163–173.

Amico, Robert. *Exploring White Privilege.* Routledge, 2017.

Appell, Victor. »Why do some Jews write ›G-d‹ instead of ›God‹.« *ReformJudaism.org*, https://reformjudaism.org/practice/ask-rabbi/why-do-some-jews-write-g-d-instead-god. Zugriff: 11. Februar 2019.

Arendt, Hannah, und Karl Jaspers. *Hannah Arendt – Karl Jaspers. Briefwechsel 1926–1969.* Hrsg. Lotte Köhler und Hans Saner, Piper, 1985.

Aristoteles. *Poetik. Griechisch/Deutsch*, hrsg. von Manfred Fuhrmann, Artemis & Winkler, 1982.

Assmann, Aleida. *Der lange Schatten der Vergangenheit. Erinnerungskultur und Geschichtspolitik.* C.H. Beck, 2006.

Ataman, Ferda. »Bizarre Statistik. Schafft den Migrationshintergrund ab!« *Spiegel Online*, 2. Juni 2018, https://www.spiegel.de/kultur/gesellschaft/schafft-den-migrationshintergrund-ab-kolumne-von-ferda-ataman-a-1210654.html. Zugriff: 3. März 2019.

Augustyn, Adam, et. al. Hrsg. »Stream of consciousness.« *Encyclopedia Britannica*, 6. Februar 2019, https://www.britannica.com/art/stream-of-consciousness. Zugriff: 6. März 2019.

Baader, Benjamin, et al. Hrsg. *Jewish masculinities. German Jews, gender, and history.* Indiana University Press, 2012.

Barber, Karin. »Interpreting Texts and Performances.« *The SAGE Handbook of Social Anthropology*, hrsg. von Richard Fardon, et al., SAGE Publications 2, 2012, S. 69–83.

Barkhausen, Jochen. *Die Vernunft des Sentimentalismus.* Gunter Narr, 1983.

Barthes, Roland. »Der Tod des Autors.« *Texte zur Theorie der Autorschaft,* hrsg. von Fotis Jannidis et al., Reclam, 2000, S. 185–193.

–. »Responses: Interview with *Tel Quel.*« *The Tel Quel Reader*, hrsg. von Patrick French und Roland Francois Lack, Routledge, 1998, S. 249–268.

Baßler, Moritz. »Texte und Kontexte.« *Handbuch Literaturwissenschaft. Gegenstände und Grundbegriffe. Band I,* hrsg. von Thomas Anz, J.B. Metzler, 2007, S. 355–369.

Baude, Sonja. »Interview mit Olga Grjasnowa.« *AVIVA*, 4 Mai 2012, https://www.aviva-berlin.de/aviva/content_Interviews.php?id=141121. Zugriff: 1. November 2018.

Bauman, Zygmunt. »Große Gärten, kleine Gärten. Allosemitismus: Vormodern, Modern, Postmodern.« *Antisemitismus und Gesellschaft. Zur Diskussion um Auschwitz, Kulturindustrie und Gewalt*, hrsg. von Michael Werz, Neue Kritik, 1995, S. 44–61.

Beauvoir, Simone de. *Das andere Geschlecht. Sitte und Sexus der Frau.* Rowohlt, 2000.

Beck, Pearl. »The Relationship between Intermarriage and Jewish Identity in the United States.« *Hybride Jüdische Identitäten: Gemischte Familien und patrilineare Juden,* hrsg. von Lea Wohl von Haselberg, Neofelis, 2015, S. 147–168.

Behrens, Katja. »Alles normal.« *Literary Heimat: German and Austrian Jewish Writings after the Shoah, an Anthology*, hrsg. von Sonat Hart und Barbara Jurasek, Focus Pub, 2005, S. 130–135.

–. *Ich bin geblieben – Warum? Juden in Deutschland – heute.* Bleicher, 2002.

Belkin, Dmitrij. »Einmal Land der Täter, immer Land der Täter?« *Die Welt*, 14. März 2014, https://www.welt.de/kultur/literarischewelt/article125772606/Einmal-Land-der-Taeter-immer-Land-der-Taeter.html. Zugriff: 29. März 2018.

–. »Jüdische Kontingentflüchtlinge und Russlanddeutsche.« *Bundeszentrale für politische Bildung*, 13 Juli 2017, https://www.bpb.de/gesellschaft/migration/kurzdossiers/252561/juedische-kontingentfluechtlinge-und-russlanddeutsche?p=all. Zugriff: 8. April 2018.

Biller, Maxim. *Der gebrauchte Jude. Selbstporträt.* Fischer Taschenbuch, 2011.

–. *Hundert Zeilen Hass.* Tempo, 2017.

Von Bockxmeer, Josta. »Die Geschichte der Rabbinerinnen.« *Der Tagesspiegel*, 28. Juli 2014, https://www.tagesspiegel.de/wissen/die-geschichte-der-rabbinerinnen-schon-die-idee-einer-frau-im-amt/10260586.html. Zugriff: 18. Februar 2019.

Bodemann, Y. Michal. *The New German Jewry and the European Context.* Palgrave Macmillan, 2008.

Bosse, Anke. »Identitätskonstruktion in und über deutschsprachige Literatur.« *Konrad Adenauer Stiftung*, 20. Oktober 2011, S. 1–12, http://www.kas.de/upload/themen/deutschesprache/111020_Vortrag_Bosse.pdf. Zugriff: 27. März 2018.

Bower, Rachel. *Epistolarity and World Literature, 1980–2010.* Palgrave Macmillan, 2017.

Bradatan, Cristina, et al. »Transnationality as a Fluid Social Identity.« *Social Identities* 16, 2, 2010, S. 169–178.

Braese, Stephan. »Auf dem Rothschild-Boulevard: Olga Grjasnowas Roman *Der Russe ist einer, der Birken liebt* und die deutsch-jüdische Literatur.« *Gegenwartsliteratur* XIV, 2014, S. 275–297.

von Braun, Christina. »Virtuelle Genealogien.« *Hybride Jüdische Identitäten: Gemischte Familien und patrilineare Juden,* hrsg. von Lea Wohl von Haselberg, Neofelis, 2015, S. 49–64.

Braun, Maria. »Warum sich die Deutschen selbst nicht mögen.« *Die Welt*, 13. Januar 2012, https://www.welt.de/politik/deutschland/article13813483/Warum-sich-die-Deutschen-selbst-nicht-moegen.html. Zugriff: 18. Februar 2019.

Brechenmacher, Thomas. »Kulturelle Identität.« *Konrad Adenauer Stiftung*, https://www.kas.de/web/europa/kulturelle-identitaet. Zugriff: 1. März 2018.

Breitenstein, Andreas. »Nachwort.« *Der Kulturbetrieb. Dreißig Annäherungen*, hrsg. von Andreas Breitenstein, Suhrkamp, 1996, S. 156–164.

Brenner, Michael. »1998: Die Walser-Bubis-Kontroverse.« *Jüdische Allgemeine*, 12. November 2013, http://www.juedische-allgemeine.de/article/view/id/17578. Zugriff: 8. April 2018.

–. »Ein neues deutsches Judentum?« *Geschichte der Juden in Deutschland von 1945 bis zur Gegenwart. Politik, Kultur und Gesellschaft*, hrsg. von Michael Brenner, C.H. Beck, 2012, S. 419–434.

Brinkmann, Sigrid, und Ruth Kinet. »Judentum. Religion, Kultur oder Abstammung?« *Deutschlandfunk Kultur*, 8. Februar 2014, https://www.deutschlandfunkkultur.de/judentum-religion-kultur-oder-abstammung.1278.de.html?dram:article_id=276972. Zugriff: 8. Februar 2019.

Brody, Leslie. *Gender, Emotion and the Familiy*. Harvard University Press, 2001.

Brons, Lajos. »Othering, an Analysis.« *Transcience* 6, 1, 2015, S. 69–90.

Brumlik, Micha. *Kurze Geschichte. Judentum*. Jacoby & Stuart, 2009.

–. »Matrilinearität im Judentum. Ein religionshistorischer Essay.« *Hybride Jüdische Identitäten: Gemischte Familien und patrilineare Juden*, hrsg. von Lea Wohl von Haselberg, Neofelis, 2015, S. 19–33.

Bubis, Ignatz. »Rede des Präsidenten des Zentralrates der Juden in Deutschland am 9. November 1998 in der Synagoge Rykerstraße in Berlin.« *Die Walser-Bubis-Debatte. Eine Dokumentation*, hrsg. von Frank Schirrmacher, Suhrkamp, 1999, S. 106–113.

Butler, Judith. *Undoing Gender*. Routledge, 2004.

–, und Elizabeth Weed. *The Question of Gender. Joan W. Scott's Critical Feminism*. Indiana University Press, 2011.

Castro Varela, María do Mar, et al. Hrsg. *Hegemony and Heteronormativity. Revisiting 'The Political' in Queer Politics*. Routledge, 2016.

Colonna, Vincent. *Autofiction & Autres Mythomanies Littéraires*. Tristram, 2004.

–. »L'Autofiction. Essai sur la Fictionalisation de Soi en Littérature.« 1989. École des Hautes Études en Sciences Sociales, doctoral dissertation.

Costaglis, Simone, und Matteo Gallis. *Deutsche Familienromane. Literarische Genealogien und internationaler Kontext*. Fink, 2010.

Crenshaw, Kimberlé. »Mapping the Margins. Intersectionality, Identity Politics, and Violence against Women of Color.« *Stanford Law Review* 43, 6, 1991, S. 1241–1299.

–. »Why intersectionality can't wait.« *The Washington Post*, 24. September 2015, https://www.washingtonpost.com/news/in-theory/wp/2015/09/24/why-intersectionality-cant-wait/?utm_term=.cc6580dbba7a. Zugriff: 6. Mai 2018.

Cummings, Michael. »Political Correctness.« *The Encyclopedia of Political Science*, hrsg. von George Kurian et al., CQ Press, 2011, S. 1239–1240.

Darrieussecq, Marie. »L'Autofiction. Un Genre pas Sérieux.« *Poétique*, 107, 1996, S. 369–380.

Debold, Elizabeth. »Rationale Männer, emotionale Frauen.« *Evolve. Magazin für Bewusstsein und Kultur* 2, 2014, http://www.evolve-magazin.de/archiv/ausgabe-02-2014/elizabeth-debold-rationale-maenner-emotionale-frauen/. Zugriff: 12. Februar 2019.

Diner, Dan. »Nation, Migration, and Memory: On Historical Concepts of Citizenship.« *Constellations* 4, 3, 1998, S. 293–306.

–. »Negative Symbiose. Deutsche und Juden nach Auschwitz.« *Ist der Nationalsozialismus Geschichte? Zu Historisierung und Historikerstreit*, hrsg. von Dan Diner, Fischer, 1987, S. 185–197.

Dischereit, Esther. *Übungen, jüdisch zu sein. Aufsätze.* Suhrkamp, 1998.

Domin, Hilde. *Aber die Hoffnung. Autobiographisches aus und über Deutschland.* Fischer Taschenbuch, 1993.

Donsbach, Ruben. »Das Trauma der Geburt.« *Fräulein-Magazin* 2, 2018, S. 22–24.

Doubrovsky, Serge. »Écrire sur soi, c'est écrire sur les autres.« *Le Point*, 22. Februar 2011, https://www.lepoint.fr/chroniques/serge-doubrovsky-ecrire-sur-soi-c-est-ecrire-sur-les-autres-22-02-2011-1298292_2.php. Zugriff: 13. Dezember 2018.

–. *Fils.* Gallimard, 1977.

–. »Nah am Text.« *Kultur & Gespenster: Autofiktion* 7, 2008, S. 123–133.

Dreyfus, Madeleine. »›Mischehe‹ und Übertritt.« *Hybride Jüdische Identitäten: Gemischte Familien und patrilineare Juden*, hrsg. von Lea Wohl von Haselberg, Neofelis, 2015, S. 103–120.

»Ehen über die Grenzen hinweg.« *Frankfurter Allgemeine*, 28 August 2006, https://www.faz.net/aktuell/politik/hintergrund-ehen-zwischen-israelis-und-palaestinensern-1357413.html. Zugriff: 18. Februar 2019.

Eichenberg, Ariane. *Familie-Ich-Nation. Narrative Analysen zeitgenössischer Generationenromane.* V&R unipress, 2009.

Eigler, Friederike. *Gedächtnis und Geschichte in Generationenromanen seit der Wende.* Schmidt, 2005.

Eins, Philipp. »Frauen spielten in der Literatur nur eine Nebenrolle.« *Deutschlandfunk Kultur*, 5. September 2018, https://www.deutschlandfunkkultur.de/erfolgsroman-i-love-dick-frauen-spielten-in-der-literatur.3640.de.html?dram:article_id=427458. Zugriff: 30. Dezember 2018.

Eisen, Ute et al. »Doing Gender – Doing Religion. Zur Frage nach der Intersektionalität in den Bibelwissenschaften.« *Doing Gender – Doing Religion. Fallstudien zur Intersektionalität im frühen Judentum, Christentum und Islam*, hrsg. von Ute Eisen et al., Mohr Siebeck, 2013, S. 1–33.

El-Tayeb, Fatima. »Deutschland postmigrantisch? Rassismus, Fremdheit und die Mitte der Gesellschaft.« *Bundeszentrale für politische Bildung*, 1. April 2016, http://www.bpb.de/apuz/223916/rassismus-fremdheit-und-die-mitte-der-gesellschaft?p=all. Zugriff: 2. März 2019.

Faist, Thomas et al. »Perspektiven der Migrationsforschung. Vom Transnationalismus zur Transnationalität.« *Soziale Welt* 62, 2011, S. 203–220.

Finger, Anja. »Homosexualität/en und Religion/en.« *Bundeszentrale für Politische Bildung*, 24. November 2010, https://www.bpb.de/gesellschaft/gender/homosexualitaet/38892/homosexualitaet-und-religion-en?p=all. Zugriff: 11. Februar 2019.

Fischer, Torben, und Matthias Lorenz. *Lexikon der ›Vergangenheitsbewältigung‹ in Deutschland. Debatten- und Diskursgeschichte des Nationalsozialismus nach 1945.* Transcript, 2007.

Fishkoff, Sue. »Ja, ich bin Halbjüdin.« *Jüdische Allgemeine*, 23 August 2007, https://www.juedische-allgemeine.de/article/view/id/4280. Zugriff: 8. August 2018.

Florin, Christiane. »Bis heute benachteiligt.« *Deutschlandfunk*, 29. September 2014, http://www.deutschlandfunk.de/frauen-im-christentum-bis-heute-benachteiligt.1310.de.html?dram:article_id=299010. Zugriff: 12. Februar 2019.

Föderl-Schmid, Alexandra. »Die Hochzeit, die angeblich die ›jüdische Dynastie‹ bedroht.« *Süddeutsche Zeitung*, 12. Oktober 2018, https://www.sueddeutsche.de/panorama/israel-die-hochzeit-die-angeblich-die-juedische-dynastie-bedroht-1.4168098. Zugriff: 18. Februar 2019.

Folger, Arie. »Gemischtes Doppel.« *Jüdische Allgemeine*, 15. Oktober 2013, http://www.juedische-allgemeine.de/article/view/id/17322. Zugriff: 12. Februar 2019.

Forster, Iris. »Political Correctness / Politische Korrektheit.« *Bundeszentrale für politische Bildung*, 15. Oktober 2010, http://www.bpb.de/politik/grundfragen/sprache-und-politik/42730/politische-korrektheit?p=all. Zugriff: 12. Februar 2019.

»Fragen zur jüdischen Gemeinschaft in Deutschland.« *Zentralrat der Juden in Deutschland*, https://www.zentralratderjuden.de/service/faq/. Zugriff: 25. Juni 2018.

Franzke, Amna, et al. »Diese Frage tut weh?« *Zeit Online*, 4. März 2019, https://www.zeit.de/video/2019-03/6009938444001/vonhier-diese-frage-tut-weh. Zugriff: 8. März 2019.

Frenkel, Ulrike. »Interview mit der Schriftstellerin Lena Gorelik. ›Sprache ist meine Art zu Leben‹.« *Stuttgarter Zeitung*, 28. April 2016, https://www.stuttgarter-zeitung.de/inhalt.interview-mit-der-schriftstellerin-lena-gorelik-sprache-ist-meine-art-zu-leben.fd2d6094-23e6-4cae-a508-e8acacb1a035.html. Zugriff: 27. März 2018.

Fromm, Anne. »Kein Krieg. Nie und nirgends?« *Zeit Online*, 18. September 2013, https://www.zeit.de/gesellschaft/zeitgeschehen/2013-09/pazifismus-syrien. Zugriff: 8. März 2019.

Fuchs, Anne. *Phantoms of War in Contemporary German Literature, Films and Discourse.* Palgrave Macmillan, 2008.

Funk, Mirna. »›Weil es einfacher ist, Jude in Amerika zu sein als in Deutschland‹: Mirna Funk über einen *Los Angeles State of Mind.*« *Vogue*, 6. September 2018, https://www.vogue.de/lifestyle/artikel/mirna-funk-juedisch-heute-los-angeles-state-of-mind. Zugriff: 13. März 2019.

Gandy, Megan. »Cisgender.« *The Encyclopedia of Human Services and Diversity*, hrsg. von Linwood Cousins, SAGE Publications, 2014, http://eds.a.ebscohost.com.ezproxy4.library.arizona.edu/ehost/ebookviewer/ebook?sid=cc8d79e2-9e5a-4842-9ba5-281bdf5211cd%40sessionmgr4007&vid=0&format=EK. Zugriff: 7. März 2019.

Gasparini, Philippe. *Est-il Je?*. Editions du Seuil, 2004.

Gathmann, Florian. »Was Nationalspielersein bedeutet.« *Spiegel Online*, 15. Mai 2018, http://www.spiegel.de/sport/sonst/ilkay-guendogan-und-mesut-oezil-bei-erdogan-was-nationalspielersein-bedeutet-a-1207793.html. Zugriff: 16. Mai 2018.

»Geburt und Beschneidung – Der Beginn des Lebens.« *Zentralrat der Juden in Deutschland*, https://www.zentralratderjuden.de/judentum/riten-und-gebraeuche/geburt-und-beschneidung-der-beginn-des-lebens/. Zugriff: 12. Februar 2019.

George, Lisa-Marie. »Eine unerzählte Geschichte. Ein Gespräch mit der Bachmann-Preisträgerin 2013 Katja Petrowskaja.« *Literaturkritik.de*, 7, 2013, https://literaturkritik.de/id/18132. Zugriff: 23. Januar 2019.

»Geschichte des Nahostkonflikts.« *Bundeszentrale für Politische Bildung*, http://www.bpb.de/internationales/asien/israel/45042/nahostkonflikt. Zugriff: 8. März 2019.

»Gespräche. Buchmarkt, Verlagsbranche und Literaturagenturen.« *Text Manufaktur*, https://www.text-manufaktur.de/gespraeche-detailansicht/items/was-macht-meinen-text-literarisch.html. Zugriff: 13. Juni 2018.

Gill, Rosalind. »Postfeminist Media Culture. Elements of a Sensibility.« *European Journal of Cultural Studies* 10, 2, 2007, S. 147–166.

Gilman, Sander. »Becoming a Jew by Becoming a German: The Newest Jewish Writing from the ›East‹.« *Shofar: An Interdisciplinary Journal of Jewish Studies* 25, 1, 2006, S. 16–32.

–. »Jüdische Literaten und deutsche Literatur. Antisemitismus und die verborgene Sprache der Juden am Beispiel von Jurek Becker und Edgar Hilsenrath.« *Zeitschrift für deutsche Philologie* 107, 1988, S. 269–294.

–, und Jack Zipes. Hrsg. *Yale Companion to Jewish Writing and Thought in German Culture 1096–1996*, Yale UP, 1997.

Gitelman, Zvi. »Becoming Jewish in Russia and Ukraine.« *New Jewish Identities. Contemporary Europe and Beyond*, hrsg. von Zvi Gitelman et al., Central European University Press, 2003, S. 105–138.

von Goethe, Johann Wolfgang. »Die letzten Jahre. Briefe, Tagebücher und Gespräche von 1823 bis zu Goethes Tod. Teil II. Vom Dornburger Aufenthalt 1828 bis zum Tode.« *Sämtliche Werke. Briefe, Tagebücher und Gespräche. 40 Bände, Band II/11*, hrsg. von Horst Fleig, Deutscher Klassiker Verlag, 1993.

–. *Faust.* Deutscher Klassiker Verlag, 2017.

Gogos, Manuel. »Ikone und Witzfigur.« *Jüdische Allgemeine*, 14. Juni 2007, http://www.juedische-allgemeine.de/article/view/id/3941. Zugriff: 12. Februar 2019.

Goldberg, Harvey, et al. Hrsg. *Dynamic Belonging. Contemporary Jewish Collective Identities.* Berghahn Books, 2011.

Goldmann, Ayala. »›Vaterjuden‹ Teil der Familie.« *Jüdische Allgemeine*, 7 August 2017, http://www.juedische-allgemeine.de/article/view/id/29297. Zugriff: 12. Februar 2019.

Goldmann, Marie-Luise. »Wenn keine Arbeiter in der Literatur vorkommen, ist das kein Weltuntergang.« *Metamorphosen*, 18, 2017, S. 74–78, https://www.torial.com/marie-luise.goldmann/portfolio/233243. Zugriff: 23. Januar 2019.

Gonsoulin, Margaret. »Liberated and Inclusive? An Analysis of Self-Representation in a Popular Lesbian Magazine.« *Journal of Homosexuality* 57, 9, 2010, S. 1158–1173.

Gopaldas, Ahir. »Intersectionality 101.« *Journal of Public Policy & Marketing* 32, 2013, S. 90–94.

Gorelik, Lena. »Erinnerungen, die. Zuhause, das.« *ZEIT ONLINE*, 19. April 2018, https://blog.zeit.de/freitext/2018/04/19/migration-sprache-gorelik/. Zugriff: 12. Februar 2019.

–. »Heimat ist ein Gefühl.« *ZEIT ONLINE*, 31. Mai 2017, https://blog.zeit.de/freitext/2017/05/31/heimat-gefuehl-gorelik/. Zugriff: 12. Februar 2019.

–. *Lieber Mischa.* List, 2012.

–. *Meine weißen Nächte.* Diana, 2006.

–. *»Sie können aber gut Deutsch!« Warum ich nicht mehr dankbar sein will, dass ich hier leben darf, und Toleranz nicht weiterhilft.* Pantheon, 2012.

–. »Wenn der Sohn sich den Schulranzen mit dem Einhorn wünscht.« *Zeit Online*, 16. Juni 2017, https://blog.zeit.de/freitext/2017/06/16/erziehung-gender-rosa-blau-gorelik/. Zugriff: 26. März 2019.

Grenzmann, Teresa. »Petersburger Kartoffelsalat.« *Münchner Merkur*, 09. April 2009, https://www.merkur.de/kultur/petersburger-kartoffelsalat-165286.html. Zugriff: 12. Februar 2019.

Grjasnowa, Olga. *Der Russe ist einer, der Birken liebt.* Deutscher Taschenbuch Verlag, 2013.

Grünhoff, Anne Katrin. »Lena Gorelik im Interview.« *haGalil.com. Jüdisches Leben online*, 11. Juni 2009, http://www.hagalil.com/2009/06/lena-gorelik/. Zugriff: 27. März 2018.

Guerin, Wilfred, et al. *A Handbook of Critical Approaches to Literature,* Oxford University Press, 1992.

Gürtler, Christa, und Eva Hausbacher. »Fremde Stimmen. Zur Migrationsliteratur zeitgenössischer Autorinnen.« *Migration und Geschlechterverhältnisse. Kann die Migration sprechen?*, hrsg. von Eva Hausbacher, et al., VS Verlag für Sozialwissenschaften, 2012, S. 122–141.

Gutknecht, Christoph. »Schick, die Schickse.« *Jüdische Allgemeine*, 9. Februar 2015, https://www.juedische-allgemeine.de/kultur/schick-die-schickse/. Zugriff: 7. März 2019.

Hagemann, Steffen, und Roby Nathanson. »Deutschland und Israel heute: Verbindende Vergangenheit, trennende Gegenwart?« *Bertelsmann Stiftung*, 2015, https://www.bertelsmann-stiftung.de/fileadmin/files/BSt/Publikationen/GrauePublikationen/Studie_LW_Deutschland_und_Israel_heute_2015.pdf. Zugriff: 27. März 2018.

Haines, Brigid. »Introduction: The Eastern European Turn In Contemporary German-Language Literature.« *German Life and Letters* 68, 2015, S. 145–153.

Hall, Stuart. *Ideologie, Identität, Repräsentation.* Argument, 2004.

Hartwich, Inna. »Die Rolle der Religion in Russland. Von Atheisten zu gläubigen Christen.« *Bundeszentrale für Politische Bildung*, 3. Februar 2011, http://www.bpb.de/internationales/europa/russland/47992/religion?p=0. Zugriff: 16. März 2019.

Heid, Ludger. »Ostjuden in Deutschland. Nur wenige fühlten sich ihnen verwandt.« *Zeit Online*, 3. April 1987, https://www.zeit.de/1987/15/nur-wenige-fuehlten-sich-ihnen-verwandt/seite-3. Zugriff: 5. Februar 2019.

Heimann, Holger. »Die deutsche Sprache kam einer Befreiung gleich.« *Die Welt*, 8. Juli 2013, https://www.welt.de/kultur/literarischewelt/article117810166/Die-deutsche-Sprache-kam-einer-Befreiung-gleich.html. Zugriff: 3. April 2018.

Heine, Heinrich. *Sämtliche Werke. Band 13.* Hrsg. Hans Kaufmann, Aufbau, 1964.

Heiss, Lydia. »Wer darf sich eigentlich als Jude bezeichnen?« *Literaturkritik.de* 11, 10. Oktober 2017, https://literaturkritik.de/wohl-von-haselberg-hybride-juedische-identitaeten-wer-darf-sich-eigentlich-als-jude-bezeichnen,23767.html. Zugriff: 12. Februar 2019.

Herzig, Arno. »Jüdisches Leben in Deutschland.« *Informationen zur politischen Bildung* 307, 2, 2010.

Hett, Benjamin. »Das Rätsel um den Reichstagsbrand.« *Die Welt*, 24. Mai 2015, https://www.welt.de/geschichte/article141349436/Das-Raetsel-um-den-Reichstagsbrand.html. Zugriff: 20. Februar 2019.

Hieber, Jochen. »Mutterwitz mit Telefon.« *FAZ*, 29. April 2011, http://www.faz.net/aktuell/feuilleton/buecher/rezensionen/belletristik/lena-gorelik-lieber-mischa-mutterwitz-mit-telefon-1628168.html. Zugriff: 12. Februar 2019.

Hilsenrath, Edgar. *Der Nazi und der Friseur.* Deutscher Taschenbuch Verlag, 2007.

Hinz, Evelyn. »Mimesis: The Dramatic Lineage of Auto/Biography.« *Essays on Life Writing*, hrsg. von Marlene Kadar, University of Toronto Press, 1992, S. 195–212.

Hirsch, Anja. »Für meines Autors Gleichung gibt es viele Lösungen.« *Frankfurter Allgemeine*, 4. Juni 2010, http://www.faz.net/aktuell/feuilleton/buecher/rezensionen/belletristik/benjamin-stein-die-leinwand-fuer-meines-autors-gleichung-gibt-es-viele-loesungen-1999031.html. Zugriff: 2. April 2018.

Hirsch, Marianne. *Family Frames. Photography, Narrative, and Postmemory.* Harvard UP, 1997.

–. *The Generation of Postmemory. Writing and Visual Culture after the Holocaust.* Columbia UP, 2012.

Hochreiter, Susanne. »Race, class, gender? Intersectionality troubles.« *Journal of Research in Gender Studies* 4, 2014, S. 401–408.

Honigmann, Barbara. *Damals, dann und danach.* Deutscher Taschenbuch Verlag, 2002.

Horkheimer, Max, und Theodor Adorno. *Dialektik der Aufklärung. Philosophische Fragmente.* Fischer, 1969.

Horstkotte, Silke. *Nachbilder. Fotografie und Gedächtnis in der deutschen Gegenwartsliteratur.* Böhlau, 2009.

Hyman, Paula. »Muster der Modernisierung. Jüdische Frauen in Deutschland und Russland.« *Deutsch-jüdische Geschichte als Geschlechtergeschichte: Studien zum 19. und 20. Jahrhundert,* hrsg. von Kirsten Heinsohn und Stefanie Schüler-Springorum, Wallstein, 2006, S. 25–45.

Imhoff, Sarah. »All in the Family? Jewish Intermarriage in America.« *Religious Studies Review* 36, 4, 2010, S. 263–266.

Isterheld, Nora. *»In der Zugluft Europas«. Zur deutschsprachigen Literatur russischstämmiger AutorInnen.* University of Bamberg Press, 2017.

Jacobs, Joela. »Die Frage nach dem Bindestrich.« *Hybride Jüdische Identitäten: Gemischte Familien und patrilineare Juden,* hrsg. von Lea Wohl von Haselberg, Neofelis, 2015, S. 169–179.

James-Dunbar, Heidi. »Authentic Violence: The Case for Autofiction.« *Alluvium* 1, 3, 2012, http://dx.doi.org/10.7766/alluvium.v1.3.01. Zugriff: 20. Februar 2019.

Jeßing, Benedikt, und Ralph Köhnen. *Einführung in die Neuere deutsche Literaturwissenschaft.* J.B. Metzler, 2012.

Jordan, Shirley. »*État Présent.* Autofiction in the Feminine.« *French Studies* LXVII, 1, 2013, S. 76–84.

»Judenfeindlichkeit. Übergriff auf Kippa tragende Männer in Berlin.« *Zeit Online*, 18. April 2018, https://www.zeit.de/gesellschaft/zeitgeschehen/2018-04/judenfeindlichkeit-berlin-uebergiff-kippa-maenner. Zugriff: 5. Februar 2019.

Kadar, Marlene. *Essays on Life Writing: From Genre to Critical Practice.* University of Toronto Press, 1992.

Kaminer, Wladimir. *Russendisko.* Goldman, 2000.

Kampel, Felix. *Peripherer Widerstand. Der neue Nationalismus im Spiegel jüdischer Gegenwartsliteratur.* Tectum, 2017.

Karr, Mary. *The Art of Memoir.* Harper Perennial, 2015.

Kehlbach, Christoph. »Staatsbürgerschaft. Wer ist eigentlich Deutscher?« *Tagesschau*, 20. Februar 2018, https://faktenfinder.tagesschau.de/inland/deutsche-staatsbuergerschaft-101.html. Zugriff: 12. Februar 2019.

Kieselbach, Sabine. »DW-Literatur-Expertin Sabine Kieselbach über ›Der Russe ist einer, der Birken liebt‹ von Olga Grjasnowa.« *Deutsche Welle*, 5. Oktober 2018, https://www.dw.com/de/dw-literatur-expertin-sabine-kieselbach-über-der-russe-ist-einer-der-birken-liebt-von-olga-grjasnowa/av-45291752. Zugriff: 6. November 2018.

Kilcher, Andreas B. »Exterritorialitäten: Zur kulturellen Selbstreflexion der aktuellen deutsch-jüdischen Literatur.« *Deutsch-jüdische Literatur der neunziger Jahre; die Ge-*

neration nach der Schoah, hrsg. von Sander Gilman und Hartmut Steinecke, Schmidt, 2002, S. 131–147.

–. Hrsg. *Metzler Lexikon der deutsch-jüdischen Literatur*. J.B. Metzler, 2012.

Knaul, Susanne. »Jüdisch-muslimische Paare in Israel. Wenn die Heirat unerwünscht ist.« *TAZ*, 18 August 2014, http://www.taz.de/!5035252/. Zugriff: 18. Februar 2019.

Knobloch, Charlotte. »Die Stellung der Frau im Judentum.« *zur debatte* 8, 2010, S. 8–9.

König, Helmut, et al. Hrsg. *Vergangenheitsbewältigung am Ende des zwanzigsten Jahrhunderts*. Westdeutscher Verlag, 1998.

»Kontingentflüchtlinge.« *Bundesamt für Migration und Flüchtlinge*, https://www.bamf.de/DE/Service/ServiceCenter/Glossar/_functions/glossar.html?nn=282918&cms_lv2=282962. Zugriff: 8. April 2018.

»Kontingentflüchtlinge.« *Caritas*, https://www.caritas.de/glossare/kontingentfluechtlinge. Zugriff: 25. Juni 2018.

Körber, Karen. »Die Aufsteiger – Jung, europäisch, säkular.« *Jüdische Allgemeine*, 29. Dezember 2014, http://www.juedische-allgemeine.de/article/view/id/21080. Zugriff: 25. März 2019.

Kovach, Thomas. »Assimilation – Is it always a Bad Thing? The European and American Experience.« Presentation to Jewish community in Tucson, AZ, 2001, Speech.

Krautstengel, Julia, und Eva Schneider. »Ich habe einfach auf meinen Rhythmus gehört.« *Tell*, 8. Dezember 2016, https://tell-review.de/ich-habe-einfach-auf-meinen-rhythmus-gehoert/. Zugriff: 23. Januar 2019.

Krüger, Heiko. *Der Berg-Karabach-Konflikt. Eine juristische Analyse*. Springer 2009.

Krumrey, Birgitta. *Der Autor in seinem Text: Autofiktion in der deutschsprachigen Gegenwartsliteratur als (post-)postmodernes Phänomen*. V&R unipress, 2015.

Kühn, Tobias. »Wenn aus Martin Mosche wird.« *Deutschlandfunk*, 16. März 2016. http://www.deutschlandfunk.de/konversion-zum-judentum-wenn-aus-martin-mosche-wird.2540.de.html?dram:article_id=348452. Zugriff: 12. Februar 2019.

Kurthen, Hermann, et al. Hrsg. *Antisemitism and Xenophobia in Germany after Unification*. Oxford University Press, 1997.

Landwehr, Jürgen. »Fiktion oder Nichtfiktion. Zum zweifelhaften Ort der Literatur zwischen Lüge, Schein und Wahrheit.« *Literaturwissenschaft. Ein Grundkurs*, hrsg. von Helmut Brackert und Jörn Stückrath, Rowohlt Taschenbuch, 2001, S. 491–504.

Langhoff, Shermin. »Die Herkunft spielt keine Rolle – ›Postmigrantisches‹ Theater im Ballhaus Naunynstraße.« *Bundeszentrale für politische Bildung*, 10. März 2011, http://www.bpb.de/gesellschaft/bildung/kulturelle-bildung/60135/interview-mit-shermin-langhoff?p=all. Zugriff: 11. Januar 2019.

Lanzke, Alice. »Die Frau im Judentum. Zwischen Prinzessin und Priesterin.« *Deutschlandfunk Kultur*, 13. März 2015, http://www.deutschlandfunkkultur.de/die-frau-im-judentum-zwischen-prinzessin-und-priesterin.1079.de.html?dram:article_id=314180. Zugriff: 12. Februar 2019.

Laurent, Thierry. *L'Oeuvre de Patrick Modiano: Une Autofiction*. Presses Universitaires de Lyon, 1997.

Leinkauf, Maxi. »Ich rede extra leise.« *Der Freitag*, 13. Juli 2011, https://www.freitag.de/autoren/maxi-leinkauf/201eich-rede-extra-leise. Zugriff: 26. März 2019.

Lejeune, Philippe. »The Autobiographical Pact.« *On Autobiography*, hrsg. von Paul J. Eakin, übers. von Kathrine Leary. University of Minnesota Press, 1989, S. 3–30.

»Lena Gorelik.« *Goethe Institut*, http://blog.goethe.de/reykjavik/pages/lena_gorelik.html. Zugriff: 17. November 2018.

»Lena Gorelik. Schriftstellerin.« *Die Zeit*, 9. Mai 2018, https://www.zeit.de/autoren/G/Lena_Gorelik/index. Zugriff: 12. Februar 2019.

Lenz, Susanne. »Es ist keine schöne Geschichte.« *Frankfurter Rundschau*, 13. Juli 2017, http://www.fr.de/kultur/literatur/gott-ist-nicht-schuechtern-es-ist-keine-schoene-geschichte-a-1312598. Zugriff: 3. Dezember 2018.

–. »Wie soll man klarkommen, wenn man ›Margarine‹ genannt wird?« *Frankfurter Rundschau*, 16. Dezember 2015, https://www.fr.de/kultur/literatur/soll-klarkommen-wenn-margarine-genannt-wird-11137875.html. Zugriff: 4. Februar 2019.

Lezzi, Eva. »Gender Constructions in the Debates on German-Jewish Literature.« *Journal of Jewish Identities* 1, 2008, S. 17–50.

»Lieber Mischa.« *haGalil.com*, 11. Juli 2011, http://buecher.hagalil.com/2011/07/gorelik/. Zugriff: 12. Februar 2019.

Lipkowski, Clara, und Markus Schulte von Drach. »Die Deutschen werden immer intoleranter.« *Süddeutsche Zeitung*, 7. November 2018, https://www.sueddeutsche.de/politik/auslaenderfeindlichkeit-muslime-studie-rechtsextremismus-1.4199261. Zugriff: 12. März 2019.

Lizarazu, Maria. »The Family Tree, the Web, and the Palimpsest. Figures of Postmemory in Katja Petrowskaja's *Vielleicht Esther* (2014).« *The Modern Language Review* 113, 1, 2018, S. 168–189.

Loch, Harald. »Ingeborg-Bachmann-Preis. Babuschkas Tod.« *Jüdische Allgemeine*, 9. Juli 2013, https://www.juedische-allgemeine.de/kultur/babuschkas-tod/. Zugriff: 23. Januar 2019.

Löffler, Sigrid. »Olga Grjasnowa. ›Der Russe ist einer, der Birken liebt‹.« *Kulturradio RBB*, 30. Januar 2012, http://www.kulturradio.de/rezensionen/buch/2012/olga_grjasnowa_der.html. Zugriff: 10. November 2012.

Lorenz, Dagmar. *Keepers of the Motherland. German Texts by Jewish Women Writers.* University of Nebraska Press, 1997.

Lorenz, Matthias. *»Auschwitz drängt uns auf einen Fleck.« Judendarstellung und Auschwitzdiskurs bei Martin Walser.* J.B. Metzler, 2005.

Luba, Arkadiusz. »Verkuppelt, verlobt, verheiratet.« *Deutschlandfunk Kultur*, 18. Dezember 2015, https://www.deutschlandfunkkultur.de/partnerschaft-und-liebe-im-judentum-verkuppelt-verlobt.1079.de.html?dram:article_id=340243. Zugriff: 8. August 2018.

Lübcke, Alexandra. »Enträumlichungen und Erinnerungstopographien: Transnationale deutschsprachige Literaturen als historiographisches Erzählen.« *Von der nationalen zur internationalen Literatur*, hrsg. von Helmut Schmitz, Rodopi, 2009, S. 77–97.

Lubrich, Oliver. »Sind Russische Juden Postkolonial? Wladimir Kaminer und das Ende der Identitäten in Berlin.« *Estudios Filológicos Alemanes* 7, 2005, S. 211–232.

Ludwig, Kathrin. »Deutsch mit Pippi Langstrumpf gelernt!« *Die Welt*, 7. April 2007, https://www.welt.de/kultur/literarischewelt/article796711/Deutsch-mit-Pippi-Langstrumpf-gelernt.html. Zugriff: 12. Februar 2019.

»Making Aliyah.« *The Jewish Agency for Israel*, http://www.jewishagency.org/aliyah/program/8651. Zugriff: 8. März 2019.

Mangold, Ijoma. »Religion ist kein Wunschkonzert.« *Die Zeit*, 8. April 2010, http://www.zeit.de/2010/15/Schriftsteller-Benjamin-Stein. Zugriff: 2. April 2018.

Mansfeld, Hasso. »Gutmensch – Nazi-Begriff oder Moralkritik?« *Die Welt*, 22. März 2012, https://www.welt.de/debatte/kommentare/article13938427/Gutmensch-Nazi-Begriff-oder-Moralkritik.html. Zugriff: 8. März 2019.

März, Ursula. »Sie ist auf Alarm. Sie sucht eine Schulter zum Anlehnen. Sie schläft nicht. Sie haut ab.« *Die Zeit*, 15 März 2012, https://www.zeit.de/2012/12/Olga-Grjasnowa. Zugriff: 29. Oktober 2018.

Meyer, Urs. »Stilistische Textmerkmale.« *Handbuch Literaturwissenschaft. Gegenstände und Grundbegriffe. Band I*, hrsg. von Thomas Anz, J.B. Metzler, 2007, S. 81–110.

»Die Migrantigen.« http://diemigrantigen.at. Zugriff: 8. März 2019.

»Migrationshintergrund.« *Bundesamt für Migration und Flüchtlinge*, https://www.bamf.de/DE/Service/Left/Glossary/_function/glossar.html?lv3=3198544. Zugriff: 3. März 2019.

Morris, Leslie. »German Studies and Jewish Studies: Symbiosis of Two Fields.« *German Studies Review* 39, 2016, S. 601–610.

–, und Jay Geller. Hrsg. *Three-Way Street: Jews, Germans and the Transnational.* University of Michigan Press, 2016.

Much, Theodor, und Wien Kescheth. »Kein Konsens in Sicht: Kann ›Judentum‹ definiert werden?« *haGalil.com*, http://www.hagalil.com/judentum/gemeinde/much.htm. Zugriff: 8. Februar 2019.

Mueller, Agnes. *The Inability to Love. Jews, Gender, and America in Recent German Literature.* Northwestern University Press, 2014.

Müller, Natascha und Oliver Marusczyk. »Die Antisemitismustheorie der Frankfurter Schule.« *Zukunft braucht Erinnerung.* 10. Dezember 2011, https://www.zukunft-braucht-erinnerung.de/die-antisemitismustheorie-der-frankfurter-schule/. Zugriff: 6. September 2018.

Mund, Heike. »Olga Grjasnowa: ›Der Russe ist einer, der Birken liebt‹.« *Deutsche Welle*, 9. Oktober 2018, https://www.dw.com/de/olga-grjasnowa-der-russe-ist-einer-der-birken-liebt/a-45530834. Zugriff: 6. November 2018.

»Nach innen.« *Der Spiegel* 47, 1985, http://www.spiegel.de/spiegel/print/d-13515614.html. Zugriff: 12. Februar 2019.

Nachtigall, Andrea. *Gendering 9/11. Medien, Macht und Geschlecht im Kontext des »War on Terror.«* Transcript, 2012.

Neander, Joachim. »Walser: Auschwitz nicht mißbrauchen. Schriftsteller warnt vor Instrumentalisierung des Holocaust – Kritik an Mahnmal-Debatte.« *Die Welt*, 12. Oktober 1998, https://www.welt.de/print-welt/article626633/Walser-Auschwitz-nicht-missbrauchen.html. Zugriff: 27. März 2018.

Nieberle, Sigrid. *Gender Studies und Literatur. Eine Einführung.* Wissenschaftliche Buchgesellschaft, 2013.

Niedermeyer, Ronnie. »Jiddische Mamme.« *Wina. Das Jüdische Stadtmagazin*, Mai 2016, http://www.wina-magazin.at/jiddische-mamme/. Zugriff: 12. Februar 2019.

»Olga Grjasnowa im Interview: *Der Russe ist einer, der Birken liebt* – Buchmesse – Podcast Leipzig 2012.« *Literaturcafe.de.* 16. März 2012, https://www.literaturcafe.de/olga-grjasnowa-im-interview-der-russe-ist-einer-der-birken-liebt-buchmesse-podcast-leipzig-2012/. Zugriff: 1. November 2018.

Osborne, Dora. »Encountering the Archive in Katja Petrowskaja's *Vielleicht Esther.*« *Seminar* 52, 3, 2016, S. 255–272.

»Özil and Gündogan's Erdogan picture causes anger in Germany.« *The Guardian*, 16. Mai 2018, https://www.theguardian.com/world/2018/may/16/mesut-ozil-ilkay-gundogan-recep-tayyip-erdogan-picture. Zugriff: 8. März 2019.

Patzer, Georg. »Gutmenschen, die ›Jüdische Allgemeine‹ lesen.« *Glanz & Elend*, http://www.glanzundelend.de/Artikel/abc/g/lena_gorelik.htm. Zugriff: 20. November 2018.

Peschel, Sabine. »Sigrid Löffler: ›Literatur als Modell für eine multikulturelle Gesellschaft‹.« *Deutsche Welle*, 2. September 2015, https://www.dw.com/de/sigrid-löffler-lite ratur-als-modell-für-eine-multikulturelle-gesellschaft/a-18690666. Zugriff: 22. Januar 2019.

Petrowskaja, Katja. *Vielleicht Esther.* Suhrkamp, 2014.

Plaskow, Judith. »Blaming the Jews for the Birth of Patriarchy.« *Nice Jewish Girls. A Lesbian Anthology*, hrsg. von Evelyn Torton Beck, Beacon Press, 1982, S. 250–254.

Poethig, Kathryn. »Transnational.« *Encyclopedia of Global Religion*, hrsg. von Mark Juergensmeyer, et al., SAGE Publications, 2012, S. 1302–1304.

Polak, Oliver, und Jens-Oliver Haas. *Ich darf das, ich bin Jude.* Kiepenheuer & Witsch, 2008.

»A Portrait of Jewish Americans. Findings from a Pew Research Center Survey of U.S. Jews.« *Pew Research Center,* 1. Oktober 2013, http://www.pewforum.org/2013/10/01/je wish-american-beliefs-attitudes-culture-survey/. Zugriff: 12. Februar 2019.

Pryzgoda, Jayde, und Joan Chrisler. »Definitions of Gender and Sex. The Subtleties of Meaning.« *Sex Roles* 43, 7/8, 2000, S. 553–569.

Rabitz, Cornelia. »Identität: Russisch, Jüdisch, Deutsch.« *Deutsche Welle*, 12. Juli 2012, https://w ww.dw.com/de/identität-russisch-jüdisch-deutsch/a-16088583. Zugriff: 12. Februar 2019.

Riccucci, Norma. »Tokenism.« *Encyclopedia of Race and Racism,* hrsg. von Patrick Mason, Macmillan, 2013, S. 197–199.

Richter, Steffen. *Der Literaturbetrieb. Eine Einführung. Texte – Märkte – Medien.* WBG Academic, 2011.

Roche, Charlotte. *Schoßgebete.* Piper, 2011.

Roof, Wade Clark, und Mark Juergensmeyer. Hrsg. *Encyclopedia of Global Religion.* SAGE Publications, Inc., 2011.

Rosa, Hartmut. »Heimat im Zeitalter der Globalisierung.« *der blaue reiter. Journal für Philosophie, 23,* 2007, S. 13–18.

Rosbach, Jens. »Dubiose Freunde. Warum lieben die Philosemiten alle Juden?« *Deutschlandfunk Kultur,* 19. Oktober 2012, https://www.deutschlandfunkkultur.de/dubiose-freunde.1079.de.html?dram:article_id=224816. Zugriff: 12. Februar 2019.

»Der Russe ist einer, der Birken liebt.« *Maxim Gorki Theater*, 16. November 2016, https://gorki.de/en/der-russe-ist-einer-der-birken-liebt. Zugriff: 11. Januar 2019.

Schindler, Angelika. »Jüdische Frauen. ›Zusehen wie andere das Leben machen, will ich nicht mehr‹.« *SWR2*, 13. September 2013, https://www.swr.de/swr2/stolpersteine/the men/juedische-frauen/-/id=12117604/did=13373932/nid=12117604/1kwj4ay/index. html. Zugriff: 10. Juli 2018.

Schmidt, Nina. *The Wounded Self. Writing Illness in Twenty-First-Century German Literature.* Camden House, 2018.

Schmitt, Arnaud. »Making the Case for Self-Narration against Autofiction.« *Auto/Biography Studies* 25, 2010, S. 122–137.

Scholz, Rupert. »Kulturelle Identität. Über Multikulturalität im Unterschied zu Multikulturalismus.« *Die Politische Meinung*, 465, 2008, S. 35–39.

Segal, Daniel. »Nicht jüdisch genug, Papa?« *TAZ,* 19. März 2015, http://www.taz.de/!5016298/. Zugriff: 12. Februar 2019.

Seufert, Jonas. »Scheidende Zeitzeugen.« *TAZ,* 11. April 2017, http://www.taz.de/!5396307/. Zugriff: 31. Juli 2018.

Sigalow, Emily, und Nicole Fox. »Perpetuating Stereotypes: A Study of Gender, Family, and Religious Life in Jewish Children's Books.« *Journal for the Scientific Study of Religion* 53, 2014, S. 416–431.

Smith, Sidonie, und Julia Watson. *A Guide for Interpreting Life Narratives: Reading Autobiography.* University of Minnesota Press, 2001.

Smola, Klavdia. »Postkolonial, hybrid, transkulturell–moderne Schreibweisen in der zeitgenössischen russisch-jüdischen Literatur.« *Zeitschrift für Slavische Philologie* 69, 1, 2012, S. 107–150.

Smolnik, Franziska, und Uwe Halbach. »Berg-Karabach. Von wegen eingefrorener Konflikt.« *Zeit Online*, 27. April 2016, https://www.zeit.de/politik/ausland/2016-04/berg-karabach-konflikt-armenien-aserbaidschan-waffenstillstand-gefechte-osze. Zugriff: 18. Januar 2019.

Sontag, Susan. *Regarding the Pain of Others.* Farrar, Straus & Giroux, 2003.

Spiegel, Paul. »Deutschkurse für Juden.« *Der Spiegel* 26, 25 June 2001, https://www.spiegel.de/spiegel/print/d-19488361.html. Zugriff: 12. Februar 2019.

–. »Geleitwort des Schirmherrn Paul Spiegel sel. A.« *Jüdische Jugend heute in Deutschland*, hrsg. von Volker Friedrich und Andreas Bechthold, UVK Verlagsgesellschaft, 2006, S. 4–5.

–. »Mit offenem Visier.« *Die Welt am Sonntag,* 22 April 2001, https://www.welt.de/print-wams/article611179/Mit-offenem-Visier.html. Zugriff: 12. Februar 2019.

Sprott, Richard, und Bren Hadcock. »Bisexuality, Pansexuality, Queer Identity, and Kink Identity.« *Sexual and Relationship Therapy* 33, 1–2, 2018, S. 214–232.

Statistisches Bundesamt. »Statistisches Jahrbuch 2017.« Westermann Druck Zwickau GmbH, 2017.

Stein, Dan, et al. Hrsg. *Post-Traumatic Stress Disorder.* Wiley-Blackwell, 2011.

Stöber, Silvia. »Kämpfe um Berg-Karabach. Ein regionaler Konflikt mit Sprengkraft.« *Tagesschau.de*, 25 August 2018, https://www.tagesschau.de/ausland/kaukasus-armenien-aserbaidschan-konflikt-berg-karabach-103.html. Zugriff: 18. Januar 2019.

Szakács, Simona. »Transnational Identities and Values in Textbooks and Curricula.« *The Palgrave Handbook of Textbook Studies*, hrsg. von Eckhardt Fuchs und Annekatrin Bock, Palgrave Macmillan, 2018, S. 199–214.

Taylor, Julia. »Out of the Darkness and into the Shadows. The Evolution of Contemporary Bisexuality.« *The Canadian Journal of Human Sexuality* 27, 2, 2018, S. 103–109.

Theißen, Gerd. *Die Religion der ersten Christen. Eine Theorie des Urchristentums.* Gütersloher Verlagshaus, 2000.

Threadgold, Terry. *Feminist Poetics: Poiesis, Performance, Histories.* Routledge, 1997.

Thurn, Nike. *»Falsche Juden.« Performative Identitäten in der deutschsprachigen Literatur von Lessing bis Walser.* Wallstein, 2015.

Timm, Angelika. »Die Gründung des Staates Israel.« *Bundeszentrale für politische Bildung,* 28. März 2008, http://www.bpb.de/internationales/asien/israel/44995/gruendung-des-staates-israel. Zugriff: 27. März 2018.

Unsleber, Steffi. »Autorin über unnütze Identitäten. ›Heimat ist eine Behauptung‹.« *TAZ,* 26. März 2017, http://www.taz.de/!5392032/. Zugriff: 3. April 2018.

Vertovec, Steven. *Transnationalism.* Routledge, 2009.

Vilain, Philippe. *Défense de Narcisse.* B. Grasset, 2005.

–. *L'Autofiction en Théorie. Suivi de Deux Entretiens avec Philippe Sollers et Philippe Lejeune.* Editions de la Transparence, 2009.

»Vital Statistics: Jewish Population of the World.« *Jewish Virtual Library,* 2016, http://www.jewishvirtuallibrary.org/jewish-population-of-the-world. Zugriff: 29. Januar 2018.

»W.G. Sebald. 1944–2001.« *Poetry Foundation,* https://www.poetryfoundation.org/poets/wg-sebald. Zugriff: 24. Februar 2019.

Wagner-Egelhaaf, Martina. *Auto(r)fiktion. Literarische Verfahren der Selbstkonstruktion.* Aisthesis, 2013.

Walser, Martin. »Erfahrungen beim Verfassen einer Sonntagsrede.« *Die Walser-Bubis-Debatte. Eine Dokumentation,* hrsg. von Frank Schirrmacher, Suhrkamp, 1999, S. 7–17.

Wanner, Adrian. *Out of Russia. Fictions of a New Translingual Diaspora.* Northwestern University Press, 2011.

–. »Wladimir Kaminer. A Russian Picaro Conquers Germany.« *The Russian Review,* 64, 2005, S. 590–604.

–. »Writing the translingual life: Recent memoirs and auto-fiction by Russian-American and Russian-German novelists.« *L2 Journal* 7, 2015, S. 141–151.

Warner, Chantelle. *The Pragmatics of Literary Testimony. Authenticity Effects in German Social Autobiographies.* Routledge, 2012.

Warren, Ian. »Throwing off Germany's imposed history. The Third Reich's Place in History: A conversation with Professor Ernst Nolte.« *The Journal of Historical Review* 14, 1, 1994, S. 15–22, http://www.ihr.org/jhr/v14/v14n1p15_Warren.html. Zugriff: 27. March 2018.

Weigel, Sigrid. *Genea-Logik: Generation, Tradition und Evolution zwischen Kultur- und Naturwissenschaften.* Fink, 2006.

Weise, Katja. »Olga Grjasnowa unterwegs in fremden Welten.« *NDR Kultur,* 17. März 2017, https://article.wn.com/view/2017/03/17/Olga_Grjasnowa_unterwegs_in_fremden_Welten/. Zugriff: 3. April 2018.

Wheeler Wilcox, Ella. *Men, Women and Emotions.* W.B. Conkey Company, 1987.

Widmann, Arno. »Naika Foroutan: Was heißt postmigrantisch?« *Berliner Zeitung,* 12. Dezember 2014, https://www.berliner-zeitung.de/naika-foroutan-was-heisst-postmigrantisch-487520. Zugriff: 2. März 2019.

Wirtz, Susanne. »Jüdische Autoren der Gegenwart. Probleme – Positionen – Themen.« *Tribüne: Zeitschrift zum Verständnis des Judentums* 198, 2011, S. 152–160.

Wohl von Haselberg, Lea. »Einleitung.« *Hybride Jüdische Identitäten: Gemischte Familien und patrilineare Juden,* hrsg. von Lea Wohl von Haselberg, Neofelis, 2015, S. 7–18.

Wulff, Matthias. »Wütend, ruppig, verletzt. Olga Grjasnowas erstaunliches Debüt über einen multiplen Therapiefall.« *Die Welt,* 8. Februar 2012, https://www.welt.de/print/welt_kompakt/vermischtes/article13856300/Wuetend-ruppig-verletzt.html. Zugriff: 3. März 2019.

Wünschmann, Kim. »Juden in Europa nach dem Zweiten Weltkrieg: 1945 bis 1989/90.« *Bundeszentrale für politische Bildung,* 16 September 2014, http://www.bpb.de/geschichte/nationalsozialismus/gerettete-geschichten/149156/juden-in-europa-nach-dem-zweiten-weltkrieg-1945-bis-1989-90. Zugriff: 12. Februar 2019.

Zipfel, Frank. *Fiktion, Fiktivität, Fiktionalität. Analysen zur Fiktion in der Literatur und zum Fiktionsbegriff in der Literaturwissenschaft.* Erich Schmidt, 2001.

Poetik, Exegese und Narrative. Studien zur Jüdischen Literatur und Kunst
Poetics, Exegesis and Narrative. Studies in Jewish Literature and Art
Herausgegeben von Gerhard Langer, Carol Bakhos, Klaus Davidowicz und Constanza Cordoni

Poetik – Exegese – Narrative versteht sich als eine wissenschaftliche Reihe mit kulturwissenschaftlicher Ausrichtung. In ihr wird jüdische Literatur von der Antike bis zur Gegenwart herausgegeben, analysiert, ausgelegt. Ein besonderer Schwerpunkt liegt auf Erzählungen im weiten Sinn, wozu auch Film und Medien gehören. Das Ziel ist es, Texte in ihrer literarischen und strukturellen Tiefendimension sowie ihrem über die Zeiten hinweg aktuellen Aussagegehalt zu verstehen und zu vermitteln, wobei die (sozial-)geschichtlichen, politischen und kulturellen Hintergründe mitbedacht werden.
Die Reihe richtet sich an Wissenschaftlerinnen und Wissenschaftler, an Studierende und ein an Kultur- und Literaturwissenschaft sowie an Jüdischen Studien interessiertes breites Publikum.

Weitere Bände dieser Reihe:

Band 14: Yannick Gnipep-oo Pembouong
Generation und Strategie
Barbara Honigmann im literarischen Feld der deutschsprachigen Gegenwartsliteratur 1986–2015
2020, 414 Seiten, kartoniert, ISBN 978-3-8471-1123-8
€ 50,– D / € 52,– A

Band 13: Anna Zachmann
Wer oben sitzt, der hat die Macht
Die Verschränkung von Sexualität und Shoah im Werk Edgar Hilsenraths
2020, 275 Seiten, gebunden, ISBN 978-3-8471-1082-8
€ 45,– D / € 47,– A

Band 12: Theresia Dingelmaier
Das Märchen vom Märchen
Eine kultur- und literaturwissenschaftliche Untersuchung des deutschsprachigen jüdischen Volks- und Kindermärchens
2019, 150 Seiten, gebunden, ISBN 978-3-8471-1011-8
€ 65,– D / € 67,– A

Band 11: Eva Plank
***Ich will euch eine Zukunft und eine Hoffnung geben* (Jer 29,11)**
Die biblische Prophetengestalt und ihre Rezeption in der dramatischen Dichtung *Jeremias* von Stefan Zweig
2018, 479 Seiten, gebunden, ISBN 978-3-8471-0903-7
€ 60,– D / € 62,– A

Vandenhoeck & Ruprecht Verlage

V&R unipress

Leseproben und weitere Informationen unter www.vandenhoeck-ruprecht-verlage.com
E-Mail: info-unipress@v-r.de | Tel.: +49 (0)551 / 50 84-415 | Fax: +49 (0)551 / 50 84-333